KB176178

崛起

朴正熙 經濟强國 崛起18年

4 과학기술개발/부정부패 척결

심융택

동서문화사

박정희 경제강국 굴기18년

4 과학기술개발/부정부패 척결

차례

역사를 위하여

수출산업과 방위산업의 파도를 일으킨

과학기술개발

제1장 과학기술을 발전시켜 나가면 우리도 부강해질 수 있다

제3장 과학자, 기술자 250만 명 양성하려면 학교교육을 대대적으로 개혁해야 한다

제4장 고급두뇌인력에 대한 대학과 대학원 교육도 공업고등학교와 똑같이 혁신해야 한다

공직사회의 기강과 윤리를 바로 세운
부정부패 척결

제1장 공무원들은 부정부패 근절하고, 무사안일주의 배격해야 한다

제2장 신상필벌 원칙에 따라 부정부패 공무원을 정리한다

제3장 부정·부패·부조리는 국가안보 차원에서 뿌리뽑아야 한다

역사를 위하여
심융택

한국근대화의 시대를 이끌어 나간 박정희 대통령이 우리 곁을 떠난지도 어언 40여 년이 지났다. 대통령의 운명이 도무지 믿어지지가 않던 충격과 슬픔의 시간도 흐르는 강물처럼 지나갔고, 무심한 세월만 흐르고 또 흘러 그가 역사에 남긴 지대한 발자취만이 사람들의 입에 회자되면서 때로는 그의 업적이 높이 평가되기도 하고, 때로는 그의 천려일실(千慮一失)이 비판되기도 한다.

박정희 대통령은 20세기 후반의 한국과 한국인에게 어떤 존재였나? 과연 누가 어떤 말과 글로 이 물음에 완전하고 극명하게 해답할 수 있을까? 앞으로 두고 두고 역사가들의 연구가 필요할 것이다. 나는 앞으로 국내외 역사가들의 연구에 필요한 자료를 정리해 두어야겠다는 생각으로 대통령의 사상과 정책에 대해 내가 알고 있는 사실들을 기록으로 남겨두는 작업에 착수했다.

우리는 공화국 수립 뒤 이 나라를 통치한 역대 대통령들에 대해서 별로 아는 것이 없다. 대통령 자신들이나 또는 역사가들이 그들의 업적과 실책, 공적과 과오를 모두 담은 전체 모습을 오랜 시간이 지난 먼 뒷날까지 남아 있게 할 수 있는 역사적 자료와 기록을 보존해 놓은 것이 거의 없기 때문이다.

우리는 우리의 후손들이 우리나라 대통령들에 대해서 알기를 원할 때 그들이 읽고 연구할 수 있는 많은 자료와 기록을 남겨두어야 한다. 그런 자료와 기록이 많으면 많을수록 역대 대통령에 대한 부분적 지식도 그만큼 많아질 것이며, 여러 사람이 여러 각도에서 본 부분적 지식이 많으면 많을수록 대통령들의 전체 모습을 알 수 있는 지식도 그만큼 축적될 수 있을 것이다.

1961년부터 1979년까지 18년여 동안 한국인의 생활에는 혁명적 변화가 일어났고, 한국의 민족사에는 획기적 전환점이 마련되었다는 것은 세계적으로 공인된 역사적 사실이다. 그 역사적 시기에 나는 대통령을 보필할 수 있는 영광된 기회를 얻었다. 그리고 그 귀중한 기회에 나는 대통령의 국정운영에 대해 많은 것을 보고 들었으며, 또 많은 것을 기록해 두었다.

박정희 대통령이 어떤 여건과 상황 아래서 이 나라, 이 민족을 이끌어 왔으며, 대통령을 괴롭히고, 고통스럽게 한 것이 무엇이었고, 대통령을 고무하고 용기를 준 것이 누구인지를 지켜 보았다. 대통령이 국가가 직면하였던 문제상황을 어떻게 규정했고, 그 문제상황을 극복하기 위해서 어떤 정책을 결정했는가를 보았다. 또, 정책을 추진하는 과정에서 정치인과 공무원, 기업인과 근로자, 농어민과 교육자, 학생과 언론인, 과학자와 문화인 등 우리 사회 각계각층 국민을 상대로 때로는 설명하고 설득하며, 때로는 교육하고 계몽하며, 때로는 칭찬하고 격려하고, 때로는 따지고 나무라며 그들이 분발하고 피눈물나는 노력을 하는 국가건설의 역군으로 거듭나게 만들 때 대통령이 그들에게 어떤 말을 했고, 어떤 글을 남겼는가를 주의 깊게 지켜보았다.

박정희 대통령이 남긴 이런 말과 글 속에는 한국근대화와 부국강병 등에 대한 대통령의 신념과 소신이 살아 숨쉬고 있다. 대통령의 이런 말과 글은 대통령이 여러 행사장에서 행한 연설문, 여러 공식, 비공식 회의에서 천명한 유시와 지시, 여러 분야 인사들에게 보낸 공한과 사신, 국내외 인사들과 나눈 대화, 외국 국가원수와의 정상회담, 대통령의 저서, 그리고 대통령의 일기 등에 온전히 보존되어 있다.

　1972년 2월 22일, 닉슨 대통령이 베이징에서 마오쩌둥 주석과 회담할 때 '마오 주석의 글들은 한 나라를 움직였고, 세계를 바꿔놓았다'고 찬사를 보내자 마오쩌둥은 '나는 그렇게 하지 못했다. 나는 다만 베이징 근처의 몇 군데를 바꿔놓을 수 있었을 뿐이다'라고 대답했다고 한다. 이 말은 중국인 특유의 겸양이었고, 사실은 닉슨의 말 그대로였다. 대통령도 그랬다. 18년 동안의 통치기간 동안 대통령의 말과 글은 서울 근처 몇 군데만을 바꿔놓은 것은 아니다. 대한민국 전체의 모습을 새롭게 창조했고, 우리 민족 역사의 방향을 바꾸어 놓았으며, 세계사 흐름에도 영향을 미쳤다. 그 시대 대통령의 말과 행동은 한국 현대사에서 가장 역동적이고 생산적이었던 시대에 열심히 일한 우리 국민의 말이었고 행동이었다.

　박정희 대통령의 말과 글들은 대통령이 추진한 국가정책과 함께 그의 시대에 이 나라의 정치·경제·사회·문화 등 모든 분야에서 이루어진 발전과 변화의 경로를 밝혀 주고 있다. 국가정책은 우리나라가 놓여 있는 특수한 상황에서 우리 국민들이 가장 먼저 풀어야 할 국가적 과제를 위해 대통령에 의해 결정되고 추진되었다. 따라서 국가정책을 올바로 이해하고 평가하기 위해서는 그것이 결정되고 추진된 그 무렵 특수상황을 정확하게 숙지하고 있어야 한다. 그래야만 국민들이 가장 시급히 해결해야 할 국가적 과제가 무엇이었고, 그 과제를 해결하기 위해 어떤 정책이 필요했던 가를 올바로 이해할 수 있다.

정책을 결정할 무렵에 우리가 직면해 있던 국내외 상황을 잘 검토해 보면 대통령이 왜 그 상황에서 그 정책을 결정했는지를 이해할 수 있을 것이다. 예컨대, 대통령은 왜 5·16군사혁명을 일으켰는가? 왜 공업화에 국운을 걸었는가? 왜 대국토종합개발과 경부고속도로 건설을 추진했는가? 왜 향토예비군을 창설했으며 방위산업 육성을 서둘렀는가? 왜 주한미군 철수를 반대했는가? 왜 새마을운동을 전개했는가? 왜 남북한 간의 체제경쟁을 제의했는가? 왜 국가비상사태를 선언했는가? 왜 남북대화를 시작했는가? 왜 중화학공업과 과학기술혁신, 농촌근대화와 수출증대에 총력을 기울였는가? 왜 10월유신을 단행했는가? 왜 생명의 위험을 무릅쓰고 핵무기개발을 강행했는가? 등의 의문에 대한 올바른 해답을 얻으려면 그런 정책들이 결정된 그 무렵의 국내외 상황을 정확하게 알고 있어야 한다.

이 정책들은 우리 민족사의 진로를 바꾼 발전전략의 핵심사업들이었으며, 또한 대통령의 통치기간 내내 야당이 반정부 극한투쟁의 쟁점으로 삼았던 정책들이었다. 이런 정책들은 대통령이 그 정책들을 결정할 무렵의 국내외 상황에 정통해야만 올바로 이해될 수 있는 것이다. 정책 결정 때 상황을 정확하게 알고 있지 못한 사람들로서는 왜 그런 정책이 필요했으며, 또 불가피했는지를 이해하기가 어렵다. 시간의 흐름에 따라 어떤 정책이 어떻게 바뀌었으며, 새로운 정책은 어떤 시대적 연관성 속에서 결정되었는가를 올바로 파악하기 위해서는 그 시대 상황의 특수성에 대해 올바로 알고 있어야 한다.

   루소는 《에밀》 제2권에서 역사적 사실에 대해 이렇게 말했다. '역사 서술은 결코 우리에게 현실의 여러 가지 사실들을 충실히 모사(模寫)해주지 않는다. 현실의 사실들은 역사를 서술하는 사람의 머리 속에서 그 형태를 바꾸고, 그의 관심에 맞도록 변화하며, 그의 선입견에 의해서 특수한 색채를 띠게 된다. 발생 무렵 사건의 모습을 관찰하기 위해, 그 무대가 되는 장소에 정확히 다시 가 볼 수 있게 하는 기술에 도대체 누가 정통할 수 있겠는가?

   박정희 대통령이 추진한 국가정책은 그것이 결정된 무렵의 상황에서 정통하지 못한 사람들에 의해서 올바로 이해되지 못하고, 그들의 선입견에 의해서 또는 그들의 관심과 목적에 맞도록 황당하게 왜곡되었다. 대통령이 정책을 결정할 무렵의 상황에 가장 정통한 사람은 말할 것도 없이 대통령 자신이다. 그러나 통탄스럽게도 80년도 초에 은퇴 예정으로 자서전을 집필하기 위해 기본자료를 수집하고 정리하던 중에 작고했다.

   박정희 대통령 말고도 그 무렵 상황에 정통한 사람들은 대통령 비서실과 특별보좌관실, 행정부 장차관, 국책연구기관, 여당간부 등 대통령의 정책결정에 직간접적으로 참여했거나 자문에 응한 사람 등 많이 있다. 그러나 이런 사람들이 그때 상황에 대해 알고 있는 것은 아주 일부분에 지나지 않는다. 왜냐하면 그 무렵 국내외 상황은 복잡하고 많은 요소로 구성되어 있어서 모든 국가정보망을 장악하고 있는 대통령 이외의 사람들은 상황의 모든 요소를 알 수 없었기 때문이다.

1963년 중반부터 1978년 말까지 거의 16년 동안 국가재건최고회의와 대통령 비서실에 근무하면서 대통령의 연설문, 저술, 공한, 각종 회의록 등을 정리하는 실무자의 한 사람으로서 나는 대통령의 정책이 결정되고 추진된 그 무렵 상황에 가장 가까운 위치에서 대통령이 추진한 정책의 전후 인과와 맥락, 그리고 정책성과 등을 기록해 두었다. 물론 대통령의 통치철학과 대통령이 추진한 국가정책과 관련된 역사적 사실들 가운데 내가 기록해 둔 것은 부분적인 것이다. 그러나 부분적인 사실이나마 기록으로 남겨둔다면 후세 역사가들의 연구에 다소나마 보탬이 되지 않을까. 또 내가 알고 있는 부분적인 역사적 사실들이 다른 분들이 알고 있는 부분적인 역사적 사실들과 종합적으로 연구된다면 대통령의 정치사상과 국가정책에 대해 보다 폭넓고 깊이 있게, 그리고 보다 자세하고 정확하게 이해하는 데 하나의 길잡이가 되지 않을까 생각했다.

박정희 대통령은 우리나라가 나아가야 할 미래의 방향과 목표에 대해 많은 지침을 남겨 놓았다. 다음 세대들은 그들 세대의 새로운 국가적 목표와 그 목표를 이룰 수 있는 새로운 실험과 창조적인 모험을 하는 과정에서 대통령의 정치사상과 국가정책, 그리고 그 지도력에서 귀중한 교훈을 얻을 수 있으리라고 믿는 마음에서, 비록 부분적이고 불완전한 내용이나마 세상에 내놓기로 했다.

사람들은 박정희 대통령 시대를 우리 민족사에서 획기적인 분수령을 이룬 시기라고 말한다. 한 시대를 다른 시대와 구분하는 기준을 '변화'라고 한다면 그의 시대는 분명히 역사적 전환기였다고 할 수 있다. 확실히 대통령의 시대는 비생산적인 정치적 불안과 사회적 혼란에 종언을 고하고, 정치안정과 사회질서 속에 생산과 건설의 기풍이 진작되고, 국가발전의 목표와 방향이 뚜렷하여 국민들이 희망과 자신을 가지고 분발함으로써 조국의 근대화를 이룩한 변화의 시대였다.

박정희 대통령 시대에 우리 국민들이 이 땅에서 목격한 거대한 변화의 충격은 마치 육지와 해양의 모습을 바꿔놓은 대화산의 폭발과 같이 한반도의 남반부를 전혀 '딴 세상', '다른 나라'로 완전하게 탈바꿈시켜 놓았다. 그래서 절대다수의 국민들, 그중에서도 시골 마을의 어르신들과 농민들은 천지가 개벽했다고 놀라워하고 감탄했다.

대통령이 이 나라를 통치한 1960년대와 1970년대에 과거 선진국들이 100년 또는 200년에 걸쳐 이룩한 근대화가 20년도 채 안 되는 짧은 기간에 압축되어 이루어졌다. 그것은 전 세계의 경탄을 자아내게 한 위대한 실험이었고 모험이었다. 정녕 대통령은 세계에서 가장 가난한 약소국가였던 이 나라를 세계의 경제강국 수준으로 끌어올려 놓음으로써 '기적의 나라'로 만들어 놓았다. 그리하여 우리 국민들은 선진국 국민들이 여러 세대에 걸쳐 단계적으로 겪었던 변화들을 한 세대 동안에 한꺼번에 겪었다.

우리 역사상 그토록 많은 국민들이 그토록 짧은 기간 동안에 그토록 다양한 변화를 겪은 시대는 일찍이 없었다. 그러나 대통령이 기적적인 변화를 지속시켜 나간 그 역정은 결코 순탄한 것이 아니었다. 그것은 실로 격동과 시련, 고통이 중첩된 가시밭길이었다. 대통령은 그 형극의 길을 뚫고 나와 국가건설에 몰입하여 심신을 불살랐다. 국가건설의 길은 온 국민이 함께 가는 길이었고, 이 땅에서 근대화를 태동시킨 창조적 시대로 통하는 길이었다.

　확실히 대통령은 1961년 5월 16일부터 1979년 10월 26일에 이르는 18여 년 동안 자립경제와 자주국방의 과제를 해결하기 위해 개방과 개혁 등 혁신적인 정책을 추진하여 세계인들이 감탄하는 '한강의 기적'을 이룩하였다. 그러나 대통령은 한강의 기적이란 결코 기적이 아니라고 생각했다. 그것은 대통령 자신과 우리 국민 모두가 한 덩어리가 되어 흘린 피와 땀과 눈물의 결정이라고 생각했다. 대통령과 우리 국민들이 자립경제와 자주국방 건설을 위해 피땀을 흘린 그 끈질기고 지속적인 노력의 과정은 한두 마디의 수사나 한두 줄의 단문으로 설명될 수 있는 것이 아니다. 불신과 체념, 좌절과 절망 속에서 시작되어 각성과 용기, 희망과 자신으로 이어져 마침내 우리 민족의 무한한 저력이 분출되고, 그 저력이 가난하고 힘이 없는 이 나라를 번영되고 힘이 있는 부국강병의 나라로 탈바꿈시킨 18여 년의 전 과정은 실로 끝없이 이어지는 장대한 서사시(敍事詩)라고 해도 과언이 아니다.

　나는 1979년 대통령이 서거한 직후부터 박정희 대통령이 국민들과 함께 자립경제와 자주국방건설 완성을 위해 뼈가 가루가 되고 몸이 부서지도록 최선의 노력을 다한 헌신 봉공의 18년 기록을 정리해 둔 사실그대로 30년 세월바쳐 써 나아갔다. 이제《박정희 경제강국 굴기18년》으로 편찬하여 10권으로 역사에 남기기로 한다.

수출산업과 방위산업의 파도를 일으킨
과학기술개발

제1장 과학기술을 발전시켜 나가면 우리도 부강해질 수 있다

조국근대화의 열쇠는 과학기술교육과 정신교육에 있다

인류의 역사는 수많은 역경과 도전에 적극적으로 대처해서, 이를 해결하고 극복해 온 인간지성의 자발적 전개과정이다. 무지로부터 지성의 계몽으로, 압제를 벗어나 자유로, 빈곤으로부터 번영의 추구로 부단히 전진해 온 인류발전의 도정에 있어서 그 주인공은 언제나 인간이었고, 인간의 지성과 용기와 예지였다. 한 마디로 역사발전의 동력은 인간개발의 본산인 교육이었다. 동서고금을 막론하고 교육은 인류의 만반 사업 중에 가장 귀중하고 숭고한 사업으로 존중되고 있는 것이나, 인류가 모든 문제의 궁극적인 해결의 열쇠를 교육에서 구하고 있는 이유는 바로 여기에 있는 것이다.

우리나라에서도 교육은 국가의 백년지대계라 하여 우리 조상들은 교육을 중시하였고, 일제강점기 식민통치하에서나, 해방 후의 혼란기나 6·25전쟁 후의 폐허와 빈곤 속에서도 우리 국민들은 교육에 심혈을 기울였다.

5·16 혁명 후 대통령은 조국근대화를 추진하는 데 있어서 그 성공의 열쇠는 교육에 있다는 것을 통찰하고 있었다.

1960년대 초부터 우리가 추진하고 있는 조국근대화라는 역사적 과업은 정치·경제·사회·문화 등 모든 생활영역에 걸쳐 창조적이며 건설적인 작업을 수반하는 것이며, 여기에는 유능한 일꾼들의 창의와 분발과 노력이 요구되고 있었다. 따라서 대통령은 앞으로 이 과업의 성공적인 완수를 보장하는 관건은 우리의 교육에 달려 있다고 믿고 있었다. 즉, 조국의 근대화나 민족의 중흥이라는 역사적 과업의 성패는 우리 교육의 질과 양에 좌우된다. 우리는 교육을 통해서 바람직한 미래를 우리 자신의 것으로 만들 수 있다. 교육은 그러한 의미에서 미래의 문을 여는 열쇠다. 한 마디로 앞으로 이 나라의 국운은 교육이 좌우한다는 것이다.

대통령은 교육은 그 성과가 비록 물질적인 생산이나 건설의 성과처럼 당장 눈앞에 나타나는 것은 아닐 지라도 묘목을 거목으로 키워 나가는 지하의 물줄기처럼, 국가발전의 저력이며 역사발전의 밑거름으로서 영구불멸의 가치를 지니고 있는 것이라고 믿고 있었다.

그래서 대통령은 교육이 가져올 성과를 긴 안목으로 내다보고 조국의 근대화에 기여할 수 있는 교육계획을 강조하였으며, 그 핵심은 과학기술교육과 정신교육이었다.

대통령은 역사적으로 과학기술이 앞선 나라가 다른 나라들보다 먼저 발전하고 성장했으며, 앞으로도 과학기술의 선두주자가 세계를 지배하게 될 것이라고 믿고 있었다. 따라서 우리나라가 근대화를 이룩하고 선진국을 따라잡으려면 무엇보다도 과학기술 발전에 총력을 기울여야 하다고 생각했다.

대통령은 또한 근대화 작업은 과학기술 개발만으로 되는 것은 아니고, 강건한 국민정신이 그 바탕을 이루고 있어야 한다고 믿고 있었다. 즉 일제강점기의 식민지배하에서 생긴 패배의식과 열등의식을 털어 버리고, 상실했던 민족의 정체성을 회복하여 우리 자신의 자조적이며 협동적인 노력으로 민족의 중흥을 이룩하고야 말겠다는 큰 꿈과 넘치는 의욕과 불굴의 의지를 갖춘 젊은 일꾼을 길러내야만 우리의 근대화작업은 성공적으로 추진될 수 있다는 것이다. 그래서 대통령은 제1차 경제개발 5개년계획을 추진할 때부터 산업의 근대화든, 농촌의 근대화든, 그것이 성공하기 위해서는 우리 국민의 정신혁명이 선행되야 한다는 점을 강조했다.

과학기술교육과 도의교육에 힘써야 한다

1964년 2월 17일, 교육자치제도가 부활된 후 처음으로 각 시도의 교육감 회의가 열렸다.

대통령은 이날의 회의에서 조국의 근대화를 위한 교육의 과제는 과학기술교육과 정신교육에 있다는 점을 강조했다.

"조국의 근대화라는 집약된 목표를 향하여 문교행정이 담당하여야 할 긴박한 과제를 나는 '정신'과 '기술'의 문제로 요약하고자 합니다.

재언이 필요도 없이 근대화를 조속히 이룩하기 위한 우리들의 노력은 경제의 성장에 집중되어야 할 것입니다. 산업, 과학, 기술교육을 적극 진흥시키겠다는 새 정부의 결의가 바로 '국민경제 성장에 기여하는 교육'이라는 기본목표에 표현되고 있는 것입니다.

그러나 경제제일주의에서 자칫하면 초래되기 쉬운 기술교육의 편중을 우리는 좀 더 새로운 시점에서 재평가하여야 할 것입니다. 그것은 공업화라는 경제적 요청에서 생산을 위한 교육에 병행하여 국민 각자의 정신적 자세의 건전화가 아울러 강조되어야 하기 때문입니다. 생산에 필요한 '기술'과 함께 '정신'의 문제를 제기한 이유가 바로 여기에 있으며 새 공화국 문교행정의 정책적 방향은 보다 대국적 시점에서 새로이 연구·검토하여야 할 것을 강력히 종용하여 마지않습니다.

무엇보다도 도의교육의 중요성을 재인식하여야 하겠습니다. 지금까지의 교육은 개인적 공리에 입각한 입신양명주의에서 벗어나지 못한 감이 있으며 사회적 봉사보다도 이기주의라는 개인위주의 교육에 치우친 경향을 나는 지적하고자 합니다.

현시점에서 우리는 특히 사회적 봉사와 협동의 정신을 함양시킴으로써 국가와 민족에 대한 개인의 올바른 위치와 사명을 일깨워 조국에 대한 사랑과 더불어 민족적 유대의식을 견고히 하여 나가야 하겠으며 지식과 기술의 편중보다도 인격의 도야를 통한 민주시민의 건전한 정신적 자세를 하루 속히 확립시켜 나가야 하겠습니다. 더구나 해방 후 오늘까지 우리 정치사회의 변천은 우리 젊은 청소년들에게 그들이 마땅히 향유하여야 할 안정과 질서와 희망을 안겨다주기는커녕 다만 그들에게 불안과 혼미와 회의만을 겪게 만들었던 그 사회적 현실은 누구도 부정하지는 못할 것입니다.

이러한 부도의와 불성실의 환경을 겪은 오늘, 도의의 재건과 그리고 앞에 지적한 바 새로운 시민상의 확립을 위한 교육의 강조는 시대적·사회적 필연의 요청이라 아니할 수 없습니다.”

대통령은 이어서 민족중흥의 창업은 주체적 인간의 정신적 자세와 능력에 달려 있다고 말하고, 교육자들은 젊은 세대의 선도와 육성에 헌신적 노력을 다해 줄 것을 당부했다.

“교육의 중심과제는 인간의 문제로 귀착되는 것입니다. 국가사회의 법과 제도의 운용에 만전을 기함으로써 민족의 중흥창업을 조속히 이룩하는 문제는 궁극적으로 주체적 인간의 정신적 자세와 능력 여하에 달려 있기 때문입니다. 교육의 중대성과 교육자의 역사적 사명이 여기에 뚜렷이 부각되는 것입니다.

조국이 요구하는 바 새로운 세대의 인간상은 부정과 부패를 단호히 배격하는 정의감에 불타야 하겠으며, 조국을 사랑하는 마음과 민족적 유대의 강렬한 의식을 토대로 하여 단결과 협동으로 서로가 협조하는 명랑한 분위기 속에 내핍과 검약의 생활태도로 꾸준히 생산과 건설에 헌신하는 한국인인 것입니다. 감격에 겨웠던 조국의 광복 이후로 태어난 우리의 어린 싹들은 그 후 20년에 접어드는 오늘 10대로부터 20대로 자라나는 중대한 과도기에 처해 있는 것을 우리는 직시하여야 하겠습니다. 이들 청소년들의 교육적 배경과 시대적 사고방식은 종래의 고루한 전통과 의식구조에서 탈피하는 새로운 전진의 기운을 보여 주는 듯하면서도 아직껏 이 나라가 절실히 고대하는 바 이상적 인간상에 충실하기에는 갈피를 잡지 못하는 방황에 허덕이고 있음을 우리는 뼈저리게 느껴야 하는 것입니다.

이 나라 미래의 주인공, 자라나는 젊은 세대의 선도와 육성이 오직 교육에 달려 있고 교육자의 불굴의 신념과 헌신적 봉사에 달려 있음을 깊이 인식하여야 하겠습니다."

대통령은 이어서 전국의 교육자들에게 유능한 일꾼을 길러내는 데 희생적 정신을 발휘해 줄 것을 호소했다.

"자립경제의 역량을 갖추지 못한 물질적 궁핍 속에 의무교육의 벅찬 과제를 해결해 나가기 위한 우리의 실정은 너무도 크나큰 시련을 강요하고 있음을 나는 가슴 아프게 생각하는 바입니다. 이 난경을 돌파하여 나가기 위하여 나는 전국의 교육자 여러분께 우리 민족고유의 슬기로운 전통을 유일한 지표로 삼을 것을 간절히 요청합니다. 그것은 바로 대의를 위하여 청빈 속에서도 오직 나라의 건실한 일꾼을 길러내는 희생적 정신을 오늘에 재현시키는 사도의 확립인 것입니다.

스승의 길은 험난한 길인 것입니다. 이 어려운 현실과의 대결에 있어 우리는 정신력으로 이를 타개할 것을 굳게 다짐합시다.

나는 앞으로 교육의 혁신적 기풍을 진작시키기 위하여 비상한 관

심 아래 여러분께 부단한 격려와 예리한 감독을 보다 충실히 구체
화시켜 나갈 것입니다.

교육감 여러분!

아무쪼록 여러분은 여러분의 위치와 사명을 깊이 자각하여 교육
을 통한 유능한 인재의 육성에 헌신적인 봉사가 있기를 재삼 부탁
드립니다.

여러분들의 근면과 부단한 연구, 그리고 청빈 속에서도 굽히지
않는 숭고한 그 모습은 곧 오늘의 우리 세대에게 굳건한 정신적 지
주가 되는 것이며 삶의 지표가 되는 것입니다. 그리고 다음 세대에
게는 기어코 자랑스러운 유산을 안겨다 주고야 말 것입니다."

근대화에 기여할 수 있고 경제성장을 뒷받침할 수 있는 교육에 힘써야 한다

1964년 12월 21일, 전국교육감회의에서 대통령은 근대화에 직접
기여할 수 있는 교육, 경제성장을 뒷받침할 수 있는 교육에 힘써
줄 것을 당부했다.

대통령은 먼저 조국근대화작업이 안정의 바탕 위에서 앞으로 비
약적으로 촉진될 수 있는 계기가 마련되었다고 천명했다.

지난 1년 동안 국민 모두가 정치, 경제, 사회, 문화 등 모든 분
야에 걸쳐 향상과 발전을 위한 기반을 닦는 데 힘쓴 보람이 있어서
민정 초기의 혼란을 극복하고 안정의 기틀을 잡게 되었다. 따라서
'일하는 해'가 된 새해는 그 역사적 의의가 크다는 것이다.

"지난 1년간은 국민 모두가 협조 단결해서 정치·경제·사회·문화의
모든 분야에 걸쳐 향상과 발전을 위한 확고한 기반을 닦는 데 주력한
보람이 있어 민족초기의 일시적 혼란을 극복하고 대체로 안정의 기

틀을 잡게 된 것을 의의 깊고 다행한 일로 여기는 바입니다.

나는 일찍부터 우리 국가와 민족이 국제대열에서 호혜의 번영과 복지를 향유하면서 남부럽지 않게 잘살 수 있는 길은 오직 우리의 오랜 역사를 발판으로 주체의식을 가지고 전통을 재검토하여 고유의 생활수단과 양식을 과학화하고 민주화하는 데 있다는 것을 신념으로 삼아 왔고, 또 이를 위하여서는 국민 모두가 각성, 분발해서 단합된 힘으로 하루 속히 근대화를 완수하여야 하다는 것을 꾸준히 다짐해 온 바 있습니다.

나는 이제 우리가 당면한 조국근대화의 과제가 지난 민정 1년이 닦은 안정의 기틀 위에서 앞으로 비약적으로 촉성, 추진될 수 있는 계기가 충분히 마련되었다고 확신해 마지않으며, 따라서 '일하는 해'가 되어야 할 새해는 더욱 그 역사적 의의가 크다는 것을 강조해 두지 않을 수 없는 것입니다.

이제 준비의 과정에서 전진으로 향한 전환의 시점에 서서 나는 국민교육의 중책을 짊어진 교육감 여러분께 두어 가지 과제를 제시하고 이를 위해서 가일층의 노력을 경주해 줄 것을 부탁드리고자 합니다."

대통령은 이어서 앞으로 우리는 조국근대화에 직접 기여할 수 있는 교육을 해야 되겠다는 점을 강조했다.

해방후 20년 간의 우리 교육은 젊은 세대에게 그들이 지향해야 할 인간상을 제시하지 못했고, 외래문물을 선택, 소화할 만한 지성을 계발하고 능력을 배양하지도 못했다. 남의 환경에서 자라나 남의 체질에 맞는 것은 우리의 환경과 체질에 적합하고 유익하다고 볼 수 없다. 우리 교육은 확고한 주체의식을 가지고 자타의 가치를 식별할 수 있는 안목과 능력을 배양함으로써 자기문화를 창달하고 남의 문화를 취사섭취하여 근대화과업에 기여할 수 있게 해야 한다는 것이다.

"우선 여러분들은 조국의 근대화에 직접 기여할 수 있는 교육을 하여 달라는 것입니다.

봉건잔재와 무비판으로 수입된 외래풍조가 혼란을 이루고 있는 환경에서 우리의 젊은 세대에게 그들이 지향할 아무런 인간상도 제시하지 않은 채 해방 후 20년의 교육사는 흘렀다 하여도 과언은 아닐 것입니다.

우리의 교육이 과연 자기가 서야 할 땅에 발을 디디고 행해졌는가 고유의 전통을 검토, 비판하고 외래의 문물을 선택 소화할 만한 지성을 계발하고 능력을 배양하였던가 생각이 여기에 미칠 때, 우리의 교육계가 스스로 반성하고 그 자세를 새로이 가다듬어야 할 여지가 충분히 있다는 것을 나는 새삼 지적하지 않을 수 없는 것입니다.

우리는 우리 나름의 특수 환경과 체질을 가지고 있고 따라서 남의 환경에서 자라 남의 체질에 맞는 것이 곧 우리에게 적합하고 유익하다고 볼 수는 없는 것입니다. 이와 같은 견지에 설 때, 우리의 교육은 확고한 주체성의 의식 위에 자타의 가치를 식별할 수 있는 안목과 능력을 길러야 하고, 또 그렇게 함으로써 자기문화를 창달하고 타의 문화를 취사섭취하여 근대화의 제반과업에 적극 기여할 수 있게 될 것을 믿어 의심치 않는 바입니다. 제도를 개혁한다고 곧 근대화의 과업이 성취는 되는 것은 아닙니다. 주체의식과 기본역량의 바탕 위에 마련된 제도의 효율적 운영에서만이 제도는 그 본연의 면목을 유지할 수 있고 또 발전할 수 있는 것입니다. 교육은 각 교과활동을 통하여 그와 같은 '바탕'을 닦아야 할 것이며 이 점 교육자 여러분에게는 매우 무거운 사명이 부하(負荷 : 일이나 책임^{을 맡김})된다는 것을 깊이 인식해 줄 것을 부탁드리는 바입니다."

대통령은 이어서 우리는 경제성장을 뒷받침하는 교육을 지속해야 하겠다는 점을 강조했다.

경제성장은 국력신장의 척도다. 적어도 연간 5%의 경제성장은 계획대로 추진해 나가야 한다. 이를 뒷받침하기 위해서 과학기술교육을 진흥시키고, 근면하게 노력하는 기풍을 일으키고 검소한 생활 습성을 배양해야 한다. 서독의 이른바 '라인 강의 기적'은 결코 기적이 아니라 서독 국민의 단합과 근면과 검소의 정신으로 이룩한 결과이며 이러한 정신은 교육의 성과임을 직접 보고 깊은 감명과 시사를 받았다. 검소하고 절약하며 근면한 국민을 길러내야 할 교육의 사명은 크고 절실하다. 총명한 우리 민족은 교육만 잘 하면 남못지 않게 재능을 발휘하고 놀라운 발전을 기약할 수 있다는 것이다.

'다음으로 경제성장을 뒷받침하는 교육을 꾸준히 지속하여야 하겠다는 것입니다. 경제의 성장이 국력신장의 척도임을 생각할 때, 정부가 목표로 하는 연간 최소한 5%의 경제성장은 기어이 계획대로 추진시켜 나가야 하겠습니다. 따라서 이를 뒷받침하기 위해서는 과학기술교육을 더욱 진흥시키는 한편, 근면 노력하는 새로운 기풍을 진작시키고 검소한 생활습성을 아울러 배양하여야 하겠습니다.

나는 이번 서독을 방문하고 이른바 라인 강의 기적은 결코 기적이 아니라, 그곳 국민의 단합과 근면과 검소의 정신의 결정이요, 이 정신은 국민교육의 성과임을 알고 깊은 감명과 시사를 받은 바 있습니다. 검소하고 절약하며 근로하는 국민을 길러내야 할 교육의 사명은 실로 크고 또 절실하다는 것을 거듭 강조해 마지않습니다. 자고로 총명과 뛰어난 재질을 자부할 수 있는 우리 민족이기에 나는 우리도 국민교육만 잘 한다면 남 못지않게 재능을 발휘하고 놀랄 만한 발전을 기약할 수 있다는 것을 확신하는 바입니다.

아무쪼록 여러분들은 교육이 부하받은 시대적 사명을 보다 깊이 인식하고 어려운 생활환경 속에서도 그 드높은 기개를 굽힘이 없이 헌신과 희생의 거룩한 정신으로 오직 사도의 확립에 꾸준히 진력해 줄 것을 간절히 부탁드리는 바입니다. 맡은 바 소임을 완수하기에 배전의 분발과 건투 있기를 기원하는 바입니다."

'기술을 가진 사람'과 '의욕을 가진 사람'을 양성해야 한다

1965년 11월 3일 대한교육연합회 제3회 전국대의원 대회에서 대통령은 먼저 조국의 근대화를 추진하는 우리나라에 있어서 교육의 당면과제는 '기술을 가진 사람'과 '의욕을 가진 사람'을 양성하는 것이라고 지적하고, 그중에서 제1과제는 '기술을 가진 사람'을 양성하는 일이라는 점을 강조했다.

독일의 경제적 번영을 가져온 것은 독일 국민의 정신무장의 힘이었고, 기술무장의 힘이었다. 이 두가지의 힘이 지금의 우리에게 가장 긴요하며, 그중에서도 가장 시급한 것은 기술무장, 즉 기술을 가진 사람을 양성하는 일이다. 지금 우리나라에는 최신식 기계를 도입하여 웅장한 생산공장을 건설해도, 또 훌륭한 선박을 사들여도 그것을 활용하고 이용할 수 있는 기술자의 양과 질이 너무나 빈약하다. 제1차 5개년계획 목표년도인 66년까지 소요되는 기술계 인적 자원은 60여만 명에 달하고 있고, 앞으로 제2차 5개년계획에서 공업화와 농촌근대화를 추진하기 위해서는 수백만 명의 기술요원이 필요하게 된다. 따라서 교육의 중점을 기술교육에 두고, 경제개발을 뒷받침할 수 있도록 학제와 교육제도를 개편해야 한다. 대학을 나오고도 제구실을 못하는 진학위주의 형식교육을 지양하고 중·고등학교를 나오고도 자신과 국가발전에 공헌할 수 있는 실력을 가르쳐서 사회진출을 보장해 주는 실업교육을 발전시켜야 되겠다는 것이다.

"나는 각종 행사에서 조국의 근대화를 말합니다만 그때마다 한 선진국을 상기합니다.

폐허의 잿더미 위에 눈부신 번영을 이룩한 독일공화국입니다.

독일의 경제적 번영을 가리켜 흔히 라인 강의 기적이라고 말하지만 독일의 부흥은 결코 기적은 아닌 것입니다.

독일이 부흥할 수 있었던 것은 독일국민들이 폐허 위에서 다시 재기하여 부흥할 수 있다는 자신들의 힘을 믿었고, 또 그 힘을 가지고 있었기 때문입니다.

조국을 부흥시키겠다는 의욕을 가진 사람과 조국을 부흥시킬 수 있는 능력을 가진 사람들이 바로 그 힘이 되었던 것입니다.

그것은 정신무장이었고 기술무장이었습니다. 지금 우리에게 가장 긴요하고도 시급히 해결해야 할 과제는 바로 이 정신무장과 기술무장입니다.

의욕을 가진 사람과 능력을 가진 사람이 필요한 것입니다.

우리 교육의 당면과제는 이 두 가지 문제의 해결에 있는 것입니다.

그중에서도 가장 시급한 것이 능력을 가진 사람, 기술을 가진 사람을 양성하는 문제입니다.

근대화의 토대가 과학기술의 발달과 그 기술을 운용할 수 있는 기술자에 달렸다 함은 재론의 여지가 없기 때문입니다.

그러나 이러한 기술자의 질과 양이 너무나 빈약한 것이 우리의 실정이었습니다. 최신식 기계를 도입하여 웅장한 생산공장을 건설해도 그것을 활용할 기술자가 부족하고, 훌륭한 선박을 사들인다고 해도 그것을 이용할 수 있는 능력 있는 기술자가 부족하다는 것입니다. 우리 교육의 중점을 기술교육에 두어야 할 소이가 여기 있는 것입니다.

제1차 경제개발 5개년계획 목표연도인 1966년까지 소요되는 기술계 인적자원은 60여만 명에 달하고 있거니와, 앞으로 제2차 경제개발 계획을 추진하여 공업화와 농업의 근대화를 이룩하기 위하여는 수백만 명의 기술요원이 필요하게 될 것입니다.

　이러한 국가적 요청에 따라 학제를 비롯한 교육제도는 경제개발을 뒷받침할 수 있도록 개편되고 생산기술과 직결되는 실업교육이 계속 확충되어야 할 것입니다.

　앞으로 교육은 학생에게 흙과 기계를 만지게 하여 자립할 실력을 길러 주는 데 주력해야겠다는 것입니다. 대학을 졸업하고도 제구실을 못하는 진학위주의 형식교육을 지양하고, 중학이나 고등학교를 나오고도 얼마든지 자기 자신과 국가사회의 발전에 공헌할 수 있는 실력을 가르쳐서 학생의 사회진출을 보장해 주는 실업교육을 발전시켜야 하겠다는 것입니다."

　대통령은 이어서 우리교육의 제2과제는 의욕을 가진 사람을 양성하는 일이라는 점을 강조했다.

　기술이 있어도 일할 의욕이 없으면 아무것도 이룩할 수 없다. 이것은 정신교육의 문제이며, 그 핵심은 의지의 교육, 발원의 교육이다. 지금 우리 사회에 필요한 사람은 세계 제1의 과학자, 교육자, 문학자가 되겠다는 웅대한 꿈을 가지고, 그 꿈을 실현하기 위해 근면, 성실하게 용왕매진(勇往邁進 : 거리낌없이 용감하게 앞으로 나아감)하는 사람이다. 따라서 정신교육의 요체는 우리의 젊은 학생들로 하여금 큰 뜻을 품고 이를 이룩하기 위한 집착력과 분투력, 불굴의 의지력과 진취적인 정열을 갖도록 하는 데 있다. 이를 위해서 우리는 먼저 일제강점기 식민지교육하에서 자라난 보수주의, 사대주의, 기회주의, 패배주의, 열등의식을 제거하고 건전한 인생관과 세계관 강건한 민족의식과 경제 사상을 고취시킬 수 있는 새로운 가치관을 개발해야 하며 새 가치관은 민주이념과 반공사상에 그 기반을 둬야 하겠다는 것이다.

"우리 교육의 제2과제는 의욕을 가진 사람을 양성하는 문제입니다. 아무리 훌륭한 기술을 배웠다 하더라도, 일하려는 의욕이 없다면 아무것도 이룩할 수가 없기 때문입니다.

　이것은 정신교육의 문제입니다. 이 정신교육의 핵심은 의지의 교육이요 발원의 교육이라고 해도 좋을 것입니다.

　오늘날 많은 젊은이들이 무기력하고 침체하고 활동력과 진취의 기상이 없음은 실로 이 의지의 교육, 발원의 교육이 결여된 데 있다고 해도 과언이 아닐 것입니다.

　지금 우리 사회가 요구하는 것은 대문학자·대교육자·세계 제일의 과학자가 되겠다는 꿈을 가진 사람, 남의 힘에 의지하지 않고 자력으로 활동하여 국가사회에 이바지하겠다는 큰 뜻을 가진 사람, 그러한 꿈을 달성하기 위하여 근면하고 성실하고 인내하고 용왕매진하는 사람인 것입니다.

　따라서 정신교육의 요체는 바로 우리 젊은 학생들로 하여금 강렬하고 웅대한 꿈과 이를 달성하기 위한 집착력과 분투력과 강의성을 가지게 하고 백절부굴의 의지력과 진취적이며 적극적인 정열을 가지도록 하는 데 있을 것입니다.

　이를 위해서는 먼저 일제강점기의 식민지교육하에서 왜곡되어 자라난 보수주의와 사대주의, 이기주의와 기회주의, 그리고 패배의식과 열등감을 제거하고 건전한 인생관과 세계관, 강건한 민족적 사회의식과 경제사상을 고취시킬 수 있는 새로운 가치관의 개발에 주력해야 할 것입니다.

　그리고 이 새로운 가치관은 민주주의 이념과 투철한 반공사상에 그 기반을 두어야 할 것입니다."

　대통령은 이어서 교육자들의 책무가 막중하다는 사실을 지적하고 헌신적인 정열로 연구하는 자세를 견지해 줄 것을 당부했다.

정열과 실력이 없는 스승이 제자들에게 의욕을 북돋아 주고 능력을 길러 줄 수는 없다. 정부는 국가재정 형편이 어렵지만 교육자 여러분에게 교재연구비를 지원하고 있다. 이것이 교육자 처우의 적정 수준과는 거리가 먼 것이나, 경제가 발전함에 따라 여러분의 책임과 처우가 곧 일치하게 될 것이다. 교육이란 귀중하고 숭고한 사업이고, 교육자란 직업은 신성하고 그 공로가 으뜸가는 것이라는 긍지를 가지고 근대화의 일꾼을 길러내는 일에 희생적 노력을 다해야 되겠다. 내년에 세계교육자대회가 서울에서 열리게 된 것은 국가적 경사로서 정부는 필요한 지원을 다할 것이다. 오늘의 이 대회가 10년, 20년 후에 한국의 교육발전사상 하나의 이정표가 되었다고 회상할 수 있기를 기대한다는 것이다.

"우리나라의 근대화는 우리 교육이 교육이념과 교육과정 및 학습의 방향설정에 있어서 얼마나 빠른 시일내에 이 실업교육과 정신교육, 그리고 사회교육을 발전시킬 수 있느냐에 달려 있는 것입니다.

교육이 국가사회의 발전에 미치는 영향이 이처럼 중차대하다 하면, 교육자 여러분의 책무가 또한 얼마나 막중한 것인가는 재론의 여지가 없을 것입니다.

무엇보다도 여러분은 교육가적 품격과 헌신적 열성을 가져야 하겠으며, 연구하는 자세를 지녀야 할 것입니다.

정열과 실력이 없는 스승이 제자들에게 의욕을 북돋아 주고, 자립의 능력을 길러 줄 수 없다는 것은 너무도 명백한 것입니다.

물론 지금까지의 우리 현실이 교육자의 처우에 너무나 미흡하였다는 것을 나는 잘 알고 있습니다. 나는 작년 이 자리에서 교육자의 처우개선이 시급한 문제임을 강조한 바 있거니와, 정부는 어려운 국가재정 형편이나마 교재연구비를 지급하여 여러분의 연구생활을 지원하고 있습니다.

이러한 조치란 물론 교육자 처우의 적정수준과는 아직도 거리가 먼 것이지만 앞으로 경제발전의 진척에 따라 교육자의 책임과 처우가 일치하는 날이 머지않았다는 것을 나는 확신하는 바입니다.

아무쪼록 여러분은 교육이란 인류의 만반사업 중에 가장 귀중하고 가장 숭고한 사업이며, 따라서 교육자란 직업은 가장 신성하고 숭엄하고 또 그 공로가 으뜸가는 것이라는 긍지를 가지시고 조국근대화의 역군을 길러내는 일에 희생적 노력을 다해 줄 것을 간곡히 당부하는 바입니다.

내년에는 세계교육자대회를 이곳 서울에서 개최하게 되었다는데, 이는 바로 한국 교육이 세계수준에 도달하였을 뿐만 아니라, 한국 교육자의 국제적 지위가 상승했음을 보여 주는 명백한 증좌로서 온 국민이 환영해야 할 국가적 경사라 아니할 수 없습니다.

정부는 이 대회에 수반하는 여러 가지 문제의 해결에 필요한 가능한 모든 지원과 협조를 다할 것입니다.

끝으로 나는 오늘의 이 모임이 앞으로 10년, 20년 후에 우리나라의 교육발전사상 하나의 이정표가 되었다고 회상할 수 있게 되기를 기원하면서 여러분의 건승을 비는 바입니다."

모든 국민은 과학숭상 기풍을 기르고, 과학자들의 연구여건을 만들어 주어야 한다

1965년 9월 30일, 제11회 과학전람회 시상식에서 대통령은 모든 국민이 과학을 숭상하는 기풍을 기르고 과학자들의 연구여건을 만들어 줘야 한다는 점을 역설했다.

"우리나라는 지금 국가의 총력을 증산·수출·건설의 당면목표 달성에 경주하고 있고, 기간산업은 거의 기본적 수요를 충족시키고 있으며, 우리의 경제발전은 도약단계에 이르고 있습니다.

모든 국민이 번영을 누리려면 우선 경제발전을 이룩해야 될 것이고 그 기반이 과학진흥에 있음은 다시 말할 필요도 없는 것입니다.

이 과학전람회는 출품자들이 오랫동안 연구하고 노력한 결과를 발표하는 유일한 기회이며, 많은 경쟁자들을 물리치고 입선된 여러분은 개인의 영예일 뿐만 아니라 우리나라 경제개발에 기여할 기틀이 될 것이므로 국가적으로도 커다란 의의를 갖게 되는 것입니다.

특히 그중에는 착상이 기발한 것과 또한 조금만 더 연구하면 실용적인 가치가 있는 것도 발견되었습니다. 아무쪼록 입상자 여러분은 더욱 분발해 주시기 바랍니다.

오늘날 세계 여러 나라에서는 모든 분야에서 과학의 힘을 동원하는 데 앞을 다투고 있어 20세기의 후반기는 과학의 시대라고 규정지을 만하기에 이르렀습니다.

원자과학과 우주과학의 발달은 실로 절정에 이른 감이 없지 않으며, 나아가서 과학은 국력의 원천으로서 군사면이나 정치면에 이르기까지 중대한 영향력을 미치고 있음은 부인할 수 없는 사실입니다.

이제 조국의 근대화를 조속히 실현함이 우리의 당면과제라면 여기에 무엇보다 시급히 요청되는 것은 과학의 발달이며, 모든 악조건을 극복하고 과학하는 분위기를 조성하는 일이라고 믿는 바입니다.

나는 지난번 미국을 방문했을 때 존슨 대통령과의 합의로 우리나라에 종합과학연구소를 설치케 되었고 지난번 미국 대통령의 과학고문인 호닉 박사가 내한했을 때 협의를 거쳐서 내년도부터 그 실현을 보게 되어 앞으로 우리나라 과학분야에 획기적인 계기가 되리라고 믿습니다.

그러나 과학은 저절로 하루아침에 발전하는 것은 아니며, 비약도 기적도 없는 것이고, 열의 있고 끊임없는 연구노력을 다함으로써 비로소 결실을 맺는 것입니다.

　그러므로 학생이나 전문 분야에 종사하는 사람은 물론 일반국민까지도 과학하는 기본자세를 갖추어 과학을 숭상하는 기풍을 기르고 과학자들이 의욕적으로 연구할 분위기와 여건을 구비토록 하는데 협조해야 할 줄로 믿습니다. 특히 과학관은 이 나라 과학발전의 도표가 될 수 있도록 운영되기를 바라 마지않습니다.

　오늘 이 시상식을 계기로 모든 과학도들이 한층 더 분발하여 과학건설의 역군이 되기를 간곡히 당부하는 바입니다.”

우리나라의 교육은 생산에 기여하고, 생산에 직결돼야 한다

　1966년 1월 18일, 연두교서에서 대통령은 조국근대화를 추진하고 있는 우리나라의 교육은 생산에 기여하고 생산에 직결돼야 한다는 점을 강조했다.

　“우리는 우리가 지닌 민족적 우수성을 이제 조국근대화를 위해 집약적으로 동원해야 하겠습니다. 이를 위해 요청되는 것이 바로 인간개발을 위한 교육의 쇄신입니다. 우리 교육의 근본목표는 인간교육과 민족교육의 확충에 있거니와 조국의 근대화를 서두르고 있는 이 시점에 있어서, 우리 교육은 적어도 생산에 기여하고 또 생산에 직결돼야 한다는 것입니다. 이를테면, 정부는 금년에 각급 농업학교에 토양검증 시설을 갖추게 하여, 전국 방방곡곡의 농토를 검증하도록 할 방침입니다.

　또한 생산에 기여할 과학기술의 진흥을 위하여 각종 연구소를 설치할 것이며, 기왕의 각종 관민연구소에 대해서도 이를 적극 지원할 것입니다. 이러한 생산하는 교육을 위하여 정부는 중·고등학교의 통합에 이어, 금년에는 교육제도 전반에 걸쳐 보다 합리적인 개편과 교육시설의 확충을 기할 것이며, 특히 기술 및 실업교육의 발전을 도모할 것입니다. 또한 정부는 경제적으로 불우한 자녀들을 위하여 장학제도를 더욱 확충할 것입니다."

과학기술자와 숙련공의 양성을 위해 과학기술 진흥을 촉진해야 한다
1966년 5월 19일, 제1회 전국과학기술자 대회에서 대통령은 먼저 경제자립의 첩경은 과학기술의 진흥에 있다고 단언했다.

"기술은 모든 것을 해결한다는 말이 있습니다. 이 말은 정치·경제·사회·문화의 모든 영역의 살림이 과학기술의 진흥 여하에 달려 있다는 것을 의미하는 것입니다.

오늘날 정부는 예산을 편성하고, 국방계획을 수립하고, 또는 공장을 건설하고, 경지를 정리하고, 자연자원을 개발하는 등 여러 가지 문제를 다루고 있지만, 그러한 문제들은 과학적 지식이나 기술의 수용 없이는 해결될 수 없다는 의미에서 재정문제요, 경제문제요, 군사문제인 동시에 과학의 문제요, 기술의 문제인 것입니다.

실로 국정운영과 사회생활에 미치는 과학기술의 영향력은 절대적인 것입니다.

그중에서도 한 국가의 경제발전에 있어 과학기술이 차지하는 비중은 막중한 것이며, 그것은 영국의 산업혁명이 무엇을 이룩했던가를 상기하지 않더라도 최근 수년 동안 우리나라의 과학기술자들이 자립경제건설 과정에서 이룩한 여러 가지 성과가 입증해 주고 있는 것입니다.

나는 조국근대화를 위하여 증산·수출·건설 그리고 내자동원의 필요성을 강조한 바 있거니와, 경제자립의 첩경이야말로 과학기술의 진흥에 있다는 것을 단언하지 않을 수 없습니다. 과학기술은 생산증강의 모체요, 경제발전을 촉진하는 힘의 원천이기 때문입니다. 그것은 한 마디로 조국근대화 작업의 선행조건이요, 필수요건인 것입니다."

대통령은 이어서 우리는 제2차 5개년계획 추진에 필요한 과학기술자와 숙련공의 양성을 위해 과학기술 진흥을 촉진해야 한다는 점을 강조했다.

"그러나 과학기술자 여러분!

우리는 지금까지 과학기술의 진흥을 소홀히 한 것이 사실이었고, 그 결과 제1차 경제개발 5개년계획에 따라 공장건설과 기타 사업추진 과정에서 외국기술자의 지식과 기술의 도움을 받지 않을 수 없었던 것입니다.

이로 인하여 1962년부터 오늘에 이르기까지 그들의 용역대금으로 지급된 외화만 하더라도 무려 1천 740여만 달러에 달하고 있는 것입니다.

만일 우리나라의 과학기술 능력이 자주자립의 완벽한 태세를 갖추고 있었더라면, 이러한 막대한 외화는 생산공장의 건설이나, 국토개발사업에 유용하게 사용될 수 있었던 귀중한 자본인 것입니다.

외화절약이라는 관점에서도 이 과학기술의 진흥은 시급한 당면과제로 등장하고 있는 것입니다. 그러나 오늘 내가 이 자리에서 과학기술의 진흥을 특히 강조하는 것은 외화절약이라는 관점에서가 아니라 고도의 경제성장이 기약되는 제2차 5개년계획 실시기간 중에 급격히 증대될 고용량과 또, 한국기술자에 대한 해외수요의 증가가 예상되기 때문에 일반 노동력은 물론, 숙련공과 과학기술자를 다수 양성하여 이에 대비하여야 할 필요를 통감하기 때문입니다.

정부는 제2차 경제개발 5개년계획 수행에 필요한 장기 과학기술자 수요계획을 수립하고, 유능한 과학기술자의 양성과 제반시설의 확충, 그리고 과학기술자의 처우개선 계획 등을 구상, 수립하고 있습니다."

대통령은 이어서 한국과학기술의 앞날은 과학기술자들의 왕성한 책임감과 투철한 사명감, 개척자로서의 헌신적 봉사와 선구자로서의 창의적 노력에 달려 있다는 점을 역설했다.

"이러한 정부의 노력도 노력이거니와 이보다도 과학기술자 여러분의 자각적인 노력과 분발이 더 중요하다는 것을 나는 강조하지 않을 수 없습니다.

'과학한국'의 내일이나, '기술한국'의 앞날은 전혀 과학기술자 여러분의 왕성한 책임감과 투철한 사명감에 달려 있으며, 여러분의 개척자로서의 헌신적 봉사와 선구자로서의 창의적 노력에 달려있다는 것을 강조하고자 합니다.

아직도 우리 주위에는 선진국의 눈부신 과학기술에 압도되어 무엇인가 새로운 것을 발견해 내고, 무엇인가 독창적인 것을 창조해 내려는 노력을 게을리하는 경향이 있습니다. 심지어는 그러한 노력을 하는 과학자를 가리켜, 이를 어리석다고 비웃는 사람조차 없지 않습니다. 선진국은 월세계에 인공위성을 보내고 있는 이 판국에 우리가 어떻게 그들을 따라갈 수 있겠느냐?고 체념하고, 자포자기하는 사람들이 바로 그러한 사람들입니다.

이러한 체념과 자포자기 때문에 우리나라 과학기술이 발전하지 못하였고, 우리가 아직도 빈곤과 후진의 굴레를 벗어나지 못하고 있는 것입니다. 우리의 과학문명이 뒤떨어진 근본원인을 따지고 보면, 50년, 20년 전의 우리 조상들이 그 당시의 선진과학문명에 압도되어 아무런 향상과 발전의 노력도 없이 그대로 체념하고 허송세월을 보냈기 때문입니다.

만일 오늘의 우리 세대가 다시 이러한 전철을 밟는다면, 10년,

20년 후의 우리 후손들은 문자 그대로 과학의 미개지에서 지금보다도 더한 빈곤과 후진의 고초를 겪게 될 것입니다. 내가 오늘 과학기술자 여러분의 사명과 책임을 강조하고 헌신적 노력과 창조적 활동을 재삼 당부하는 이유는 바로 여기에 있는 것입니다.

여러분은 모름지기 우리도 얼마든지 새로운 기술을 개발할 수 있고, 또 독창적인 과학문명을 발전시킬 수 있다는 자신과 긍지를 가지고, 과학한국의 내일을 위해서 오늘의 희생을 기꺼이 받아들이겠다는 정신적 자세를 갖추어야 하겠습니다."

대통령은 끝으로 우리는 과학자, 기술자를 존중하고 우대할 줄 아는 새로운 사회기풍을 조성해 나가야 되겠다는 것을 강조했다.

"우리 과학기술자 여러분에게는 이러한 자신과 긍지를 가질 수 있는 역사적인 기록이 있습니다.

세계 최초의 금속활자를 발명한 것도 우리 민족이요, 세계에서 가장 앞섰던 측우기를 만들어 이용한 것도 우리 민족이었습니다. 우리에게는 능력과 자질이 없는 것이 아니라, 다만 그것을 발휘하려는 의욕과 용기가 없었던 것입니다. 그러한 능력과 자질이 뛰어난 사람을 찾아내어 격려해 주고 키워 주려는 사회적 분위기가 없었던 것입니다.

나는 오늘의 이 자리를 빌어 우리 국민들이 과학기술의 중요성을 새로이 인식하고, 과학진흥사업을 범국민적인 사업으로 발전시키는데 적극 협조하고 성원해 줄 것을 호소하고자 합니다.

과학자를 존중할 줄 알고 기술자를 우대할 줄 아는 새로운 사회기풍을 조성해 나가야 하겠다는 것입니다.

정부의 종합적 계획과 과학기술자의 창조적 노력, 그리고 일반 국민의 적극적인 참여와 성원, 이 세가지가 삼위일체로 한데 뭉쳐 나간다면 우리 과학기술은 비약적으로 발전할 수 있다고 확신합니다."

신생국가들의 과학기술과 교육의 발전을 위한 국제협조가 증진돼야 한다

1966년 8월 2일, 세계교직자단체총연합회 제15차 대회에서 대통령은 먼저 교육은 다음 세대에 희망을 거는 '미리의 열쇠'라는 점을 강조했다.

"'교육은 개발이다'라는 말이 있습니다. 우리가 긍정하는 교육은 인간성의 발달, 인격의 완성, 개성의 존중, 행동의 자유를 원리로 하여서로 존경하고 서로 협조하는 인간을 교육하는 민주주의 교육입니다. 이러한 인력개발은 국가발전의 기반이 될 뿐만 아니라, 세계평화의 초석이 되는 방향에서 계획되어야 할 것입니다.

우리나라는 예로부터 '교육은 백년대계'라고 말해 왔습니다. 이 교훈은 교육계획은 장기적 시각에서 안출되어야 하며, 장기투자로서 교육의 생산성은 결코 경시될 성질의 것이 아니라는 가르침입니다. 또한 이 교훈은 교육이 현재의 시급한 이해관계를 위해 원대한 인간성의 발달을 희생시키거나 굽혀서는 안 되며, 여하한 정권이나 당파의 '정치적 거점'이 되어서도 안 된다는 원리로 이해되어야 할 것입니다.

우리가 염원하는 교육은 평화와 자유와 인간의 존엄성을 옹호하는 인간개발이며, 이 지구상의 온갖 부정과 난관을 극복하고 해결하는 장기적 해결책이라는 의미에서 다음 세대에 희망을 거는 '미래의 열쇠'라고 할 것입니다. 그러한 점에서 이 지구상의 평화와 자유를 수호하는 열쇠는 교육에 있고, 여기 모이신 여러분들에게 있다고 강조해 두고 싶습니다."

대통령은 이어서 공산주의 세력의 교육을 비판하고 신생국가들의 과학기술 발전과 교육발전을 위한 국제협조가 가일층 증진돼야 한다는 점을 역설했다.

　"지금 우리 주위에는 폭력에 의한 세계지배와 인간의 노예화를 획책하는 전체주의 세력과 광신적 교조가 세계평화를 위협하고 있습니다. 그들은 교육을 인간의 원만하고 자유로운 발전이라고 보지 않고, 오로지 당파성·계급적 증오감·무자비한 투쟁 등의 '정치선전공작'을 강요 보급하는 일이라고 생각합니다. 그들의 교육은 인간을 폭력지배의 부속품화하고, 획일적으로 평준화하여 개성을 억압하고 있습니다. 이러한 독단적이고 편협한 교육사상은 날로 확대해 가는 이성과 자유의 힘 앞에 굴복하는 날이 머지않을 것으로 확신합니다.
　우리 교육이 목표로 하는 이상적 인간상은 건전한 민주적 시민입니다. 그것은 자주적 인격을 주축으로 해서 자기책임과 자제력을 지니는 덕성의 함양을 통해서, 서로 이해하고 서로 도와 세계평화에 기여하는 일원이 되어야 합니다.
　20세기 과학문명 속에서 과학발전에 부응하는 지식의 신속한 전달과 보급도 교육의 중요한 임무 중의 하나이겠지만, 그것에 우선하는 것은 지식의 선용을 위한 도덕의 재건이라고 하겠습니다. 인류평화를 위한 지식의 선용은 국제적 윤리교육, '평화의 윤리'의 교육을 통해서 성취될 수가 있는 것입니다.
　인류역사의 이상은 곧 교육의 목적입니다. 우리 인류가 이상으로 하는 세계는 전쟁·불행·질병·빈곤 등이 없는 평화 세계의 달성입니다. 그러나 현대에는 아직 전쟁과 평화, 자유와 압제, 빈곤과 풍요, 질병과 건강 등의 이율배반이 엄존해 있고, 간난히 말해서, 선진국과 후진국과의 격차는 우리가 공동으로 해결해야 할 국제문제로서

제기되어 있습니다. 이것을 해결하지 못할 때, 인류의 불화와 비극은 종식되지 않을 것입니다.

　신생제국의 근대화는 경제개발과 더불어 교육발전이 병행되어야 함을 선진제국의 전례에서 보아 왔습니다. 신생제국에 대한 과학기술은 물론, 교육발전을 위한 국제적 협조가 가일층 증진될 것을 희망하는 바입니다."

　대통령은 끝으로 우리는 이 지구 전체가 하나의 커다란 '세계학교'가 되도록 공동노력을 해야겠다는 점을 역설했다.

　"우리는 전세계가 하나의 교육적 환경이 되도록 공동으로 노력해야 하겠습니다. 이 지구 전체가 하나의 커다란 '세계학교'가 되어야 하겠습니다. 우리나라에는 고래로 '군·사·부 일체'라고 해서 교사를 존경하고 숭앙했습니다. 또한 '군·사·부 일체'를 현대적으로 다시 이해해 볼 때, 이는 교육개발을 위해서 정부와 학교와 가정이 삼위일체가 되어 협력하는 동지적 결합을 의미한다고도 생각할 수 있겠습니다.

　교육에는 제도나 계획도 중요하지만, 교사의 역할이 가장 중요한 생명이라고 하겠습니다. 교직자란 가장 신성하고 보람 있는 직책입니다. 세계 도처에는 '페스탈로치'나 '플로벨'의 교육적 생애와 정열에 감동되어, 오직 육영사업에 한평생을 바치는 데 삶의 보람을 느끼는 위대한 교육자들이 많이 있습니다. 이와 아울러 우리는 교직자들에게 무한한 신뢰와 기대를 아끼지 않는 것입니다.

　오늘 이곳 서울에 전세계의 원로교육자와 청년교육자들이 자리를 같이 하여 '교육계획에 있어서의 교직단체의 역할'을 주제로 채택하고, 각국의 국가번영과 인류사회의 발전을 이룩함에 있어 교육의 사명과 교직자의 책임을 새로이 다짐하고, 범세계적인 교육과제에 대한 진지한 토의의 기회를 가지게 되었음은 우리 한국의 자랑인 동시에, 세계교육의 발전에 또 하나의 획기적 전환점을 마련할 전진의 이정표가 될 것으로 확신합니다.

아무쪼록 오늘의 이 모임이 인류의 평화와 자유와 행복으로 통하는 진지한 대화의 광장이 되어 많은 성과 있기를 빌며, 아울러 교직자 여러분들의 즐거운 여행과 건승을 빌어 마지않습니다."

한국과학기술연구소(KIST)는 과학기술과 기술인력개발의 요람이 되다

1966년 10월 6일, 한국과학기술연구소 기공식이 있었다. 20세기의 가장 큰 특징은 과학기술의 비약적인 발전이었다.

과학기술의 발달은 인간 사회에 지금까지는 상상도 할 수 없었던 새로운 변혁의 물결을 일으켰으며, 국가 간의 과학기술 격차는 선진국과 후진국, 강대국과 약소국을 구별하는 척도가 되었다.

1957년 소련이 세계 최초로 인공위성 '스프트니크(sputnik)호를 발사했을 때 미국인들은 경악했고 이 거대한 충격에서 벗어나기 위해 미국이 취한 첫 번째 조치는 과학과 수학교육을 충실화하고 과학기술 연구기관을 확충하는 것이었다. 그 후 달에 인간을 착륙시킨 미항공우주국(NASA)은 바로 이러한 노력의 산물이었다.

1960년대에 프랑스의 드골 대통령은 한동안 침체속에서 벗어나지 못했던 프랑스의 과학기술을 세계정상 수준으로 끌어올리기 위해 막대한 연구개발투자를 강화하였고 이를 통해 산업을 근대화하고 핵개발을 통해 자주국방을 완성하고 강대국의 위상을 되찾아 위대한 프랑스를 건설하는 데 성공했다.

그동안 경제발전을 뒷받침하는 요인으로는 노동력, 자본력, 저축, 자원, 기술진보, 기업가 정신, 정책 및 제도 등이 꼽히고 있었다.

그러나 1909년부터 1949년에 이르기까지 미국의 실질 국민총생산(GNP)의 중간요인을 분석한 결과 경제발전의 87.5%가 기술 진보에 의해 촉진되었다는 솔로우(R.M. Solow) 교수의 연구결과가 밝혀지게 되자 종래의 발전 이론은 크게 변모하기 시작했다.

한편, 슈페터(J. Schumpeter)는 기업의 기술혁신이야말로 자본주의 경제발전을 미는 원동력이며 기업이 대형화되어야만 기술혁신이 가능하다고 보았다. 그는 기업의 대형화에 따라 '규모의 경제'를 누리면서 비용을 절감시켜 경쟁력을 강화시키고 양산체제를 구축할 수 있는 대기업을 중시하였다. 그리하여 선진국에서는 이미 기술이 노동이나 자본보다 더 중요한 성장 요인이 되고 있었다. 여러 국가들은 앞을 다투어 연구개발(R&D)에 대한 집중적인 투자를 행하여 신기술의 개발에 총력을 기울이고 있었다.

대통령은 제1차 경제개발 5개년계획을 추진하면서 기회 있을 때마다 앞으로는 과학기술이 앞선 나라가 세계를 지배하게 될 거이라고 예단했다. 지난 100년 동안 세계의 과학기술은 그야말로 눈부신 발전을 거듭했고, 이러한 발전 속도로 보아 앞으로 10여년 지나면 과거 100년 동안에 이루어진 발전보다 훨씬 더 큰 비약적인 발전을 보일 것이다. 따라서 국가 간의 치열한 경제전쟁에서 승리할 수 있는 나라는 과학기술 개발과 고급기술인력 육성에서 앞선 나라가 될 것이라고 내다보고 있었다. 대통령은 이러한 판단과 전망을 하면서 과학기술진흥 5개년계획을 수립하여 과학기술발전과 기술인력 양성에 비상한 관심과 각별한 노력을 기울여 왔다. 특히 급속한 공업화의 진전과 함께 고도의 과학기술의 비중이 날로 커짐에 따라 우리의 자주적인 과학기술력의 획기적인 발전이 시급하다고 판단하고 과학기술 발전에 기여할 수 있는 제도와 교육과 연구기관 등에 대

▲ 한국과학기술연구소 기공식 광경
한미 양국 공동투자로 추진된 KIST 기공식이 박 대통령을 비롯 많은 인사가 참석한 가운데 열렸다(1966. 10. 6).

▶ 박 대통령으로부터 임명장을 받는 최형섭 초대 KIST 소장

해 혁신적인 조치를 취했다.

우리도 새로운 기술을 개발하고, 그 기술을 제품으로 연계하는 창

조직인 연구개발 인력과 문제해결 능력을 갖춘 기술 인력을 최단기간 내에 집중적으로 육성하기 위해서는 정부의 제도도 신설하고 교육제도도 개혁해야 하고, 연구기관을 발전시켜야 한다고 생각한 것이다.

과학기술은 연구기관을 중심으로 이루어진다. 따라서 연구기관의 설립추이는 과학기술 발달의 지표라고 할 수 있다. 해방 직후 우리나라의 과학기술 연구기관으로는 1954년에 설립된 국방과학연구소와 1959년에 설립된 원자력연구소가 있었다.

국방과학연구소는 우수한 이공계 대학 졸업자들을 선발, 국방관계의 과학기술뿐만 아니라, 기초연구에도 영향을 미치는 광범위한 연구에 몰두토록 하는데 목적을 둔 것이었다.

원자력연구소는 시설이 완비된 종합연구소로서 기초 및 응용과학 연구와 산업부문에 큰 몫을 차지하게 됐고, 여기에 설립된 1백 킬로와트 연구용 원자로 트리가 마크(TRIGA MARK) Ⅱ가 가동되면서부터 동위원소를 이용한 방사성 의학연구가 물리, 화학 등의 기초분야 이외에도 산업분야로까지 활발하게 진전됐다.

그러나 1960년대 초반 제1차 경제개발 5개년계획이 추진되고 있는 시기까지도 산업기술개발의 주역을 자임해야 할 민간기업들은 적정 기술의 선정이나 도입기술의 소화와 개량을 스스로 감당할 수 있는 자체 기술개발 능력을 갖고 있지 못했다. 따라서 민간기업들로 하여금 그들이 필요로 하는 적정기술을 선정할 수 있도록 지도해 주고, 또 민간기업을 대신하여 도입기술을 우리의 여건에 맞게 소화시키고 개량시켜 이를 산업계에 이식하고 보급해주는 이른바 기술개발 매개체로서의 역할을 담당할 전문적인 과학기술연구기관이 절실히 필요했다.

이날 기공식을 갖게 된 한국과학기술연구소(KIST)는 바로 이러한 필요를 충족시킬 수 있는 한국과학기술 발전의 요람이다.

이 과학기술연구소는 1965년 대통령의 방미 때 존슨 대통령이 약속한 것이다. 존슨 대통령은 대통령의 방미 선물로 한국에 공과대학을 하나 건설해 주겠다고 제의하자 대통령이 우리나라로서는 공과대학보다는 공업기술과 응용과학을 발전시킬 수 있는 연구소가 필요하다고 해서 존슨 대통령이 이를 수락해 성사된 것이다.

대통령은 우리나라의 낙후된 과학기술을 빠른 시일내에 획기적으로 발전시키고 과학기술 인력을 양성하기 위해서는 전문적인 연구소를 만들어서 해외에서 활약하고 있는 한국과학자들을 국내에 유치해서 외국에서와 같은 파격적인 대우와 지원을 해주어야 한다고 생각하고 있었다. 이것은 정부가 할 수 있는 일이지, 기존 대학이나 신설된 대학이 할 수 있는 일이 아니었다. 만일 대통령이 존슨 대통령의 처음 제의대로 공과대학을 세웠다면, 우리나라 과학기술 발전의 요람은 탄생할 수 없었을 것이다. 따라서 한국과학기술연구소의 건설은 대통령의 통찰력과 선견지명이 빛난 작품이었던 것이다.

이 연구소는 미국의 유명한 산업기술연구소인 '바텔연구소(Battelle Memorial Institute)'가 산파역을 했고 1966년 2월에 한미공동출연으로 설립되었으며, 대통령이 그 설립자가 되었다.

1966년 2월 2일, 한국과학기술연구소(KIST) 설립을 위해 개인자격으로 100만원의 사재를 내겠다는 재산출연증서를 펜으로 손수 작성하고, 장기영 경제기획원 장관의 인가 서명을 받았다.

이 연구소의 특징은 정부가 무조건 돈을 대주고 과학자들이 이른바 '과학을 위한 과학'을 연구하는 연구소가 아니라 연구원들이 공업기술과 응용과학의 실수요자들과 계약을 하고 실수요자들이 필요로 하는 과학기술을 연구개발하여 제공하는 산업기술연구소, 다시 말해서 경제개발을 촉진하기 위한 과학기술을 연구 발전시키고 또한 산업발전을 선도하게 될 대형의 장기연구개발 사업을 하는 연구소라는 데 있었다.

대통령은 이 연구소의 발전을 위해서 국내의 과학자와 기술자는 물론이고 해외에서 활동하고 있는 유능한 과학자와 기술자들을 귀국토록 하여 그들의 산업기술개발 활동을 지원하고 격려했다. 특히, 대통령은 이 연구소에 외국에서 활약하고 있는 우리나라의 두뇌들을 초치하기 위해서 삼고초려 이상의 정성과 노력을 기울였다. 대통령의 이러한 간곡한 권유로 유수한 과학기술 인재들이 외국의 좋은 시설과 고액의 연봉으르 희생하고 과학기술의 불모지인 조국의 발전을 위해 헌신하겠다는 생각으로 홍릉의 연구소에 찾아왔다. 처음에 귀국한 18명에 이어 78년까지 과학기술자 400여 명이 귀국했다. 70년대 이후 종합제철, 조선, 반도체, 석유화학 등 중공업 발전을 뒷받침한 과학기술은 모두가 이 연구소에서 개발된 것이다.

대통령은 미국 등 해외에서 활약하고 있는 한국과학자와 기술자들을 한국과학기술연구소로 유치하기 위해 이들에게 파격적인 대우를 제공하기로 했다. 즉 이들이 해외에서 얻고 있는 수입수준과 생활수준과 생활양식을 보장해 줘야 한다는 것이다. 아파트나 자가용이 일반화되지 않은 가난한 이 나라에서 그것은 파격적인 대우였다. 그래서 일부에서는 지나치다느니, 같은 한국인인데 그렇게 특별대우 안 해도 되지 않느냐는 등 이의를 제기하는 사람도 없지 않았다. 그러나 대통령은 이러한 잡음에 개의치 않았다. 과학자든, 기술자든 선진국에서 일을 능히 수행할 수 있을 정도로 고도의 교육을 받은 유능한 인재들을 우리나라에 끌어들이기 위해서는 그 인재가 한국인이든 외국인이든 그들에게 선진국 수준의 대우를 해줘야 한다. 그렇지 않으면 그들은 선진국에 남아 있게 된다. 그것이 한국인이라면 이른바 '두뇌유출'이 되는 것이다.

그 당시 이러한 두뇌유출이 심했던 나라는 인도였다. 인도 정부는 경영관리자, 대학교수, 의사, 기술자 등 고등교육을 받은 사람들의 수입에 상한선을 설정하고, 연평균 수입액을 6,000달러 내지는 7,000달러 이하로 눌렀다. 이 금액은 농민 연수입의 50~100배에 해당하는 것으로 80%의 세대가 농촌지대에 사는 나라에서 이 격차는 심각한 사회적 불평등을 나타내고 있었다.

그런데 인도에서는 최고 수입액이라 할지라도 고도의 교육과 훈련을 받은 인도인이 해외에서 벌 수 있는 수입액에 비하면 그것은 아주 보잘것없었다. 또한 이 최고 수입 한도액은 그들이 집, 자동차, 학교, 신문, 서적 등 현대의 생활필수품값이 유럽 여러나라 보다도 훨씬 비싼 인도에서 유럽 수준의 생활은 물론이고 최저 도시 중산층 수준의 생활을 하는 데 필요한 금액보다도 훨씬 낮은 것이었다. 그 결과 인도에서는 교육, 훈련, 경험을 쌓은 각계각층의 사람들의 해외 취업으로 두뇌유출이 계속되고 있었다.

대통령은 이러한 두뇌유출 사태가 우리나라에서 발생한다면 자립경제건설이나 근대화는 어렵다고 보고 일부에서 반대하더라도 유능한 과학기술 인재의 두뇌유입을 위해 특단의 대우를 배려했다. 그리하여 대통령의 부름에 호응하여 고국에 돌아온 해외의 한국인 과학자와 기술자들은 십수년 동안 과학기술개발과 기술인력 양성에 헌신적으로 노력하여 경제건설과 근대화작업 수행의 원동력이 되었고, 엄청난 국부를 창출해냈다. 그들이 귀국 당시에 받았던 이른바 특단의 대우를 위해 지불된 비용은 그들이 이룩해낸 국부에 비하면 실로 구우일모에 지나지 않는 것이었다. 대통령의 과학기술 인재에 대한 과감한 투자와 그 천문학적 성과는 바로 10년 또는 20년의 앞을 내다본 대통령의 그 선견지명과 과단성 있는 결단력의 산물이었다. 이 연구소의 초대 소장으로는 최형섭 박사가 취임했다.

대통령은 앞으로 한국과학기술의 요람이 될 이 연구소를 건립할 부지로 홍릉에 있는 임업시험장을 선정하고 지적도를 들고 현장을 돌아보며 부지를 골랐다.

대통령은 이 연구소의 기공식이 있은 후에는 한달에 몇 번씩 이곳을 찾아 연구소 건물이 올라가는 모습을 지켜보기도 했고, 정원의 조경에도 관심을 표명했다. 그리하여 8만 2천여 평의 부지에 3년만에 연구소 건물이 완성되었다. 그것은 1960년대에 전세계의 개발도상국가 중에서 최초의 최신 과학기술연구소였다.

대통령은 연구소 완공 후에도 이곳을 자주 방문했다.

그리고 실수요자들을 찾아 계약을 성사시키느라고 고생하는 연구원들, 특히 선진국의 그 좋은 환경에서 직장생활을 하다가 고국에 온 과학자와 기술자들을 격려해 주었다. 그래서 진짜 과학기술연구소의 소장은 대통령이라는 농담이 나돌기도 했다.

사실 이 연구소는 과학기술 발전에 대한 대통령의 원대한 비전과 뜨거운 열정이 흠뻑 배어 있는 한국산업기술의 산실이었다. 그래서 대통령은 이 연구소와 연구원들에게 큰 희망과 기대를 걸고 그들의 성공을 기원했던 것이다.

결국 이들은 초창기의 고생과 어려움을 극복하고 우리나라의 산업기술 발전의 선구자적 사명을 다함으로써 대통령의 기대에 보답했다.

대통령은 이 연구소의 기공식에서 먼저 모든 국가들이 과학기술의 진흥을 위해 정부투자를 증가시키고 있는 공통적 현상을 지적했다.

"연구소장 최형섭 박사, 연구소관계자, 그리고 내외 귀빈 여러분!
오늘 우리의 오랜 숙원이던 한국과학기술연구소의 기공식을 갖게 된 것을 나는 매우 기쁘게 생각하는 바입니다.

오늘날 과학기술의 진보는 산업경제의 발전에 중요한 역할을 담당하고 있으며, 최근 여러 선진국들이 이 분야에서 이룩한 놀라운 발전은 국민경제와 세계경제에 커다란 구조적 변동을 가져오고 있습니다.

이와 같이 과학기술의 진보가 사회와 경제발전에 중대한 영향을 미치게 됨에 따라, 이미 여러 선진국가에서는 행정기구의 개혁과 연구체제의 확립, 그리고 인재양성기관의 정비 등 과학기술 진흥을 위해서 힘쓰고 있으며, 더욱이 그 종합적 연구를 위한 정부투자의 증가는 하나의 공통된 현상으로 나타나고 있습니다.

이러한 현상은 특히 개발도상에 있는 국가에 있어서 더욱 두드러진 바 있으며, 이들은 국가 간의 교류를 통하여 과학기술 진흥과 기술계 인적자원의 개발 등 여러 문제의 해결을 위한 실천방안을 모색하고 있는 것입니다."

대통령은 이어서 과학기술 진흥 5개년계획에 대해 설명하고 한국과학기술연구소는 이 계획의 수행에 있어서 그 선도적 역할을 담당하게 될 것이라고 천명했다.

"친애하는 과학기술연구소 직원 여러분!

자립경제 건설과 조국근대화를 위해 온 국민이 총력을 기울이고 있는 지금, 과학기술의 진흥은 실로 우리의 가장 시급한 과제가 아닐 수 없습니다. 과학기술의 발전 없이는 경제성장이나 근대화가 이룩될 수 없다고 해도 과언이 아닐 만큼 경제개발과 근대화 과정에 미치는 그 힘은 지대하고도 관건적인 것입니다. 정부는 제2차 경제개발 5개년계획에서 과학기술진흥 5개년계획을 중요한 부문계획으로 수립하고 인력개발, 연구개발, 기술도입을 정책적 지원으로 뒷받침하려 하고 있습니다.

이 계획은 실업교육과 직업훈련에 총 113억 원을 투자하여 1971년에는 97만 9천 명의 과학기술계 인적자원을 확보하고, 과학기술의 기술연구와 응용연구를 위해 총 186억원을 투자하여 대학과 기업체, 기타 연구기관을 통틀어 범국민적인 연구개발의 분위기를 진작시키자는 것입니다.

또 총 96억 원(364만 달러)의 기술협력 재원을 우방으로부터 확보하여 자체개발이 불가능한 부문에 한하여 외국의 선진 과학기술을 도입하여 이를 우리의 것으로 소화 흡수하는 한편, 우리와 동열의 후진국이나 또는 우리보다 뒤떨어진 저개발국가에 대해서는 우리의 훌륭한 과학기술을 공여하자는 것입니다.

이 과학 기술 진흥 5개년계획은 정부가 수립된 이후 처음 있는 국가적 사업으로써 이는 과학한국 건설의 초석이 되고, 자립경제 건설과 근대화작업을 촉진하는 강력한 추진력이 될 것입니다.

오늘 기공을 보게 되는 한국과학기술연구소는 우리나라의 우수한 기술자들에게 창조적인 연구활동의 기회를 제공하는 과학 전당으로서 과학기술 진흥 5개년계획 수행의 선도적 역할을 담당하게 될 것입니다.

여러분이 아시다시피 나는 지난번 미국을 방문했을 때 존슨 미국 대통령과 우리나라에 종합적 과학기술연구소를 설치할 것에 합의한 바 있거니와 호닉 박사의 내한을 계기로 이 연구소 설치문제가 협의되어 오늘 그 기공식을 가지게 된 것입니다. 나는 이 자리를 빌어 이 연구소 설치를 위해서 물심양면으로 지원해 준 존슨 미대통령과 호닉 박사 그리고 바텔연구소 관계인사 여러분에 대해 심심한 사의를 표하고, 이 연구소의 발전을 위해 앞으로도 계속 협력해 줄 것을 기대하는 바입니다."

대통령은 1967년 4월 21일 정부조직에 과학기술처를 신설하여 정

부주도의 과학기술의 연구개발
체제를 갖추기 시작했다.

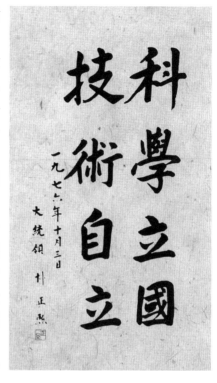

그리하여 공업화를 뒷받침할
산업기술개발의 중추기관으로
한국과학기술연구소(KIST)와
고급과학기술 인력의 양성임무
를 맡은 한국과학원(KAIS),
한국과학기술원(KAIST의 전
신)이 설립되었다.

우리나라의 과학기술개발은
바로 한국과학기술연구소의 설
립과 더불어 시작되었고, 한국
과학원에서 양성하여 배출한
유능한 과학기술 인력에 의해
서 활성화 되었다.

과학기술연구소가 한국과학
기술 발전의 어머니였다면 과학원은 그 유모였다고 할 수 있다.

70년대 초까지도 일반 대학원에서의 고급과학기술 인재양성은 그
리 활발하지 못했다. 교육시설과 우수한 교수진의 부족 등으로 대학
졸업자들 중 연구를 계속하고자 하는 많은 사람이 미국 등 외국으
로 유학의 길을 택했기 때문이었다.

그래서 정부는 71년에 이들을 국내에서 교육 육성시키기 위해 새
로운 대학원의 설립을 통해 대학원 체제의 개선, 발전을 유도했다.
이와 같은 목적으로 73년 설립된 한국과학원(KAIS)은 정부의 출연
금으로 설치 운영되었고, AID 차관 등으로 연구시설과 기자재 도
입, 그리고 우수교수 유치 등에 힘써 외국의 어느 이공계 대학원에

도 견줄 수 있는 수준의 대학원으로 설립됐다.

그리고 국내의 대학교도 산업발전에 요구되는 고급과학인력을 양성하면서 한국과학원을 비롯한 몇몇 우수한 대학교의 대학원은 국내 고등교육기관에서 필요로 하는 과학기술 분야의 교수요원도 양성하였다.

1973년 연두기자회견에서 대통령이 중화학공업 정책과 전국민의 과학화운동을 선언한 후 정부는 전략산업으로 지정한 철강, 석유화학, 조선, 기계, 전기전자, 자동차 산업을 집중 육성하면서 각 기술 분야별로 14개의 정부출연 연구기관을 설립했다.

이들 연구기관의 설립을 계기로 정부주도의 과학기술개발은 본격화되었다. 그 당시 우리 기업들의 기술개발 활동은 양적으로나 질적으로 보잘것없었다. 그러나 70년대 말부터는 정부의 권유에 따라 기업부설연구소를 설립하기 시작했다. 이때부터 민간기업이 과학기술개발을 주도하게 되었다. 기업들은 국제경쟁력을 위한 기술개발의 필요성이 증대하자 연구소를 계속 증설했다.

그리하여 과학기술관계 연구기관의 현황을 보면 1980년 현재 총 647개로 대학부설 연구기관이 202개소, 전문 연구기관이 124개소, 기업체 연구기관이 321개소에 이르고 총 연구원은 1만 8천여 명에 달하고 있었다.

흔히 과학기술 발전의 지표로는 5M 구비요소를 꼽는다. 즉 연구인력(Manpower), 연구지원행정(Management), 연구시설(Machinery), 연구재료(Material), 연구비(Money)가 그것이다. 이러한 지표로 볼 때 해방 이후 우리나라의 과학기술은 엄청난 발전을 가져 온 것이다.

1960년 초 제1차 경제개발 5개년계획을 추진할 당시에 우리나라의 과학기술은 선진국의 과학기술 수준에 비해 형편없이 낙후되어 있었다. 그러나 수출지향 공업화를 통해 우리 경제가 지속적으로 고도성장을 거듭하는 과정에서 우리 기업의 투자활동이 활발했고 그 과정에서 신기계장비 등의 자본재가 미국과 일본 등 선진국으로부터 많이 도입되었으며, 이에 따라 신기술의 도입과 기술혁신도 활발했다.

특히 정부가 기업의 수출용 신기계설비 등의 도입을 적극 장려하는 정책을 펴 왔으므로 신기술 도입은 크게 촉진되어 왔다. 우리나라의 수출지향 공업화를 촉진시켜 온 주요산업인 합성섬유, 전자, 전기, 철강, 석유화학, 조선산업은 모두 선진공업국가들로부터 표준화된 기술을 도입하였고, 이러한 기술이 효과적으로 흡수되고, 정착되어 나갔다. 이 과정에서 우리나라의 과학기술은 20년도 안 되는 짧은 기간 동안에 크게 발전한 것이다. 특히 과학기술교육에 일대 개혁을 단행하여 고급기술인력을 집중적으로 육성하고 기술도입과 기술개발을 더욱 강화하여 중화학공업을 본격적으로 추진하기 시작한 1975년 이후에 우리의 과학기술은 급속히 발전했다. 이러한 토대 위에서 80년대와 90년대에 우리의 연구기관들은 새로운 산업의 주력이 되고 있는 반도체, 컴퓨터, 통신 등 정보기술, 신소재기술, 생명공학 등 첨단기술 분야를 중심으로 연구개발에 주력하여 메모리용 반도체(DRAM)와 같은 첨단기술제품을 개발했다. 그리하여 우리의 과학기술은 기술의 모방 단계에서 창조의 단계로 진입했고, 세계 최초의 제품개발이나 새로운 산업을 일으키는 데 선도적 역할을 했다.

이러한 과학기술의 발전은 우리 경제의 국제경쟁력을 강화시켜 경제성장을 지속시킴으로서 우리나라를 낙후된 농업국에서 신흥공업국가로 탈바꿈시킨 원동력이 되었다.

과학기술의 발전은 제품생산과 관련된 기술혁신뿐만 아니라 경영관리 방식의 변화, 유통방법의 개선, 경제관계법규 및 제도의 변화, 연구개발(R&D) 형태의 지식의 증가, 국민의 일상생활이나 의식구조에도 커다란 영향을 미쳤다.

우리나라 대학의 병폐는 생산성 없는 교육을 해 온 데 있다

1966년 10월 15일, 서울대학교 개교 제20주년 기념식에서 대학의 사명과 책임, 우리나라 대학교육의 병폐에 대한 평소의 소견을 피력했다.

대통령은 먼저 우리 대학은 국력의 증강과 경제개발의 종합센터로서 국가발전과 경제건설에 적극 참여하는 근대화의 원동력이 되고 추진력이 되야 한다는 점을 역설했다.

"지금 우리는 민족중흥을 이룩해야 할 역사적 전환점에 처해 있습니다. 우리는 언제까지나 지난 20년의 혼란과 병폐를 되풀이하고만 있을 수는 없는 것이며, 더욱이 새로이 각성한 신생제국의 발전을 위한 분발의 대열에서 실의의 낙오자가 될 수는 없습니다.

이제 우리는 지난 1세기를 전후해서 거세게 휘몰아쳤던 국제정세의 격랑 속에서 자립자존의 결의를 가다듬지 못한 채, 필경 식민지로서의 고초를 겪어야 했던 그 쓰라린 전철을 되풀이하지 않기 위해서 대오하고 각성해야 하겠습니다. 밖으로 자주자립의 자세를 확고히 하고 안으로 자립경제 건설과 근대화작업을 완수하여 닥쳐오는 앞날의 신기운 속에서 국토통일의 성업을 성취할 반석같은 터전을 굳게 다져야 하겠다는 것입니다.

우리 대학은 새로운 조국을 이끌고 나갈 나라의 일꾼을 길러 내는 전당이 되어야 하겠습니다.

우리 대학은 새로운 한국인을 창조하는 인간혁명과 의식개혁의 묘판이 되어야 하겠습니다.

대학은 먼저 인간을 만드는 곳이며, 건전한 지도적 인격을 함양하는 도장입니다. 학문의 연구와 교수를 통해서 고도의 전문지식을 다음 세대로 전수하는 진리탐구와 인격도야는 대학교육의 2대 이념인 것입니다. 그러나 오늘날 자주자립과 근대화에 눈뜬 신생제국에 있어서의 대학은 학문과 인간의 개발이라는 2대 이념 위에 민족자주성의 앙양이라는 새로운 이념을 추가해야 할 것입니다. 그리하여 대학은 국력의 증강과 경제개발의 종합센터로서 국가발전과 경제건설에 적극 참여하는 근대화의 원동력이 되고 추진력이 되어야 할 것입니다.

오늘날 이른바 개발도상에 있다고 하는 여러 나라들은 공장을 건설하는 일에 못지않게 교육을 진흥시키는 데 힘쓰고, 특히 대학을 정비하고 강화하는 일에 열중하고 있음을 볼 수 있는데, 이것은 그들이 근대화의 비결이 교육에 있다는 것을 깨달았기 때문입니다. 확실히 교육투자의 중시는 이제 하나의 세계적인 추세가 되고 있는 것입니다.”

대통령은 이어서 우리나라 대학의 병폐는 생산성 없는 교육을 해온 데 있다고 비판했다.

"지난 20년 간의 우리나라 고등교육 실황을 돌이켜볼 때, 대학의 급속한 양적 증대는 교육내용의 질적 빈약과 아울러 여러 가지 병리와 폐해를 수반했습니다. 그중에서도 내가 오늘 특히 강조하고자 하는 것은 생산성 없는 대학교육입니다. 대학이 졸업장을 남발하여 고급실직자를 양산하고, 허영심이나 충족시키는 장소로 전락했던 지난날의 과오가 회상되기 때문입니다.

우리는 이 이상 교육상의 낭비를 계속해서는 안 될 것입니다. 교육은 장기투자이며, 확대재생산을 목표로 한 국가백년대계이기 때문입니다. 고등교육을 책임지고 있다는 특권의식을 가지고 허망한 관념의 유희를 일삼는다든지, 또는 지난 시대의 유물인 현실 부정적이며 냉소적인 태도는 조국의 중흥을 위해서는 백해무익한 것입니다.

우리 주위에는 아직도 일제강점기하 '인텔리' 기질의 유풍이 그대로 남아 있어, 국가재건의 광장으로 뛰어들기를 주저하는 지식인이 없지 않습니다. 물론 외세의 지배하에서 소극적으로나마 현실외면의 태도가 식민주의에 대항하는 지식인의 자세일 수밖에 없었다는 것은 그런대로 이해할 수 있는 일입니다. 그러나 조국이 해방된지 20년이 지난 오늘, 잘사는 민족이 되고, 부강한 나라를 만들자는 이 마당에 있어서도 여전히 무엇이나 부정적으로 보고, 또 잘못된 것으로 보는 회색의 안경을 쓴 태도는 민족의 앞날을 위해서 시정되어야 하겠습니다.

지금 조국은 생산성 있는 지식인의 적극적인 참여를 요구하고 있습니다. 우리는 민족사의 새로운 페이지를 창조하기 위해서 우리 민족도 자력으로 풍요한 사회를 건설할 수 있다는 위대한 민족임을 과시하기 위해서 근대화작업을 힘차게 추진하고 있으며, 제2차 경제개발 5개년계획을 새로이 마련하고 있는 것입니다. 이 거창한 과업을 완수할 수 있는 것은 바로 인간의 힘입니다. 새로 자라나는 젊은 지성의 역량만이 새나라 건설의 추진력이 될 수 있는 것입니다.

언젠가 영국의 어떤 대학 교문 앞에서 한 노인이 교수 한 분에게 '여기가 무엇을 하는 곳이오' 하고 질문하자, 그 교수는 잠시 생각한 끝에 다음과 같이 대답했다고 합니다. 이곳은 대영제국 발전의 원동력이 될 사람을 기르는 곳이지요' 하고 말이지요.

정녕 이 서울대학교는 조국근대화의 원동력이 될 사람을 기르는 곳이 되어야 하겠습니다.

전통과 근대가 정리되지 못한 채 공존하는 와중에서 조국의 운명이 여러분의 쌍견에 달려 있음을 명심하고 나라와 겨레의 선구자로서 민족중흥의 참된 일꾼이 되어 줄 것을 거듭 당부합니다.

우리들은 지금 황금보다도 더 소중한 역사적인 시점에 살고 있습니다. 우리에게 주어진 시간과 모든 기회를 최대한으로 활용할 수 있다면 우리들은 위대한 역사를 창조할 것입니다."

과학기술처는 우리 민족의 과학기술 능력과 자질을 꽃피울 것이다

1967년 4월 21일, 과학기술처의 개청식이 있었다.

대통령은 1966년 10월 초 국무회의에서 67년 초에 과학기술 행정을 전담할 과학기술부를 설치하겠다는 뜻을 밝히고 이를 연구검토하도록 내각에 지시하였다.

우리 경제의 지속적인 고도성장을 선도하고 공업국가 건설을 촉진하며, 국민 모두가 1일 1기 주의로 나가기 위해 66년부터 과학기술진흥 5개년계획을 추진하고 있는 상황에서 과학기술 부서의 신설은 시급히 이루어져야 한다는 것이다. 이에 따라 67년 4월 21일, 과학기술처가 그 개청식을 갖게 되었다.

대통령은 1965년 5월 중순 존슨 미국 대통령과의 한미정상회담을 마치고, 5월 18일 한국대사관에서 교포들과 환담을 했는데, 이 자리에서 요업 전문가인 김기형 박사를 만났다. 대통령은 김기형 박사를 귀국토록 하고 경제과학상임위원회의 상임위원으로 임명한 후 선진국에 가서 과학기술 관련기관들과 정책을 보고 오라고 당부했다. 김기형 박사는 귀국하여 보고서를 제출했는데, 이 보고서에서 그는 경제기획원과 같은 과학기술원을 신설하고 부총리급 장관을 두어 과학기술 진흥을 위해 정부의 각 부서를 통할하는 것이 필요하다는 제안을 했다. 대통령은 그 제안에 찬성했다. 그러나 부총리를 또 둔다는 데 대해서는 각 부처에서 반대했다. 그러자 대통령은 과학기술은 모든 부처가 다 필요로 하는 것이므로 특정 부서의 행정만을 담당하는 '부'로 하는 것은 적절하지 않고, '원'으로 하는 데 대해 반대가 많다면 '처'로 하는 것이 좋겠다는 의견을 제시함에 따라 과학기술처로 발족하게 되었고, 김기형 박사가 초대 과학기술처 장관으로 임명되었다.

대통령은 이날의 개청식에서 먼저 과학기술처 설립의 경위를 설명했다.

"오늘 우리나라의 과학기술 행정을 전담하게 될 과학기술처의 개청식을 가지게 된 것을 나는 매우 뜻깊게 생각하는 바입니다.

과학기술의 발전 없이 경제성장이나 생활향상이 이룩될 수 없다는 것은 재론의 여지가 없는 것입니다.

흔히 후진국이란 과학기술이 없는 나라, 또는 그것이 뒤떨어진 나라라고 정의되고 있습니다.

그것은 스스로의 과학기술 능력이 없을 뿐만 아니라, 그러한 능력을 닦고 넓히려는 노력으로서의 계획이나 기구가 또한 없다는 뜻입니다.

과학기술행정을 효율적으로 담당하고 수행할 행정기구의 유무, 또는

과학기술처 개청식에 참석해 연설하는 박 대통령(1967. 4. 21)

그 능률의 고저는 바로 그 나라 과학기술 발전에 지대한 영향을 미치는 것입니다.

그러므로 선진제국은 물론 개발도상에 있는 여러 나라들은 한결같이 과학기술 행정체계의 정비와 그 강화에 많은 노력을 기울이고 있고, 그 합리적인 운영에 항상 부심하고 있는 것입니다.

정부기구의 개편, 그것도 중앙관서의 신설 개편이란 결코 간단한 문제가 아닌 것입니다. 거기에는 여러 가지 어렵고 까다로운 문제가 뒤따르기 마련이며, 따라서 기구개편은 신중성이 요청되고 있습니다.

이번 발족하게 된 과학기술처가 설립되기까지에는 상당기간의 신중한 연구와 관계공무원 및 이 분야 전문가들의 심의가 있었음은 물론입니다. 또한 우리나라의 과학기술 발전을 위해서는 강력한 행정력을 발휘할 수 있는 종합적이며 통일된 체제하의 중앙관서가 하루속히 설립되어야 한다는 절박한 필요성에서 단(斷)이 내려진 것입니다."

대통령은 이어서 우리의 민족적 능력과 자질을 연마하고 배양하는 제도와 기구와 그러한 사회적 분위기를 마련해야 되겠다는 판단에 따라 과학기술처를 발족시켰다고 천명했다.

"돌이켜보건대 우리의 과학문명이 뒤떨어지게 된 근본원인은 19세기 말의 우리 조상들이 그 당시의 선진 과학문명에 압도당하여, 아무런 향상과 발전의 노력도 없이 그대로 이를 좌시한 채 허송세월을 하였기 때문입니다.

만일 오늘의 우리 세대가 다시 이러한 전철을 밟는다면, 우리 후손들은 영원히 회복될 길 없는 과거의 미개지에서 빈곤과 후진의 너울을 벗지 못한 채 혹심한 고난과 굴욕을 겪게 될 것은 두말할 나위도 없는 것입니다.

우리에게 능력과 자질이 없었던 것은 아니었습니다.

한때 찬란한 문화가 있어 이웃을 교화하였고, 또한 금속활자나 측량기와 같이 인류역사에 길이 남을 만한 과학기술상의 발명과 이용의 실적을 우리는 역사에 기록하고 있습니다.

문제는 이러한 능력과 자질을 가꾸고 꽃피우려는 의욕과 용기가 없었던 데에 우리가 낙후하게 된 원인이 있었던 것입니다.

그러므로 이러한 민족적 능력과 자질을 연마하고 배양하는 제도와 기구, 그리고 이에 호응하는 사회적 분위기가 마련되어야 하겠다는 것입니다.

정부가 서둘러 과학기술처를 발족토록 한 이유가 바로 이러한 중책을 맡아 할 중추적 기구가 될 것을 기대하기 때문인 것입니다.

나는 조국의 근대화와 경제자립을 위해 증산·수출·건설, 그리고 저축의 필요성을 강조했거니와 그에 못지않게 일찍부터 과학기술의 진흥이야말로 그 모든 것을 가능케 하는 가장 빠른 지름길임을 강조한 바 있습니다.

특히 국민소득을 두 배로 증가시키고, 민족자립의 목표를 달성해 보자는 제2차 5개년계획을 성공적으로 완수하기 위해서는 무엇보다도 과학기술 능력을 충분히 확보해야 하겠습니다.

이제 한국과학기술의 앞날은 바로 여러분이 맡은 바 막중한 사명과 책임을 얼마만큼 성실하게 완수하느냐에 달려 있습니다.

초창기에 수반되는 여러 가지 애로와 고충이 없지 않을 것입니다.

그러나 여러분에게 부하된 책무의 중요성을 투철히 인식하여 소기의 성과를 올릴 수 있도록 최선을 다할 것을 바라 마지않습니다.

아울러 이 자리에 참석하신 내외귀빈 및 국민 여러분의 적극적인 협조가 있기를 당부하는 바입니다.

끝으로 과학기술처의 설립을 위해 오늘까지 힘써 온 관계인사 여러분의 그간의 노고를 치하하고, 앞으로 가일층 분발하여 과학한국의 앞날을 더욱 빛내줄 것을 당부하는 바입니다."

국제기능올림픽대회 선수단이 우리 민족의 우수성을 세계에 과시하다

1967년 7월 27일, 국제기능올림픽대회 선수단 환영식에서 대통령은 우리나라에서는 이 대회에 처음으로 출전하여 예상 외로 여러 종목에 걸쳐 입상의 영예를 차지함으로써 국위를 선양하고 우리 민족의 우수성을 세계에 과시한 선수들을 격찬했다.

어려운 여건에서 성장한 우리 선수들이 오랜 과학기술문명의 전통 위에서 자라난 외국 선수들과 실력을 겨루어 기능 한국의 명성을 떨친 것은 나라의 경사요, 겨레의 자랑으로서 참으로 기쁘고 흐뭇한 일이다. 수상자들은 문(文)을 숭상하고 공(工)을 경시하는 낡은 전통의 굴레를 박차고 기능과 기술의 세계무대로 진출하여 두각을 나타냄으로써 공장과 건설현장의 숨은 일꾼들에게 자신과 희망을 주었고, 기능한국, 기술한국의 앞날에 새로운 이정표를 세웠다. 현대는 산업기술의 시대요, 인력개발의 시대다. 조국의 근대화작업은 수상자들과 같은 기능인과 기술인의 힘으로 뒷받침될 때 더욱 촉진 될 수 있다. 국민 여러분도 기술과 기능의 연마에 정진하는 젊은 일꾼들에게 성원을 보내줘야 한다. 그리고 수상자 여러분들은 여러분의 경험과 지도를 필요로 하는 많은 동료와 후배들과 서로 일깨우고 협력하여 다음 번 국제기능올림픽대회에서는 더 많은 우리 선수들이 입상의 영광을 차지할 수 있도록 정진해야 되겠다는 것이다.

"이번 제16회 국제기능올림픽대회에 처음으로 출전하여 탁월한 기능을 발휘함으로써 국위를 선양하고 우리 민족의 우수성을 세계에 과시한 우리 선수들에 대하여 나는 만강의 찬사를 보내는 바입니다.

어려운 여건에서 성장한 우리 선수들이 오랜 과학기술문명의 전통 위에 자라난 수많은 외국 선수들과 실력을 겨루어, 여러 종목에 걸쳐 입상의 영광을 쟁취하여 기능한국의 명망을 떨친 것은 정녕 나라의 경사요, 겨레의 자랑으로서 기쁘고 흐뭇한 일이 아닐 수 없습니다.

자립경제 건설과 공업입국을 위해 온 국민의 지혜와 역량을 총동원하고 있는 이 때, 이들 수상자와 같은 우수한 기능인·기술인들은 근대화의 전도에 밝은 전망을 던져 주는 건설의 역군으로서, 우리 모두가 키우고 격려해야 할 민족의 일꾼인 것입니다.

이번 수상자들은 문을 숭상하고 공을 천시하는 낡은 전통의 굴레

제24회 국제기능올림픽대회 수상자들을 치하하는 박 대통령 (1978)

를 박차고 일어나, 경쟁이 치열한 기능과 기술의 국제무대로 진출하여 두각을 나타냈다는 점에서, 공장과 일터에서 건설에 종사하고 있는 많은 숨은 일꾼들에게 자신과 희망을 주었을 뿐만 아니라 기능한국·기술한국의 앞날에 새로운 이정표를 세웠다고 믿습니다.

현대는 산업기술의 시대요, 인력개발의 시대라고 할 수 있습니다.

오늘날 우리가 추구하고 있는 조국근대화의 대업은 실로 인간의 지혜와 기술의 힘으로 뒷받침될 때 더욱 촉진될 수 있는 것입니다.

우리는 고도로 경쟁적인 세계의 변화와 발전에 적응해 가는 한편, 이 변화와 발전의 원동력인 인간의 예지와 기술의 힘을 개발하고 배양하는 데 힘써야 하겠습니다.

나는 이 자리를 빌려, 관계인사는 물론, 국민 여러분들도 기술과 기능의 연마에 정진하고 있는 젊은 일꾼들에게 뜨거운 성원을 보냄으로써, 그들의 장래를 축복해 주시기를 바라는 바입니다.

친애하는 수상자 여러분!

나는 여러분들이 앞으로 더욱 기술연마에 정진함으로써, 조국근대화의 힘찬 역군이 되어 줄 것을 당부하는 바입니다.

오늘의 여러분의 영예가 오직 오랫동안의 노력의 결정이듯이, 앞으로 여러분 자신의 대성과 조국에 대한 기술보국은 보다 큰 노력과 새로운 결의의 터전 위에서만 이루어질 수 있는 것입니다.

지금 이 순간, 여러분의 가슴속에 솟구치는 자신과 의욕은 나라와 겨레를 위해 심신을 바치겠다는 값진 사명감으로 승화되어야 하겠습니다.

또한 여러분의 주위에는 여러분의 경험과 지도를 필요로 하는 많은 동료와 후배가 있다는 것을 명심하고, 서로 일깨우고 협력하여, 다음번 국제기능올림픽대회에서는 더욱 많은 우리 선수들이 입상의 영광을 차지하게 되기를 당부하는 바입니다.

끝으로 발족한지 1년 남짓한 국제기능올림픽 한국위원회가 이번과 같은 큰 성과를 올릴 수 있도록 국내기술개발에 진력해 온 그간의 공헌에 대해 심심한 치하를 드리는 바입니다.

선수단 여러분의 앞날에 영광과 대성 있기를 기원하는 바입니다.”

한 사람의 기술자, 한 사람의 과학자라도 더 육성해야 한다.

1967년 9월 6일, 재단법인 과학기술후원회 설립 취지문에서 대통령은 우리 생활 속에 과학기술이 스며드는 사회풍토를 조성하여 기술자와 과학자를 한 사람이라도 더 육성해야 되겠다는 점을 강조했다.

“우리의 당면과제는 하루속히 자립경제 건설과 조국의 근대화를 이룩하는 데 있다고 믿습니다.

과학기술의 진흥은 바로 경제자립과 근대화를 촉진하고 선도하는 발전의 요체입니다.

돌이켜보면 우리는 너무나 오랫동안 과학기술을 천시하고 등한시하는 환경 속에서 살아 왔습니다.

비록 한때 세계 최초의 금속활자를 만들어 우수한 과학기술의 진경을 보였던 역사의 기록도 있습니다만, 비과학적인 인습과 사회풍조가 그 계속적인 발전을 저해하고 말았던 것입니다.

말할 것도 없이 과학자와 기술자의 연구와 발명은 한 나라의 산업과 경제의 발전을 촉진하고, 또 치열한 국제경쟁 속에서 민족의 역량을 과시할 수 있는 국력의 척도가 되고 있는 것입니다.

우리는 하루 속히 과학기술을 진흥시켜야 하겠습니다.

여기에는 무엇보다도 먼저 과학자와 기술자를 우대하고, 우리 생활의 구석구석까지 과학기술이 스며드는 사회풍토의 조성이 시급합니다.

이러한 사회분위기 속에서 우리는 한 사람의 기술자, 한 사람의 과학자라도 더 육성해야 하겠습니다.

위대한 과학자·뛰어난 기술자가 많으면 많을수록 그것은 곧 국가발전의 동력이 될 뿐만 아니라, 민족의 자랑이 되고, 긍지가 되고, 희망이 되기도 합니다.

과학기술후원회를 설립하는 뜻이 여기에 있으며, 이로써 훌륭한 과학자·기술자를 거국적으로 기르고 이들을 받드는 과학하는 국민, 과학하는 나라의 자세를 갖추고자 합니다.

아울러 과학기술진흥에 온 생애를 바쳐 국가와 사회발전에 현저한 공헌을 하여온 과학자·기술자 또는 현재 연구활동에 심혈을 기울이고 있는 과학자와 기술자들의 후생복지를 도모하고, 그들의 능력을 충분히 국가발전과 과학기술 진흥에 기여할 수 있도록 기회를 부여코자 합니다.

　본 재단설립으로 이러한 목적달성을 위한 하나의 전기가 이룩되길 바라면서, 각계각층의 끊임없는 성원과 후원이 있기를 바라 마지 않습니다."

우리 교육은 국민정신 함양의 묘상이 돼야 한다

　1967년 11월 23일, 대한교련 제25회 대의원 대회 및 교육공로자 표창식에서 대통령은 우리 교육은 국민정신 함양의 묘상(苗床)이 돼야 한다는 점을 특별히 강조했다.

　우리는 교육의 당면목표를 근대화를 위한 인간교육과 생산을 위한 과학교육에 두고 건설의 주체가 될 인력개발에 주력하면서 정신교육에도 힘써야 한다. 새로운 지식과 기술을 습득한 사람이 많아도 국가와 민족을 위해 그 지식과 기술을 활용하려는 의욕과 정신이 없다면 그런 사람은 소용이 없다. 넋이 없는 청중은 귀머거리와 같다는 말이 있다. 조국과 민족을 사랑할 줄 알고, 수호할 줄 알고, 발전시킬 줄 아는 정신을 우리의 젊은 세대의 가슴 속에 심어주는 데 교육적 노력을 다해야 한다. 교육자 여러분이 교육임무에 전념할 수 있는 여건이 아직 충분히 마련되어 있지 못하다는 것은 잘 알고 있다. 정부는 단계적인 교원보수제도 및 교재연구비의 개선 등 이 문제해결을 위해 최선을 다하고 있음을 이해하고 교육자 여러분도 인내와 용기로 오늘의 불비한 여건을 극복해 나가고, 특히 아동교육 관련 문제해결을 위한 훌륭한 방안을 마련해 줄 것을 기대한다는 것이다.

　"여러분이 아시다시피 지금 우리는 자립경제 건설과 조국근대화를 위해서 많은 과업을 추진해 나가고 있습니다.

　교육은 바로 이 과제의 성공적 수행을 보장하는 관건입니다.

우리는 교육의 당면목표를 근대화를 위한 인간교육, 생산을 위한 과학교육에 두고, 건설적 활동의 주체가 될 인력을 개발하는 데 모든 노력을 경주해야 하겠습니다.

이와 아울러 우리 교육은 건전한 국민정신 함양의 묘상이 되어야 하겠습니다.

새로운 지식과 기술을 습득한 사람이 아무리 많다 하더라도, 이를 국가와 민족을 위해 헌신적으로 활용하려는 의욕과 정신을 결여했다면, 그러한 사람은 아무런 소용이 없는 것입니다.

자기가 태어나서 자라난 향토를 사랑하는 향토애, 자기민족의 번영과 안전을 위해 노력하는 조국애 이러한 정신으로 무장된 인간이야말로, 바로 우리가 추구해야 할 국민상이며, 인간상인 것입니다.

넋이 없는 청중은 귀머거리와 같다고 하였습니다.

우리는 조국과 민족을 사랑할 줄 알고, 수호할 줄 알고, 발전시킬 줄 아는 정신을 우리의 젊은 세대의 가슴속에 심어주는 데 교육적 노력을 다해야 하겠습니다.

오늘날 물의를 일으키고 있는 과외공부 문제도 그 근본원인은 교육을 입신양명과 부귀·영화를 누리는 한낱 수단으로만 보는 사회적 폐풍에 있는 것이며, 이러한 폐풍은 지난날의 우리 교육이 정신교육면에 너무나 소홀했기 때문이라고 해도 과언이 아닐 것입니다.

한 사회가 중흥을 이룩할 때, 교육은 그 원동력이 되었다는 역사의 교훈을 잊지 마시고, 교육자 여러분은 내일의 이 나라 주인들로하여금, 국가사회에 헌신하겠다는 강렬한 꿈을 가지고 진취의 기상으로 용왕 매진하도록 교도해 주실 것을 당부하는 바입니다.

물론 교육자 여러분이 성심성의껏 교육임무에 전념할 수 있는 충분한 여건이 아직 마련되어 있지 못하다는 것을 나는 잘 알고 있습니다.

정부는 단계적으로 교원보수제도를 합리적으로 개선하고, 교재연구비 등도 개선하여, 이 문제해결에 최선을 다할 방침으로 있습니다만, 교육자 여러분도 2세 교육의 막중한 사명과 긍지를 가지고, 인내와 용기로써 오늘의 불비한 여건을 극복해 나가기를 간곡히 부탁드리는 바입니다.

여러분의 앞날에 반드시 고진감래의 보람이 있을 것을 확신합니다.

아무쪼록 우리나라 교육계의 당면과제를 토의하게 될 이 모임에 많은 성과 있기를 바라면서, 특히 아동교육에 관련된 제반문제의 해결에 훌륭한 방안을 마련해 줄 것을 기대하는 바입니다."

과학기술을 발전시켜 나가면 우리도 부강해질 수 있다

1967년 12월 28일, 전국 지방장관회의에서 대통령은 20세기 후반기에는 과학과 기술이 앞선 민족이 세계를 지배한다는 확신을 피력하고, 우리도 과학기술을 발전시켜 나가면 얼마든지 부강해 질 수 있다고 천명했다.

국가의 부강을 좌우하는 것은 국토의 크기나 지하자원의 양이 아니라 그 나라의 과학기술이다. 오늘날 국토가 방대하고 자원이 풍부한 나라 중에도 국민들이 게을러서 일을 하지 않아 가난하게 사는 민족이 많이 있다. 우리의 국토가 좁고 자원이 부족한 것을 한탄할 일이 아니다. 우리가 과학기술을 발전시켜 나가면 얼마든지 부강해질수 있다는 확신을 가지고 기술개발에 박차를 가해야 한다.

특히 앞으로 국제시장에 나가 우리 상품이 외국상품과 경쟁해서 이기려면 고도의 기술이 필요하다. 공업 분야뿐만 아니라 농수산물 생산이나 부녀자들이 만드는 수공업제품까지도 기술을 향상시켜 질좋고 값싼 상품을 시장에 내놓을 수 있게 해야 한다는 것이다.

"다음은 기술개발을 강조합니다. 20세기 후반기를 나는 이렇게 봅니다. 과학과 기술이 앞선 민족이 세계를 지배한다고 확신하는 것입니다.

그동안에 외국에도 여러 번 나가 보았고, 또 평소에 얻은 자료를 종합해 보면, 국토의 광협이나 지하자원의 다소는 큰 문제가 되지 않으며, 그 나라의 과학과 기술이 어느 정도 발달하였는가에 따라 국가의 부강이 좌우된다는 것입니다.

그렇기 때문에 우리나라의 국토가 좁고 자원이 부족한 것을 한탄할 것이 아닙니다. 오늘날 국토가 방대하고 자원이 풍부한 나라 중에서도 후진국의 굴레를 벗어나지 못하고 못사는 민족들이 많이 있지 않습니까! 오히려 국토가 넓고 자원이 많은 국민은 게을러서 일을 하지 않으므로 가난하게 사는 예가 많이 있습니다.

그러므로 우리도 과학과 기술을 발전시켜 나갈 것 같으면, 얼마든지 부강해질 수 있고 잘살 수 있다는 확신을 가지고, 이 기술개발에 박차를 가해야 하겠습니다.

특히 앞으로 국제시장에 나아가 외국상품과 겨루어 승리하려면 고도의 기술이 필요합니다. 따라서 공업 분야는 물론이고, 농촌에 있어서도 농수산물의 생산이나 부녀자들이 손으로 만드는 수공업제품 까지도, 기술을 향상시켜 질이 좋은 상품을 싼 값으로 시장에 내놓을 수 있게 해야 하겠습니다. 오늘 이 회의에서는 농어민의 소득 증대를 위해서, 우리가 앞으로 각별히 관심을 기울여야 할 사항과 기술의 개발에 대하여 특히 강조하고 여러분들의 일대각성을 촉구하는 바입니다."

제2장 100억 달러 수출과 중화학공업 육성을 위해 모든 국민이 기술을 배워야 한다

조국근대화에 기여할 수 있는 생산하는 교육의 기본이념과 가치관이 정립 안 되어 있다

1968년 1월 15일, 연두기자회견에서 대통령은 문교정책의 기본목표는 조국근대화에 기여할 수 있는 인간교육 또는 생산하는 교육에 두어야 하는데, 이러한 교육의 기본이념과 가치관 정립이 안 되어서 여러 가지 혼란이 생겼다는 사실을 지적하고, 일제강점기 때의 제도 또는 미국이나 서구에서 들여온 제도와 정책하에서 일관성 없이 제멋대로 커나간 우리 교육계의 현상을 시정해야 하다는 점을 강조했다.

"매년 말썽이 되고 있는 입시 문제라든지 우리나라의 교육을 어떤 방향으로 이끌어 나가야 되겠느냐. 문교정책을 어떻게 정상화시키느냐 하는 문제, 이것은 그야말로 국가백년대계를 위해서 대단히 중요한 문제라고 생각하고 정부로서도 금년에는 특히 이 문제에 대한 근본적인 또는 항구적인 시책을 강구하기 위해서 사계 권위자라든지 전문가들을 모아서 이에 대한 것을 충분히 검토해 좋은 방안이 나오면 우리가 시정해 나가려고 생각합니다.

우리나라 문교정책의 기본목표란 것은 결국은 조국근대화에 가장 효과적으로 기여할 수 있는 인간교육 또는 생산하는 교육, 여기에다 두어야 할 줄 알고, 이러한 교육의 기본이념과 가치관이 정립되지 않는 데서 여러 가지 혼잡이 오지 않는가 이렇게 보고 있는 것입니다.

이 문제에 대해서는 특별히 대통령도 관심을 많이 가지고 있는 문제입니다.

우리나라의 문교정책이란 것이 해방 직후에 과거 일제강점기 때부터 내려오던 그러한 여러 가지 제도, 또는 해방 이후에 미국이나 해외에서, 서구 방면에서 들여 온 제도, 거기서 초기에 뚜렷한 일관성 없는 어떤 정책하에서 제멋대로 커나간 이러한 여러 가지 한국 교육계 현상, 이런 것을 어떤 항구적인 올바른 방향으로 시정하고 정상화시켜 나가는 데는 상당히 우리가 연구도 해야 되겠고, 또 이것을 점진적으로 시간을, 시일을 두고 해야 되리라고 생각합니다. 이 문제에 대해서는 정부가 금년에 관심을 가지고 검토를 해 볼 생각입니다."

국민교육헌장의 선포

1968년 12월 5일, 대통령은 국민교육헌장을 선포했다.

"우리는 민족중흥의 역사적 사명을 띠고 이 땅에 태어났다. 조상의 빛난 얼을 오늘에 되살려 안으로 자주독립의 자세를 확립하고, 밖으로 인류 공영에 이바지할 때다. 이에 우리의 나아갈 바를 밝혀 교육의 지표로 삼는다.

성실한 마음과 튼튼한 몸으로 학문과 기술을 배우고 익히며, 타고난 저마다의 소질을 개발하고, 우리의 처지를 약진의 발판으로 삼아 창조의 힘과 개척의 정신을 기른다. 공익과 질서를 앞세우며, 능률과 실질을 숭상하고 경애와 신의에 뿌리박은 상부상조의 전통을 이어받아, 명랑하고, 따뜻한 협동 정신을 북돋운다. 우리의 창의와 협력을 바탕으로 나라가 발전하며, 나라의 융성이 나의 발전의 근본임을 깨달아 자유와 권리에 따르는 책임과 의무를 다하며, 스스로 국가 건설에 참여하고 봉사하는 국민정신을 드높인다.

반공 민주 정신에 투철한 애국 애족이 우리의 삶의 길이며, 자유세계의 이상을 실현하는 기반이다. 길이 후손에 물려줄 영광된 통일 조국의 앞날을 내다보며, 신념과 긍지를 지닌 근면한 국민으로서 민족의 슬기를 모아, 줄기찬 노력으로 새 역사를 창조하자.”

대통령은 이날 발표한 담화문에서 이 헌장의 참뜻을 설명하고 국민들의 자각적인 실천과 각 분야의 지도자들의 솔선수범을 당부했다.

“우리는 오늘 전국민의 이름으로 국민교육헌장을 선포하게 되었습니다.

오늘부터 우리는 국민 모두가 민족중흥의 역사적 사명을 자각하고 새로운 역사를 창조해 나가는 나라의 주인으로서 이 헌장을 생활화할 것을 맹세하는 것입니다.

전문 393자로 집약 표현된 이 헌장은 오래 전부터 우리 국민 모두가 공감하고 그 필요성을 절실히 느껴온 국민윤리의 기둥이며, 우리가 힘써 닦아 나가야 할 국민교화의 지표라고 할 것입니다.

이 헌장이 나오기까지에는 우리나라 학계·언론계·종교계·산업계 등 각계각층의 요망과 의견 등이 집약되었고, 또 그 초안을 작성하는 과정에서는 오랫동안 각계 인사들의 성의를 기울인 논의와 수정이 거듭되었으며, 국회에서는 본회의에서 만장일치로 찬성·동의하는 등 정부와 국회와 국민이 합심 협력해서 헌장을 만들어 오늘 선포된 것입니다. 이 헌장은 결코 누가 누구에게 강요하는 강제규범이 아니라, 국민 속에서 우러나고 국민의 중지가 엉켜서 이룩된 자율적인 국민윤리의 대강이라는 데 큰 뜻이 있는 것입니다.

지금 우리나라는 정치적 안정과 경제적 발전을 통해서 널리 온 세계에서 개발도상국가의 시범이라고까지 불리우고 있지만, 국민정신의 자기혁신이 없이는 더 이상의 큰 전진을 기대하기 어려운 것입니다.

국민교육헌장 선포식 1968년 12월 5일 서울시민회관 대강당에서 박 대통령은 국민교육헌장을 선포하였다.

무릇 경제적 번영의 밑바닥에는 강인한 의지와 근면한 노력에 사는 국민이 있는 법이며, 민족중흥의 저력은 국민정신의 개혁운동에서 우러나는 것입니다. 나는 이 헌장의 선포에 즈음하여, 과거 우리 선인들의 미덕을 계승하는 데만 그치지 않고 보다 밝은 내일을 창조하는 데 중점이 두어져야 한다는 것을 강조하고자 합니다.

조국통일과 경제적 번영을 이룩하고야 말 대한민족 웅비의 정신적 바탕을 마련하는 데 있어서 그 진로를 밝혀 주는 교육지표라는 데 더 큰 관심을 두어야 하겠다는 것입니다.

따라서 이 헌장이 국민생활의 생생한 규범이 되고 나아가서 먼 훗날까지 길이 빛나는 역사적 문헌이 되게 하기 위해서는 먼저 국민 스스로가 이 헌장을 이념으로 자기를 교육해 나가는 자각적 실천이 요청되는 것이며, 아울러 미래에 사는 개척자적 긍지와 의지를 견지해야 하겠습니다.

이 헌장을 생동하고 생산적인 행동규범으로 만드느냐 않느냐 하는 것은 국민의 마음과 실천에 달려 있다고 할 것입니다.

나는 이 헌장에 그려진 이상적인 국민상이 모든 학교교육에 있어서 지표가 될 것을 기대할 뿐만 아니라, 한 걸음 나아가서 널리 국민 생활 전반에 걸쳐 일상생활 속에 뿌리박기를 마음속으로부터 당부하는 바입니다.

특히 신문·방송 등 언론기관을 비롯하여 우리나라 성인교육, 사회교육을 담당하고 있는 분들이나 각계각층의 지도자들이 앞장서서 국민교육헌장의 일상적인 실천에 앞서 주시기를 진심으로 당부하는 바입니다.

끝으로 이 헌장의 한 구절을 여기에 인용하여 국민교육헌장의 선포를 축하하고, 국민 여러분과 다함께 새로운 결의를 다짐하고자 합니다.

길이 후손에 물려줄 영광된 통일 조국의 앞날을 내다보며 신념과 긍지를 지닌 근면한 국민으로서 민족의 슬기를 모아 줄기찬 노력으로 새역사를 창조하자"

국민교육헌장은 국민 각자가 그 내용을 터득하고 실천해야 한다

1969년 1월 10일, 연두기자회견에서 대통령은 교육헌장의 실천방안에 대해서 설명했다. 즉, 교육헌장은 국민 각자가 그 내용을 터득하고 자기의 위치와 처지에 따라 실천해야 하며, 교육은 알맹이가 있는 교육이라야지 형식적인 교육이 되어서는 안 된다는 것이다.

"아무리 좋은 교육헌장이 제정되었더라도 이것을 우리 국민들이 스스로 실천을 하느냐 안 하느냐 하는데 따라서 이 헌장이 필요하느냐 아니 하느냐, 성과가 있느냐 없느냐 하는 문제의 판가름이 날 것입니다.

이것도 아까 말씀드린 제2 경제운동과 마찬가지로 물론 지금 문교부에서는 교육헌장의 실천에 대한 세부지침을 연구하고 있는 것으로 알고 있습니다만 그런 것이 꼭 필요한지 안 한지는 모르지만요는 이것도 우리 국민들이 이 교육헌장이라는 것을 우리 전국민의 중지를 모아서 국민의 이름으로써 이것이 선포가 됐고, 또한 이 교육헌장이 나오게 된 여러 가지 배경이라고 할까 하는 것을 우리가 생각해 볼 때 이 헌장이 나오기 전에 뜻 있는 국민들 마음속에 무언가 한쪽에 허전한 그런 감을 가지고 있었습니다.

세상이 자꾸 변천이 되고 세태가 바뀌어 나가고 하는 데 있어서 우리의 것은 자꾸 자취를 감추고 뭔가 우리 국민으로서 살아나가는 데 있어서 그 어떤 윤리의 지표가, 또 마음에 정신적인 어떤 길잡이가 하나 있었으면 좋겠다 하는 그런 아쉬움을 느끼고 있는 시기에 이런 교육헌장이 선포된 것입니다.

또 우리 국민들이 그런 아쉬움을 느끼고 그러한 여망이 있었기 때문에 교육헌장이 생겼다고 나는 생각합니다.

그렇다면 이런 교육헌장이 선포되었으면 우리 국민들이 각자가 이것을 자주 읽고, 내용을 잘 음미하고 이것을 터득하고 자기 물건으로 만들어서 자기가 처해 있는 그 처지나 위치에 따라서 하나 하나 실천을 해 나간다. 거기에 의의가 있고 뜻이 있는 것이지 그렇지 못하면 교육헌장을 재정해 봤자 소용이 없는 것입니다.

요즈음에 어떤 사람이 '교육헌장에 대해서 어느 정도 성과가 있었습니까' 하고 묻길래 나는 그 사람한테 당신은 그걸 몇 번이나 읽었고, 거기에 있는 것을 어떻게 지금 실천하고 있느냐고 물으니 '몇 번 못 읽었습니다' 하기에 그러면 대충 기억, 암송은 하느냐 했더니 그것도 못합니다라고 합니다.

우리 국민들이 각자가 자각을 해서 이 교육헌장을 남의 것으로 생각하지 말고, 누가 만들어서 하라고 이렇게 강요하는 것으로 생각하지 말고 우리의 것, 내가 생각하고 있던 것을 전부 집약을 해서 여기에 나타낸 것이니까 이것을 내 것으로 삼고 내가 실천하겠다, 이렇게 되어야만 교육헌장이라고 하는 것이 뜻이 있다고 생각합니다.

교육내용이라고 하는 것은 정신적인 면, 주로 제도보다도 실질 면을 말하는 것인데 물론 그 제도도 중요한 것이지만은 역시 가장 중요한 것은 그 내용이 될 것이고, 알맹이가 있는 교육이라야지 형식적인 그런 교육이 되어서는 안 된다는 것입니다.

이번에 대학입시고사를 얼마 전에 실시했는데, 이 결과가 신문 지상에도 나타난 걸 보고 나도 놀라지 않을 수가 없었습니다. 상당히 훌륭한 학교 교사 건물을 짓고 여러 가지 외부적으로 보면 근사한 그런 학교에서 공부한 학생들이 시험을 쳐보니까 몇 명 합격이 안 됐다, 성적이 엄청나게 차이가 있다.

이런 것을 볼 때 교육이라고 하는 것은 그 내용면이나 질적면에 있어서 교육자나 교육에 관계 있는 사람들이나, 또 우리 모든 국민들이 지금부터 보다 더 관심을 가져야 될 것이라고 생각합니다. 지금 정부에서도 이러한 그 교육 제도 개선에 대해서 작년부터 여러 가지 연구를 하고 있고 작년에 이런 기구를 발족을 하려다가 여러 가지 사정으로 늦어졌습니다만은 금년에 역시 장기종합교육심사위원회라는 것을 국무총리 직속하에 두어서 이러한 문제를 검토하려고 합니다.

이러한 종합심사위원회라는 것이 역시 제도면에 있어서도 여러 가지 연구를 할 점이 많겠지만은 역시 근본 문제는 그 교육의 내용을 어떻게 하겠느냐, 질적 면은 어떻게 하겠느냐 하는 이러한 문제가 주 의제가 돼서 논의가 되고 연구가 되어야 할 줄 압니다."

새로운 상품의 증산·수출을 위해 기술개발에 민족역량을 집결해야 한다

1966년 10월 6일, 기공된 한국과학기술연구소가 만 3년의 공사 끝에 1969년 10월 23일 웅장하고 현대적인 연구시설로 준공되어, 한국 과학기술 진흥의 요람으로서 새출발하게 되었다.

대통령은 이날의 행사에서 먼저 최근 과학기술의 발전속도와 그 영향력은 빠르고 다양하며, 개인기업의 성쇠는 물론 국민경제 성장과 인간의 생활양식에 이르기까지 지대한 영향을 미치고 있다는 사실을 지적했다.

오늘날 선진국에서는 정부와 기업들이 과학기술 연구개발에 막대한 투자를 하고 있다. 이것은 보다 큰 발전과 번영을 이룩하여 남보다 앞서려는 경쟁적인 현대 국제사회의 특징적 현상이다. 이 치열한 경쟁에서 낙오한다면 우리는 과학기술의 혜택을 누리지 못하고, 우리가 추진해 온 경제개발이나 근대화작업도 한계에 도달하여 더 이상 전진을 할 수 없게 된다. 우리는 새롭고 보다 좋은 상품의 증산 수출을 위해 발명, 발견, 기술개발에 민족의 예지와 역량을 집결해야 한다는 것이다.

"우리의 염원이었던 한국과학기술연구소가 오늘 이처럼 웅장하고 현대적인 연구시설로 준공된, 한국과학기술 진흥의 요람으로서 새 출발하게 된 것을 여러분과 더불어 기쁘게 생각합니다. 이 연구소는 존슨 전 미국 대통령의 호의와 협력을 얻어, 한미 공동출연으로 1966년 2월에 설립되고 동 10월에 기공을 본 후, 만 3년의 공사 끝에 오늘 준공을 보게 된 것입니다.

　나는 이 자리를 빌려 본 연구소의 건설을 위해서 물심양면으로 협력해 준 미국 정부와 바텔연구소의 여러분에게 심심한 감사를 드리고, 아울러 시공을 맡아 힘써 준 여러분, 특히 군에서 파견된 공사 통제단원 여러분의 노고를 높이 치하하는 바입니다.

　현대사회에 있어서 과학기술의 진흥은 경제발전의 동력이며 국력의 척도입니다. 과학과 기술이 앞선 민족일수록 일찍이 번영을 이룩했고 발전을 이룩했으며, 앞으로도 그러한 민족일수록 남보다 앞서 세계를 영도하게 될 것입니다.

　최근 과학기술은 실로 눈부신 발전을 거듭하고 있습니다.

　나일론·트랜지스터·제트엔진 합성수지·전자계산기·통신위성·'아폴로11호' 등, 우리가 쉽게 보고 들을 수 있는 과학기술의 성과는 한둘이 아니며, 또 그 발전속도와 영향력이 빠르고 다양하여 개인기업의 성쇠는 물론, 국민경제의 성장과 인간의 생활양식에 이르기까지 지대한 영향을 미치고 있는 것입니다.

　오늘날 여러 선진국가에서는 기업가들이 매상액의 몇 할에 해당하는 상당한 자금을 과학기술의 연구개발에 투자하고 있을 뿐 아니라, 정부도 이러한 연구개발을 위해서 앞다투어 막대한 투자를 하고 있습니다만, 이것은 모두가 보다 큰 발전을 이룩하고, 보다 큰 번영을 이룩하여 남보다 앞서 전진하려는 경쟁적인 현대 국제사회의 한 특징적 현상이라고 하겠습니다.

　만일 이 치열한 경쟁대열에서 낙오한다면, 우리는 과학기술의 혜택을 누릴 수 없게 될 뿐 아니라, 우리가 추진해 온 경제개발이나 근대화과업도 한계에 도달하여, 더 이상 전진을 할 수 없게 될 것입니다.

　우리는 새롭고 보다 좋은 상품의 증산·수출을 위해서 발명·발견·

준공된 한국과학기술연구소(1969. 10. 23)

기술개발에 민족의 예지와 역량을 집결해야 하겠습니다.

우리나라의 과학기술이 선진국가에 비하면, 많이 뒤떨어져 있는 것이 사실이지만, 이것은 큰 문제가 아니라고 믿습니다.

이러한 낙후를 하루 속히 극복해야 하겠다는 자각과 결의와 분발이 앞서고, 또 선진 과학기술의 장기를 배워 이를 제압하고야 말겠다는 의지와 부단한 노력만 있다면, 우리도 머지않은 장래에 선진국과 어깨를 견줄 수 있다고 믿습니다."

대통령은 끝으로 이 연구소는 우리나라의 과학기술 진흥과 경제개발과 국력증강을 위해 막중한 사명을 수행해야 한다는 점을 강조했다.

앞으로 이 연구소는 국내외에서 우수한 지식과 기술을 습득한 우리의 과학자와 기술자들이 한데 모여 연구·개발에 힘쓰는 연찬의 도장으로서, 다른 연구기관과의 협동의 광장으로서, 그리고 산학일체의 심장부로서 과학기술 진흥을 위한 거족적인 노력에 있어서 선도적인 역할을 담당해야 되겠다는 것이다.

"나는 우리 국민이 과학기술의 개발에 있어서, 어느 민족보다도 우수한 소질과 재능과 역량을 가지고 있다고 믿습니다.

오늘날 해외 여러 나라에서 이름을 떨치고 있는 명망 높은 한국 과학기술자의 활동이나, 또 해마다 열리는 세계의 기능올림픽대회에서 선진 여러 나라 선수들과 기능을 겨루어 당당히 우승의 영광을 차지하고 돌아온 우리나라 기능공들의 활약은 이러한 우리 민족의 과학 능력을 여실히 증명해 주는 것이 아닐 수 없습니다.

최근 외국에 나가 있던 우리나라의 과학두뇌들이 적은 보수에도 불구하고, 조국의 발전을 위해서 계속 귀국하고 있으며, 큰 민간 사업장이나 정부와 군의 공작창에서도 기능공의 양성을 제도화해 나가고 있습니다.

이것은 우리나라의 과학기술 진흥을 위해서, 참으로 반갑고 바람직한 일이 아닐 수 없습니다.

이제 일정한 수준 이상의 모든 사업장은 기능공의 훈련장이 되어야 하겠으며, 우리 모두가 과학을 존중하고, 과학자·기술자를 아끼고 육성하며, 기능을 자랑으로 삼는 과학하는 민족이 되어야 하겠으며, 과학기술의 진흥을 위해 힘써야 하겠습니다.

오늘 준공된 본 연구소는 과학기술 진흥을 위한 이러한 거족적인 노력에 있어서, 선도적인 역할을 담당하게 될 것입니다.

국내외에서 우수한 지식과 기술을 습득한 우리의 과학자·기술자들이 한데 모여, 연구개발에 심혈을 기울이는 연찬의 도장으로서, 다른 연구기관과의 협동의 광장으로서, 또한 산학일체의 심장부로서, 우리나라의 과학기술 진흥, 경제개발, 국력증강을 위해 실로 막중한 사명을 본 연구소는 수행해야 할 것입니다.

연구원 여러분들은 본 연구소와 여러분의 활약에 대해, 온 국민이 지대한 기대를 가지고 성원을 보내고 있음을 잊지 마시고, 긍지와 사명감을 가지고 분발에 분발을 거듭해 줄 것을 당부하는 바입니다.

그리하여 머지않은 장래에, 우리의 과학기술이 세계에 그 이름을 떨치는 날, 그때 한국과학기술연구소가 바로 과학한국의 산실이요, 주역이었다고 자랑스럽게 회고할 수 있게 되기를 기대해 마지않습니다."

대통령은 1967년 4월 21일 정부조직 내에 과학기술처를 신설하여 정부 주도의 과학기술의 연구개발 체제를 갖추기 시작했다. 그리하여 공업화를 뒷받침할 산업기술개발의 중추기관으로 한국 과학기술연구소(KIST)와 고급과학기술인력의 양성임무를 맡을 한국과학원(KAIS : 한국과학기술원(KAIST)의 전신)이 설립되었다.

우리나라의 과학기술개발은 바로 한국과학기술연구소의 설립과 더불어 시작되었고, 한국 과학원에서 양성하여 배출한 유능한 과학기술 인력에 의해서 활성화 되었다.

70년대 초까지도 일반 대학원에서의 고급과학기술 인재양성은 그리 활발하지 못했다. 교육시설과 우수한 교수진의 부족 등으로 대학 졸업자들 중 연구를 계속하고자 하는 많은 사람이 미국 등 외국으로 유학의 길을 택했기 때문이었다.

그래서 정부는 71년에 이들을 국내에서 교육, 육성키 위해 새로운 대학원의 설립을 통해 대학원 체제의 개선, 발전을 유도했다. 이와 같은 목적으로 73년 설립된 한국과학원(KAIS)은 정부의 출연금으로 설치, 운영되었고 AID 차관 등으로 연구시설과 기자재도입 그리고 우수교수 유치 등에 힘써 외국의 어느 이공계 대학원에도 견

줄 수 있는 수준의 대학원으로 설립됐다.

그리고 국내의 대학교도 산업발전에 요구되는 고급 과학 인력을 양성하면서 한국과학원을 비롯한 몇몇 우수한 대학교의 대학원은 국내 고등교육기관에서 필요로 하는 과학기술 분야의 교수요원도 양성하였다.

1973년 연두기자회견에서 대통령이 중화학공업 정책과 전국민의 과학화운동을 선언한 후 정부는 전략산업으로 지정한 철강, 석유화학, 조선, 기계, 전기전자, 자동차산업을 집중 육성하면서 각 기술 분야별로 14개의 정부출연 연구기관을 설립했다.

이들 연구기관의 설립을 계기로 정부주도의 과학기술 개발은 본격화되었다.

그 당시 우리 기업들의 기술개발 활동은 양적으로나 질적으로 보잘것없었다. 그러나 70년대 말부터는 정부의 권유에 따라 기업부설 연구소를 설립하기 시작했다. 이때부터 민간기업이 과학기술 개발을 주도하게 되었다. 기업들은 국제경쟁력을 위한 기술개발의 필요성이 증대하자 연구소를 계속 증설했다.

그리하여 과학기술관계 연구기관의 현황을 보면 1980년 현재 총 647개로, 대학부설 연구기관이 202개소, 전문 연구기관이 124개소, 기업체 연구기관이 321개소에 이르고 총연구원은 1만 8천여 명에 달하고 있었다.

흔히 과학기술 발전의 지표로는 5M 구비요소를 꼽는다. 즉 연구인력(Manpower), 연구지원행정(Management), 연구시설(Machinery), 연구재료(Material), 연구비(Money)가 그것이다. 이러한 지표로 볼 때 해방 이후 우리나라의 과학기술은 엄청난 발전을 가져온 것이다.

과학기술의 발전은 제품 생산과 관련된 기술혁신뿐만 아니라 경영관리 방식의 변화, 유통방법의 개선, 경제관계법규 및 제도의 변화, 연구개발(R&D) 형태의 지식의 증가, 국민의 일상생활이나 의식구조에도 커다란 영향을 미쳤다.

이러한 우리나라 과학기술의 발전은 말할 것도 없이 과학기술 발전에 대한 대통령의 원대한 비전과 치밀한 계획 그리고 중단없는 추진력에 의해 그 초석이 마련되고 그 기초가 다져진 것이다.

교육사회화의 중요성을 새삼 인식할 때가 왔다

1969년 12월 5일, 국민교육헌장 선포 1주년 기념식에서 대통령은 먼저 우리 국민 모두가 이 헌장의 이념을 대중화하여 생활규범으로 발전시켜 나가는 결의와 각오를 새로이 해야겠다는 점을 역설했다.

우리는 시대적 사명감과 윤리관을 정립하고 근대화의 물량적 성장을 보완해 나갈 정신적 지표인 동시에 국민교육의 실천지침인 이 헌장이념을 꾸준히 실천해야 한다는 것이다.

"오늘 국민교육헌장 선포 1주년에 즈음하여, 나는 온 국민과 더불어 뜻 깊은 이날을 경축하면서, 헌장이념의 구현을 위한 우리들의 결의를 새로이 하게 된 것을 매우 기쁘게 생각하는 바입니다.

국민교육헌장은 우리 민족이 지녀야 할 시대적 사명감과 윤리관을 정립한 역사적 장전이며, 조국근대화의 물량적 성장을 보완·촉진시켜 나갈 정신적 지표이며, 국가의 백년대계를 기약하는 국민교육의 실천 지침인 것입니다.

지난 1년 동안 헌장이념의 구현을 위한 우리의 노력은, 상당한 성과를 거두어 가고 있는 것으로 알고 있습니다만, 앞으로도 꾸준한 실천 있기를 기대해 마지않습니다.

이날을 특히 기념하는 참다운 의의도 바로 어떻게 하면 우리 국민 모두가 이 헌장이념을 대중화하여 생활규범으로 발전시켜 나갈 것인가 하는 결의와 각오를 새로이 하는 데 있다고 하겠습니다. 예부터도 우리나라는 학문을 숭상하고 교육을 중히 여겨, 그 실천에 있어서 다른 민족보다 힘써 노력해 왔습니다. 근대화를 강력히 추진하고 있는 현 시점에서 전래의 가치와 윤리가 새로운 각도에서 보완되고 쇄신되어 나가고 있으나, 교육에 힘써 온 우리 민족 특유의 전통은 계속 살려야 하겠고, 새로운 교육이념을 실천에 옮길 꾸준한 노력은 더욱 강화되어야 할 것입니다."

대통령은 이어서 이 헌장의 이념과 정신을 구현하는 노력의 방향을 교육의 사회화에 둬야 되겠다는 점을 강조했다.

모든 국민은 자신이 교육자라는 자각을 해야 한다. 자녀교육은 학교에서 해 줄 것이라는 기대를 버리고 가정교육을 보다 중요시하고 꾸준한 훈도와 교화를 통하여 학교 교육을 보완함으로써 사회처신의 윤리와 건전한 가치관을 길러 나가야 한다. 교육자로서의 부모 역할에 충실하기 위해 교육헌장이념을 생활화하는 데 앞장 서야 한다. 특히 70년대를 맞이하면서 교육의 사회화의 중요성을 새삼 인식할 때가 왔다는 것이다.

"나는 오늘 이 자리를 빌려, 국민교육헌장의 이념과 정신을 구현하는 노력의 방향을 교육의 사회화에 두고, 국민 여러분들의 새로운 분발과 노력을 촉구해 두고자 합니다.

무엇보다도 모든 국민은 스스로가 교육자라는 새로운 자각이 싹터야 하겠습니다. 자녀교육은 학교에서 해 줄 것이라는 선입감과 기대를 버리고, 가정교육을 보다 중요시하여 부모로서 형제로서의 각별한 관심을 가지고 교육에 더욱 힘써 나가야 하겠다는 것입니다. 급격한 사회적 경제적 변화에 따라 우리의 자녀들이 사회로부터 받는 자극은 다양하고, 또 갖가지 불건실한 소재가 제공되기 마련입니다.

부모의 자녀에 대한 관심은 이러한 사회로부터의 이그러진 자극과 영향을 순화시키는 과제로부터 출발하여, 꾸준한 훈도와 교화를 통하여 학교 교육을 보완함으로써 사회처신의 윤리와 건전한 가치관을 길러 나가야 하겠습니다.

따라서 모든 국민은 교육자로서의 부모의 역할에 충실하기 위해서 스스로의 몸가짐을 바르게 하고 스스로 교육헌장의 이념을 생활화하는 데 앞장서야 하겠습니다.

가정과 학교와 사회를 연결하는 넓은 교육영역에 걸쳐, 국민 각자가 교육자로서 깨끗한 환경과 건실한 사회기풍을 넓혀 나갈 때, 한국의 교육은 민족중흥의 정신적 지주로서 그 역사적 소임을 다 할 수 있을 것이며, 한국의 근대화에 있어서 물량과 정신의 조화를 이룩하는 데 크게 기여하게 될 것을 믿어 의심치 않습니다.

이제 사명의 시대, 70년대를 맞이하면서, 우리는 그 어느 때보다도 교육의 사회화가 지니는 중차대한 비중을 새삼 인식할 때가 왔다고 생각합니다.

일찍이 한 민족이 중흥을 이룩하기까지의 역정을 더듬어 보면, 인간의 능력을 개발하기 위하여 교육이 지닌 무한한 가능성을 발견하고 교육진흥에 힘썼던 발자취를 찾아 볼 수 있습니다. 무릇 고도성장의 저력이 강인한 의지와 근면한 노력에 있고, 통일과업이 철저한 반공정신의 함양에 그 성패가 달려 있음에 비추어, 교육은 실로 70년대의 국운을 좌우하는 역사적 과제라고 볼 수 있습니다.

나는 모든 국민이 이 헌장에 담긴 이상적인 국민상을 교육의 지표로 삼아, 서로가 교육자로서의 자세를 확립하고, 부단한 노력과 실천으로 젊은 세대의 올바른 선도에 힘써 나가 줄 것을 바라 마지 않습니다. 특히 정부는 물론 교육계를 비롯하여 종교·문화 등의 각 계각층의 지도자 여러분들은 솔선수범하여 교육헌장의 일상적인 실천에 힘씀으로써, 사회기풍의 쇄신을 통한 교육한국의 새로운 전통을 확립해 주기를 거듭 당부하는 바입니다."

국민교육헌장은 국민의 정신과 의식구조 재건의 방향을 명시하고 있다

70년 12월 5일, 국민교육헌장 선포 제2주년 기념식에서 대통령은 이 헌장의 정신과 이념은 국민정신의 재건이라는 시대적 요청을 반영하고 있다고 천명했다.

"국민교육헌장은 우리들에게 창조의 힘과 개척의 정신을 요청하고 있으며, 협동정신과 상부상조의 전통을 재확인시켜 주고, 민족중흥의 역사적 사명을 지닐 것을 강조하고 있는 것입니다.

나는 이러한 모든 헌장의 정신과 이념이 한 마디로 국민정신의 재건이라는 시대적 요청을 잘 반영하고 있다고 확신합니다.

또, 이 헌장의 일상적 실천과 생활화야말로 70년대의 우리 국가목표 달성의 열쇠가 된다는 것을 거듭 강조하지 않을 수 없습니다.

오늘날 우리들에게 가장 절실한 것은 국민정신과 의식구조를 어떠한 방향으로 재건하느냐 하는 문제입니다.

그 구체적인 방향은 교육헌장 속에 이미 명시되어 있습니다.

"우리의 창의와 협력을 바탕으로 나라가 발전하며, 나라의 융성이 나의 발전의 근본임을 깨달아야" 한다는 것이 바로 그것입니다.

이 구절은 '나라'와 '나', 다시 말하면 국가와 개인 간의 공동운명의식을 두 가지 측면에서 부각시키고 있습니다.

첫째로, 내가 잘되는 것이 나라가 잘되는 길이라는 개인 완성의 방향이며,

둘째로, 나라가 잘 되는 것은 내가 잘 될 수 있는 길이라는 국가의식이 강조됨으로써, 이 두 가지가 균형과 조화를 이루어야만 비로

소 발전이 가능하다는 점입니다.

　지난날의 우리 교육은 유감스럽게도 개인의 사사로운 목적과 이익달성이라는 자기본위의 입신영달에 치우친 나머지 나라의 발전이 자기완성의 선결조건이라는 국가관의 정립에 소홀했던 것이 사실입니다.

　오늘날, 우리들의 현실생활을 지배하는 사고와 행동의 기준은 나만 잘되면 된다. 나만 잘살면 된다는 지나친 자기위주의 정신입니다.

　남을 위하고 남을 돕는 것이 국가를 위하는 길이고, 국가가 잘되면 궁극적으로 그 혜택은 나에게 돌아온다는 공익과 국가를 앞세우는 정신적 자세가 아쉬운 세태의 일면을 우리는 실감하게 되는 것입니다.

　나는 개인과 국가 간에 벌어진 이 윤리적 격차가 좁혀지고, 그 균형과 조화 속에 싹트고 굳어지는 우리들의 공동운명과 유대 의식에 70년대의 국운이 달려 있다는 것을 새삼 강조하지 않을 수 없습니다.

　이제 우리들은 교육헌장의 정신을 평가하고, 그 이념에 공감하는 단계를 넘어서 그 실천에 더욱 힘써 나가야 할 때가 왔다고 믿습니다.

　헌장에 담긴 한 마디 한 마디를 자기 스스로의 생활신조로 삼고, 가까운 일상생활에서부터 착실히 실천해 나가는 새로운 기풍을 진작시켜 줄 것을 기대해 마지않습니다.

　특히, 언론을 비롯하여 종교·문화 및 사회 각계의 유기적인 협조로써 헌장의 일상적인 실천에 힘써 70년대의 우리들 전진에 획기적인 전기를 마련시켜 줄 것을 거듭 당부하는 바입니다.”

교육은 개척과 창조와 건설의 원동력이 돼야 한다

71년 1월 22일, 대한교련 제28회 대의원대회 및 교육공로자 표창식에서 대통령은 먼저 교직자의 책임과 사명의 중차대함을 강조했다.

"교직자 여러분!

교육은 개발이다라는 말이 있습니다.

우리 인간은 교육을 통하여 원시를 문화로 바꾸어 놓았고, 찬란한 과학문명을 성취하였습니다.

교육이야말로 인간에게 보다 나은 미래를 약속해 주고, 빈곤에서 번영으로, 절망에서 희망으로 이끌어 주는 길잡이가 되는 것입니다.

우리는 교육을 통해 바람직한 미래를 우리 자신의 것으로 만들 수 있습니다.

교육은 그러한 의미에서 미래의 문을 여는 열쇠라고 하겠습니다.

우리가 한 나라의 장래를 점치는 판단의 기준을 그 나라의 교육 수준에서 찾아보는 이유도 여기에 있다고 믿습니다.

우리는 지금 조국근대화라는 역사적 과업을 추진하고 있습니다만, 이 과업은 정치·경제·사회·문화 등 모든 생활영역에 걸쳐 창조적이며 건설적인 작업을 수반하는 것이며, 여기에는 유능한 일꾼들의 창의와 분발과 노력이 요구되고 있는 것입니다.

그동안 우리의 근대화과업이 크게 진척되어 괄목할 만한 성과를 올릴 수 있게 한 원동력은 바로 우리가 힘써 온 교육의 힘이었다고 믿으며, 앞으로 이 과업의 성공적인 완수를 가름하는 관건도 우리의 교육에 달려 있다고 믿습니다.

즉, 조국근대화나 민족중흥이라는 역사적 과업의 성패는 실로 우리 교육의 질과 양에 좌우된다고 해도 과언이 아닌 것입니다.

내가 기회 있을 때마다 전국의 교직자 여러분들의 책임과 사명의 중차대함을 강조하고, 여러분 스스로의 위치와 활동에 대해 커다란 긍지와 자부심을 가지고 국가사회의 기대와 신뢰에 보답해 줄 것을 호소한 것도 이러한 데 있는 것입니다.

나는 여러분들이 여러 가지로 미흡한 교육환경 밑에서 얼마나 힘에 겨운 어려움을 겪고 있는가를 누구보다 잘 알고 있습니다.

여러분들의 사명이 숭고하고 값진 그만큼, 거기에 상응하는 처우와 교육조건을 하루 속히 마련해 주어야 하겠다는 점에 대해서는 그 누구보다 나 자신이 통감하고 있습니다.

다만, 국가의 재정형편 때문에 이 문제를 한꺼번에 해결하지 못하고 단계적으로 개선해 나갈 수밖에 없는 고충이 있다는 데 대해 여러분들의 올바른 이해가 있어야 하겠습니다.

나는 앞으로 교육시설을 획기적으로 확충하고 불비한 여건을 개선하며, 그 동안 연차적으로 실시해 온 처우개선에 더욱더 각별한 관심과 노력을 기울임으로써, 민족의 스승인 여러분들이 오직 교육활동에 전념할 수 있는 교육환경을 만들어 나갈 생각입니다."

대통령은 이어서 교육은 발전하는 사회의 요구에 적응하고 개척과 창조와 건설의 원동력이 되고, 조국애와 국민정신 함양의 묘상이 되어야 한다는 점을 강조했다.

"친애하는 교육자 여러분!

우리가 추진하는 조국근대화 업은 교육을 통한 새로운 사회 기풍의 진작에 성공할 때 더욱더 효과적으로 성취할 수 있는 것입니다. 따라서, 국민교육헌장 이념의 올바른 구현과 교육계획의 합리적 운영은 근대화작업의 초석이 되는 것입니다.

경제건설과 근대화의 주체가 되어야 할 인간의 정신적 자원개발은 오늘날 우리 교육의 기본적 과제의 하나입니다.

개발의 속도가 빨라짐에 따라 우리도 노동력 부족 시대에 접근하고 있으며, 특히 질적으로 우수한 과학자와 기술자의 부족으로 고민하게 될 사태에 미리 대비해야 합니다.

우리는 합리적 사고와 과학적 탐구정신이 학원에 충만하도록 교육 환경을 조성하여 과학교육과 기술교육에 힘써야 하겠고, 지역적 특성을 살릴 수 있고 지역 사회발전에 직접 기여할 수 있도록 지역 사회학교를 더욱더 육성 발전시켜 나가야 하겠습니다.

이와 아울러 우리 교육은 조국애와 국민정신 함양의 묘상이 되어야 하겠습니다. 아무리 새로운 지식과 기술을 배웠다 하더라도 이를 국가와 민족의 발전을 위해 헌신적으로 활용하려는 의욕과 정신을 결여했다며, 그러한 사람은 아무런 소용이 없는 것입니다.

자기가 태어나서 자라난 향토를 사랑할 줄 아는 향토애와 자기 조국의 번영과 발전을 위해 노력하는 데 생의 보람을 느낄 줄 아는 조국애로 무장된 자주적 인격을 터득하고, 인류의 행복과 세계평화에 공헌할 줄 아는 인류애를 습득할 때, 그러한 사람이야말로 바로 우리 교육이 이상으로 하는 인간상이 되어야 하겠다는 것입니다.

자라나는 새로운 세대의 마음속에 뜨거운 조국애와 열정이 식었을 때, 그러한 민족에게는 희망이 없는 것입니다.

남의 나라를 부러워하기 전에, 이 땅의 가난과 괴로움을 극복하고, 민족을 위해 헌신할 수 있는 자세와 윤리를 젊은 세대에게 일깨워 줌으로써 힘차게 자라나도록 해야 합니다.

이를 위해서 우리 교육은 자조·자립·자주적인 인간을 형성하여 타성화했던 의타적 습성을 청산하는 데 온갖 교육적 노력을 다 해야 하겠습니다.

교육은 항상 발전하는 사회의 요구에 적응하고 개척과 창조와 건설의 원동력으로서의 힘을 발휘할 수 있어야 합니다.

나는 전국의 교직자 여러분들이 항상 깊은 통찰과 위대한 식견을 가지고 우리 교육의 목표와 내용과 그 방향에 관하여 새로운 비판과 검토를 가하고 보다 합리적이며 효율적인 것으로 개선해 나가는 데 힘써 줄 것을 기대합니다.

아무쪼록 우리나라 교육계의 당면과제를 토의하게 될 이 모임이 교육한국의 중흥과 새로운 문화창조를 위한 민족의 도장이 되기를 바라며, 많은 성과가 있기를 빕니다.

영예의 수상자 여러분에게 거듭 축하의 뜻을 표하고, 전국 교직자 여러분의 건승을 기원하는 바입니다.”

서울연구개발단지 건설로 한국과학기술은 새로운 발전계기를 맞게 되었다

1971년 4월 14일, 서울연구개발단지 기공식에서 대통령은 먼저 우리나라의 과학기술은 새로운 발전의 전기를 맞이하게 되었다고 천명했다.

역사적으로 남보다 먼저 발전하여 세계무대에서 강력한 영향력을 행사한 나라들은 모두가 과학기술 분야에서 남보다 앞섰던 나라들이다. 이러한 경향은 과거보다는 앞으로 더욱 두드러지게 나타날 것이다. 우리는 그동안 과학기술 발전을 위해 각별한 노력을 기울여 왔다. 67년 4월에 과학기술처를 신설하고, 69년에는 과학기술연구소를 준공했다. 이제 우리는 과학적 잠재력을 생산과 건설에 직결시키지 못했던 전근대적인 과거와 결별하고 우리의 창의와 슬기를 과학기술의 자립화와 토착화를 이룩할 수 있는 자신과 희망을 가지게 되었다는 것이다.

“오늘, 우리나라 과학기술 발전의 요람이요, 본산이 될 서울연구개발단지의 기공식을 가지게 된 것을 나는 매우 기쁘게 생각하는 바입니다.

무릇, 한 나라의 과학기술 수준은 그 나라의 국력을 평가하는 하나의 척도인 동시에, 경제성장과 생활향상을 좌우하는 국가발전의 열쇠가 되고 있습니다.

역사적으로 보더라도, 남보다 먼저 발전을 이룩하고 국력을 증강하여 세계무대에서 강력한 영향력을 발휘한 나라들은 모두가 과학기술 분야에서 남보다 앞섰던 나라들이었습니다.

이러한 경향은 과거보다는 오히려 앞으로 날이 갈수록 더욱더 두드러지게 나타날 것이며, 따라서 과학기술 개발에 힘쓰지 않는 나라는 발전하는 국제사회에서 영원히 낙오되고 말 것입니다.

그동안 우리는 두 차례의 경제개발 5개년계획을 추진하면서 과학기술의 발전을 위해서 각별한 노력을 기울여 왔습니다.

1967년 4월에 과학기술 행정을 효율적으로 수행할 과학기술처를 신설하고 1969년 10월에는 우수한 과학자와 기술자들이 창조적인 연구활동을 할 수 이는 과학기술연구소를 준공하여 과학한국의 바탕을 마련하였습니다.

이제, 우리나라의 과학기술은 새로운 발전의 전기를 맞이했습니다.

이것은 우리 민족의 과학적 잠재력을 생산과 건설에 연결시키지 못했던 전근대적인 과거와의 결별을 의미하는 동시에, 우리의 창의와 슬기로 과학기술의 자립화와 토착화를 이룩할 수 있는 자신과 희망을 가지게 되었음을 뜻하는 것입니다."

대통령은 이어서 이 서울연구개발단지를 대통령 자신이 직접 설립하게 된 취지와 구상에 대해 설명했다.

"현대는 발전과 변화와 경쟁의 시대입니다.

오늘날, 세계의 모든 나라들은 선후진을 막론하고 연구두뇌의 조직적인 활용을 통해서 새로운 지식과 기술을 개발하여 산업발전에 크게 이용하고 있습니다.

우리는 선진과학기술을 과감히 도입하여 소화시키는 한편, 토착적인 우리의 과학기술을 개발하여 세계적인 경쟁의 대열에서 남보다 앞서 나가야겠고, 근대화과정을 단축시켜야 하겠으며, 수출의 계속적인 증대로 국력을 더욱더 증강시켜 나가야 하겠습니다.

우수한 과학기술인력의 개발은 그 어느 때보다도 가장 절실한 우리의 당면 과제입니다.

특히, 종합제철, 석유화학공업, 조선공업, 기계공업, 전자공업 등 금속·화공·기계의 연관 공업기술의 발전이 기약되는 제3차 5개년계획 기간에 있어서, 우리 과학기술의 역할과 공헌에 대한 기대는 비할 바 없이 큰 것입니다.

뿐만 아니라, 수출의 대종인 공업제품의 국제 경쟁력을 강화하는 데 있어서 과학기술 개발은 그 관건이 되고 있는 것입니다.

국가의 발전은 반드시 국토가 크고 인구가 많고 자원이 풍부해야만 이루어지는 것이 아니라, 그 나라의 영재들이 창조적인 과학 두뇌를 집결하여 얼마나 생산적인 기능을 발휘하느냐에 달려 있는 것입니다.

스위스에서는 1달러어치의 철강을 수입하여 5천달러어치의 제품으로 가공하여 수출하고 있는데, 이것이 바로 과학기술의 힘인 것입니다.

우리의 과학기술도 하루 속히 이러한 수준에 올라서야 하겠으며, 우리의 노력에 따라서는 능히 그렇게 될 수 있다고 믿습니다.

오늘의 이 기공식은 바로 우리의 이러한 의욕과 신념을 바탕으로 기술혁신과 경제개발과 자주국방을 선도할 한국과학기술 개발의 중추 기관을 만들자는 데 그 의의가 있다고 하겠습니다.

국내외의 우수한 우리 과학기술 두뇌들을 한 곳에 모아, 이들이 사명감을 가지고 최대의 창의와 슬기를 발휘하여 과학기술 개발에 전심전력할 수 있는 터전을 마련해 보자는 것이 이 연구개발단지에 대한 나의 설립 취지이며 구상이었던 것입니다.”

대통령은 끝으로 서울연구개발단지에 입주하게 될 5개 연구기관의 기능에 대해 설명했다.

한국과학원은 세계적 수준의 이공계 대학원 기능을 할 것이며, 한국개발연구원은 과학기술연구소와 함께 경제개발 정책의 수립과 집행을 위한 연구개발 체제를 형성할 것이다. 과학기술정보센터는 각종 과학정보를 제공하고 그 보급을 담당할 것이며, 국방과학연구소는 병기장비의 국산화를 위한 기술개발과 군수산업 육성의 일익을 담당하게 된다. 앞으로 이 연구개발단지는 이러한 연구소가 자리를 잡고 공동연구를 능률적으로 추진하고 국내외의 대학이나 산업계와 밀접한 유대관계를 맺는 하나의 과학촌으로 발전하게 된다는 것이다.

“앞으로 이 단지는 과학기술연구소, 과학기술정보센터, 한국과학원, 한국개발연구원, 국방과학연구소가 자리를 잡아 공동연구를 능률적으로 추진하고, 국내외의 대학이나 산업계와 밀접한 유대를 맺는 하나의 과학촌으로서 커다란 발전을 이룩하게 될 것입니다.

지금까지 우리는 과학기술의 인재양성을 외국에 의존해 왔으나, 이제는 우리 스스로 여기에 힘을 기울일 단계에 왔다고 믿습니다.

한국과학원은 해외에 나가 있는 유능한 우리의 과학두뇌를 데려다가 교수진을 구성하여, 인재양성에 있어서 외국의 어느 이공계 대학원에 비해도 손색이 없는 세계적 수준의 대학원 기능을 다하게 될 것입니다.

한편, 한국개발연구원은 과학기술연구소와 더불어 과학적이고 체계적인 연구분석에 기초를 둔 경제개발 정책의 수립과 집행을 위한 본격적인 연구개발 체제를 형성하게 될 것입니다.

즉, 경제성장의 분석과 산업연관 분석 등으로 정책수립에 이바지하고, 국제수지 현황과 예측을 면밀하게 분석 판단하여 무역의 확대와 균형을 위한 계획과 정책을 발전시키며, 국내외 연구기관과의 공동연구를 통하여 활기찬 연구 기풍을 조성하고, 그 수준을 향상시키는 데 크게 기여하게 될 것입니다.

그리고, 과학기술정보센터는 각종 과학정보를 제공하고 그 보급을 담당하게 될 것이며, 국방과학연구소는 병기장비의 국산화를 위한 기술개발과 군수산업 육성의 일익을 맡게 될 것입니다.

앞으로 이 과학촌에서 연구활동에 힘쓸 과학자와 기술자 여러분들은, 한국과학기술의 성장과 발전이 여러분의 양 어깨에 달려 있다는 긍지와 사명감을 가지고 창의적인 능력을 다하여 과학한국의 앞날을 빛내 주기 바랍니다.

아울러, 오늘의 이 기공을 위해서 여러 가지로 수고가 많았던 관계인사 여러분의 노고를 치하하는 바입니다."

한국과학원(KAIS)은 1971년 2월 앞으로 우리나라의 과학기술 고급두뇌의 산실이 될 이공계 특수대학원으로 설립된 것이다. 그 당시 우리나라의 과학기술자들은 순수한 과학을 위한 대학원을 만들어야 한다는 생각에 집착하고 있었으며, 산업기술개발을 연구할 대학원을 따로 만드는 데 대해서는 절대 반대였다. 문교부도 반대했다. 그러나 대통령은 우리나라의 과학기술이 발전하려면 다음 세대의 과학기술자들을 육성할 수 있는 특수대학원 같은 기관이 반드시 필요하다는 점을 강조하고, 이 대학원은 문교부에서 관할할 것이 아니라

과학기술처가 맡아서 운영하도록 결정했다. 이 이공계 특수대학원
은 대통령이 한국과학기술연구소를 창설한 후에 과학기술자 양성을
위한 방안으로 오랫동안 구상해온 계획이었다. 이 대학원은 미국의
스탠퍼드대 부총장을 지낸 터만 박사 등 전문가들이 방한하여 타당
성 조사를 끝낸 후 미국 국제개발처(USAID)의 차관을 얻어 독립된
대학원으로 설립되었고 그 운영에 있어서도 초기에는 미국의 지원
을 받았다. 이 대학원의 후신이 바로 충남 대덕단지에 자리잡은 한
국과학기술원(KAIST)다.

민족의 공동운명 의식과 조국애를 실천해야 한다

1971년 12월 5일, 국민교육헌장 선포 제3주년 기념식에서 대통령
은 오늘의 국내외 여건에 비추어 볼 때 민족의 공동운명 의식과 조
국애를 실천해야 한다는 점을 역설했다.

"국민교육헌장은 국가의 백년대계인 교육의 기본이념과 방향을
정립한 역사적인 장전으로서, 근대화의 물량적 성장을 이끌어 나아
갈 올바른 윤리관과 민족의 사명을 규정한 정신계발의 지침인 것입
니다.

그동안 우리는 이 헌장을 실천하기 위하여 여러 가지로 힘써 왔
습니다.

이 헌장은 결코 학교에서 교육자나 학생들만이 실천해야 할 것은
아니며, 온 국민이 각자의 사회생활을 영위하는 데 있어, 그 지표로
삼아야 하는 것입니다.

나는 오늘 이 기회를 빌려, 다시 한 번 이 헌장의 생활화를 위해
범국민적인 분발과 노력을 강조하는 바입니다.

우리는 이 헌장의 한 구절 한 구절을 빠짐없이 실천해야 하겠지
만, 특히 오늘의 국내외 여건에 비추어 볼 때, 민족의 공동운명 의

식과 조국애를 강조한 구절은 다른 어느 구절보다도 더 깊이 명심하여 실천궁리해야 하겠습니다.

즉 "나라의 융성이 나의 발전의 근본임을 깨달아, 자유와 권리에 따르는 책임과 의무를 다하며, 스스로 국가 건설에 참여하고 봉사하는 국민정신을 드높인다"라고 한 것이 바로 그것입니다.

이것은 국가의 발전과 영광 속에서 개인의 성장과 행복의 길을 추구한다는 확고한 국가관을 일깨우고, 의무를 다하는 사람만이 권리를 주장할 수 있고, 책임을 완수하는 자만이 자유를 누릴 수 있다는 자유 이념의 진리를 명백히 한 것입니다.

지나친 개인위주의 생각, 즉 나라와 민족이야 어떻게 되든 나 혼자만 잘 되면 그만이라는 퇴폐적인 생각과 자기의 책임과 의무는 이행하지 않고 자유와 권리만을 앞세우는 그릇된 풍조가 국가의 안정과 발전을 저해하는 요인이 되고 있는 최근 세태의 일면을 눈여겨 볼 때, 이 헌장 구절에 대한 각별한 인식과 생활화는 무엇보다도 시급한 일이라고 믿습니다.

우리는 국가를 몰각하고 공익을 무시한 이기주의의 만연을 단호히 뿌리뽑고, 사회의 연대의식과 애국심을 바탕으로 하는 봉사와 희생정신을 일깨워 나가야 합니다.

자유를 빙자한 방종이나 권리만을 내세우고 책임을 회피하는 폐풍을 경계하면서, 직분과 의무를 다하고 책임과 사명을 성실히 수행함으로써, 질서와 안정의 바탕을 견지해 나가야 합니다.

우리가 국내외의 어려운 시련과 난관을 극복하고 조국근대화와 통일 대업을 기필코 성취하려면, 먼저 우리들의 정신자세를 이러한 윤리관과 행동규범으로 무장하고 있어야 합니다.

한 민족국가의 운명은 전적으로 그 시대를 개척하고 창조하는 국민들의 정신과 노력에 달려 있는 것입니다.

어느 시대 어느 사회를 막론하고, 그 국민의 정신이 해이할 때 그들은 언제나 쇠잔의 비운을 면치 못했고, 남보다 먼저 발전과 중흥을 이룩한 국민은 반드시 그 정신이 건전하였다는 역사의 교훈을 거울삼아, 국민정신을 재건하는 지침인 이 헌장을 생활화하는 데 우리 모두 앞장 서야 하겠습니다.

특히, 교육자와 언론인·문화인 등 우리 사회의 지도적 위치에 있는 인사들은 헌장생활화운동의 담당자가 되고 목탁이 됨으로써, 정신계발에 많은 공헌 있기를 당부하는 바입니다.

지금 이 자리에는 헌장실천운동에 솔선수범하여 많은 성과를 거둔 공로로 표창을 받게 된 수상자 여러분이 나와 있습니다.

나는 이 자리를 빌려, 수상자 여러분들의 오늘의 영광을 진심으로 축하하고 그간의 노고를 치하하는 바입니다.

아울러, 오늘의 이 보람을 보다 큰 분발의 계기로 삼아, 교육진흥과 헌장보급에 더욱더 힘써 줄 것을 당부하는 바입니다."

우리 교육은 국가가 요구하는 인간을 양성하고 생산적인 교육을 해야 한다

1972년 2월 7일, 경북도청 연두순시에서 대통령은 오늘의 시점에서 우리나라 교육의 기본목표와 방향에 대해서 평소의 소신을 피력했다.

첫째, 우리 교육은 국가가 요구하는 인간을 양성해야 한다는 것이다. 농촌의 중·고등학교, 대학, 초등학교까지도 그 교육은 국가목표와 계획에 부합되고 합치돼야 한다. 지금 우리는 국가비상사태에 처하고 있다. 이것을 극복하기 위해서는 국방과 반공을 강화하고 국난극복의 강인한 정신이 각급 학교에 이르기까지 우리 교육에 침투해 들어가야 한다. 국난을 당했을 때 책을 던지고 총칼을 들고 나가 적과 싸워 나라를 지킨 우리 조상들의 슬기로운 애국의 길을 본받아야 한다. 이것이 바로 우리 민족의 자랑스러운 전통이라는 것이다.

"오늘 이 시점에 있어서 우리나라 교육의 기본목표와 방향이 어떻게 설정되어야 하겠느냐 하는 문제를 생각할 때, 역시 오늘날 우리 국가가 요구하는 그러한 인간을 만들어 내는 데 있다고 집약되겠습니다.

농촌에 있는 중·고등학교, 그 지역에 있는 대학, 심지어 초등학교까지도 그 교육은 국가가 지향하고 있는 목표와 계획에 부합되고 합치되어 하나가 되도록 하여야 하겠습니다.

지금 우리는 국가적인 비상사태에 처하고 있습니다.

이것을 극복하기 위해서 교육은 어떻게 해야 되겠는가 하는 문제를 생각할 때, 우리가 당면하고 있는 현실과 동떨어진 그러한 교육을 해서는 안 되겠다는 것입니다.

국방과 반공을 튼튼히 하고 국난을 극복할 수 있는 강인한 정신이 초등학교에서부터 대학교에 이르기까지 우리 교육의 구석구석에 침투해 들어가야 하겠다는 것입니다. 과거 우리 조상들도 국난을 당했을 때는 책을 집어던지고 총칼을 들고 나가 적과 싸우고 나라를 지켰습니다. 이것은 우리나라 교육의 하나의 전통입니다.

심지어, 절에서 불공을 드리고 있던 승려들까지도 불경을 집어던지고 나와서 승병을 조직하여 싸우기도 했으며, 나약한 아녀자들까지도 나서서 여기 협력을 했습니다.

임진왜란 때 행주산성의 싸움과 같은 그런 예를 보더라도 연약한 부녀자들까지 나라를 지키고 왜적을 막는 데 다같이 협력을 했던 것입니다.

지금 우리가 외적으로부터 침략의 위협을 받고 있는 이 비상사태에 있어서 조상들이 보여 준 그러한 슬기로운 애국의 길을 본받아야 할 줄 압니다. 이것이 바로 우리 민족의 자랑스러운 전통인 것입니다."

둘째, 우리는 생산적인 교육을 해야 한다는 것이다.

"또한 우리는 생산적인 교육을 해야 하겠습니다.

우리나라는 아직도 가난합니다. 그러므로 하루 빨리 경제건설을 하여 부강한 나라, 보다 더 개명된 나라를 만들어야 하겠으며, 모든 교육도 이에 이바지할 수 있는 생산적인 것이어야 하겠습니다.

우리는 우리 국력을 배양하는 데 필요한 기술과 지식을 배우고 가르치는 데 주력해야겠습니다.

모든 학교는 그 지역사회 개발을 위해서 무엇인가 응분의 기여를 해야 되겠습니다. 초등학교도, 중·고등학교도, 대학교도 마찬가지인 것입니다.

그 학교에 있는 교사들, 또는 학생들, 그 지방에 있는 공무원들, 기타 기관의 직원들과 그 부락에 사는 주민들 중에 지식 있는 사람들이 모두 모여 앉아서 그 고장개발에 대하여 무엇인가 연구를 해야 되겠습니다.

가령, 부락단위로 한다든가, 면단위로 한다든가, 혹은 자연적인 지형에 의한 한 지역사회를 단위로 하여 이 고장개발을 위해서 우리는 무엇을 어떻게 해야 되겠는가 하는 명제를 놓고 먼저 실태조사부터 면밀히 해야 할 것입니다.

노동력은 얼마이고 그 가운데 학교교육을 받은 지식수준은 어떻고, 또 군대나 외지에 나가서 기술을 배워 온 사람은 몇 명이나 되며 농가소득은 현재 어떻고, 잘사는 사람은 몇 호이고, 가난한 사람은 몇 호나 되며, 그 고장을 발전시키자면 무엇을 어떻게 해야 되겠는가? 하는 것을 종합적으로 연구하고 검토해야 하겠습니다.

그 결과 어떤 곳은 식량증산을 해서 소득을 올리는 방법도 있을 것이고, 또는 축산을 해서 소득을 올리는 방법도 있을 것이며, 양잠을 하는 데도 있을 것이고, 양송이를 하는 데도 있을 것이며, 또 도시에 가까워서 고등소채 같은 것을 재배해서 소득을 올릴 수도 있을 것입니다.

문제는 모두가 연구를 해서 자기가 할 수 있는 것을 하고, 그 뒤에 자기들의 힘으로 모자라는 것을 정부나 관에 요청해서 지원을 받도록 해야 한다는 것입니다.

이렇게 해서 모든 사람들이 협력을 하고, 같이 힘을 합하여 국가개발과 발전에 이바지해야 하겠습니다.

결론적으로, 이 나라에 태어난 모든 국민은 역사적인 사명감을 갖고 각자 맡은 바 일에 최선을 다하는 자세를 가져야겠습니다.

국민 모두가 크건 작건 자기의 책임을 완수하고 자조·자립의 정신으로 나와 내 집을 튼튼히 하며, 협동의 정신으로 내 마을 내 고장을 발전시키는 범국민적인 새마을운동의 역군이 되어야겠습니다.

여기에는 한 사람의 이탈자도 한 사람의 낙오자도 있어서는 안 되겠습니다.

이것이 곧 애국하는 길이요, 총력안보를 기하는 길이기도 합니다.

이것이 이루어질 때 우리는 어떠한 비상사태이건, 어떠한 침략이건 능히 극복하고 이겨낼 수 있을 뿐만 아니라, 우리의 국력을 비약적으로 증대시킬 수 있는 원동력이 될 것이라고 나는 확신하는 바입니다."

나라를 지키고 발전시키는 데 필요한 기술을 보급하여 부강한 나라를 만들어야 한다

1972년 3월 7일, 72년도 제1회 지방장관회의에서 대통령은 우리나라 교육의 목표와 기본방향에 대해 평소의 소신을 밝혔다.

첫째, 우리 교육은 국가와 사회가 필요로 하는 인간을 만드는 데 첫째 목적을 두어야 한다는 것이다.

"그 다음에 우리나라 교육문제에 대해서 이 기회에 몇 가지 이야기를 하고자 합니다. 우리나라는 여러분들이 아시는 바와 같이 경제적으로는 아직까지 선진국가 대열에 들어가지 못하고 있지만 교육부문에 있어서는 어느 선진국가에 못지않게 많은 투자를 하고 있는 나라 중의 하나입니다. 여러분들 앞에 배포되어 있는 인쇄물에도 그 숫자가 나타나 있으리라고 봅니다만, 우리나라의 통계에 나타나 있는 것을 보면 전국에 초등학교 아동으로부터 대학생까지 학생수가 약 800만이 조금 넘습니다. 3000만 중에 800만이니까 우리 국민 네 사람 중에 한 사람은 학생입니다. 교직자만 하더라도 약 18만 정도가 됩니다.

일년의 교육투자가 우리의 국민총생산에서 차지하는 비율을 보면 1965년도에는 국민총생산의 약 3.8%를 투자하고 있습니다. 금년도 계획은 어떻게 되어 있느냐 하면 6.9%입니다. 그러면, 이것이 높은 수치냐 낮은 수치냐 하는 것을 다른 나라하고 한번 비교를 해봐야 되겠습니다. 금년도 우리가 하는 것이 6.9%, 약 7%인데 이것은 정부가 의무교육에 쓰는 예산에 반영되는 부분 및 일반 사학에 쓰는 부문, 학부형들이 자녀들을 위해 쓰는 것을 전부 합친 액입니다. 자유중국은 3.1%입니다.

우리하고 경제가 거의 비슷한 터키 같은 나라를 보니까 3.5%, 멕시코, 이 나라도 지금 개발도상에 있어서 상당히 그 발전이 빠른 나라인데 4.5%, 서독 같은 나라가 3.6%, 영국이 5.6%, 미국이 5.5%, 프랑스가 3.6%, 필리핀이 2.8%, 이런 것을 본다면 물론 여기에 나온 다른 나라의 통계는 1967년도이고 우리의 6.9%라는 것은 금년도 수치를 말하기 때문에 약간 차이가 있겠습니다만, 우리는 다른 나라에 비해 상당히 많은 교육투자를 하고 있는 것입니다.

그만큼 우리나라에서는 교육에 대해서 힘을 많이 쓰고 있다는 이야기입니다. 정부나 우리 국민들이나 무엇 때문에 우리가 어려운 나라에서 교육에 이만큼 많은 투자를 하느냐, 그 목적이 무어냐 하는 것을 확실히 알아야 되겠습니다. 교육에 대한 목적을 말하라고 하면 여러 가지 표현을 할 수 있겠지요. 예를 들면, 초등교육에 대한 목적, 중등교육에 대한 목적, 대학교육에 대한 목적, 또는 성인 교육, 사회교육 등 여러 가지로 그 표현방법이나 그 내용이 다르겠지만 한 마디로 국가에서 이만큼 교육에 역점을 두고 교육을 이만큼 중요시한 궁극적 목적이 무엇이겠느냐고 나보고 이야기하라면 다음 세대에 이 나라를 짊어지고 나갈 일꾼들을 훌륭한 국민들로 교육하자 하는 것이 궁극적 목적이라고 생각합니다.

우리 국민교육헌장에 보면 이런 대목이 있습니다. '안으로 자주독립의 자세를 확립하고 밖으로 인류 공영에 이바지한다'는 말이 나옵니다. 안으로 자주독립의 자세를 확립한다는 것은 우선 우리나라 교육의 일차적 목적은 자주독립국가로서의 올바른 자세와 자질을 갖춘 국민을 만들라는 것입니다. 그리고 난 다음에, 우리가 또 인류 공영에 이바지할 수 있는 데까지 발전해 나가야 된다는 것입니다. 우선 대한민국이라는 이 국가의 국민으로서 자주 독립을 우리가 지켜나갈 수 있는 국민으로서의 자질, 그러한 소질을 갖춘 그런 국민을 양성해야 된다는 뜻이라고 나는 해석합니다.

우리 국가와 우리 사회가 필요로 하는 인간을 만드는 데 첫째 목적을 두고 여기에 역점을 둬야 되겠으며, 그리고 난 뒤에 인류사회에 공헌하거나 기여할 수 있는 분야까지 발전을 해 나가는 것이 궁극적인 목적이라고 보는 것입니다."

둘째, 우리 교육계는 그동안 '국적 없는 교육'을 해왔다는 것을 깊이 반성해야 한다는 것이다.

"해방 후 우리나라 교육목적 또는 교육의 지도이념은 우리나라 교육법에도 표현이 되어 있고 여러 군데 밝혀져 있지만, 확실히 말해서 이것이 뚜렷하지 못하고 명확하지 못하지 않느냐. 더 좀 지나친 이야기를 한다면, 우리나라 교육은 해방 후 지난 20여년 동안 국적 없는 교육을 해 왔다. 대한민국 국민을 만든다는 것을 목적으로 삼지 않고, 마치 세계인을 양성하는 것 같은 교육을 해왔다고 봅니다.

이것은 교육계에 있는 사람들이 깊이 반성을 해야 된다고 생각합니다. 흔히, 우리나라 식자들 중에도 교육을 통해 선량한 민주시민을 양성한다고 말합니다. 물론, 우리 대한민국 국민도 선량한 민주시민으로서의 자질을 갖춰야 됩니다. 그러나, 선량한 민주시민이라는 것이 일본 국민도 될 수 있고, 미국 국민도 될 수 있고, 영국 국민도 될 수 있는 만국 공통의 국민이어서는 곤란합니다. 나는 그것이 아니라고 생각합니다. 우선, 대한민국 사회에 꼭 필요한 선량하고 충실한 인재를 만드는 것에 우리 교육의 일차적인 목적을 두고 여기에 역점을 두어야 되겠다는 것입니다. 우리 국가와 사회가 요구하는 인간이란 구체적으로 어떠한 인간상을 말하느냐 하는 것은 내가 여기서 일일이 설명하기보다는 우리 국민교육헌장에 명시되어 있는 종목 하나하나를 잘 검토해 보면 알 수 있을 것으로 생각합니다.

지금 우리는 외부로부터 침략의 위협을 받고 있다는 이 엄연한 현실을 우리나라 교육이 외면할 수 없는 것이며, 그렇다면 힘을 합쳐서 나라를 튼튼히 지켜야 한다는 것이 교육의 어떤 분야에 반드시 반영되고, 그 점에 역점을 둬야 되겠다고 나는 생각합니다. 나라가 있어야 학문이 있고, 민주주의가 있고, 자유도 있다는 것입니다. 공산주의한테 먹히고 난 뒤에는 우리가 지금 추구하고 있는 학문이나 진리를 탐구할 수 있는 기회도 우리한테는 주어지지 않을 것입니다. 나라를 튼튼히 지켜야 되겠고, 또 국가안보에 대한 명확한 가치관을 확립해야 되겠습니다. 이것은 교육자나 모든 국민들이 다 마찬가지입니다.

외적으로부터 나라를 지키고 국가를 보위하고, 우리 민족을 지키고 우리의 민족의 고유문화를 지키고, 또 발전시켜 나가기 위해서는 현 단계에 있어서 가장 중요한 것이 무엇이냐. 첫째는 외적으로부터의 침략을 막고 나라를 튼튼히 지킨다는 것, 다른 말로 하면 국가안보가 왜 지금 이 시기에 이만큼 절실하고, 또 중요하냐 하는 가치관을 확실히 정립을 해야 하겠고, 또 반공에 대한 정신무장을 보다 더 절실히 해야 되겠습니다.

외국 사람들은 대한민국을 반공정신이 가장 강한 나라라고 말합니다. 2차 대전 후에 공산주의자의 침략으로부터 가장 혹심한 피해를 입은 나라도 우리 대한민국이라고 말하고 있습니다. 사실 그렇기 때문에 우리 국민들이 반공에 대해서는 가장 투철한 국민이라는 것이 틀림없습니다. 그러나 최근에는 반공에 대한 의식이 점차 흐려가고 있지 않느냐, 해이해 지고 있지 않느냐, 일부 상당한 식자 중에도 반공 운운하면 진부하고 케케묵은 소리라는 생각을 가진 사람이 있다는 것을 나는 듣고 있습니다. 이것은 대단히 중요한 문제라고 생각합니다.

우리가 현 단계에 있어서 반공을 아니하고 뭘 하자는 것입니까? 국민교육헌장에는 이런 구절이 있습니다. '반공 민주 정신에 투철한 애국 애족이 우리 삶의 길이다' 반공을 해야만 우리가 민주주의를 지킬 수도 있고 그렇게 해서 나라를 지키고 민족을 사랑하는 것이 곧 나라를 위하는 것이 아니라 자신이 사는 길이다 하는 뜻입니다.

우리는 아직도 가난한 나라입니다. 개발도상에 있는 나라입니다. 일부 국민들 중에는 대한민국이 아주 갑자기 부자가 된 것처럼 생각하는데, 물론 과거보다는 많은 발전도 했고, 발전하고 있고, 장차 발전할 수 있는 소질을 가지고 있다고 우리는 보지만, 아직까지 다른 선진 여러 나라에 비하면 우리는 아직 가난한 나라인 것입니다.

우리는 이러한 현실을 확실히 알아야 되겠습니다. 마치 우리가 지금 부자가 된 것처럼 푸근푸근한 소리를 해서는 곤란하다 이겁니다. 가난한 사람은 가난한 사람답게 생활을 해야 되고, 행동을 해야 됩니다. 교육에도 이런 정신이 반영이 되어야 됩니다. 구체적으로 말씀드린다면 우리가 가난을 벗어나고 부강한 나라를 만들기 위해서는 어떻게 해야 할 것인가, 물론 다른 학문도 필요하겠지만 과학기술을 개발해서 경제개발을 촉진하는 데 교육이 이바지해야 되지 않겠느냐. 따라서 모든 교육은 생산과 직결되어야 합니다.

공업을 발전시켜서 우리나라의 수출을 빨리 증대하고, 공업을 발전시켜서 우리 농촌을 빨리 근대화하고 농가 소득을 증대하여서 잘 사는 농촌을 만들자는 것이 우리 학문에 우리 교육에 반영이 되어야 되겠다는 것입니다. 이러한 교육을 우선적으로 해야 되겠다는 것을 나는 주장합니다."

셋째, 앞으로 지역사회 개발에 있어서 학교가 하나의 중심 또는 센터 같은 역할을 해야 되겠다는 것이다.

"지역사회 개발문제에 있어서도 마찬가지입니다. 지금 우리 시골에 가 보면 어떤 지역에 900호의 농가가 살고 있습니다. 또, 어떤 데 가 보면 거기에는 한 몇 호뿐인 이·동·읍·면이 있고 거기에는 학교가 있고, 면사무소가 있고, 또는 우체국이 있고 농촌지도기관이 나와 있고 또 기타 여러 기관들이 나와 있습니다. 요즈음 시골에 가보면 학교는 모두 다 근사한 현대식 건물로 우뚝우뚝 서 있는데 그 주변에 있는 농가를 보면 수백년대 그대로 내려오던 오두막, 초가집, 납작한 농가가 산 밑에 옹기종기 모여살고 있고, 특히 뒷산을 보면 나무가 하나도 없이 아주 완전히 벗어진 상태로 있습니다. 그 앞에 내려가는 하천을 보면 작년 홍수 때 제방이 떠내려가 논하고 하천의 하상하고 한계가 없을 정도로 되어 버렸고, 부락에 들어오는 길이 있는데 허물어져서 자동차는 고사하고 자전거도 제대로 들어오 올 수 없는 상태에 있는 부락이 시골의 도처에 있습니다.

어떻게 하면 이러한 농촌을, 이러한 지역사회를 개발하느냐. 방법은 여러 가지 있습니다. 정부가 돈이 많아서 그 부락에 돈을 많이 줘서 길도 닦고, 제방도 쌓고 조림도 하고, 집집마다 기와를 이는 지붕개량 보조금도 주면 되겠지만, 솔직히 말해서 정부는 그런 능력도 없을 뿐만 아니라, 설령 그런 능력이 있다 할지라도 그러한 것이 과연 올바른 길이겠느냐 할 때 나는 그렇지 않고 생각합니다. 그 부락에 있는 학교나 면이나 동사무소, 병원 또는 거기에 있는 농사지도기관, 부락에 사는 농민, 그 부락에 사는 사람들 중에도 대학을 나온 사람, 중·고등학교를 나온 사람, 군대가서 군복무를 하고 돌아온 사람, 저 멀리 월남까지 가서 실전 전투경험을 하고 돌아온 사람, 객지에 나와서 기술을 배워 온 사람, 이러한 사람들이 전부 힘을 합쳐서 그 지식과 기술을 최대한으로 동원을 해서 그 고장을 자기들이 개발하라는 것입니다. 이러한 사람들이 일차적으로 모여 가지고 단합해서, 우리 고장을 보다 더 알뜰하고, 아담하고, 잘사는 부락으로 만들기 위해서는 무엇을 어떻게 해야 되겠는가 하는 것을 연구하여 우리 부락에 나무가 없으니 나무를 심자든지, 부락에 길이 없으니 길을 고치자든지, 하는 문제가 나오면 우선 우리가 우리 힘으로 할 수 있는 것이 무엇이고, 할 수 없는 것은 무엇이냐 하는 것을 따져야 할 것입니다.

그렇게 했을 때, 우리들이 할 수 있는 것은 우선 우리가 하자, 우리 힘으로 못하는 것을 정부 보고 도와 달라고 하자, 그런 정도까지 모든 의견이 합치가 되고 또 통일이 되고 그만큼 일이 추진되면 그 부락은 벌써 절반 이상 개발이 된 것입니다.

그렇게 된 부락은 정부가 도와 주겠습니다. 그러나 주민들 힘으로 할 수 있는 것, 가령 제방이 한 몇 백미터 허물어졌다고 할 때, 그 동네 청년들이 농한기에 나와서 지게나 리어카를 가지고 나와서 며칠 동안만 흙을 나르고, 모래를 나르고, 돌을 나르면 거뜬히 할 수 있는 것 그것도 안 하고 있는 부락은 정부가 도와 줄 능력이 없습니다. 앞으로 여러분들은 새마을운동을 하는 부락이나 지역사회의 개발에 있어서도 이것을 확실히 해야 되겠습니다.

주민들이 할 수 있는 것과 할 수 없는 것을 구별해서, 자기들이 할 수 없는 것은 정부보고 도와 달라 하고, 자기들이 할 수 있는 것은 자기들이 할 수 있는 데까지 최대한으로 다 해야 하며, 그런 부락은 정부가 가장 우선적으로 도와 줄 것입니다.

부락에 상당한 교육을 받아 많은 지식을 가진 사람들이 있고 기술을 가진 사람도 있고 또 나가서 일을 할 수 있는 젊은 청년들의 노동력도 있는데 이런 것을 활용하지 못하고 전부 정부보고만 도와 달라 해서는 안 되겠습니다.

우리 농촌의 어디를 가나 학교가 있는데, 물론 행정기관도 있지만, 학교가 앞으로 이런 면에 있어서 앞장을 서 달라, 좀 더 적극적으로 참여를 하고 오히려 그 지역사회 개발에 있어서 하나의 중심이라고 그럴까 센터 같은 역할을 좀 더 해 줬으면 합니다."

넷째, 나라를 지키고, 발전시키는 데 필요한 기술을 보급하고 나라를 부강하게 만드는 것이 '애국하는 교육'이라는 점을 강조했다.

"나라를 지키고, 나라를 발전시키는 데 필요한 기술보급을 하고 또 나라를 부강하게 만드는 것, 이것이 즉 애국하는 교육인 것입니다. 옛날 19세기 초에 유럽에는 나폴레옹 전쟁 시대라는 것이 있었습니다. 프랑스가 전 유럽을 석권하던 그런 시대인데 나폴레옹 전쟁 시대라고 말합니다. 그 당시에 지금의 독일은 프러시아 등 여러 가지로 군웅할거식으로 분할되어, 지금은 독일 국민이 단결심이 강하고 근면한 국민이라고 하지만, 국민들이 단결도 안 되고, 협동도 안 되고 비뚤어져 있었습니다. 그 때 나폴레옹 군대가 쳐들어가니까 전 독일은 나폴레옹 군대 말굽 밑에 하루아침에 전부 항복해 버렸고 점령당했습니다.

그 때 '피이테'라는 베를린 대학의 유명한 교수가 '독일 국민에 고함'이라는 격문을 선포한 것은 여러분들도 알고 있을 것입니다. '독일 국민들이 정신을 차려야 되겠다. 오늘날 독일이 프랑스의 나폴레옹 군대한테 짓밟히고 유린당한 원인과 책임은 우리 독일 국민에게 있다. 나폴레옹 군대를 나무랄 것이 아니라, 독일 국민들이 보다 더 분발하고 단결해야 되겠다' 하는 격문을 발표했던 것입니다.

이것이 하나의 계기가 되었던지 그 뒤 1870년, 그땐 나폴레옹은 벌써 죽은 뒤였습니다만, 독일과 프랑스의 소위 보불전쟁 때에, 그 때에 독일에서는 비스마르크가 수상이고 윌리암 일세가 독일 황제였는데, 독일이 프랑스에 대해 멋있게 보복전을 해서 설욕했고, 대승했습니다. 그 뒤에 독일 사람들이나 유럽 사람들은 보불전쟁에 있어서 독일의 대승을 그 당시의 독일 대학 교수와 모든 학교 교사들의 승리라고 이야기했던 것입니다.

프랑스한테 유린당한 독일 국민들이 교육을 통해서 독일 국민들의 애국심을 더 강하게 하고, 단결심을 더 강하게 하고, 외적으로부터 나라를 지키는 국민교육을 독일의 모든 교육자들이 앞장 서서 몇십 년 동안 한 결과, 보불전쟁에 있어서 프랑스를 다시 꺾고 대승해서 독일제국을 건설했다는 이야기를 했습니다. 이것을 보더라도 교육의 힘이 얼마나 중요한가 하는 것을 알 수 있습니다.

아까도 말씀드렸습니다만 우리나라는 경제적인 여건에 비해 교육분야에 있어서는 어느 선진국가에 못지않은 열의와 투자를 하고 있습니다. 전 국민 4분의 1에 해당하는 약 800만의 학생이 있고, 전국의 수천 개 각종학교가 있는데 교육자, 학생, 학교가 전부 우리의 안보를 튼튼하게 하는 국방에 이바지하고, 경제개발과 지역사회 개발에 적극적으로 참여를 하고 협력을 한다면 무서운 힘을 발휘하리라고 생각합니다.

최근에 나는 우리 농촌이나 산간벽지 또는 일 주일에 배가 한 번도 가지 못하는 낙도에 들어가 있는 우리나라의 모범적인 교사들의 미담을 많이 듣고 있습니다.

이런 교사들이 날이 갈수록 도처에서 많이 나오고 있다는 것은 참으로 흐뭇한 일이라고 생각합니다. 이러한 분들이야말로 민족의 스승이요, 지역사회 개발의 선구자라고 생각합니다. 낙도에 가서 교실 한 칸밖에 없는 데서 교육을 하면서 낙후된 주민들을 설득하고, 분발시켜 교육뿐만이 아니라 낙도개발에 앞장 서서 잘사는 부락을 만드는 이러한 교사들이야말로 국가의 보배입니다. 이런 사람들을 나는 민족의 스승이라고 칭찬하고 싶습니다.

앞으로 우리 교육계에는 이런 교육자들이 많이 나와야 되겠습니다. 이것이 참다운 애국하는 길이고, 이것이 참다운 교육이라고 믿습니다. 앞으로 우리 농촌에, 우리 시골에 지역마다 훌륭한 애국하는 교사들이 나와야 되겠습니다.

부락마다 있는 새마을운동을 추진하고, 훌륭한 지도자들이 나와서 주민들의 힘을 합쳐 함께 이 운동을 강력히 밀고 나간다면 우리 농촌은 반드시 부강하게 될 것이고, 먼 장래가 아니라 불과 수년 내에 일어날 수 있다고 나는 확신합니다."

교육의 국적을 되찾고 주체적인 민족사관을 정립해야 한다

1972년 3월 24일, 총력안보를 위한 전국교육자대회에서 대통령은 교육을 통한 민족국가의 주체사상과 애국적인 국민상의 형성에 관한 소신을 밝혔다.

대통령은 먼저 우리나라의 교육이 걸어온 발자취는 시련의 연속이었다고 회고했다.

"전국 834만 여의 젊은 학생들이 내일의 이 나라 주인이요 일꾼들이라 한다면, 이들에 대한 교육을 맡은 18만의 전국 교육자 여러분은 내일의 찬란한 조국을 창조하는 밑거름이요 토양이라고 하겠습니다.

그만큼 여러분의 사명과 책무는 크고, 무겁고, 또한 보람찬 것입니다.

전국의 교육자 여러분이 오늘날 우리 국가현실을 직시하고 스스로의 시대적 사명감을 재인식하여, 번영된 조국의 내일을 창조하는 새로운 결의를 다짐하고자 이와 같은 대회를 마련한 데 대해 모든 국민과 더불어 마음 든든히 생각하는 바입니다.

전국의 교육자 여러분!

나는 오늘 이 자리를 빌려, 과거 우리나라의 교육을 회고하고, 여러분이 주동이 되어 교육을 통해 확립해야 할 민족국가의 주체사상, 그리고 지금 우리 조국이 요구하는 애국적 국민상이 무엇인가에 관한 소회의 일단을 밝혀 두고자 합니다.

우리나라의 교육이 걸어온 발자취를 돌이켜볼 때, 그것은 한 마디로 시련의 연속이었다고 말할 수 있겠습니다.

일제강점기의 36년 동안, 우리는 혹심한 탄압에도 불구하고 우리의 말과 글, 그리고 민족의 얼을 잃지 않고 끝까지 지켜 왔습니다.

이것은 참으로 뜻있는 우리 교육자들의 피눈물나는 노고의 공이었던 것이며, 우리 민족의 불굴의 의지를 상징하는 것입니다.

그리고 조국광복과 더불어 정부가 수립된 후, 우리는 일제 식민지 교육의 잔재를 청산하기 위해서 새로운 교육법을 제정하고, 교육자치제를 실시하여 민주교육의 터전을 마련하고, 다음 세대들의 자질을 계발하는 데 힘써 왔습니다.

그러나 불행하게도 6·25전쟁으로 우리의 교육은 또다시 고난의 길을 걷지 않을 수 없었습니다.

6·25의 전화는 우리에게 온갖 손실과 혼란을 가져왔습니다.

그러나 사명감에 불탔던 우리 교육자들은 이에 굴하지 않고 용감히 일어나 교실을 잃은 학생들과 더불어 천막과 판잣집에서, 혹은 노천에서, 국토방위와 애국애족 정신을 역설하면서 교육에 힘써 왔습니다.

50년대의 전후복구와 60년대의 자립경제 건설을 위한 격동의 소용돌이 속에서도 또한 우리 교육자들은 이 사업을 추진할 많은 인재를 양성 배출시킴으로써, 조국근대화의 기초를 마련하는 데 공헌했습니다.

이러한 교육자들의 희생적 노력과 더불어, 정부도 또한 여러 가지 어려운 여건에도 불구하고 교육투자를 아끼지 않아, 의무교육 하나만 보더라도 53년에 59.6%이던 취학률을 70년에는 96.9%로 증가시켰습니다.

68년 12월에는 국민교육헌장을 선포하여, 근대화의 물량적 성장을 이끌어 나아갈 우리의 정신적 자세를 명시했으며, 또한 국가 비상사태가 선언된 뒤부터는 안보교육 체제의 정비 강화와 생산에 전결되는 교육의 실시 등, 시의에 알맞게 교육현장의 생활화에 전력을 기울여 왔습니다."

대통령은 이어서 그동안 우리 교육은 국적 없는 교육을 해왔으나 이제는 우리 교육이 국적을 되찾아야 할 때라는 점을 역설했다.

"그러나 이와 같은 여러분의 헌신적 노력에도 불구하고, 오늘날 우리의 교육을 회고해 볼 때, 우리는 몇 가지 깊은 반성을 하지 않을 수 없습니다.

그것은, 우리가 개성을 존중하며 창의와 자발적 활동을 조장하는 교육에 힘을 기울여 온 나머지 국가나 민족에 대한 관념이 오히려 희박하게 되었고, 부모에 대한 효성이나 스승에 대한 존경 등, 우리나라 고유의 미풍인 경애사상을 가르치는 데 소홀했으며, 개인의 자유와 권리를 강조할 줄은 알되, 국민으로서의 책임과 의무의 완수, 그리고 협동심과 봉사정신 및 희생정신의 고취가 부족하였음을 지적하지 않을 수 없습니다.

다시 말해서, 영리한 사람으로서 오붓한 향락생활이나 추구하는 시민교육에만 힘을 써 왔으며, 진실한 의미에서의 우리 전통과 확고한 국가관에 뿌리박은 국민교육에는 미흡했다고 하지 않을 수 없습니다. 혹평을 한다면, 우리는 그동안 국적 없는 교육을 해왔다고 할 수 있습니다.

나는 우리의 교육도 이제는 외국의 교육형태를 모방하고 추종하는 데서 탈피하여, 국가현실을 정확히 인식하고 올바른 국가관에 입각한 교육을 지향해야 할 때가 왔다고 강조하는 바입니다.

다시 말해서, 우리의 국가현실에 알맞은 교육, 즉 우리 교육의

'국적'을 되찾아야 할 때라는 것입니다. 오늘날 우리의 국가현실은 어떠합니까?

나는 누차 기회 있을 때마다 강조해 왔습니다만 세계열강들은 각자의 국가이익을 추구하기 위해 혈안이 되고 있으며, 그 속에서 국제환경은 열강 위주로 큰 변화를 일으키고 있습니다.

마치 옛날의 춘추전국 시대를 보는 듯 혼돈에 빠져들고 있습니다.

또한, 북한 괴뢰집단은 이러한 국제사회의 혼돈을 틈타, 위장된 평화선전의 그늘 아래, 적화통일을 위한 무력남침 위협을 가중시키고 있습니다.

이렇듯 복잡하고 어려운 여건 아래서, 우리는 민족의 염원인 조국의 평화통일을 위한 노력을 한시라도 늦추어서는 안 될 중대한 시점에 처해 있는 것입니다.

이러한 내외의 시련을 극복하고 우리의 사명을 다하기 위해서는, 70년대에 사는 우리들은 무엇보다도 시급히 주체적인 민족사관을 정립해야 합니다."

대통령은 이어서 주체적인 민족사관의 정립은 우리 민족의 전통과 국가의 자주성을 지키며, 발전시키기 위한 민족 주체사상을 확립하는 것이라고 규정했다.

"그러면, 주체적인 민족사관의 정립이란 무엇이냐?

이것은 주변정세의 변화 속에서도, 추호의 동요도 없이 우리 민족의 전통과 국가의 자주성을 떳떳이 지키며, 이를 발전시켜 나아가기 위한 민족 주체사상의 확립을 뜻하는 것이며, 국력배양을 위한 '자주·자립·자위'의 3대 목표를 추진하는 기본이 되는 것입니다.

먼저 경제면을 보면, 우리는 그 동안 두 차례 경제개발 5개년계획을 통해 커다란 저력을 축적했습니다.

자조 자립 자위

1970년 1월 1일
대통령 박정희

이제는 그 저력을 농어촌근대화에 본격적으로 투자할 수 있게 되었으며, 중화학공업 시대의 문을 열게 되었습니다.

또한, 자주국방면을 보면, 빈틈없는 총력안보 체제를 굳혀 나가면서, 이를 통해서 우리 실정에 알맞은 민주주의를 토착시키기 위한 기틀을 마련하고 있습니다.

이 자립경제와 자주국방에 더하여, 이제 우리 앞에는 국난극복의 새 가치관에 기초를 둔 슬기롭고 떳떳한 민족 주체사상의 확립과, 이에 대한 긍지를 드높여야 할 과제가 놓여 있습니다.

역사를 되돌아볼 때, 우리는 빛나는 민족국가의 전통을 가졌음에도 불구하고, 구한말에 가서는 결국 주체역량이 미흡했기 때문에, 개화의 좋은 계기를 놓치고 일본의 식민통치 아래 들어가고 말았습니다.

그 후, 우리 선대들은 왜곡된 역사관의 불건전한 정신풍토 속에서 조국광복을 위한 저항투쟁이나 또는 소극적인 현실 타협의 길을 택하지 않을 수 없었습니다. 이 모두가 외세에 대한 반발의 역사였습니다.

이윽고 감격적인 8·15의 해방을 맞이했습니다만, 우리에게는 민족사관을 정립할 만한 겨를도 주지 않았을 뿐만 아니라, 타율적인 국토의 분단은 이 땅에 민족의 분열과 외래사상의 분류 속에 국민사상의 혼란을 초래하고 말았습니다.

더구나 6·25전쟁은 우리의 역사적 전통과는 전혀 이질적인 공산주의자들이 저지른 우리 민족국가의 정통성에 대한 도전이었습니다.

따라서, 역사상 과거 우리 선대들이 겪은 어느 시대의 수난보다도 가장 어려운 시련이었습니다.

그리고 4·19 학생의거는 모처럼 우리 사회의 전근대성과 비능률에 종지부를 찍으려는 것이었습니다만, 민족의 주체사상과 주체세력이 확립되지 않았기 때문에, 극도의 사회혼란만을 거듭하고 말았었던 것입니다.

그러나 5·16 혁명을 계기로 우리는 비로소 '조국근대화를 통한 민족중흥'이라는 민족 국가의 좌표와 진로를 현실적으로 정립하기에 이르렀습니다."

대통령은 이어서 민족의 얼과 역사의 정통성을 계승발전시키고 있는 민족 주체세력은 대한민국 국민이며, 통일 한국의 실현은 우리 세대의 역사적 사명이라는 점을 강조했다.

"우리는 두 차례의 의욕적인 5개년계획을 성공리에 끝맺었으며, 올해부터는 제3차 계획에 착수하였습니다.

비록 경제의 고도성장과 급속한 근대화 초기과정에서 생기는 사회 내부의 마찰과 부작용이 없지도 않았습니다만, 우리는 민족 주체성의 확립에 기틀이 되는 자립경제의 기반을 구축하는 데 성공했다고 봅니다.

이와 같은 자립경제와 자주국방의 기틀 위에서 민족 주체사상에 입각한 새로운 민족사관을 정립하고자 하는 것은, 지나간 과도기의 유산인 사상의 파행성으로부터 용약 탈피하려는 정신적 국적 확인 운동이요, 조국통일에 대비한 민족 주체세력을 형성해 나가는 우리 모두의 애국운동이라고 확신합니다.

그러므로 나는 우리 민족의 빛나는 얼과 역사의 정통성을 이어받아 이를 계속 발전시키고 있는 민족의 주체세력은 바로 우리들이라는 것을 떳떳하고 영예롭게 자각하고, '통일 한국' 실현의 역사적 사명이 우리 세대의 임무라는 것을 다시금 강조하는 바입니다.

정치·경제·사회·문화적으로는 물론이요, 정신적으로도 '한민족 국가의 정통성'은 바로 우리 대한민국에 있다는 자각을 한시라도 잊어서는 안 되겠습니다.

비록 국제정세의 제약으로 4반세기 동안 국토가 양단되어 왔으나, 민족 전통을 이질적인 공산주의 사상과 광신적인 개인숭배로써 파괴하고, 우리 북한 동포들에게 심지어 아버지마저 '동무'라고 부르도록 강요하는 해괴망측한 북괴에게서, 우리는 단 한 쪽의 민족성도 찾아볼 수 없는 것이 오늘의 현실입니다."

대통령은 이어서 국제정세의 변화에 대처하면서 북괴의 남침을 억지하는 데 있어서 교육의 힘이 크고, 교육자들의 책임과 사명이 막중하다는 점을 강조했다.

"이상 말씀드린 바와 같이 민족 주체사상을 확립하고 민족국가의 정통성을 자각하여, 주변정세가 어떻게 변하든 간에 의연한 자세로 이에 대처하면서, 북괴의 남침야욕을 억지해 나가기 위하여는, 국민 모두가 총화적인 노력을 기울여야 하며, 나는 이러한 노력을 하는 데 있어 특히 교육의 힘이 가장 중요하다고 믿고 있습니다.

그렇기 때문에 여러분에게 주어진 책임과 사명은 실로 중차대한 것입니다. 애국의 길은 가까운 데 있습니다.

사회 각 분야, 각 계층이 민족국가의 공동운명체라는 의식을 투철하게 자각함으로써, 국가에 대한 충성심을 드높이고, 각기 맡은 일과 고장에서 자기 직분에 더욱 성실하고 책임을 다하며 최선을 다하는 것이 곧 애국이요 국가보위를 위해 이바지하는 길입니다.

따라서, 여러분들도 맡은 바 직분에 우리 민족의 정통성과 확고한 국가관에 기초를 둔 교육, 그리고 우리 민족문화의 발전에 기여하는 교육에 더욱 힘을 기울여야 하겠습니다.

이러한 교육을 통해서만, 우리는 우리나라가 필요로 하는 인간, 곧 애국적인 대한민국의 국민을 만들어 낼 수 있는 것입니다.

이것이 바로 교육자 여러분이 손쉽게 할 수 있는 애국의 길이며, 또한 여러분에게 부여된 시대적 사명인 것입니다.

영국 국민들은 '영국이 워털루 대전에서 나폴레옹을 이길 수 있었던 그 힘은 워털루 대전을 지휘한 웰링턴 장군의 모교 이튼고등학교 운동장에서 길러진 것'이라고 자랑했습니다.

또한 2차 세계대전이 발발하자, 영국의 케임브리지 대학과 옥스퍼드 대학생들은 '조국이 있어야 대학이 있고, 조국이 있고야 학문이 있다' 하고 신체불구자를 제외하고는 전원이 군에 자진입대하여 일선에 나가 싸웠으며, 수많은 학생들이 전사했습니다.

지금도 이들 두 대학 강당에는 전몰한 학생들의 초상화가 전부 걸려 있다고 합니다.

후배 학생들이 이곳에 들어갈 때는, 언제든지 숙연한 마음으로 선배들 초상화 앞에 머리숙여 조국에 대한 충성을 되새긴다고 합니다. 이것이 진실한 교육이요 교육의 힘이라고 생각합니다."

대통령은 이어서 각급학교는 지역사회 개발의 센터가 되고 국가목표 달성에 자진 참여해야 된다는 점을 역설했다.

"지금 우리 농촌에는 새로운 바람이 불기 시작했습니다.

새마을운동이 방방곡곡에서 힘차게 벌어지고 있습니다.

각급 학교는 오늘의 국가현실과 정부시책에 발맞추어 지역사회 개발의 센터가 되고, 국가목표 달성에 자진 참여해 줄 것을 당부합니다.

지금 농촌에서 추진하고 있는 새마을운동을 실효성 있게 추진하기 위해서는, 지역사회의 모든 학교가 직업교육의 강화를 핵심으로 하는 산학협동 체제를 더욱 확대해 나가야 하며, 각 지방대학은 그 고장의 특성에 알맞게 전문화되어야 하겠습니다.

항도에 있는 지방대학은 수산대학으로, 농업지대에 자리잡고 있는 지방대학은 농과 대학으로, 각기 그들의 특징을 살려 나가야 할 것입니다.

우리는 모두 땀 흘려 일하는 데서 기쁨을 느끼고 보람을 찾아야 하며, 그 속에서 내 고장 내 나라에 대한 사랑과 충성심을 길러야 합니다.

다시 말해서, 향토의 역사와 특징을 살려서 향토방위와 연결되는 애향심을 앙양시키고, 이를 다시 국가보위와 연결되는 애국심으로 승화시켜야 할 것입니다.

신라시대의 화랑들은 자기자신의 수련뿐만 아니라, 민중 속에 들어가 이들을 교화했던 것과 마찬가지로, 오늘의 우리 청년학도들도 사회봉사의 정신을 발휘하여, 지역사회 개발에 선봉적 역할을 다하도록 교육의 힘을 발휘해야 할 것입니다.

이제까지의 교육에서는 조국근대화, 즉 국가발전이 곧 우리들의 발전이요 우리의 근대화라는 인식을 올바로 고취시키는 면이 부족하였다고 봅니다.

앞으로는 학생들에게 조국근대화는 곧 나 자신을 위한 것이며 우리들을 위한 것이라는 인식과 의욕을 환기시킴으로써, 스스로 국가 건설의 대열에 혼연히 참가하도록 하여야 하겠습니다.

특히, 우리 국가 사회의 중견 간부를 양성하는 대학교육에 있어서는, 이 점이 더욱 강조되어야 할 것입니다.

더 말할 나위 없이, 대학은 단순히 지식을 전수하는 곳은 아닙니다. 올바른 국가관을 가진 근대 산업사회의 기능 간부와 민족국가의 내일을 지도해 나갈 역군을 길러 내는 곳입니다.

따라서 참다운 대학인은 모름지기 추상적인 '세계인'의 환상에서 언동할 것이 아니라 조국이 처해 있는 내외 여건과 국가가 당면한 현실을 내 것으로 받아들이고, 그 속에서 고민하고 사색하며 우리의 현실을 슬기롭게 극복함으로써, 드높은 이상을 실현시키고자 지성과 정열을 기울여 나가야 할 것입니다.

우리나라는 아직도 강대하고 부유한 나라는 아닙니다.

그러나 우리들 자신의 헌신적인 노력으로 가까운 장래에 우리나라를 강대하고 부유하게 만들고야 말겠다고 굳게 결심한 오늘의 세대와 특히 내일의 주인공들은 먼저 우리의 처지를 외면 망각하지 말고, 미더운 자세로써, 허영과 퇴폐, 부화와 방종을 물리치고, 근검절약의 기풍을 숭상하는 실질 강건한 국민상 확립에 앞장 서야 할 것입니다.

19세기초 나폴레옹 전쟁 시대의 와중에서 구국의 원동력이 바로 교육에 있음을 역설하여, 독일인의 정신적 분발을 촉구했던 철학자 '피히테'는 베를린 대학 총장취임 연설에서, "대학의 자유를 위협하는 것은 결국 저 공부를 하지 않는 학생의 무리"라고 갈파하여, 대학의 문제는 바로 대학 자체에 있음을 지적했던 것입니다."

대통령은 끝으로 낙도와 산간벽지에서 온갖 난관을 극복하면서 다음 세대교육과 지역사회 개발에 헌신하는 교직자들을 우리 사회의 등불이라고 높이 평가하고, 우리 교육자들이 그 무거운 사명과 책임을 다할 때, 한국의 근대화와 통일위업을 이룩한 것은 한국교육자들의 힘이라고 세계인들이 감탄하는 날이 오리라고 믿는다는 확신을 피력했다.

"나는 또한, 교육을 천직으로 삼아 일생을 봉사할 각오가 선 교육자 양성에는 더욱 힘을 기울일 것이며, 여러분들도 이에 더욱 힘써 주기를 당부합니다.

낙도·고도나 산간벽지에서 고독과 싸우고 온갖 난관을 극복하면서 다음 세대 교육과 지역사회 개발에 묵묵히 헌신하는 교직자들이야말로 우리 사회의 등불이라고 하겠으며, 혹한의 고지에서 적과 대치하여 조국의 자주독립을 지키는 일선장병의 모습과 조금도 다를 바가 없습니다.

전국의 교육자 여러분!

여러분이 이처럼 크고 무겁고 보람찬 사명과 책무를 다할 때, 머지않아 한국의 근대화와 통일위업은 우리 교육자들에 힘입은 바 컸다고 세계 사람들이 감탄하는 날이 오고야 말 것이라고 나는 확신합니다.

그리고, 오늘 건국 이래 처음으로 이처럼 성대하고 뜻깊은 교육자대회를 개최한 의의와 보람도, 여러분이 사명과 책무를 다하는 데서 열매를 맺게 될 것입니다.

우리 모두가 새로운 각오와 결의로써 오늘의 시련과 도전을 극복하고, 영광된 민족의 장래를 우리의 힘으로 개척하는 데 앞장 서 나아갑시다.

그리하여 훗날 우리의 후손들이 1970년대의 어려운 국난을 극복하고 조국근대화를 성취한 것은 오늘의 우리 교육자들의 힘이었다고 떳떳이 말할 수 있게 합시다.”

100억 달러 수출과 중화학공업 육성을 위해 모든 국민이 기술을 배워야 한다

1973년 1월 12일, 연두기자회견에서 대통령은 중화학공업정책을 선언하고 전국민의 과학화운동을 제창했으며, 1백억 달러 수출과 중화학공업 육성을 위해서는 남녀노소 구별 없이 모든 국민이 기술을 배워야 한다는 것을 강조했다.

과학기술의 발달 없이 우리는 선진국가가 될 수 없다. 80년대 초에 100억 달러 수출과 중화학공업 육성이라는 목표를 달성하기 위해서는 초등학생부터 대학생, 성인까지 남녀노소 구별 없이 기술을 배워야 되겠다. 80년 초에 100억 달러 수출을 하려면 전체 수출상품 중에서 중화학제품이 50% 이상을 차지해야 한다. 그래서 지금부터 철강, 조선, 기계, 석유화학 등 중화학공업 육성에 힘써서 이 분야의 제품 수출을 강화해 나가겠다는 것이다.

“나는 오늘 이 자리에서 우리 국민 여러분들에게 경제에 관한 하나의 중요한 선언을 하고자 합니다.

우리나라 공업은 이제 바야흐로 ‘중화학공업 시대’에 들어갔습니다. 따라서, 정부는 이제부터 ‘중화학공업 육성’의 시책에 중점을 두는 ‘중화학공업 정책’을 선언하는 바입니다.

또 하나는 오늘 이 자리에서 우리 국민들에게 내가 제창하고자 하는 것은, 이제부터 우리 모두가 ‘전 국민의 과학화운동’을 전개하자는 것입니다. 모든 사람들이 ‘과학기술’을 배우고 익히고 개발을 해야 되겠습니다. 그래야 우리 국력이 급속히 늘어날 수 있습니다. 과학기술의 발달 없이는 우리가 절대로 선진국가가 될 수 없습니다.

80년대에 가서 우리가 100억 달러 수출, 중화학공업의 육성 등등 이러한 목표달성을 위해서 범국민적인 '과학기술'의 개발에 총력을 집중해야 되겠습니다. 초등학교 아동에서부터 대학생·사회 성인까지 남녀노소할 것 없이 우리가 전부 기술을 배워야 되겠습니다.

그래야만 국력이 빨리 신장하는 것입니다. 80년대 초에 우리가 100억 달러의 수출목표를 달성하려면, 전체 수출상품 중에서 중화학제품이 50%를 훨씬 더 넘게 차지해야 되는 것입니다.

그러기 위해서, 정부는 지금부터 철강·조선·기계·석유화학 등 중화학공업 육성에 박차를 가해서 이 분야의 제품수출을 강화하려 하고 있습니다."

대통령은 이어서 80년대 초에 가서 우리나라가 보유하게 될 중요한 중화학공업 부문의 생산시설 능력에 대해 설명했다.

"참고로, 80년대 초에 가서 우리 정부가 구상하고 있는 중요한 중공업 부문의 생산시설 능력을 몇 가지만 예를 들어서 말씀드린다면, 제철능력은 지금 현재의 100만 톤에서 80년대 초에 가서는 약 1,000만 톤까지 끌어올리고, 조선능력은 현재 약 25만 톤 되는데, 이것을 약 500만 톤까지 끌어올리며, 정유시설은 일산 39만 베럴에서 약 94만 베럴까지 끌어올릴 계획입니다.

울산정유공장이 처음에 준공되었을 때, 일산 3만 5,000베럴이라고 나는 기억을 하고 있습니다. 석유화학 원료가 되는 에틸렌생산은 지금 10만 톤인데, 80년대 초에 가서는 80만 톤 수준까지 끌어올리며, 전력은 지금의 380만 킬로와트에서 1,000만 킬로와트까지 끌어올리고, 시멘트는 지금의 800만 톤에서 1,600만 톤까지 연산수준을 올려야 되겠으며, 자동차는 현재 연산 약 3만 대가 되는데, 그 때에 가서는 약 50만 대 정도의 생산능력으로 올라갈 것입니다. 그 외에 전자공업 등 여러 가지 부문이 많이 있습니다만, 중요한 것만 몇 가지

애기를 했습니다. 이러한 대규모의 공장들을 수용하기 위해서, 정부는 지금부터 동해안·남해안·서해안 지방에 여러 가지 대단위 국제 규모의 공업단지 또는 기지를 조성해 나갈 생각입니다.

첫째는, 포항제철 같은 제2의 '종합제철공장 건설'을 앞으로 추진해야 하겠고, 또 '대단위 기계종합공업 단지'도 만들어야 되겠습니다. 지금 울산에 있는 '석유화학공업단지'와 같은 제2의 '종합화학공업단지'를 또 만들어야 되겠습니다.

또 100만 톤급의 '대규모 조선소'를 앞으로 하나 내지 두 개를 더 만들어야겠고, '대단위 전자부속품 생산단지'도 지금 추진하고 있고, 마산에 있는 '수출자유지역'과 같은 단지를 앞으로 제2, 제3을 더 만들어야 되겠습니다. 이런 것을 다 했을 때에 10억 달러 수출이 되는 것입니다.

이것을 하기 위해서 전국민들이 과학기술 개발에 총력을 경주해야 되겠다는 것입니다. 정부는 앞으로 중공업·중화학공업 정책을 선언하고 이 방면에 중점적인 지원과 시책을 펴나갈 것입니다."

대통령은 이어서 제3차 5개년계획에 있어서는 우리 국민들이 농어촌에 많이 건설될 각종 공장과 산업시설에서 직장을 갖게 될 기회가 늘어난다고 말하고, 이런 직장에서 일을 할 수 있으려면 국민들이 모두 기술을 가지고 있어야 한다는 것을 강조했다.

"그 밖에 우리 농어촌에도 '새마을운동'을 뒷받침하기 위한 중소 공장들이 많이 들어서게 될 것입니다. 그렇게 함으로써 우리 농어민들의 소득증대에 크게 이바지하게 하여, 우리 농촌도 도시 못지 않게 살기 좋은 농촌으로 만들어 보자는 것입니다. 또한 국토를 효율적으로 활용하기 위해서 지금 추진하고 있는 4대강유역 개발을 촉진하고 기타 중요 하천도 개발해야 하겠으며, 항만 개발, 도로망 확장, 고속도로, 고속화도로, 기존 국도의 포장, 이런 것을 빨리 서둘러야 하겠고, 전 국토의 녹화를 위해서 앞으로 10개년계획을 수립해 가지고, 80년대 초에 가서는 우리나라가 완전히 푸른 강산이 되어야 되겠습니다.

그래서 아름답고 살기 좋은 그런 국토를 만들어야 하겠습니다. 농어촌에 전기도 1977년에 가면 다 들어갑니다. 100%까지 달성할 수 있습니다. 이렇게 공장이 서고 여러 가지 산업시설이 늘어나면, 국민들이 모두 여기에 나와서 일을 할 수 있는 기회를 많이 만들어 주는 것인데, 그렇게 되면 국민들이 모두 기술이 있어야 되겠습니다.

직업교육을 앞으로는 대폭적으로 강화해서 '전국민의 과학화운동'에 박차를 가해 나가야 하겠습니다. 이런 것을 하는 데는 말로는 쉽지만, 굉장히 돈이 많이 드는 것입니다.

이런 돈을 어떻게 우리가 조달하느냐? 이것은 인플레가 생기는 그런 방법으로 조달해서는 안 되겠다. 비 인플레적인 방법으로 조달해 나가야 되겠다. 그렇게 함으로써 안정기조를 흔들지 않고, 고도성장을 지속해 나갈 수 있다. 이렇게 보는 것입니다.

이와 같은 시책을 우리가 강력히, 꾸준히 전 국민들이 협력을 해서 밀고 나간다면, 80년대 초에 100억 달러 수출이라는 것은 절대로 가능하다 하는 것을 나는 확실히 이 자리에서 얘기를 해 두는 것입니다."

국가의 과학기술 진흥은 국민의 과학에 대한 이해와 관심을 바탕으로 이루어진다. 즉 과학기술의 발전은 우수한 과학자와 유능한 기술자가 힘을 쓴다고 해서 그들의 힘만으로 이루어지는 것은 아니고 전 국민이 직접적으로나 간접적으로나 이에 참여하지 않으면 결코 이룩될 수 없는 것이다. 불행하게도 우리나라는 근대적 과학기술의 유산을 물려받지 못한 데다가 국민의 비과학적, 비합리적 사고와 전통적 생활양식, 기술과 기능에 대한 천시풍조 등 전근대적 의식구조로 말미암아 과학기술 발전의 기반이 구축되어 있지 못했다.

따라서 과학기술의 발전을 위해서는, 과학기술이 뿌리를 내릴 수 있는 분위기와 기풍이 진작되도록 국가적 차원에서 거국적으로 추진할 필요가 있었다. 경제발전을 지원하고, 선도할 수 있는 과학기술 정책이나 연구개발 체제를 확립하는 것도 중요한 일이었다. 그러나 그보다 더 보다 중요한 것은 과학기술 개발이 국가발전에 있어서 지상과제라는 투철한 이념을 확립하여 국민들이 일상생활에서부터 과학과 기술을 실천하는 것이었다. 전국민의 과학화운동은 바로 이것을 하자는 것이었다. 즉, 그것은 과학기술이 생활화되도록 과학기술 지식을 널리 보급하고, 과학적 사고방식을 앙양하는 데 힘을 기울여 과학기술에 대한 지식과 교양이 국민의 일상생활에서 중요한 요소가 되는 데까지 전체 국민의 과학기술 수준을 향상시키자는 데에 그 참뜻이 있었다.

기능공양성 계획을 확대하고 기존계획은 앞당겨 추진해야겠다

1973년 1월 18일, 보건사회부 연두순시에서 대통령은 기능공의 양성계획을 더 확대하고 기존 계획을 앞당겨 추진하라고 지시하고 기능공양성은 어느 한 개 부처에 일원화시키는 것보다는 유관부처로 다변화시키는 것이 좋겠다는 뜻을 피력했다.

"보사부와 노동청에서는 경제기획원, 문교부, 과학기술처하고 협조를 해서 기능공양성 계획을 더 확대하고, 과거의 계획을 좀 더 당겨서 빨리 해야 되겠다고 생각합니다. 우리가 지금 추진하고 있는 수출계획이라든지 경제성장이라든지 중화학공업 육성계획이라든지 이런 것하고 발맞추자면 지금 현재 하고 있는 계획으로는 언제든지

부산의 한독기술학교를 시찰하면서 학생들을 격려하는 박 대통령 (1971. 11. 1)

기능공이 부족하지 않겠느냐 생각합니다. 아까 보고할 때 기능공양
성의 일원화라고 했는데 그것이 어떤 취지인지 잘 모르겠지만, 전체
수요를 책정한다든지 어떤 내용의 기술에 우리가 우선순위를 두고
기능공을 양성해야 되겠다든지, 수요를 연차적으로 얼마만큼 확대
하겠다든지 하는 데 대해서는 정부의 일원화된 계획이 있어야 될것
입니다. 그러나 기능공양성을 위해서 노동청에서 하는 것도 있고,
실업학교라든지 공업학교라든지 농업고등학교라든지 문교부 계통에
서 하는 게 있고, 과학기술처 같은 데서 하는 것이 또 있고, 내무부
같은 데서 하는 것이 있다면, 전체 종합계획 테두리 내에서 각 부처
가 나눠서 할 수 있는 것을 나눠서 하는 것도 관계없다고 나는 봅니
다. 일원화하는 게 어떤 취지요? 모든 걸 전부 가령 노동청이면 기
술교육은 전부 노동처에서 한다, 안그러면 문교부면 문교부에서 전

부 한다, 그런 취지는 아니겠지요? 몇 가지는 통제할 필요가 있어요. 예를 들면 기계를 만지는 기능공양성을 노동청에서도 한다, 문교부 계통의 한독직업학교에서도 한다, 구미고등학교 같은 민간 공업고등학교 같은데서도 한다면, 이런 종목에 대한 기술은 국가에서 시험을 친다든지 검사를 해서 자격을 줘야 될꺼 아닙니까. 그런건 일원화가 되야 한다 이겁니다. 노동청에서 합격증 얻은 사람하고 문교부에서 합격증 얻은 사람하고 기술에 차이가 난다고 해서는 안된다 이겁니다. 자격에 대한 권위가 없어진다 이것입니다.

그런 몇 가지 통일한다든지 일원화할 것은 있지만 부처별로 나눠서 할 것은 나눠서 해야 능률적이고, 하나로 묶기는 어렵지 않느냐고 봅니다. 그에 대한 예산은 경제기획원에서 종합적으로 배정을 하면 될 것입니다.

물론 일부는 통일을 해야 될 점도 있고 나눠서 할 점도 있겠고, 이런 것은 관계부처에서 연구해 보면 될 것입니다. 어느 부처에서 하든 하나의 부처에서 모든 걸 다 가지고 하는 것은 비능률적이라고 생각합니다. 문교부에서 다할 수도 없는 거고 노동청에서 다 할 수 없는 거고 과학기술처에서 다 할 수 없는 거 아닙니까?"

우리 교육은 국력배양에 직접 기여하는 인간을 만들어 내야 한다

1973년 1월 23일, 문교부 연두순시에서 대통령은 우리나라 교육은 모든 것이 생산과 직결되고 국력을 배양하는 데 직접 기여하며, 민족의 번영과 영광을 우리 손으로 쟁취하는 데 필요한 인간을 만들어 내야 한다는 점을 강조했다.

"지금 장관 브리핑을 통해서 앞으로 우리 한국교육이 나가야 할 기본방향 또는 교육의 기본이념을 명백히 설명을 하였고 또 문교행정이 모두 그러한 기본방향에 따라서 하나하나 시정을 해 나가

고 또 지금 현재 이루어지고 있는 데 대해서 대단히 기쁘게 생각
합니다.

우리 교육의 이념정립이라고 그럴까, 기본방향이라는 것이 좀 애
매하고, 사람에 따라서는 여러 가지 견해를 달리하는 사람도 있고
좀 확실치 못한 그런 때가 있는 것은 사실입니다. 그러나 지금에 와
서는 우리 교육이 나아갈 방향이 확실하고 뚜렷하게 정립이 되었다
고 생각합니다.

국민교육헌장이라든지, 또는 새마을정신이라든지, 10월유신의 기
본이념이라든지, 그 밑바닥에 흐르고 있는 정신적인 그 기조, 그 가
운데 흐르고 있는 맥맥한 사상의 주류라는 것은 전부 다 똑같은 것
입니다. 결국 우리나라의 교육이라는 것은 첫째, 국가관이 뚜렷이
서야 되고 올바른 민족사관이 확립이 되어야 되고, 그렇게 해서 우
리가 해야 할 사명과 임무가 무엇이다 하는 것을 확실히 인식하는
그런 국민을 만들자, 모든 것이 생산과 직결되고, 국력을 배양하는
데 직접 기여하고 민족의 번영과 영광을 우리가 우리 손으로 쟁취
하자, 그것을 하기 위해 필요한 인간을 만들자는 것입니다.

교육이라는 것은 가르치는 사람과 배우는 사람의 인간 대 인간,
인격과 인격이 맞부딪쳐서 교육받는 사람이 그것에 대해서 느껴야
하는 겁니다. 가르치는 데 아무 반응이 없다, 배운 사람이 6년을 배
우고, 10몇 년을 배워도 아무것도 느낌이 없다, 분발이 없다. 국가
와 자기가 살고 있는 사회와 민족에 대하여 내가 무엇을 해야 되겠
다는 그런 사명의식 이것을 깨닫지 못하고 분발을 못한다, 그러면
그 교육은 아무 효과가 없는 교육이라고 생각합니다. 분발을 해야
되고 느껴야 되겠다는 것입니다.

옛날 공자님도 이십입지(二十立志)라 했습니다. 사람이 20살이
되면 뜻을 세워야 되고 30이입(三十而立)이라 서른 살이 되면 자기

의 나아갈 방향을 세워 하나의 인간으로서의 모든 것이 정립되어야 되고, 40이 되면 불혹(不惑)이다, 이런 얘기를 했습니다.

스무살이란 것은 우리나라에서는 고등학교를 졸업하여 대학에 들어갈 만한 나이인데 뜻을 세운다 하는 것은 무엇이냐 하면 자기가 해야 될 일을 느끼고, 사명감을 깨닫고 내가 무엇을 해야 되겠다 하는 그런 뜻을 세워야 된다 하는 그런 것이라고 생각합니다. 우리나라의 젊은이들이 국토의 어디를 가보더라도 그런 자기의 사명의식이 서 있으면 할 일들이 제각기 다 발견할 수 있을 겁니다. 농촌에 가 보면 농촌이 가난하다, 어떻게 해서 우리가 이걸 부강하게 만드는 방법이 없겠느냐, 산을 보면 뻘겋다, 저 산을 어떻게 해서 우리가 푸르게 만드는 방법이 없겠느냐, 그것을 위해서 그런데 대해서 취미있는 사람은 그 방면에 대해서 연구를 한다, 공부를 더 하고 지식을 넓히고 기술을 배운다, 이겁니다.

농촌에 가 보면 집이 전부 나쁘게 말하면 돼지우리 같다. 일제강점기 시대 미국 사람이 한국을 기차로 여행하면서 한국에는 어찌 돼지를 저렇게 많이 치느냐 이런 소리를 하였다는데, 우리 국민들이 사는 집이 미국 사람들이 볼 때는 전부 돼지우리 같이 보였다는데 우리가 5천년 역사를 가진 문화민족이라 하면서 5천년 동안에 우리의 주택하나 개량을 하지 못했다, 무조건 우리가 가난에만 전부 핑계를 돌릴 수 없다, 우리가 노력을 해서 우리나라의 농촌주택을 개량해야 되겠다, 또 지금 공업이 발달하고 있고 기계가 들어오고 새로운 과학기술이 발달되는데 나는 이런 분야를 해서 국가에 이바지해야 되겠다, 이겁니다.

또 문학이다, 예술이다, 그런 것에 취미가 있고 그걸 전공하겠다 하는 사람들은 그 분야에 무엇을 하여 역시 국가발전에 이바지하겠다, 문학도 이 나라 국가발전에 이바지 될 수 있고 예술도 정치도 생산과 직결되는 그런 분야를 모두 열심히 노력을 하면 국력이 저절로 크게 마련입니다. 문제는 그 기본방향과 이념의 정립이 아직까지 모호했기 때문에 우리나라 젊은이들이 그런데 처해서 어떤 뜻을 똑바로 세우지 못하고 한때 방황한 그런 시대가 있었습니다. 이젠 그것이 나갈 방향이 정립되었고 이념이 정립되었습니다.

지금부터 모든 사람이 그러한 국가적인 또 역사적인 사명의식에 불타서 자기 할 일에 대해서 보다 성실히 열심히 자기실력을 배양해 나가야 되겠습니다. 이것이 국력을 배양하는 길입니다. 우리나라 어느 학자든지 누구하고 얘기해 보아도 거기에 대한 결론은 명백하다고 생각합니다. 그것이 아니다 라고 하는 사람들은 아직까지 우리 교육이 나아갈 방향을 확실히 체득하지 못한 사람이라고 볼 수 있겠습니다."

제3장 과학자, 기술자 250만 명 양성하려면 학교교육을 대대적으로 개혁해야 한다

'국적 있는 교육'이 우리교육의 목표가 돼야 한다

1973년 1월 23일, 문교부 연두순시에서 대통령은 먼저 '국적 있는 교육'이 우리 교육의 목표가 돼야 한다는 점을 강조했다.

"나는 작년 3월 24일 전국교육자대회에서 우리는 우리의 국가현실에 알맞은 교육, 즉 우리 교육의 국적을 되찾아야 한다는 점을 강조한 바 있습니다.

국적 있는 교육이란 무엇인가? 이 나라에서 태어나서 이 나라에서 자라서 이 나라에서 살다가 이 나라에서 죽는다, 이 나라를 위해서 무엇인가 이바지할 수 있고, 봉사할 수 있는 인간이 되겠다는 생각을 가진 사람을 키우는 것이 우리 교육의 목표가 돼야 된다는 것입니다.

학교교육을 나무 키우는 것에 비유해서 말한다면 우리 교육은 묘목을 한 땅에 심어서 한국의 풍토에, 한국의 기후에, 한국의 강우량에 알맞게 자라서 커서 이것이 한국에서 열매 맺도록 해야 되겠다, 그 묘목을 우리는 동남아아시아 열대지방에 갖다 심는 것도 아니고, 만주나 시베리아에 갖다 심는 것도 아니고, 대한민국 땅에다 심어서 키우자, 그것이 국적 있는 교육이다, 나는 이렇게 얘기를 하고 싶습니다.

과거에는 묘목을 일본에 심는 것인지, 미국에 심는 것인지, 캐나

다에 심는 것인지, 인도네시아에 심는 것인지 목적 없이 묘목을 키워 이 땅에 갖다 심어 키우려고 비배관리해 보아도 살지 못하고 시들어져 버리더라, 이렇던 것이 이제는 그런 데 대한 사고방식이 점차 정돈되고 통일되고 정립이 되었다는 것은 우리 교육을 위해서 만시지탄감은 있지만 대단히 다행한 일이라고 생각합니다. 앞으로 우리가 교육을 진흥해 나가는 데는 이런 방향이 결정되었으니까 어떤 내용의 교육을 해야 한다는 것도 벌써 명백해졌습니다.

생산과 직결되는 것, 또 이 나라에 이 사회에 이바지할 수 있는 그런 인간을 우리가 가르쳐야 되고 또 그런 기술을 가르쳐야 된다는 것입니다. 우리는 지금 공업입국을 지향하고 있기 때문에, 또 농촌근대화를 지향하고 있기 때문에 또 수출증대를 지향하고 있기 때문에 학교를 나와서 여기에 이바지할 수 있는 그런 인간을 대량으로 양성해야 되겠습니다."

교육자들은 우리의 처지에서 주어진 여건을 최대한 활용하는 자세를 견지해야 한다

대통령은 이어서 우리 교육자들은 우리의 처지를 기준으로 삼아 주어진 여건을 최대한 활용하는 자세를 견지해야 한다는 점을 강조했다.

"앞으로 우리는 교육에 처한 투자를 많이 해야 될 겁니다. 지금 현재도 우리나라 재정형편으로 봐서는 우리 교육투자라는 것은 다른 나라에 비해서 절대 적은 투자가 아닙니다. 상당히 많은 투자를 하고 있는데 다른 선진국가나 우리보다 앞선 나라에 비하면 아직도 뒤떨어졌다, 투자를 더해야 되겠다, 연구비라든지 이런 것도 더 주어야 되겠습니다. 그러나 우리가 한 가지 여기서 생각해야 될 것은 물론 정부도 그 점에 대해서 관심을 가지고 앞으로 예산을 뒷받침해야 되겠지만 역시 우리교육을 맡는 사람들은 우리 국민교육헌장에 있는 그 구절과 마찬가지로 '우리의 처지를 약진의 발판으로 삼아' 우리가 현재 처해 가지고 있는 처지 이것을 어디까지나 기준을 해야지 우리보다 국민소득이 몇 10배나 많은 미국이나 일본이나 서구라파 같은 나라와 비교해서 우리 것이 뒤떨어졌다, 이런 한탄만 항상 하고 있어서는 당장 어떤 결론이 안나온다 이것입니다.

그러니까 우리가 처해 있는 처지라든지 형편이라든지 이런 것을 알고 우선 우리가 가지고 있는 시설 등을 어떻게 하면 최대한으로 이용할 수 있느냐 하는 방법을 연구해야 할 것입니다. 어느 지방에 공업고등학교가 하나 섰다, 학교의 실험시설이라든지 이런 것이 불비하다, 그것을 하자면 돈이 몇 천만 원이 들어야 되고 그런 예산을 확보할 수도 없다, 학부형들에게서 기부를 거둘수도 없다, 그럼 어떻게 하느냐, 앉아 노느냐 우리 학교에는 없더라도 이 근처에 새로 선 어느 공장에 그런 시설이 없느냐 또 다른 어떤 민간에 그런 것이 없느냐, 만약 있다면 그런 기관 그런 공장과도 어떻게 관계를 맺어서 학생들을 데리고 가서 현장에 가서 그것을 보인다든지 또 거기 있는 기술자들을 불러 그 사람들로 하여금 그런데 대한 기술을 학교에 와서 가르쳐 주게 한다든지, 이와 같이 우리가 할 수 있는 것, 또 우리에게 주어진 여건을 최대한으로 활용한다는 것, 이것이 어디까지나 일차적인 목표가 되어야 되겠고 다음에는 우리가 예산이 허용하는 범위 내에서 최대한으로 교육투자를 앞으로도 늘려 나가야 되겠다는 것입니다.

또 연구한 사람에 대하여는 연구비라든지 처우를 잘 해 줘야 되겠다, 이런 자세를 가지고, 우리가 교육을 점차 확대해 나가야 되겠다 하는 겁니다. 어디 가든 돈타령입니다. 연구에도 돈, 뭣도 돈 그 소리만 해봤자 우선은 해결이 안 된다 이겁니다. 우리나라 국력이 어느 정도 커야 해결이 되는 것이지 또 그런 국력을 키우기 위해서 우리가 노력하고 있는데 지금 없는 것은 없는 대로 우리가 현재 우리의 주어진 여건을 최대한 활용해야 합니다. 실제로 주어진 여건을 우리가 100% 활용하느냐, 그런 점에서 볼 때 그것도 제대로 다 못하는 분야도 상당히 많이 있습니다. 과거 한때 어느 국립대학의 공과대학에는 과거에 AID원조였는지 뭐였는지 모르지만 그런 실험기구들이 상당히 와 있었는데 제대로 활용도 못하고 창고에 넣어 두어서 녹이 빨갛게 슬었다 하는 그런 얘기도 나는 듣고 있습니다."

농촌학생들이 도시 일류학교로 몰려드는 폐단을 없앨 방안을 강구해야겠다

대통령은 이어서 농촌학생들이 도시의 일류학교를 찾아 몰려드는 폐단을 없앨 수 있는 방안을 강구해야 되겠다는 점을 강조했다.

"우리의 교육투자와 경제건설, 이런 것도 우리가 한 번 검토를 해 볼 필요가 있지 않느냐 생각됩니다. 정부는 농촌에 대한 집중적인 투자를 하여 앞으로 몇년 내 농가소득을 적어도 130만 원 정도 수준까지 올린다, 우리나라의 국민총생산(GNP)이 1,000달러 될 때에는 농촌은 적어도 130만 원, 그것도 앞으로 한 8, 9년 후의 목표를 세워 놓고 기금 추진하고 있습니다. 한쪽으로는 교육도 우리가 빨리 투자를 많이 해야 되겠고 농촌을 빨리 키워야 되겠다는 것입니다.

우리 농민들의 농가소득이 작년 연말통계로는 35, 6만 원~40만 원이 되었을 겁니다. 그런데 지금 시골에서 학생을 한 명 도시에 보내 공부를 시킨다, 고등학교나 대학을 보내면 아무리 자취를 하고 용돈을 아껴 쓰더라도 약 15,000원 정도 든다 이겁니다. 1년에 벌써 이것이 약 15~17. 8만 원이 됩니다. 농가소득이 지금 30 몇 만 원이라고 해도 거기서 생활비와 이것저것 다 빼고 나면 실제 순이익으로 남는 것이 20만 원이 되기 어려울 것입니다. 그런데 농가에서는 자녀들 교육을 위해서 무리하여 학교를 보낸다, 여기에 우리 농촌이 빨리 일어서지 못하는 큰 원인이 있는 겁니다.

그렇다고 해서 농촌에 있는 자녀들은 교육을 하지 말라는 거냐, 농촌도 교육을 해야 됩니다. 이것도 역시 긴 안목으로 봐서는 경제성장에 대한 하나의 투자로도 볼 수 있습니다.

농가소득이 약 100만 원 정도 올라간다, 그러면 한달에 자녀들 교육을 위해서 20만 원 내지 30만 원 가까이 농민들이 부담을 하더라도 큰 지장이 없다 그런 정도가 되면, 문제가 안 되는데 아직은 농가소득이 저수준이기 때문에 이런 교육을 하자면 무리가 간다. 그렇기 때문에 지금 농촌학생들이 도시에 자꾸 몰리는, 도시의 일류학교를 찾아서 오는 이 폐단을 없애기 위해서 지금 장관께서도 여러 가지 정책적인 구상, 시책을 구상하고 있는 것 같은데 아까도 얘기했지만 중3 병, 고3 병 이런 소리가 지금 우리 사회의 하나의 유행어처럼 되어 있는데 이러한 제도도 우리가 어떻게 연구를 해서 과감하게 시정해야 되지 않겠느냐, 지방의 학생들은 같은 고등학교를 가도 자기 고향 부근에 있는 학교를 가면 가까운 곳은 집에서 다닌다든지 또 거기서 하숙을 하더라도 시골 같으면 훨씬 더 경비가 적게 든다 이겁니다.

자기 집에 가서 쌀 몇 말 가지고 와서 자취하면 도시에 와서 하는 것보다는 훨씬 적게 든다, 이래서 농민들의 자녀들이 학교에 가서 교육을 하는 데 있어서 교육비 부담을 줄인다는 의미에 있어서도 지금 일부 폐단으로 되어 있는 일류고등학교만 가겠다는 이런 병폐는, 대학도 마찬가집니다만 이것을 우리가 앞으로 시정하는 데 여러 가지 정책적인 배려, 여러 가지 연구가 있어야 되지 않겠느냐, 이건 그전부터 오랫 동안 연구 논의가 되어 있고 흔히 TV같은 데 전문가들이 나와서 얘기하는 것을 나도 아주 유심히 들어보는데 그 사람들이 지금 이야기하는 그 정도 가지고는 뾰족한 그런 대책이 안 되는 것 같아요, 몇 가지를 우리가 연구를 하면 방안이 있다고 보며 나는 나대로 생각하고 있는데 이점을 한번 문교부가 금년에 잘 연구를 해서 이 폐단을 시정해야 되겠습니다.

과거에 초등학교 아동들이 중학교 들어가는 데 소위 시험공부 때문에 아주 큰 폐단이 있었는데 몇 년 전에 권오병 장관시대에 이것이 하나 시정되었는데 초등학교서 중학교에 들어가는 것은 어떻게 해소되니까 그 다음에 중학교에서 고등학교 들어가는 데 대해서 아주 결사적으로 일류고등학교에 들어가기 위해서 또 일류대학을 가기 위해서 하고 있고 이 폐단도 우리가 언젠가는 시정해야 되겠다 하는 것을 나는 느끼고 있습니다."

한국학연구소 설립을 구상 중이며, 전문가들의 연구활동을 지원할 것이다

대통령은 끝으로 한국학연구소 설립을 구상 중이라고 말하고 전문가들의 연구활동을 지원하겠다는 뜻을 밝혔다.

"또 한 가지는 아까 한국사상연구소를 설립할 것을 구상 중이라고 그랬는데 한국사상연구소라 해도 좋고 한국학연구소라도 좋고 역시 그것도 지금까지 우리가 주장한 여러 가지 국적 있는 교육이라든지 올바른 국가관 민족사관의 정립이라든지 우리 전통문화의 창조적인 개발이라든지 이러한 견지에서 볼 때 나로서는 그것이 대단히 필요한 기관이다, 역시 그런 곳에서 권위 있는 전문가들이 모여서 우리나라의 역사라든지 우리나라의 고유 전통문화라든지 올바른 역사와 문화의 진수가 무엇이다 하는 것을 체계 있게 연구를 하여 국민들에게 많이 보급을 한다.

그것은 우리가 우리의 고유문화, 역사 이런 것을 올바로 알고 민족으로서 그만큼 우리가 긍지를 가지고 앞으로 새로 발전하고 비약하는 데 정신적인 하나의 바탕이 된다, 이것은 중요한 일이라고 생각합니다. 작년에 10월유신이 있었고 또한 교육헌장이 나왔고 작년에 교육자대회가 있었고 또 그동안 나도 기회있을 때마다 우리나라 교육에 대한 문제를 가지고 언급을 해서 특히 작금 우리나라의 교직자, 교육자들이 이러한 우리 교육의 나아갈 방향이라든지 기본이념에 처해서 상당히 인지도가 높아지고 그런데 처한 사명의식이 높아졌다 하는 데 대해서 나는 대단히 기쁘게 생각합니다. 앞으로 정부도 우리나라의 교육자들의 이런 의욕이 식지 않고 계속 자기의 하는 일에 교육자로서의 보람과 긍지를 가지고 일해 나갈 수 있도록 여러 가지 뒷받침을 해줘야 되겠다는 것을 느끼고 있습니다.”

과학을 일상생활에 활용하고, 과학기술 교육제도를 대폭 개선해야 한다

1973년 3월 23일, 전국민의 과학화를 위한 전국교육자대회에서 대통령은 '국적 있는 교육'의 의미와 그 실천방향에 대해 설명했다.

“나는 작년에 있었던 제1회 전국교육자대회에서 여러분에게 우리 민족의 정통성과 확고한 국가관에 기초를 둔 교육, 즉 '국적 있는 교육'에 힘을 기울여 달라고 당부한 바 있습니다.

그러면 '국적 있는 교육'이란 무엇이며 어떻게 해야 하는 것이냐? 하는 그 실천방향에 관해서 이번 기회에 나의 의견을 제시해 두고자 합니다.

우리가 '국적 있는 교육'을 하려면, 먼저 우리의 과거와 현실을 올바로 인식해야 한다고 믿습니다. 과거와 현재를 올바로 인식해야만 비로소 미래를 올바로 파악할 수 있다고 봅니다.

그렇기 때문에 우리 민족의 과거와 현재를 올바로 보는 눈, 즉 민족사관의 형성과 이를 바탕으로 해서 대한민국의 민족사적 정통성을 올바로 인식하는 것이 곧 '국적 있는 교육'의 핵심이라는 것을 강조해 두고자 합니다.

우리는 지금까지 '민족'이라는 말을 자주 써 오고 있습니다만, 그 '민족', 즉 우리 민족은 어디까지나 하나라는 것을 먼저 똑바로 인식해야 할 것입니다.

그리고 그 '민족'은 연면히 이어져 내려온 우리 민족사와 더불어 추호의 변화도 없었다는 것을 알아야 할 것입니다.

외세의 침략을 당했을 때는 직업과 종파, 그리고 파벌을 혼연히 초월해서 모두가 일치단결하여 용감하게 외세를 물리쳤습니다.

그 단결과 용기의 표상을 우리는 오늘 행주산성이라든가 또는 칠백의총, 그리고 가까이는 3·1 독립운동에서 볼 수 있습니다.

그리고 문물의 융성을 가져오는 데 있어서도 신분의 귀천을 가릴 것 없이 모두가 각기 자기의 직분에서 재능을 계발하는 데 정진에 정진을 거듭했습니다.

그 실례로, 우리는 세종대왕의 한글창제와 향학의 발달, 그리고 금속활자의 발명 등을 자랑스럽게 들 수 있습니다.

그러나 불행하게도 이 모든 것을 민족의 것으로 보지 않고 오히려 계급투쟁의 관점에서 보려는 계층이 있다는 것을 우리는 또한 잊어서는 안 될 것입니다.

이것을 볼 때, 민족사의 정통성은 바로 우리에게 있다는 커다란 긍지와 무거운 책임을 느끼지 않을 수 없는 것입니다.

따라서 나는 민족사적 정통성이 바로 우리에게 있는 이상, 우리가 그 긍지를 더욱 빛내고 그 책임을 성실히 완수하는 길은 우리 모두가 우리 조국 대한민국을 위해서 최선을 다 하는 것뿐이라는 것을 강조해 두는 바입니다.

이것이 바로 '국적 있는 교육'의 시초이며 또한 그 모든 것이라고 믿습니다.

이러한 인식이 투철할 때, 국가관도 확고히 정립되고 우리 국가가 필요로 하는 쓸모 있는 인재를 양성할 수 있게 되는 것입니다.

나는 이 점이 바로 교육 분야에 있어서의 유신과업의 기본방향이라고 강조해 두고자 합니다."

대통령은 이어서 농촌의 획기적 발전과 중화학공업 육성 그리고 수출의 대폭신장이라는 3대 목표를 달성하는 데 있어서 과학과 기술의 진흥은 무엇보다도 긴요하다는 점을 강조했다.

"지금 우리 조국이 당면하고 있는 현실은 그 어느 때보다도 우리에게 국력배양의 가속화를 촉구하고 있습니다.

우리를 둘러싼 국제정세가 그러하고, 분단의 역사에 종지부를 찍으려는 민족의 소명이 또한 그러합니다.

이러한 현실 속에서 나는 국력배양의 기본은 중화학공업의 육성 발전에 있으며, 이것은 또한 국민의 과학화운동에 있다는 것을 명백하게 지적하지 않을 수 없습니다.

그렇기 때문에 나는 오늘 이 대회가 '전국민의 과학화'를 위한 교육자 대회로 그 목적을 뚜렷이 설정한 것은 시의에 알맞은 것이라고 생각합니다. 그러나 이것이 처음이고 새삼스러운 것은 결코 아닌 줄 압니다.

이미 오래 전부터 국민의 과학화는 우리의 뚜렷한 지표로 되어 왔습니다. 다만, 이번 기회에 이 지표를 다시 한 번 강조하고 새롭게 그 의의를 인식하자는 것으로 압니다.

지금 우리는 농촌의 획기적 발전과 중화학공업의 육성, 그리고 수출의 대폭 신장이라는 3대 목표를 내세우고 국력배양에 매진하고 있습니다.

나는 이 3대 목표를 달성하는 데 있어서는 과학과 기술의 진흥이 무엇보다도 긴요하다고 믿습니다.

다시 말해서 과학과 기술의 뒷받침 없이는 이 3대 목표를 앞당겨 완수할 수는 없다고 믿고 있습니다.

그 한 가지 예증으로서, 우리는 앞으로 울산공업센터보다 규모가 훨씬 더 큰 공업지구를 여섯 개 더 건설할 예정인 바, 이 공업 지구에서만 필요로 하는 유자격 기술자의 수는 무려 84만 명에 이르게 됩니다.

이 84만 명의 기술자들이 바로 우리나라 GNP의 50% 이상을 만들어 내고, 수출 100억 달러의 50% 이상을 담당하게 될 중화학공업의 역군들입니다.

이것만 보더라도 과학과 기술의 뒷받침이 조국근대화의 3대 목표를 달성하는 데 있어서 얼마나 긴요한가를 쉽게 알 수 있을 것입니다.”

대통령은 이어서 국민의 과학화운동은 우리사회의 각계각층이 자기의 직종에서 생산과 직결되고, 국력배양과 직결되는 과학기술의 생활화를 뜻하는 것이라고 말하고, 이 운동은 다음 두 개의 기본 방향에서 유기적인 연관성을 맺고 추진돼야 한다는 점을 강조했다.

즉, 첫째는 과학을 일상생활에 활용할 줄 아는 과학적 생활풍토를 조성해야 한다는 것이다.

둘째는 과학과 기술교육제도를 대폭 개선해야 한다는 것이다.

우선 공업고등학교의 증설을 통해 실기능력을 갖춘 기술자를 많이 양성해야 하고 기능장제를 실시하여 공업기술교육의 내실을 뒷받침해야 한다. 국가고시제에 의한 자격제를 실시해서 직장인이 상급자격을 획득할 수 있게 하고 학생의 경우는 이론연구를 위해 진학할 학생과 생산직종에 취업할 학생을 이 고시제에 의해 적기에 구분하여 앞길을 보장해 줘야 할 것이다. 그리고 공업기술 분야에 있어서는 자격증 소지자만이 취업가능하게 함으로써 취업기회를 보장하고 생산성 향상을 기해야 한다. 이러한 제도적 개선과 생활풍토의 개선이 병행할 때 전국민의 과학화운동은 그 성과를 거두게 된다는 것이다.

"그러면 '국민의 과학화'란 무엇이냐?

우리는 '과학'하면 흔히들 연구실과 정밀한 고급기기를 연상하게 됩니다만, 여기서 말하는 과학화는 반드시 그것만을 뜻하는 것은 아닙니다.

그보다는 오히려 사고방식과 생활습성을 과학화해서, 비록 간단하고 초보적인 과학지식이라 할지라도 이것을 새마을운동과 식목, 조림사업에 유용하게 활용할 줄 아는 그러한 국민을 만들자는 것입니다.

다시 말해서 어느 특정한 연구실에서만이 아니라, 우리 사회의 각계각층이 모두가 자기의 직종에서 생산과 직결되고 국력배양과 직결되는 과학기술의 생활화를 말하는 것입니다.

그렇기 때문에 나는 국민의 과학화운동이 다음과 같은 두 개의 기본방향에서 서로 유기적인 연관성을 맺고 강력히 추진되어야 한다고 믿습니다.

그 첫째는 과학을 앞세우고 과학을 일상생활에 활용할 줄 아는 과학적 생활풍토를 조성하는 일입니다.

우리 선인들은 이미 오래 전부터 '실사구시'를 장려해 왔습니다.

이것은 "사실에서 진리를 찾아라. 진리가 다른 곳에 있는 것이 아니라 우리의 생활 속에 있다. 즉, 사실에 있다"는 말입니다.

이것은 요즈음 우리가 사용하는 '산학협동'과 똑같은 말이라고 생각합니다.

우리는 이 전통적인 생활기풍을 오늘에 재현시켜서 과학적 생활 풍토를 조성하는 데 직극 힘을 기울여야 할 것입니다.

그리고 둘째는, 과학 및 기술교육제도의 대폭적인 개선이 있어야 할 것입니다.

나는 이 제도적 개선이 이론 위주의 연구교육과 생산위주의 기술교육이 서로 구분 파악되어야 한다는 것을 먼저 지적하면서, 몇 가지 정책적 과제를 제시해 두고자 합니다.

우리는 우선 공업고등학교를 대폭 증설해서 우리 국가가 요구하는 실기능력을 착실하게 갖춘 성실하고 자격 있는 기술자를 풍족하게 양성해야 하겠습니다.

그리고 체력장제와 마찬가지로 기능장제를 실시해서 공업기술교육의 내실을 제도적으로 뒷받침해야 할 것입니다.

또한 국가고시제에 의한 자격제를 실시해서 직장에서 일하면서도 상급자격을 획득할 수 있게 하고, 학생의 경우는 이론 연구부문으로 진학할 학생과 생산부문의 직장에 취업할 학생을 이 고시제에 의해서 적기에 구분하여 앞길을 보장해 줌으로써, 정신적 내지는 물질적 낭비가 없도록 해야 할 것입니다.

그리고 공업기술 분야에 있어서는 자격증 소지자만이 취업이 가능하도록 조처함으로써 정당한 취업기회의 보장과 생산성의 제고를 기해야 할 것입니다.

나는 이러한 제도적 개선과 생활풍토의 개선이 병행할 때, 우리가 제창하고 있는 전국민의 과학화운동도 훌륭히 그 성과를 거둘 수 있게 된다고 믿습니다."

과학자와 기술자 250만 명을 양성하려면 학교교육을 대대적으로 개혁해야 한다

1974년 1월 18일, 연두기자회견에서 대통령은 우리나라가 80년대 초에 중화학공업국가가 되려면 그때까지 과학기술요원, 과학기술자, 기술공, 기능공 등을 약 250만 명 확보해야 한다고 말하고, 먼저 고급과학자와 과학기술자 또는 고도의 두뇌산업에 종사할 기술자양성 계획에 대해 설명했다.

한국과학기술연구소(KIST), 국방과학연구소, 한국개발원, 한국과학원에서는 고도의 두뇌산업 개발에 종사할 과학기술자들을 양성하고 있다. 그리고 충남 대전 부근에 "제2 연구학원 도시"를 건설하여 7개 분야의 17개 연구소가 입주할 수 있도록 800만 평의 부지를 확보하여 연차적으로 추진할 계획이라는 것이다.

"80년대에 들어가면 우리나라는 중화학공업국가가 될 것이고 또 고도산업사회에 들어가리라고 우리는 내다보고 있습니다.

따라서 우리 모든 국민들은 이러한 사회에 적응할 수 있게끔 지금부터 각자 자기생활 방식부터 하나하나 과학화해 나가야 할 필요가 있다는 것입니다.

1972년도의 우리나라의 이러한 요원은 55만 명이라고 합니다. 그러니까 이보다도 약 5배 가까이 더 양성, 확보해야 하는 것입니다. 정부는 필요한 과학기술요원 확보를 위해서 여러 가지 시책을 지금 추진하고 있고 또 앞으로 하려고 합니다.

고급과학자와 과학기술자 또는 고도의 두뇌산업에 종사할 기술자를 위해서는 한국과학기술연구소(KIST), 국방과학연구소 또는 한국개발원, 또 작년에 개원된 한국과학원 등을 설립하였습니다. 앞으로 여기에서 우리나라의 고도 두뇌산업 개발에 종사할 과학자들을 양성하고 있습니다. 또 그 밖에 지금 정부가 추진하고 있는 또 하나의

대덕연구단지에서 연구원의 설명을 듣고 있는 박 대통령(1978. 4. 19)

고급과학기술자, 또 두뇌산업에 종사할 요원을 위한 계획으로서는 충청남도 대전 부근에 '제2 연구학원 도시'를 건설하는 것입니다.

앞으로 여기에는 크게 나누어서 7개 분야에 17개 정도의 연구소가 들어가게 되며, 이를 위해 800만평의 토지를 확보하여 연차적으로 추진하려고 합니다.

여기에 들어갈 연구소들은 선박, 해양 분야 또는 기계 분야, 전자, 전기, 석유화학, 식품, 보건, 농수산부문, 건설부문 등 7개 부문 이외에 서울에 있는 국립과학연구소를 점차 이 부근에 집결시켜서 하나의 연구학원단지를 만들 계획을 추진 중에 있습니다."

대통령은 이어서 학교교육의 대대적인 개혁계획에 대해 설명했다.

우리나라의 공과대학, 고등공업전문학교, 공업고등학교, 실업계 및 기술계 학교의 교육방침과 경영이 방만하여 중화학공업 시대에 필요한 과학기술요원을 확보하기가 어렵다. 따라서 이러한 학교를 나온 졸업생들은 중화학공업 시대에 필요한 과학기술요원의 수요에 알맞도록 지금부터 조절하고, 계열화, 체계화해 나가는 조정이 필요하다.

첫째, 공과대학은 재학 중에 두 개 분야로 나누어 교육해야 되겠다는 것이다.

둘째, 지방의 공과계통학교나 기술계통학교를 그 지역사회의 산업적인 특수성에 알맞게 특수화해 나가야 되겠다는 것이다.

셋째, 이공계학교는 교과과정을 개편해서 재학 중에는 이론보다 실습위주로 교육해야 되겠다는 것이다.

넷째, 일반고등학교에 대하여는 '기술자격증제도'를 만들어 이것을 얻은 재학생은 졸업 즉시 취업우대를 해줘야 되겠다는 것이다.

"그리고 또 앞으로 우리나라의 학교교육에 대해서도 일대 개혁을 해야 되겠습니다.

지금 우리나라에는 많은 공과대학과 고등공업전문학교 또는 공업고등학교 기타 실업계 기술계의 학교가 많이 있습니다. 그러나 지금과 같은 방만한 교육방침과 경영으로는 앞으로 중화학공업 시대에 들어가서 우리에게 필요한 과학기술 요원을 확보하기가 어렵겠습니다. 이러한 학교를 나온 졸업생들은 중화학공업 시대에 필요한 과학기술요원의 수요에 알맞게끔 지금부터 적절히 조절하고, 계열화, 체계화해 나가는 조정이 필요하다는 것입니다.

예를 들면, 공과 대학은 그 재학 중에 두 가지 분야로 나누어서 교육을 해야 되겠습니다. 한 계통은 주로 이론과 기초과학 분야를 위

정밀기계 기능인을 격려하는 박 대통령

주로 하고 거기에서 나오면 대학원과 박사학위 과정을 거쳐 우리나라의 고급과학자를 양성하는 과정이 되어야 하겠고, 또 한 계통은 졸업을 하면 곧장 기업체나 공장에 나가서 직접 설계를 한다든지 또는 생산 분야를 직접 담당할 수 있는 기술자를 양성하는 과정으로 이 두 가지를 확실히 나누는 것이 좋겠습니다. 솔직히 말하면 지금 대학을 나왔다고 하지만 뚜렷한 기술자도 아니고 그렇다고 해서 뚜렷한 학자도 아니며, 따라서 중도 아니고 속환도 아닌 폐단이 있습니다.

그 다음에는 지방에 있는 공과계통학교 또는 기술계통학교를 그 지역사회의 산업적인 특수성에 알맞도록 점차 특수화해 나가겠습니다. 예를 들면, 부산에 있는 어느 학교는 장차 그 부근에 생기는 여러 가지 산업의 특수성으로 보아 기계 또는 선박 중심의 학교를 만들어야 되겠고, 광주에 있는 무슨 학교는 앞으로 호남지방에 석유화학공업이 발달되니까 석유화학 분야를 중심으로 하는 대학 과정을 중점적으로 육성하며, 또 어느 학교는 앞으로 그 부근에 생기는 공업단지가 주로 전자공업을 위주로 하기 때문에 전자공업 분야를 주로 하는 교과로 바꾸어 나가는 등 이런 식으로 특성화해 나가자는 것입니다.

다음에 이공계통의 학교는 교과과정을 개편해서 재학 중에는 이론보다도 실습을 위주로 하도록 해야 하겠습니다. 또 학교에 실습시설이 없을 때에는 부근에 있는 기업체라든지 공장 같은 데에 가서 현장실습을 할 수 있도록 의무화시켜 기업체와 학교를 잘 연결하여 산학협동 체계를 보다 더 강화시켜 나아가야 하겠습니다. 이것을 위해서 '산업교육진흥법'이 제정되어 있습니다.

기타 일반공업고등학교에 대하여는 '기술자격증제도'를 만들어 재학 중에 이것을 얻으면 졸업하자마자 기업체에 나가서 당장 취업할 수 있고, 또 이런 자격증을 가진 사람은 취업에 있어서 우대해 주도록 할 것입니다. 또 초등학교나 중학교 정도밖에 나오지 못하고 고등학교나 그 상급학교를 가지 못하는 사람들에 대해서는 '기능장제도'라는 것을 만들어 재학 중에 간단한 기초적인 기술을 학교에서 습득해서 '기능장'을 취득하게 되면 졸업 후에 공장에 가서 그것만 가지고는 당장 써 먹을 수 없으니까, 그 공장에 있는 자체 기능공훈련소에 들어가서 몇 달만 더 단기훈련을 받으면 당장 일할 수 있게끔 이런 제도를 만든다든지, 또 큰 기업체에 대해서는 자체 내에 기능공훈련소를 설립할 것을 지금 권장하고 있습니다.

또, 그 밖에 벌써 이런 학과를 나왔거나 훈련소를 나와서 지금 기업체에 취직하고 있는 사람들 중에 자기가 지금 알고 있는 기술보다도 더 상급 기술을 배우고 싶다 하면 그런 희망자에 대해서는 길을 열어 주기 위해서 그 부근에 있는 학교에 야간제 학교를 확충해서 그들이 기술을 배우고 상급 자격증을 딸 수 있는 그런 기회를 만들어 주자 하는 것입니다. 이상과 같은 기술 교육의 질적 향상과 저변 확대를 위해서 여러 가지 시책을 앞으로 병행해 나가려고 합니다.

그러나 국민모두가 이 과학과 기술을 존중하고 과학을 일상생활화하는 기풍이 무엇보다도 중요하다고 생각합니다. 앞으로 자원난 시대에 들어갑니다만 우리나라는 물질적인 자원이 대단히 결핍되어 있습니다. 거의 없습니다. 우리는 인적 자원을 비교적 많이 가지고 있습니다. 인적 자원이라는 것은 무엇이냐 하면 정신과 기술입니다. 그래서 우리는 앞으로 이 분야를 많이 개발하는 것이 우리 국가발전을 위해서 크게 도움이 되겠다고 생각합니다."

나도 초등학교 3학년 때 이광수의 《이순신》을 읽고 민족의식을 갖게 되었다

1974년 7월 11일, 정부 여당 연석회의에서 공화당은 '새 청소년상 진작 방안'에 관해 보고했다.

대통령은 이에 대한 강평에서 이 방안은 좋은 착상이라고 평가하고, 단계적으로 실시하되 하나의 활동을 통해 단결, 봉사, 헌신 등 여러 가지 덕목을 터득할 수 있는 방안을 강구하는 것이 중요하다는 점을 강조했다.

"공화당에서 마련한 전후 세대를 위한 새 청소년상 진작방안은 좋은 착상인데, 우선 순위를 정해서 단계적으로, 연차적으로 실시하되 하나의 활동을 통해 단결, 봉사, 헌신 등 여러 가지 덕목을 터득할 수 있는 방안을 강구하는 것이 중요하다고 생각합니다.

예컨대 전국순례 행군을 통해서 듣고 보고, 느끼게 함으로써 애국심과 협동심과 예의범절을 가르치도록 해야 할 것입니다. 가장 중요한 것은 한국적 윤리관을 청소년에게 심어 주는 일입니다. 현재는 윤리관이 확립돼 있지 못하고 혼란상태에 있습니다. 정신적 양식이 될 수 있는 '양서'를 많이 보급해야 합니다. 정신적 감화를 받는 최선의 길은 독서, 강연, 설교 등이 있지만 독서가 가장 으뜸인 것입니다.

나의 개인적인 경험에 의하면, 나면서부터 일본말을 배웠는데 민족의식이 싹튼 것은 초등학교 3학년 때 이광수의 《이순신》을 읽을 때였습니다. 그때 나는 우리 민족도 위대한 인물이 있었구나 하는 감화를 받았습니다.

그 다음 중요한 것이 '봉사활동'입니다. 가난하고 어려운 나라에 있어서 사회와 국가를 위해 봉사하는 것은 참으로 중요한 일이며 이것을 청소년들에게 가르쳐야 합니다.

영국에서는 고등학생에게는 매질을 가하고 있고, 텔레비전은 10시까지만 볼 수 있고 귀가는 10시 이전에 꼭 하도록 교육시키고 있는데, 우리나라는 멋대로 방임해 두고, 마음대로 자라게 한다고 운운하는데 이것은 곤란합니다. 청소년의 교육을 철저하게 해야 나라의 장래가 밝아집니다."

국가현실에 알맞고 국가목표 달성에 필요한 가치관을 정립해야 한다

1974년 12월 5일, 국민교육헌장 선포 제6주년 기념식에서 대통령은 먼저 우리의 고유한 문화전통과 정신유산의 바탕 위에서 국가현실에 가장 알맞고 국가목표 달성에 필요한 가치관을 확고하게 정립해야 한다는 점을 역설했다.

"교육은 국가백년대계의 기본입니다.

다시 말해서, 오늘의 국가발전과 내일의 국가운명은 바로 국민교육에 달려 있습니다.

우리가 지향하는 국민교육의 목적은 한 마디로 민족중흥의 역사적 사명을 자각하고 국가 발전에 적극 헌신할 줄 아는 근면하고 성실한 국민을 양성하는 데 있는 것입니다.

그리고 이와 같은 국민교육의 실효를 거두려면 무엇보다도 먼저 우리 자신의 가치관을 확고하게 정립해야 한다는 것입니다.

비록 선진국의 제도나 역사적 경험을 받아들이는 경우에 있어서도, 우리는 이를 어디까지나 자주적이며 창조적인 차원에서 받아들여야 하는 것입니다.

왜냐 하면, 그들의 전통과 우리의 전통이 다르고 또한 그들의 국가현실과 우리의 국가현실이 결코 같을 수 없기 때문입니다.

따라서 우리가 정립해야 할 참다운 가치관은, 우리의 고유한 문화전통과 정신유산의 바탕 위에서 국가현실에 가장 알맞고 국가목표를 달성해 나가는 데 필요한 가치관이어야 합니다.

이와 같은 우리의 참다운 가치관이 명료하고 완벽하게 집약된 것이 바로 이 국민교육헌장인 것입니다.

그렇기 때문에, 오늘의 이 식전은 우리 모두가 다시 한 번 '나라의 융성이 나의 발전의 근본'임을 깨닫는 참다운 계기가 되어야 하고, '스스로 국가 건설에 참여하고 봉사하는' 국민적 결의를 굳게 다짐하는 자리가 되어야 하겠습니다."

대통령은 이어서 북한 공산주의자들의 침략위협으로부터 우리의 자유와 민주주의를 지키기 위해서는 국력배양에 최선을 다 해야 한다는 점을 역설했다.

"지금 우리는 북한 공산주의자들의 간단없는 침략위협으로부터 우리의 생존권을 수호해야 할 어렵고도 중대한 시점에 처해 있습니다.

두말 할 필요도 없이 민족의 생존권은 국가존립의 기본 전제일 뿐 아니라, 모든 개인적 기본권의 바탕인 것입니다.

따라서 우리가 우리의 민주제도를 발전시키고 개인의 기본인권을 신장하며, 또한 자유와 평화를 유지하려면 우선 북한 공산주의자들의 위협으로부터 우리의 민주주의와 자유 등 모든 기본권을 확고히 수호해야만 하는 것입니다.

즉, 우리는 그들과의 경쟁에서 이겨야 하며 그러기 위해서는 모든 면에서 우리의 국력이 그들보다 훨씬 더 우세해야만 합니다.

따라서 국력배양에 최선을 다하는 것이 곧 북한 공산주의자들보다 앞서는 길이며, 또한 우리들 스스로의 자유와 민주주의를 지켜 나가는 길인 것입니다.

그리고 우리가 이들 북한 공산주의자들과의 경쟁에서 이기려면 우리 국민모두가 다 같이 이 헌장이념을 국민정신의 지표로 삼고 국력배양에 실천적 노력을 꾸준히 기울여 나가야만 한다는 것을 강조하고자 하는 바입니다.

더욱이 우리가 오늘의 세계적인 경제위기를 극복하고 지속적인 발전을 해 나가기 위해서도 능률과 실질, 근면과 협동의 헌장정신을 생활화해야 한다는 것은 가장 긴요한 일이라 하지 않을 수 없습니다.

이것은 비단 우리 국민각자의 생활규범이 되어야 할 뿐 아니라, 세계의 모든 나라들이 이와 같은 자세로 위기극복에 국제적 노력을 기울여야 한다고 믿습니다.

나는 그동안 영예의 수상자를 비롯하여 각계각층을 망라한 대다수의 국민들이 헌장이념을 구현하기 위해 꾸준한 노력을 경주해 온 데 대하여 매우 마음 든든하게 생각하고 있습니다.

이것이 지금 우리 사회의 참된 모습이며, 우리 국민의 절대 다수가 다 같이 교육헌장의 이념에 입각해서 유신과업 수행에 묵묵히 헌신하고 있다고 믿고 있습니다.

그러나 아직도 우리 사회 일각에는 사대 의존적인 악습에서 벗어나지 못하고 우리의 현실을 외면한 무책임한 언동으로 국론분열과 사회혼란을 조성하려는 인사들이 있다는 것은 지극히 유감스러운 일이 아닐 수 없습니다.

이와 같이 시대착오적이며 비생산적인 요소는 도도히 흐르는 사회발전의 거센 물결에 밀려 내려가 머지않아 그 자취를 감추게 될 것입니다.

또한, 그와 같은 존재는 앞으로 전개될 우리의 자랑스러운 역사 속에서 기록조차 되지 않을 것임을 분명히 해 둡시다.

그렇기 때문에 새 역사창조의 사명을 부여받고 오늘을 살고 있는 지성인들은 항상 국민의 선두에 서서 국가이익을 신장하기 위해 국민을 올바로 계도하고, 또한 정부에 대하여는 건설적인 비판과 협력을 통해 국가발전에 적극 봉사하는 헌신 속에서 참다운 그 존재가치를 찾아야 한다고 강조해 두는 바입니다.

이것이 바로 지성인의 창조적 역할이요 국민교육헌장의 생활화인 것입니다."

우리 교육은 보편적인 상식에 속하는 교육 본연의 목표와는 상당히 거리가 멀다

1975년 2월 7일, 문교부 연두순시에서 대통령은 먼저 우리나라의 교육은 보편적인 상식에 속하는 교육의 목표와는 상당히 거리가 떨어져 있는 상태에 있다고 지적하고, 학부모, 학교당국, 정부, 학생, 교육자들은 올바른 교육관과 올바른 자세를 가다듬어야 한다는 점을 강조했다.

우리나라의 인구 3,300만에 학생수는 900만이니 국민 네 사람 중 한 사람은 학생이다. 그동안 국가와 학부모들이 막대한 돈을 들여가며 교육을 하는 목적이 무엇이겠는가? 교육을 받는 학생들이 뚜렷한 국가관이 바로서고, 교육 받고 사회에 나와서 국가와 사회를 위해 무엇을 해야 되겠다는 목표와 책임을 정립하고, 이러한 책임을 완수하기 위해서 학문을 닦고, 지식을 넓히고, 기술을 배우고 체력을 단련하는 곳이 학교다 하는 것은 보편적인 상식이다. 그러나 오늘의 우리 교육은 이러한 교육목표와는 거리가 멀다. 따라서 올바른 교육의 자세로 교육 본연의 목적에 알맞은 교육을 해나가야 하겠다는 것이다.

"통계숫자에 나타나듯이 우리나라의 학생수가 900만, 3,300만이 조금 넘는 인구에 8, 9백만, 약 9백만이니까 전 인구 남녀노소를 전부 통털어서 초등학교 아동이든, 중·고등학교 학생이든, 대학생이든, 국민 네 사람 중 한 사람은 학생이라는 이야기가 나옵니다. 그만큼 우리나라의 교육이 양적으로 보급되고 팽창되고 그만큼 시장이 되어 왔다는 결과가 되겠습니다.

해방 직후에 140만 되던 학생이 그 일곱 배, 여덟 배 되었습니다. 인구는 그 동안에 배정도 늘었는데 비하여 학생은 그에 몇 배나 더 늘어난 것입니다.

교육이라는 것은 숫자와 양만 늘었다고 해서 반드시 좋은 것은 아닙니다. 그동안 국가가 부담하는 것뿐만 아니라 학부형들이 담당하는 부담도 막대한 것이었습니다만 국가와 학부모들이 그런 막대한 돈을 들여가면서 교육을 하는 목적이 무엇이겠는가? 교육에 대한 목적을 다시 재정립하자는 이야기가 오래전부터 나오고 있는데, 역시 양도 물론 느는 것이 좋겠지만 그에 못지 않게 질적으로 교육의 내용이 향상돼 나가고 내실화되어 가야 되겠습니다.

교육을 받은 사람들이 뚜렷한 국가관이 바로 서고 또 자기들이 앞으로 교육을 받고 사회에 나와서 이 국가와 사회에 대하여 무엇을 해야 되겠다, 자기들이 책임이 무엇이다 하는 것을 교육을 받는 그 교육기간 중에 그러한 뚜렷한 생각이 정립되어야 하겠습니다.

그러한 책임을 완수하기 위하여서는 학교에서 공부하는 동안에 자기들이 공부를 어떻게 해야 되겠다, 학문을 닦고 지식을 넓히고 기술을 배우고 튼튼한 체력을 단련해서 사회에 나와야만 국가와 사회에 봉사할 수 있다. 그런 수양을 하는 데가 학교다, 이것은 다 알고 있는 하나의 보편적인 상식입니다.

우리 한국사회의 교육이라는 것은, 내가 볼 때 그런 것을 모두 부르짖고 있고 노력을 하고 있지만 그런 목표와는 상당히 거리가 떨어져 있는 상태에 있는 것이 현재의 실정이라고 봅니다.

우리가 앞으로 서서히 올바른 교육의 자세, 교육 본연의 목적에 알맞은 그런 교육을 해 나가야 하겠습니다. 전체 인구의 4분의 1에 막대한 돈을 들여가며, 하는 교육은 뚜렷한 목적이 있어야 하고 그 목적을 위해서 교육이 이루어져야지 숫자만 잔뜩 늘려 수만 많다고 해서 절대적으로 자랑할 것은 못된다고 생각합니다.

우리가 시정할 것은 모든 사람들이 다 반성을 하고 노력을 해야 될 것입니다.

첫째는 가정에서 학부모들이 교육에 대해서 올바른 생각을 가지고 교육에 대한 올바른 자세를 가져야 되겠고 또 특별히 교육을 시키는 학교당국이 그래야 되겠고 또 그런 교육이 이루어질 수 있는 사회환경을 만들어 주어야 할 정부도 그런데 대해서 노력을 해야 되겠습니다.

하나는 직접 거기 들어가서 공부를 하는, 배우는 학생들 자신의 자세가 올바라야 되겠고 가르치는 교육자들의 교육관이 똑바로 서야 되겠습니다. 이런 여러 가지 노력들이 다 같이 병행이 되어야만 교육은 실효를 거둘 수 있습니다."

해방 후 유입된 외국의 사고방식, 사조, 풍조, 개념 등이 혼합되어 올바른 교육목표가 정립되지 못했다

대통령은 이어서 해방 후 외국에서 유입된 사고방식, 사조, 풍조, 개념 등이 혼합되어 올바른 교육목표가 정립되지 못했다는 사실을 지적하고 이제부터는 올바른 교육목표를 정립해 나가야 할 단계에 왔다는 점을 강조했다.

"하나의 사회가 발전되어 나가고, 계획이 되어 나가고, 민족이 발전되고 국가가 융성해 나가는 과정을 보면, 어떤 나무를 심어 놓으면 뿌리가 땅 밑에 자라나는 어떤 기간이 반드시 있는 것과 마찬가지로 그러한 교육이 이루어지는 기간이 반드시 있어야만 그 결실로써 그 사회발전이 나타나는 겁니다. 옛말에 백년지계는 인재를 양성하는 것이라는 이야기도 있었습니다만 교육이라는 것이 금년에 했다가 내년에 당장 성과가 나타나는 것은 아니고, 5년, 10년, 20년 노력해야만 그 성과가 나타나는 것입니다.

솔직히 말해서 해방 이후 여러 가지 외부에서 들어온 그런 사고방식, 사조, 풍조, 개념, 이런 것이 모두 혼합이 되어서 올바른 교육목표가 정립이 못되었는데 이제부터는 이것을 정립시켜 나가야 되겠다는 단계에 왔다고 봅니다. 최근 우리 문교당국에서나 또 교육을 맡고 있는 교육자들이나 학부형들의 자세라든지 이에 대한 인식도도 상당히 높아져 가고 있다고 생각하는데 그것을 꾸준히 밀고 나가야 되겠습니다."

앞으로 우리 교육은 국가사회에 쓸모 있는 인재를 만들어 내고, 주체성 있는 교육을 해야 한다

대통령은 이어서 앞으로 우리 교육은 국가, 사회에 쓸모 있는 인재를 만들어야 되겠다는 것인데, 이보다 더 근본이 되는 것은 주체성 있는 교육, 주체의식이 뚜렷한 교육을 해야 한다는 점을 강조했다.

"앞으로 우리 교육은 국가와 사회에 쓸모 있는 인재를 만들어야 되겠다는 것인데, 그것보다 더 근본이 되는 것은 역시 주체성이 있어야 되겠다. 주체의식이 뚜렷해야 되겠다는 것입니다.

해방 직후 우리의 교육제도나 교육행정면에 있어서도 미국식이다, 일본식이다, 구라파식이다, 별것이다 들어와 가지고 혼동되어서 주체의식이 뚜렷하지 못했습니다만 최근에는 그것이 하나하나 시정돼 나가고 있습니다. 몇 해 전에 우리가 큰소리를 했지요. 국적 있는 교육을 하자는 것이었습니다.

도대체 대한민국의 교육이라는 게 대한민국 국민을 양성하는 교육이냐? 아니면 세계인을 만드는 교육이냐? 막연하게 선량한 민주시민, 어디 구라파 사회에서 떠들던 그런 이야기를 거기 가서 공부하던 학자들이 듣고 와서 거기에 대한 뚜렷한 인식도 없이, 자기 나름대로의 소신도 없이 그것을 퍼뜨려 놓으니까 주체성 없는 교육이 되어 버렸습니다.

최근에 나도 중고등학교 교과서를 몇 번 봤는데 그런 생각들을 가진 사람들이 교과서를 만들고 편집을 해 놓으니까 교과서 내용이 뚜렷한 주체의식이 없는 교과서가 되어 버렸습니다.

가르치는 교사가 그런 식으로 가르치면 그 결과가 당장 나타나지는 않지만 몇 년 동안 그런 교육이 지속되면 그 결과가 반드시 나타나는 겁니다.

몇몇 무책임한 사람들이 자기의 아집을 가지고 내세우는 주장은 학자들끼리 앉아서 서로 주거니 받거니 하는 학술토론회 같은 데서는 해도 좋지만 교육행정이나 실제의 교육이나 교과서에 반영되면 반드시 그 결과가 나타나는 것입니다.

최근에 이에 대해서 반성이 있었고 또 재검토도 있었고, 교과서도 작년부터 청와대 특별보좌관실과 학자들과 교육자들이 함께 모여서 잘 검토하여 잘 되어 가고 있는 것으로 압니다.

교육은 역시 올바른 교육관이 정립되어 목표가 딱 서서 그 목표를 향해서 주체성을 가지고 꾸준히 밀고 나가야지 이것저것 가지고 와서 이거 해봤다 저거 해봤다, 그런 소신 없는 일을 해가지고는 자라나는 다음 세대들이 혼동을 일으키고, 그들이 자라났을 때는 뚜렷한 민족의 주체의식을 가진 국민이 될 수 없습니다."

다음 세대들이 이 나라, 이 사회의 주인공이 될 수 있는 교육을 해야 한다

대통령은 이어서 우리 교육에 있어서 잘못된 것은 하나하나 시정해서 올바른 방향으로 꾸준히 밀고 나가고 다음 세대들이 이 나라, 이 사회의 주인공이 될 수 있는 교육을 해야 되겠다는 점을 강조했다.

"우리가 남의 나라 이야기를 해서는 안 되겠습니다만, 우리 집안끼리니까 하는 이야기인데, 일본의 요즘 젊은 청년들, 새로 자라나는 사람들 어떻습니까? 우리는 일제강점기 시대에 그 사람들 밑에서 교육을 받았고 또 학교에서 그 사람들하고 한 교실에서 교육받고 해서 일본 사람들의 과거의 교육이 어떻다 하는 것은 대략 아는데, 2차 대전 후에는 서구 민주주의다, 미국의 민주주의다, 이런게 들어와 일본

교육이 이상한 방향으로 나가니까 오늘날 젊은 청년들이 방향 감각을 잃은 그런 상태가 되어 버렸습니다. 과거의 일본 교육이 전부가 다 좋았다고는 나는 이야기하지 않습니다. 군국주의 일본교육이라는 것은 일본민족이 우월성을 가지고 타민족을 깔보고 누르려는 나쁜 점도 있었지만, 그 외의 몇 가지 문제를 빼놓고는 내용이 건실한 교육을 해 왔습니다.

패전 후 서양문물이 들어온지 20년, 30년 지나니까 그 결과가 오늘날 일본사회에 나타나고 머리가 여자인지, 남자인지 모르는 젊은 청년들이 옷도 여자옷 같은 것을 입고 삐딱거리고 돌아가고 있습니다. 자기들은 그것을 자유민주주의가 난숙한, 행복한 사회의 젊은이들이 누리고 있는 낭만이라고 생각할지 모르지만, 일본의 먼 장래를 내다봐서는 절대로 바람직한 것이 아니지 않습니까?

남의 이야기만 할 게 아니라 우리 사회에도 그런 풍조가 조금씩 여기저기 나타나고 있지 않습니까? 그래서 교육이라는 것이 대단히 중요하다는 것입니다. 우리는 우리 교육에 있어서 어떤 잘못된 것은 하나하나 시정해서 올바른 방향으로 꾸준히 밀고 나가야겠고, 우리가 당면한 국가목표가 무엇이라는 것도 모두 잘 알고 있기 때문에 그런 목표달성을 위해서 다음 세대가 장차 이 나라, 이 사회의 주인공이 될 수 있는 그런 교육을 해야 되겠습니다. 그들이 습득해야 할 학문이라든지, 지식이라든지, 기술이라든지, 사상이라든지, 정신이라든지 이런 것을 우리가 교육을 통해서 인식을 시켜야만 앞으로 우리가 원하는 그런 훌륭한 국가, 훌륭한 사회가 될 수 있다고 생각합니다."

기술교육을 위해 서울의 성동공고, 부산의 기계공고, 구미의 금오 공고, 이리공고 같은 학교를 늘려나가야 한다

대통령은 끝으로 기술교육을 위해서 서울의 성동공업고등학교, 부산기계공업고등학교, 구미의 금오고등학교, 이리공고와 같은 학교를 늘려 나가고, 학교새마을교육을 내실 있게 지속시켜 나가야 되겠다는 점을 강조했다.

"지금 문교부에서는 학교를 지역사회 발전의 중심이 되고 또 지역사회에 있는 학교를 가급적이면 지역사회의 특성에 알맞은 특성화를 추진하고 있는데 이것은 그 취지가 대단히 좋고 또 성과도 대단히 좋다고 생각합니다.

이것도 앞으로 그대로 추진해 나가고 특히, 기술교육을 위해 서울에 있는 성동공업고등학교, 부산에 있는 부산기계공업고등학교, 구미의 금오공고, 이리공고 그러한 학교를 앞으로 우리가 자꾸 늘려나가는 게 대단히 좋겠다고 생각됩니다.

그런 학교에 가보면 나는 우리나라의 장래가 아주 밝고 희망에 가득 차 있고 이 사람들이 사회에 나와서 제대로 모두 책임을 맡고 일을 할 수 있다면 우리나라의 국력이 눈에 보이지 않는 동안에 얼마만큼 자라겠느냐 하는 흐뭇한 생각을 가집니다. 그런 학교가 자꾸 늘어나야 되겠습니다. 문교부가 금년에 그런 계획을 구상하고 있는지 모르지만 이런 학교를 키우기 위해서는 예산의 뒷받침 등 여러 가지 지원책도 따라야 되겠습니다만, 가급적 이런 학교는 많이 우리가 육성해 나가는 데 노력해야 되겠습니다.

학교에서 새마을교육을 하고 있고, 또 새마을농촌에 가면 새마을교육에 지역사회학교의 교사들이 앞장을 서서 활약하고 있는데, 이 운동도 보다 더 내실이 있고 알맹이가 있는 운동으로 꾸준히 지속이 되어야 되겠습니다. 지역사회에 있어서는 학교란 게 대단히 중요

하고 역시 지역사회 발전에 중심이 됩니다.

여러 가지 면으로 봐서 지역사회학교에 있는 교사들이 새마을정신에 모두 투철하고 앞장을 설 때는 상당한 성과를 거둘 수 있습니다."

한 세대가 얼마나 피땀 흘려 일하고 희생하였는가에 따라 그 나라의 국력증강과 문화발달이 좌우되었다

1975년 12월 5일, 국민교육헌장 선포 제7주년 기념식에서 대통령은 우리 지식인들은 조국이 처한 현실을 직시하고 자신들의 사명이 무엇인가를 확실히 깨달아야 한다는 점을 강조했다.

"나는 오늘의 이 식전이 다만 교육헌장의 의의를 되새기는 의례적인 자리가 아니라 진정 조국의 현실을 직시하고 올바른 판단을 함으로써, 전환기에 처한 한국의 지성인으로서, 또는 발전한국의 내일의 주인공으로서 주어진 직분과 소임에 최선을 다해 왔는가를 심각히 반성해 보는 기회로도 삼아야 할 것이라고 생각합니다.

지금, 방방곡곡에서는 '새마을의 노래'가 우렁차게 메아리치는 가운데 우리의 농어촌은 이제 발전의 신기원을 이룩해 가고 있습니다.

그리고 산업전사들이 흘리는 땀과 정열과 헌신은 바야흐로 우리나라에 중화학공업 시대의 막을 열게 하고 있습니다.

이 거창한 변화와 발전은 한시라도 멈출 수 없으며, 앞으로도 계속 힘차게 이어져 나가야 할 민족의 대행진인 것입니다.

이 전진의 대열에 지금까지 우리 지식인들도 귀중한 기여를 해왔다고 믿습니다.

그 산 증거가 바로 오늘 이 식전에서 영예의 수상을 하게 되는 수상자 여러분들입니다.

여러분들은 남모를 역경과 고난을 극복하면서 우리나라의 교육발전과 국력배양에 다대한 공헌을 하였으며, 그 고귀한 노고에 대하여 나는 온 국민과 더불어 이 자리를 빌어 심심한 치하의 인사를 보내는 바입니다.

그러나 우리들 주변에는 아직도 주저와 회의의 심연에서 헤어나지 못하고 있는 지식인들이 없지 않다고 하겠습니다.

나는 그러한 사람에게 대해서는 '우리의 창의와 협력을 바탕으로 나라가 발전하며, 나라의 융성이 나의 발전의 근본임을 깨달아, 자유와 권리에 따르는 책임과 의무를 다하여, 스스로 국가건설에 참여하고 봉사하는 국민정신을 드높인다'는 국민교육헌장을 다시 한 번 가슴 깊이 되새기고 이를 실천에 옮겨 나갈 것을 강력히 촉구하는 바입니다.

나는 이것이 곧 '나' 자신의 발전과 국가의 발전을 서로 병행시킬 수 있는 길이요, 국민생활의 지표라고 강조해 두는 바입니다.

국민여러분!

인류의 역사는 어느 시대 어느 국가를 막론하고 한 세대가 얼마나 진정한 애국심과 사명감을 지니고 피땀 흘려 일하고 또 값진 희생을 하였는가에 따라서 그 나라의 국력배양과 문화의 발달이 좌우되었다는 것을 가르쳐 주고 있습니다.

그렇기 때문에 우리는 이와 같은 역사의 산 교훈을 거울삼아 오늘의 한국이 처한 현실을 바로 보고, 우리의 사명이 무엇인가를 정확히 깨달아 우리의 후손들에게 영광된 통일조국을 물려줄 수 있도록 땀 흘려 일하는 희생의 세대가 될 것을 다같이 다짐해야 하겠습니다.

우리 모두 국민교육헌장의 정신을 이어받아 너와 나의 구별 없이 민족중흥의 새역사를 창조하기 위해 함께 분발합시다."

교육을 하는 데는 반드시 뚜렷한 목적이 있어야 하고 교육의 성과가 있어야 한다

1976년 1월 27일, 문교부 연두순시에서 대통령은 우리가 많은 투자를 해서 교육을 하는 데는 반드시 뚜렷한 목적이 있어야 하고 교육의 성과가 있어야 한다는 점을 강조했다.

"작년 여름 이후 우리나라 학원의 면학분위기가 과거 어느 때 보다도 많이 좋아졌다는 얘기를 듣고 있습니다. 가르치는 교육자, 배우는 학생이 다같이 과거보다는 자세가 달라지고 또 면학분위기가 좋아졌다는 것은 대단히 좋은 현상이라고 나는 생각했는데 그런 분위기는 앞으로도 계속 지속해 나갈 수 있도록 노력해야 될 것입니다. 3,500만 되는 인구 중에 초등학교부터 대학까지 합치면 학생이 900만이 넘지 않습니까? 전체 인구의 4분의 1입니다. 인구 네 사람 중에 한 사람은 학생이다 하는 그런 이야기입니다.

정부와 가정의 학부모가 투자를 해서 먹이고, 입히고, 가르치고 모든 뒷바라지를 해주고 있습니다. 언젠가 과학기술처에서 나온 통계를 봤는데 우리 교육에 쓰는 투자가 GNP에서 상당한 부분을 차지하고 있고, 그것은 다른 나라에 비해서 상당히 높은 것이었습니다.

우리가 제2세 교육을 위해서 그만큼 많은 투자를 해서 교육을 하는 데는 반드시 뚜렷한 목적이 있어야 하고 교육을 한 성과가 있어야 됩니다. 교육의 목적이 뚜렷하지 못하고 교육을 해봐도 투자한 만큼의 성과가 없다면 그런 교육은 아무 쓸모없는 교육입니다.

과거의 우리나라의 일부 대학은 내가 보아도 저런 학교가 뭣 때문에 대한민국에 존재하느냐? 뭣 때문에 학부모들이 없는 돈을 내서 학비를 대면서 가르치느냐? 하는 생각을, 그런 회의를 가져 본 적이 여러 번 있었지만 최근 점차 그런 분위기가 좋아진다는 것은 다행한 일이라고 생각합니다. 이제 모두 정신을 차려야지요. 우리는

국가가 지향하고 있는 방향과 시책과 언제든지 호흡을 맞출 수 있는 교육을 해 나가야 할 것이며 이러한 교육이 산 교육이 아닌가 하고 나는 생각합니다.

그래서 지금 학교에서도 새마을운동이라든지 요즘에는 국가안보를 위해서 학도호국단이 조직되어 학생들까지도 일단 유사시에는 국방의 일익을 담당하기 위한 훈련을 평소에 한다든지 하는 것은 대단히 좋은 일입니다.

일부 학교에서는 아직까지도 그런데 대한 인식을 못하는 학교가 있는 것 같고, 일부 교육자 또, 교육행정을 맡고 있는 사람들 중에 소위 말하는 부조리 사례가 가끔 나오는데 금년에는 그런 것이 깨끗이 일소가 되게끔 전 교육공무원, 교육자들이 같이 노력을 해야 될줄 압니다.

한때 무슨 부교재를 사는 데는 무엇이 어떻고, 교과서를 만드는 데 무엇이 어떻고 하는 이야기가 있었는데, 적어도 교육을 하는 교육 기관에 있어서 그러한 부조리가 남아서는 올바른 교육이 되지 않는다고 나는 생각합니다."

재수생문제를 해결할 수 있는 방안을 연구해야겠다

대통령은 이어서 재수생문제를 해결할 수 있는 방안을 연구해 보라고 지시했다.

대학입시에서 떨어지면 재수생이 되어 학원에 다니는데, 학원이라는 것이 술집, 다방, 유흥장이 있는 곳에 설립되어 있어서 학생들이 나쁜 길로 빠질 위험이 있다. 재수를 무작정 몇 번이라도 할 수 있게 되면 결국은 학생들은 망치게 되고, 새로 고교를 졸업하는 학생들에게 경쟁자가 많아서 부담이 커질 것이다. 재수 기회는 두 번 정도 주는 것이 어떻겠는가. 두 번 재수하고 또 떨어지면 대학 갈

자격이 없는 것이 아니냐는 것이다.

"우리나라의 사회문제의 하나가 되어 있는 대학입시에서 떨어져 입학을 못하고 있는 소위 재수생문제를 앞으로 어떻게 할 것인가 하는 것도 문교부에서 금년에 한 번 잘 연구해 주세요.

조금 전에 화면을 보니 종로 어느 거리는 전부가 학원인 모양인데 그 옆에 술집이 있고 다방이 있고 유흥장이 있는 가운데 학원이 설립되어 거기에 이제 고등학교를 갓 졸업한 애들이 공부하러 간다면서 출입하고, 그것도 가서 공부라도 착실히 제 시간에 하고, 집에 가면 모르지만 여러 가지 유혹을 받거나 나쁜 길로 빠지기 쉬운 환경이 되어 있는데 이것은 어떤 방법으로든지 해결되어야겠습니다.

내 생각에는 전에 장관게 잠깐 얘기하였지만 한 번 응시에 떨어지면 세 번, 네 번, 다섯 번 응시할 수 있는 기회를 줄 필요가 없다고 봅니다. 한 번 아니면 두 번 정도 기회를 주고, 그래도 또 떨어지면 대학에 갈 자격이 없는 것이 아니겠느냐 이겁니다.

고등학교 때에 무슨 병으로 수업을 받지 못했다든지, 그 어떤 피치못할 사정이 있을 것으로 보아 한 번 아니면 두 번 정도 기회를 준다든지 또는 자기 집의 경제적인 능력도 있고 본인도 꼭 가고 싶어하는 향학열도 있으면 모르되 무작정 몇 번이라도 응시하게 한다면 결국은 학생들을 망치는 길이라고 보며 그런 재수생이 밀리면 새로 나오는 애들이 그만큼 피해를 보지 않느냐 이겁니다.

피해라기보다도 자꾸 경쟁대상 숫자가 더 많아지니까 더 어려워지지 않느냐, 이것은 나도 뚜렷한 방안을 가지고 있지 않지만 뭔가 연구를 해서 시정을 해야겠습니다."

지난날의 우리 교육은 그 목적이 애매한 교육이었다

1976년 2월 18일, 서울특별시 연두순시에서 대통령은 이 자리에 참석한 교육감과 교육위원 그리고 각급학교 교장들에게 먼저 지난날의 우리나라 교육은 그 목적이 애매한 교육이었다는 사실을 지적했다.

"교육행정에 대해서 작년에도 와서 같은 이야기를 한 것으로 알고 있는데, 해방 후 우리나라 교육의 목적과 기본 방향이 잘못됐다, 빗나갔다, 그런 사태가 최근에까지 왔습니다. 최근 우리나라의 교육을 바로잡아야 되겠다는 뜻있는 모든 사람들의 소리가 높았고 각계 여론도 있고 또 교육을 담당하고 있는 교육자들 자신의 반성도 있고 해서 요즘 모든 것이 많이 시정이 되고 좋아져 가고 있는 것도 사실입니다.

늘 이야기하지만 국가에서 교육을 왜 하느냐, 우리 대한민국에서 왜 이만큼 교육에 대해서 정부나 가정에서 이렇게 힘을 쓰느냐, 지금 우리나라 인구 3천 5백만 중에서 학생들이 한 900만, 국민 네 명 중 한 사람이 학생입니다.

서울만 봐도 학교가 한 8백 몇십 개, 학생만 해도, 160몇만 명, 여기에 국가도 막대한 예산을 투자를 하고 있고 학부모들이 또 무리를 하다시피해서 투자하고 있는데 그렇다면 그만한 효과가 있어야 되겠다, 그런 교육을 한 목적이 뚜렷해야 되겠다는 것입니다.

과거에는 목적이 애매했습니다. 남이 대학을 가니 나도 가야겠다. 남이 어딜 가니까 나도 가야겠다. 이웃나라에서는 이렇게 하고 있고, 미국같은 나라에서는 이렇게 하고 있으니, 우리도 그리 해야되겠다, 우리 옛날 속담에 남이 장에 가니 나도 장에 간다는 그런식의 뚜렷한 목적 없는 교육을 우리가 해왔습니다.

그러나 그래서는 안 되겠다, 우리 교육에 대한 뚜렷한 목표가 서 있고 그것을 향해서 우리가 모두 노력을 해야 되겠고, 또 교육을 담당하는 모든 교육자들은 교육에 대한 뚜렷한 사명의식, 교육자로서 뚜렷한 교육관, 이것이 확립이 되어야 되겠습니다."

우리 교육의 기본목표는 오늘의 우리 국가와 사회가 필요로 하는 인재를 만드는 것이다

대통령은 이어서 우리 교육의 기본목표는 오늘의 우리 사회가 필요로 하고 우리 국가가 요구하는 인재를 만드는 것이라는 점을 강조했다.

"그러면 어떤 교육을 해야 되겠느냐, 오늘날 우리 대한민국의 사회에서 필요한 인재를, 일꾼을 만들어 내야 한다. 그것이 기본목표입니다. 물론 특출한 재주를 가진 사람들 중에는 위대한 문학가도 나올 수 있고 문호도 나오고 과학자도 나오겠지만, 일반적인 보편적인 목적은 오늘날 우리 사회가, 국가가 요구하는 인재 일꾼을 만들어 내야 되겠다는 것입니다.

오늘날 우리 사회가 요구하는 사람은 어떤 사람이냐? 국가관이 뚜렷하여야 되겠다. 과거에는 국가관이 없어져 한때 내가 들은 얘기로는 대학교수들이나 교육자들이 자기 동료들끼리 모여 앉아서 애국이라는 소리를 하면 그까짓 것 굉장히 케케묵은 진부한 소리 같이 여기고 그러한 소리하는 사람은 무엇이 좀 모자라는 사람같이 취급하는 풍조가 한때 있었다는 것입니다. 그래서야 올바른 교육이 될 리가 없지요?

뚜렷한 국가관을 학생들한테 심어줘야 되겠습니다. 또 지금 당장 공산주의자들로부터 국가를 수호하고 우리 조상들 때부터 물려받은 민족문화와 전통을 우리 스스로의 힘으로 우리가 지켜 나가야 할 의무가 있고 책임이 있습니다.

그것을 하기 위해서는 아주 뚜렷한 국가관, 애국심, 또 반공에 대한 그런 정신무장이 뚜렷하게 되어야 되겠습니다.

또 한 가지는 서구 민주주의가 우리나라에 들어온 이후 여러 가지 우리나라 발전에 기여한 점도 많지만, 우리나라에 과거부터 내려오는 도의, 도덕, 윤리, 미풍양속을 해치고 퇴폐적인 방향으로 잘못 이끌어 간 병폐가 많이 침투되어 있는데 이런 것을 바로잡기 위해서는 학생들에 대한 도덕과 윤리교육을 강화해야 되겠습니다. 특히 공덕심을 가르쳐야 합니다. 민주주의 사회란 것은 개인의 기본적인 자유를 존중하는 사회라고 하지만, 그런 사회일수록 공덕심이 강조되어야 되겠다고 생각합니다.

자유라는 것 나혼자만이 가지고 있는 것이 아니라 남도 똑같은 자유를 가지고 있는데 내 자유라고 해서 남한테 폐를 끼쳐서는 안 되겠다, 그것은 자유가 아닙니다.

우리나라 사람들이 과거에 생각한 자유라는 것은 자기 자신한테만 자유가 부여되어 있는 걸로 알고 남의 자유란 걸 존중 안 하는 그런 폐단이 있었는데 그것을 바로잡아야 되겠다, 그것이 진짜 자유인 것입니다. 나도 자유를 누릴 권한이 있지만 남도 그런 자유가 있는 것입니다.

예를 들면 사람이 다니는 행길에다가 쓰레기를 잔뜩 자기 집에서 갖다가 내다 버리면, 자기 집에 있는 것 내다 버리니까 자기 집안은 깨끗하고 편안하겠지만, 이웃사람들이 행길 지나다닐 때 불편하고, 남에 대하여 폐를 끼치지 않느냐 이말입니다. 우리의 공덕심이라고 할까 공중도덕을 기르는 데 있어서는 학교에서의 교육도 중요합니다.

또 한가지 우리는 기술교육에 힘써야 합니다. 우리나라는 앞으로 80년대 초에 가면 공업 분야에 있어서는 선진공업 수준에 올라갈 것이라고 나는 봅니다.

여기에는 굉장한 기술인력이 필요합니다. 우리나라는 인구에 비해 학교가 굉장히 많은데, 그 학교들이 당장 국가가, 우리 사회가 요청하는 인재를 다 가르치고 있지 못하고 있습니다. 교육이 처음 출발할 때부터 그런 계획성이 없었기 때문에 그렇지 못한 것입니다. 요즘에 기술교육을 위해서 기술계통의 학교를 정부가 특별히 우선해서 지원한다든지, 직업훈련소를 만든다든지, 또 민간기업체가 자기 회사 안에 이런 훈련소를 만든다든지 해서 80년대 초에 필요한 인력수급을 위해서 여러 가지 노력을 하고 있지만, 학교교육에 있어서도 국가가 지금 어떤 방향으로 나가고 있고, 따라서 학교교육이 여기에 어떻게 부응을 해야 되겠다, 그런 걸 생각하면, 기술교육에 특별히 우리가 노력을 해야 되지 않겠나 하는 생각을 합니다."

학교와 학부모들은 국가시책인 혼식운동에 좀 더 적극적으로 협조해야겠다

대통령은 이어서 학교와 학부모들은 국가시책으로 전개하고 있는 혼식운동에 좀 더 적극적으로 협조해야 되겠다는 점을 강조했다.

"최근에 서울 시내 몇 개 학교를 내가 알아봤는데 아직도 학생들이 점심을 싸오는데 하얀 쌀밥만 싸오는 애들이 상당수 있다고 합니다. 우리가 지금 총력안보, 총화단결하자고 하는데 뭐가 총화 단결이냐, 내가 도시새마을운동을 무엇부터 해야 되느냐 하는 데 대해 얘기한 것과 마찬가지로 총화단결이란 것도 요란하게 떠들 필요 없이 우리가 당장 필요한 것, 모든 사람들이 모두 협력해서 해야 할 일, 간단한 것부터 해 나가는 것, 이게 총화단결입니다. 왜 우리가 지금 혼식을 장려하느냐? 우리나라의 식량문제는 상당히 심각한 문제입니다.

작년에 쌀이 3,200만 석 생산되어 주곡을 자급자족했다고 떠들었지만, 그것 가지고 우리가 절대 안심해서는 안 됩니다. 매년 풍년이 든다는 법도 없고 또 언제, 어떤 천재지변이라든지, 비상사태라든지, 그런 것이 닥쳐올지도 모릅니다. 우리는 상당한 식량을 비축하여 비상용으로 가지고 있어야 합니다. 어떤 때는 우리가 비상용 식량을 가지고 있고 싶어도 다른 나라에서 흉년이 든다든지, 우리가 주로 사 오는 미국에서 그 해에 작황이 나빠서 돈 주고 살래야 살 수 없다든지, 우리도 흉년이 들어 식량이 부족하다, 돈주고 살 수 없다, 그런 때에 어떤 비상한 사태가 왔다든지 여러 가지 어려운 문제가 생겼다든지 하면 어떻게 하느냐, 다른 것은 우리가 조금 참을 수 있지만, 하루에 세 끼 밥 안 먹고는 못사는 것 아닙니까? 우리 국민들한테 두 끼만 좀 굶어 보라고 해보시오. 폭동이 일어날 것입니다. 그러니까 가장 중요한 것이 식량인데, 그것도 넉넉해서 외국에 수출 할 정도가 되면 모르는데 우리는 아직도 어려운 상태에 있습니다. 그래서 지금 우리는 쌀만 먹지 말고 혼식을 하자 이겁니다. 분식도 하자는 것입니다.

그리고 혼식이라는 것이 사람의 인체나 건강에 나쁘냐? 나쁜 것을 정부가 권장하느냐? 그렇다면 혹 반대하는 사람들이 있을 수도 있지만, 전문가나 학자들한테 물어봐도 보리나 콩을 섞어서 먹는 것이 건강에 좋다는 것입니다. 흰쌀은 확실히 건강에 나쁘다는 것입니다. 특히 나이 많은 사람들은 혈압이 높아지고 여러 가지 나쁘다는 것입니다.

그리고 이것이 하나의 국책인데, 이거 하자는 데 왜 학교가 협조를 안 하느냐, 또 학교에다 자녀를 보내는 학부모들이 왜 협력을 안 하느냐? 자녀들이 귀여워서 잡곡 섞어서 먹이는 것보다 쌀을 먹이는 것이 더 좋아서 그런다고 할는지 모르지만 잡곡을 섞어 먹이는 것이 건강에 더 좋다는데 왜 그렇게 하느냐? 난, 도무지 이해가 안 됩니다. 이건 학교의 교장이나 교사들이 평소에 지도를 잘하면 반드시 될 수 있는 일입니다. 그런 것도 하나 안 돼 가지고 무슨 국민총화냐 이겁니다. 나는 앞으로 청와대 팀을 만들어 서울 시내에 풀어 놓을 작정입니다. 어느 학교가 그렇게 비협조적이고 무관심한지 알아보겠어요.

그렇게 힘이 드는 것도 아니고, 돈 써 가며 하는 것도 아니고, 건강을 해쳐 가며 하는 것도 아니고, 국가의 중요한 국책에 협조하는 것이고, 또 그래서 우리나라 식량이 여유 있게 되면 정부뿐 아니라 모든 국민들에게 도움이 되는 것인데, 이건 반드시 해야 되겠다는 것입니다. 교육하는 사람들이 그것은 사소한 문제라고 생각할지 모르지만 그것도 교육입니다.

왜 우리가 혼식을 해야 되느냐, 그 이유를 설명해 주고 하얀 쌀밥만 싸 오는 학생들한테 대해 순순히 타일러 주고 그래도 안 되면 학부모들한테 연락해서 정부의 방침이 이렇고 학교에서도 이렇고 하니까 앞으로 댁의 자녀들을 이렇게 해주는 것이 정부시책에도 협조하는 길이 되고 또 우리 학교교육하는 사람의 입장에서도 보더라도 꼭 해주었으면 좋겠다 하면 될텐데 그것도 안 하는 것은 이해가 잘 안 가요."

대통령은 끝으로 학생들이 학교 밖에서 하는 행동을 선도하는 일도 학교가 기성세대를 대신해서 해줘야 되겠다는 점을 강조했다.

"요즘 일반사회에는 젊은 학생들을 나쁜 방향으로 유혹하는 환경들이 많다는데, 학생들이 가서는 안 될 장소에 출입한다는 것입니다.

학생들이 주말이나 봄철이 되면 야외에 나가서 노는 것, 등산도 하고 운동도 하고, 또 주말을 즐기는 것은 좋은 일입니다. 그러나 거기도 뚜렷한 질서가 있어야 되겠다, 거기가 난잡해지는 상태가 되어서는 안 되겠습니다.

그러면 학생들이 학교도 아니고 가정도 아니고 다른 곳에 나가는 것을 누가 지도하느냐? 일반 기성세대가 지도를 해야 되겠는데, 우리나라에는 이러한 기풍이 서 있지 않습니다. 이것은 모든 기성세대의 책임에 속하는 일인데, 소위 어른이라는 사람들은 젊은 애들한테 충고했다가 욕얻어 먹을까봐 못본 체한다, 이것처럼 후배를 아끼지 않는 무책임한 행동은 없다고 생각합니다.

그런 것이 잘 이루어지는 사회가 가장 건전한 사회입니다. 우리가 어릴 때는 동네 마을이나 집안에 나이 많은 어른들이 자기 집의 자녀들이나, 남의 자녀나 가릴 것 없이 길에서 행동이 나쁘다던지 탈선행위를 하면 당장 그 자리에서 야단을 치셨는데, 나는 이런 기풍이 오늘의 우리 사회에도 꼭 필요하다고 생각합니다.

타이르는 방법이 옛날처럼 그렇게 호되게 여러 사람 앞에서 무안을 줄 정도가 아니고 본인이 순순히 알아듣게 타이르는 것은 나이 먹은 선배라는 사람들이 의당 해야 할 의무가 아닙니까?

요즘 사람들은 그것을 안 해요. 자기 몸을 아껴서 안 하고, 애들한테 반감이나 살까봐 안 하고 또 그렇게 하려는 열의도 없습니다. 이것도 학교가 좀 해줘야 되겠는데, 한 가지 생각나는 것은 과외지도입니다. 교육감이 주관하여 주말이면, 몇 개 학교에서 몇 사람의 교사들이 교대로 나오고, 시에서는 차량이라든지, 점심값 등 약간의 수당을 제공하고, 들어가기가 곤란하여 경찰관들의 협력을 얻어야 할 필요가 있으면, 경찰관들과 합동지도반을 만들어 단속하기보다는 선도를 한다, 즉 잘못된 것은 지적해 주고 고쳐 준다, 그렇게 며칠 밤 하면 지도반이 돌아다닌다고 소문이 나서 학생들도 미리 조심하지 않겠느냐, 그런 식으로 하는 것이 좋은 방법이 아니겠느냐 생각이 됩니다."

제4장 고급두뇌인력에 대한 대학과 대학원 교육도 공업 고등학교와 똑같이 혁신해야 한다

우리가 투자한 만큼 교육의 실효를 거두지 못하고 있는 데 대해 반성해야 한다

1977년 1월 12일, 연두기자회견에서 대통령은 가정과 정부에서 투자한 만큼 교육의 실효를 거두지 못하고 있는 데 대해 우리는 다 같이 반성해야 된다는 점을 강조했다.

"여러분이 잘 아시는 바와 같이, 우리나라 교육의 목표는 국가가 지향하는 방향과 시책에 합치하는, 또는 국가건설에 적극적으로 기여할 수 있는, 국가사회가 필요로 하는 유용한 인재를 양성하는 데 있습니다.

이러한 교육을 우리는 국적 있는 교육이라고 합니다. 가르치는 교사나 배우는 학생이나 가르치고 배우는 목적이 뚜렷해야 하겠다는 것입니다.

예로부터 국가백년대계는 인재를 양성하는 데 있다고 이야기했습니다. 인재양성은 무엇으로 하느냐, 역시 교육을 통해서 할 수밖에 없습니다.

따라서 교육이라는 것은 국가발전과 민족융성에 하나의 원동력이 되는 것이라고 말할 수 있겠습니다.

다행히도 우리나라는 다른 나라에 비해서 교육열이 대단히 높습니다.

정부와 국민이 자녀들 교육을 위해서 바쳐 온 물질적인 투자라든지, 또 정신적인 여러 가지 노력은 참으로 막대한 것이었습니다.

우리나라는 지금 인구가 3천 600만이 조금 넘는데, 3천 600만 명 중에 그 4분의 1인 900만이 학생입니다.

그러니까 네 사람 중에 한 사람은 학생입니다. 이만큼 우리는 교육열이 높고 교육이 많이 보급되어 있다는 것을 입증하고 있는 것입니다.

그러나 우리가 이만한 많은 학생을 가지고 있고, 교육에 열을 올리고 있고, 투자를 많이 하고 노력한 만큼의 교육의 실효를 거두고 있느냐 하는 문제에 대해서는, 우리가 다 같이 반성해야 할 문제라고 생각합니다.

물론 근래에 와서 학원 내에 면학분위기가 대단히 좋아졌고, 또 공부를 열심히 하는 학생수가 많이 늘었으며, 학교도서관에는 언제나 학생들이 만원이고, 새벽부터 도서관에 들어가기 위해 줄지어 기다리고 있다는 이야기도 들리고 있습니다.

얼마 전에 어느 대학의 교수를 한 분 만났는데, 그분 말에 의하면 작년 1년 동안 자기가 강의한 것이 과거 데모 많이 하고 학교 쉬던 그런 때에 비하면, 2, 3년분의 강의를 1년 동안 했다고 합니다.

이것은 대단히 다행한 일이고 좋은 일이라고 생각합니다. 그렇게 학생들이 공부를 열심히 한다는 것은 우리의 국력이 나날이 그만큼 커져 간다는 것을 뜻하는 것입니다.

그와 반대로 과거에 우리가 데모나 하고, 공부 안 하고, 1년에 학교를 몇 달씩 문을 닫아 놓고 있을 때는, 그만큼 우리나라의 국력이 소모되고 손해를 보았으며, 눈에 보이지 않는 국력의 손실을 보았다는 것을 우리는 다시 한 번 반성해야 될 것입니다.

최근에 발족한 학도호국단도 창설된 지 일천하지만, 총력안보의 일익을 담당하고 자주국방태세 확립에 적극적으로 큰 기여를 하고 있다고 보고 있습니다.

이렇게 해서 우리나라의 교육풍토가 점차 정상궤도에 올라가고 있는 것을 우리는 매우 다행한 일로 생각하고, 또 우리 사회가 요청하는 가장 바람직한 풍토가 아니겠는가, 이렇게 생각합니다."

청소년교육을 위해서는 학교교육, 가정교육, 사회교육이 같이 병행해야 한다

대통령은 이어서 청소년교육을 위해서는 학교교육과 건전한 가정교육 그리고 건전한 사회교육이 같이 병행해야 한다는 점을 강조했다.

"요즈음 우리 사회에서는 청소년교육 문제, 청소년선도 문제가 자주 화제에 오릅니다.

우리나라의 장래를 위하여 이것은 대단히 중요한 문제이고, 또 모든 국민이 여기에 대해서 각별한 관심을 가지고 이들을 선도해 나가는 데 책임을 느껴야 할 줄 압니다. 자녀들을 가진 사람이나 가지지 않는 사람이나 다 같이 책임을 느껴야 할 줄 압니다. 아무리 학교교육이 잘 되었다고 하더라도 가정환경이 여의치 못하고 가정교육이 여기에 따라가지 못하면 그 학교교육은 좋은 성과를 거둘 수가 없고, 또 학교와 가정이 아무리 교육을 잘 시키더라도 그 사회환경이 청소년교육에 좋지 못한 영향을 끼치는, 소위 말하는 여러 가지 부조리가 만연한다든지 불건전한 풍조가 사회에 들끓는다든지 할 것 같으면, 감수성이 많은 청소년들 교육에는 당장 이것이 감염되기 쉽고 교육에 큰 지장을 가져오게 됩니다.

따라서 청소년교육을 위해서는 학교교육은 물론이지만 건전한 가정교육과 건전한 사회교육이 같이 병행해야 한다고 생각합니다.

우리나라 고유의 미풍양속을 해치거나 불건전하고 퇴폐적인 외래

풍조라든지 사치와 낭비를 조장하는 풍조나 국민총화를 저해하는 여러 가지 지각 없는 행위, 또는 국가와 민족은 어떻게 되든 나만 잘 살면 된다 하는 극단적인 이기주의 사조들도 우리나라의 청소년 교육이라는 측면에서 볼 때 용납될 수 없습니다.

가정과 학교 그리고 사회 각 분야에서 이러한 것을 우리는 과감하게 추방해야 된다고 생각합니다. 이러한 운동이 지금 우리 사회에서 상당히 활발히 일어나고 있다고 나는 보고 있습니다.

나는 그것을 새마을운동이라고 말하고 싶습니다. 이렇게 볼 때, 새마을운동이라는 것은 나라를 사랑하고 민족을 사랑하고 우리의 다음 세대를, 후배들을 사랑하는 진정한 애국운동이다, 즉 새마을정신이란 애국정신이다, 훌륭한 교육자가 되자면 먼저 훌륭한 애국자가 되어야 된다, 나는 이렇게 이야기하고 싶습니다.”

우리 교육은 도의 교육과 과학기술인력 개발에 주력해야 한다

1977년 1월 20일, 문교부 연두순시에서 대통령은 먼저 우리 교육의 내실을 보다 충실히 하기 위해 우리가 주력해야 할 분야는 도의교육과 과학기술인력 개발 등 두 분야라는 점을 강조했다.

“이제부터는 교육의 내실을 더욱 기해 나가야 되겠는데 그 가운데서 특별히 우리가 주력을 해야 될 점이 역시 하나는 도의교육이고 하나는 앞으로 우리나라의 장래를 내다봐서 과학과 기술 분야에 대한 인력을 많이 개발해 나가는 두가지 분야에 치중해야 되지 않겠느냐는 점입니다.

도의교육이라는 것은 막연하고 추상적인 이야기일지 모르지만 결국은 우리나라의 전통적인 정신문화에 바탕을 둔 도의교육을 해야겠습니다.

요전에 우리나라의 어떤 학자가 쓴 책을 보니까 《한국사상》이라는 제목하에 썼는데 한국사상의 핵심을 이루는 것은, 중핵을 이루는 것은 결국 성숙된 인간을 양성하기 위한 노력이라고 쓴 것을 매우 감명 깊게 읽었습니다.

성숙한 인간 완성을 위한 노력, 이것이 한국사상의 핵심이고 또 그 한국사상의 밑바탕을 흐르는 정신은 결국은 인본주의다. 인간을 존중하는, 인간을 소중히 여기고, 인간이 인간을 서로 사랑하는 그런 정신이다 이것이 한국사상의 근본이고 핵심이다 이렇게 이야기합니다.

외국사람이 인도주의니, 인권이니 하고 있는데 이것은 외국에서 붕 떠서 들어온 것이 아니라 우리 조상들, 옛날부터 우리 한국 사람들 핏속에 흘러 내려오는 주류가 그것입니다.

요즘 한국문화, 우리 민족문화의 재발견 또는 자주성의 성립이다, 이런 이야기를 하는데 결국은 우리것을 되찾아 올라가 보면 우리가 서양보다도 정신문화면에 있어서도 앞서 있고, 벌써 우리들 조상시대에 그 사람들보다도 먼저 이러한 좋은 문화, 정신문화가 벌써 자라나고 있었다 하는 것을 우리는 알 수 있습니다.

인간을 존중하고 아끼고 사랑하는데 가장 근본이 되는 것을 한국적인 사상으로 추궁해 볼 때 내 생각으로는 효도라고 봅니다.

이 이야기를 학자들이 들으면 논리가 맞지 않는다는 평을 할는지 모르지만 나는 내 나름대로 느끼고 있는 것입니다. 왜그러느냐 하면 인간이 친구끼리 서로 사랑하는 것, 이웃끼리 사랑하는 것, 남녀가 서로 사랑하는 것, 이런 것 모두가 사랑이지만 가장 근본이 되는 것은 부모가 자식을 사랑하는 것과 자식이 부모를 공경하고 사랑하는 것이 모든 인간의 근본이며 우리 동양도덕에 그것이 옛날부터 내려오고 있었으나 최근에 와서 외래문물들이 들어오고 서양 바람이 들어오고 해서 이런 것이 흔들렸습니다.

동양의 옛날 사상을 따져 보면 특히 유교사상에 있어서는 효는 백행지본이라는 말이 있습니다. 효도라는 것은 모든 행위의 근본이 되는 것으로 옛날 군주시대에 있어서는 충효는 인본이라 했습니다. 지금의 충이라는 것은 조국과 민족을 위해서 봉사하는 것이 충이고 옛날 우리의 윤리관은 군주에 대한 충성이 충이었습니다.

부모에 대한 효도와 국가에 대한 충성이 같다는 것은 옳은 이야기라고 생각합니다.

부모한테는 효도하지 못한 사람이 사회를 위해서 봉사했거나 국가에 충성한 사람이 없다고 봅니다.

학자들을 동원해서 우리나라의 정신문화와 한국사상을 소급해서 따져 올라가면 모두 남보다도 훌륭하고 으뜸가는 좋은 정신문화, 사상, 도의 이런 것이었는데 중간에 이런 것을 잊어버리거나 소중히 여기지 않고 뒷방이나 창고에다 버려두어 먼지가 앉았거나 녹슬게 해서 우리의 것을 되찾지 못하고 있습니다.

우리는 지금부터 이것을 되찾아야겠다는 것이 요즈음 말하는 소위 정신문화의 재개발, 민족문화의 재개발이라는 뜻과 상통되는 것이라고 나는 생각합니다.

몇 년 전에 우리나라에서 제정된 교육헌장을 읽어 보면 구구절절 참으로 훌륭한 헌장이라고 생각합니다. 그것은 남녀노소, 지위의 상하, 계층 그런 것을 따질 것 없이 누구나 그것을 이행해야 할 좋은 지침이라고 생각합니다.

거기에 효도라는 말이 빠져 있는데 교육헌장을 제정할 때에 그런 논의가 있었지만 굳이 효도라고 밝히지 않고 경애라는 말에 효도가 포함되는 것이라 거기에는 경애라고 했습니다.

지금 우리 사회를 보더라도 부모한테 효성하지 않는 사람은 사회와 남을 위해서 봉사를 한다든지 더군다나 국가를 위해서 훌륭한 일을 한 사람이 없습니다.

우리나라 역사를 보아도 그러하니 이런 분야를 교육면에 있어서 크게 살려서 우리나라의 가장 좋은 정신문화는 우리가 개발하고 북돋아 가면서 자라나는 세대에게 우리가 가르쳐야 되지 않겠느냐 하는 것입니다."

대통령은 이어서 이제 우리 교육이 제자리를 찾고 제 궤도에 들어가고 있는 것은 국가백년대계를 위해서 기쁜 일이라고 말했다.

"이제 우리나라 교육이 점차 궤도에 들어가고 있다고 느껴집니다. 해방 후의 우리나라 교육은 뚜렷한 목적 교육에 대한 이념, 이런 것이 확실히 정립도 되지 않은 채 양적으로만 팽창을 하고 외국의 교육 제도, 교육풍조 등을 모방만 했다고 할까, 거기다 여러 가지 사회적인 또는 정치적인 혼란 등이 가세해서 우리나라의 교육이 제자리를 찾지 못했다고 생각합니다.

최근에 와서 점차 우리나라의 교육이 교육에 대한 목적이 뚜렷하고 교육에 대한 이념이 확실히 정립되어 교육을 하는 사람이나 교육을 받은 학생이나 여기에 대한 목적의식이 점차 뚜렷해지고 자세가 올바로 되고 거기에 문교 행정이 점차 그런 방향으로 개선이 되어 나가고 제도적인 여러 가지 정비 등 병행해서 학원의 분위기가 점차 호전되어 가면서 진짜 교육이 제자리를 찾고 제 궤도에 들어가고 있습니다. 이것은 솔직히 국가백년대계의 먼 장래를 볼 때 참으로 중대한 과업이 지금 이렇게 좋은 방향으로 가고 있는 것은 대단히 기쁜 일이라고 생각을 합니다."

우리 교육의 기본이념은 전통적인 윤리·도덕의 근간인 충효사상에서 연역해 나가야 한다

1977년 2월 10일, 서울특별시 연두순시에서 대통령은 우리나라 교육의 기본이념은 전통적인 윤리와 도덕의 근간이 되는 충효사상을 바탕으로 여기서 모든 것을 연역해 나가야 한다는 점을 강조했다.

"앞으로 우리나라 교육의 기본목표는 도의교육과 80년대 고도산업국가 시대에 대비한 기술인력의 개발이며 여기에 특별히 힘을 써 줬으면 좋겠습니다.

요전에 내가 문교부에서 그런 얘기를 한 뒤에 일반 국민들의 여론을 들어봐도 우리나라 지식층에 있는 분들도 상당히 거기에 대해서는 좋은 반응을 보이고 있다는 얘기를 듣고 있습니다. 이것은 뭘 의미하느냐 하면 우리 모두가 그런걸 생각하고 있었다. 우리 교육이 가는 방향이 뭔가 잘못 돼 있다. 이것을 바로잡아야 되겠는데 이대로 가면은 장차 어떻게 되겠느냐, 모두 염려를 하고 있다가 그런 얘기가 나오니까 당연히 그렇게 해야 된다 하는 그런 반응이 아니겠느냐 생각됩니다.

결국은 우리나라 교육의 기본이념은 역시 우리나라 옛날부터 내려오는 윤리, 도덕의 근간이 되는 충효사상이라는 것을 바탕으로 해서 여기서부터 모든 것을 우리가 연역해 나가야 되겠습니다.

교육이라는 것은 나무를 심는데 우리가 뿌리를 잘 심고 뿌리를 잘 가꾸는 것과 같은 거다. 나무를 심을 때는 뿌리를 잘 심어야지 그것을 잘 심지 못하면 우선은 잘 사는 것 같지만 얼마 안 가면 나무가 말라 죽거나 영양실조가 되어서 잘 자라지 않습니다. 뿌리를 심을 때도 잘 심고 비료도 잘 주고 물도 잘 주고 또 이것이 어느 정도 크면 가지도 잘 쳐 주고, 병충해가 달라붙지 못하도록 약을 쳐서

방제를 한다든지 또, 바람이 셀 때
는 방풍을 해서 잘 자라도록 해주어
야 합니다.

교육이란 나무의 뿌리심기와 같은
것이라고 생각합니다.

그런데 그 뿌리가 뭐냐? 우리나
라의 전통에서 내려오는 윤리, 도
덕, 거기에 가장 근간이 되는 충효
사상, 이것 없이 외국에서 들어온
것을 이것저것 흉내내다 보면 마지
막 가면 위에 나무만 서 있지 밑에
바닥을 파 보면 뿌리는 다 썩고 없
어져 버렸다, 그런 결과가 된다,
뿌리가 없어지면 결국은 위에 나무
들이 죽는다, 국가 장래가 없다 이
런 얘기지요. 요즘에 우리 교육계
에 있는 분들이 거기에 관심을 갖
고 노력을 많이 해서 우리나라 교
육이 매년 좋은 성과가 나고 있다
고 생각합니다.

최근에 누구한테 들었는데, 외국
의 어떤 사람이 서울 시내버스를
탄 모양인데 만원이 된 이 버스에 노인이 들어오니까 지팡이를 짚
고 있는 소아마비 학생이 일어나 '할머니 앉으세요' 하니까 그 할
머니가 앉더라 이겁니다. 그러자 옆에 앉았던 다른 젊은 학생이
일어나 소아마비 학생에게 자리를 내주는 것을 봤다고 하면서 한

국 젊은이들의 공중도덕이라든지 예의라든지, 노인에 대한 경로사상이 부럽다고 하더라는 것입니다. 이 얘기를 듣고 나는 대단히 흐뭇하게 생각했습니다. 이러한 기풍이 점차 늘어가고 있다는 것은 대단히 좋은 현상이라고 생각합니다."

야간학교의 학생과 교사를 도와줘야 한다

1977년 4월 19일, 대통령은 이날 저녁 영등포구에 있는 32개 중고등학교에서 청소년 근로자들을 위해 실시하고 있는 '야간학교'의 수업상황을 둘러보고 남녀학생들이 열심히 공부하고 있고, 교사들도 학생들의 열성에 감동하여 이들을 가르치는 데 보람을 느끼고 있다고 말하는 것을 듣고 눈시울이 뜨거워지고 흐뭇한 생각을 금할 수 없었다는 감회와 이들 학생들과 교사들을 위해 도와 주어야겠다는 다짐을 이날의 일기에 기록했다.

"오후 7시 30분경 영등포구에 있는 청소년 근로자 야간학교 수업 상황을 시찰하다.

영등포공업고등학교, 영등포여자상업고등학교, 대방여자중학교 등 32개교를 구로공단 최명헌 이사장의 안내로 둘러보았다.

직장에 다니는 청소년들이었지만, 여학생 남학생 다들 머리를 학생형으로 단정하게 다듬고 산뜻한 교복으로 앉아서 진지한 태도로 열심히 공부하는 모습에 귀엽고 대견하기보다는 눈시울이 뜨거워짐을 금할 수 없다.

다만 한가지 그들은 가정이 빈곤하다는 죄 하나만으로 남과 같이 그렇게 원하던 상급학교로 진학하지 못하고, 직장을 택하게 되었던 것이다.

친구들이 고등학교 학생복으로 학교에 가는 것을 보고 어린 마음에 부럽다기보다, 나는 왜 학교를 못가느냐 하고 자기 스스로의 처지를 원망도 하고, 부모와 가정을 원망하기도 하였을 것이다.

그렇게도 한스럽던 일이 이제 소원이 성취되었다. 야간이나 주간이나 자기 자신의 노력 여하에 달렸다. 가르치는 교사들도 그들의 열성에 감동하여 열과 성을 다하여 가르치고 또 보람을 느낀다고 하는 말을 듣고 흐뭇하기만 하다. 이 학생과 교사들을 위하여 무엇인가 도와 주어야겠다고 다짐하면서 돌아왔다. 이들의 앞날에 행복이 있기를 마음속에서 기원하였다."

두뇌산업에 적응할 수 있는 인재들을 길러야 한다

1977년 1월 20일, 문교부 연두순시에서 대통령은 우리나라가 곧 진입하게 될 고도산업국가에 있어서 두뇌산업에 적응할 수 있는 인재를 많이 양성해야 되겠다는 점을 강조했다.

"과학기술 분야에 있어서 우리나라는 곧 고도산업국가로서 소위 두뇌산업 시대에 들어갑니다.

80년대에 들어가면 그것에 발맞추어 그 시대에 적응할 수 있고 그러한 국가적인 요청에 부응할 수 있는 인재들을 우리는 많이 양성해 나가야 하는데, 문교부 계획에도 이런 기술인력 개발에 역점을 두고 있는데 이것은 우리가 방향을 잡았다고 봅니다.

이 교육은 초등학교나 사립학교 등만으로서는 부족하기 때문에 산업체에다가 그 공장 안이나 회사 안에 학교를 세우도록 권장하고 공장에 다니는 근로자들을 위해서는 그 인근에 있는 학교에 야간학교를 마련해서 거기에 가서 공부할 수 있도록 하되, 이에 대해서는 정부가 지원도 하고 특별한 혜택도 주는 시책을 써야 합니다.

지금 몇 개 공장에서는 기업주들이 자진해서 좋은 학교를 만들어서 가정사정으로 상급학교를 진학하지 못하는 청소년들을 위해 야간에 공부할 수 있는 기회를 마련하고 있는 데가 여러 군데 있는데 기업체에 따라서는 그런 것을 할 만한 여력과 능력이 있는데 회사 운영상 너무 부담이 커서 못하는 곳도 있는 것 같습니다. 이런데 대해서는 정부가 지원하는 방법을 모색하는 것이 좋지 않겠나 생각됩니다. 관계부처가 협조해서 연구하고 협조해 보십시오."

과학기술을 개발하여 공업국가로서 선진국 수준에 올라가는 것이 우리의 목표다

1977년 2월 8일, 과학기술처 연두순시에서 대통령은 먼저 이제부터 우리는 과학과 기술인력을 중점으로 개발하여 우리나라가 고도산업사회로 진입하는 80년대에 대비할 수 있는 모든 준비를 갖추어야 한다는 점을 강조했다.

"먼저 장관 브리핑에도 나왔습니다만 이제부터 우리가 해야 할 일은 과학과 기술인력을 중점적으로 개발해서 80년대에 우리나라가 고도산업사회에 들어가는 그 시기에 대비할 수 있는 모든 준비를 갖추는 일입니다.

지금 정부가 이 문제에 대해서 추진하고 있는 여러 가지 시책은 내가 보건대 올바른 방향을 설정하고 추진돼 가고 있다고 생각합니다. 문제는 우리 산업계에서 여기에 적극적으로 따라와 주어야 되겠는데 요즈음 그런 것이 그전보다 많이 좋아졌지만 산업계에서 여기에 대해서 좀 더 관심을 많이 가지고 정부에 있는 연구기관이라든지, 또는 한국과학기술연구소라든지, 이런 데서 개발한 기술을 최대한 활용을 한다든지 자기 사내에다 이런 연구소를 만든다든지 또 외국에서 선진기술을 과감하게 도입을 한다든지 이런 것을 적극적으로 추진해야만 정부의 시책방향과 같이 맞아들어가 모든 것이 계획대로 돼 나가지 않겠는가 이렇게 생각합니다.

지금 우리나라에서 과학기술에 대한 투자가 옆에 있는 일본보다

적은 게 사실일 겁니다.

일본이 지금 GNP의 1%, 우리가 작년에 GNP의 0. 5%라 했는데 물론 그 사람들의 1%라는 거와 우리의 1%라는 것은 금액으로 따지면 엄청난 차이가 있지만 우리나라는 지금 국방을 위해서, 금년 예산만해도 GNP의 6. 4%를 우리가 국방에 쓰고 있는 겁니다.

일본사람들은 지금 국방에 영점 몇 %, 1%도 안 쓰고 있다, 우리는 국방에 6.5% 가량을 쓰면서 또 이런 분야에도 한 0.5% 쓴다, 이런 걸 볼 때는 우리가 지금 그 비율이나 액수는 적지만 과학기술개발에 대해 정부가 절대 관심이 적은 건 아닙니다. 다만 우리 능력이 아직 거기까지 따라가지 못합니다.

우리가 지금 국방에 일본사람 정도로 GNP의 영점 몇 % 정도 써가지고 해나갈 수만 있다면 국방에 쓰는 걸 이쪽에다 돌리면 GNP의 1%가 아니라 한 2%까지라도 쓸 수 있겠지만 우리는 그런 특수한 사정이 있는 데도 불구하고 이만큼 하고 있는 건 우리 실정으로 봐서는 너무 적은 액수는 아니고 또 정부가 여기에 대해서 관심이 적어서 그런 건 아닙니다. 연차적으로 이것은 증대되어 나가리라 생각합니다.

문제는 정부가 여기에 대한 정책의 방향, 관심 또 일반산업계에서 여기에 대한 적극적인 참여, 관심 또 과학기술 분야에 종사하는 모든 사람들의 사명감 또 국민들의 관심, 이런 것이 한데 집결이 되어야만 과학기술 분야가 빨리 발견할 수 있지 않겠느냐 생각됩니다.

외국의 과학, 외국 기술을 과감하게 도입하자는 것은 아까 장관의 브리핑에도 있었고 나도 전부터 강조를 했는데 물론 위국의 기술이라고 무조건 들여오자는 게 아니라 선별적으로 우리한테 꼭 필요한 것은 좀 더 과감하게 들여와야 되겠습니다. 이것은 역시 그런 기술을 들여오는 데 대한 어떤 특혜적인 조치를 해주고 산업계에서도 적극적으로 자기들 스스로 끌어 들여와야 합니다.

정부가 아무리 가져오라 해도 산업계에서 그에 대해서 그다지 관심이 없다든지 또 일반기업가들이 그런 걸 들여오고 싶은데 그걸 들여오는데 여러 가지 제약조건이라든지, 세금이라든지, 무슨 부담이 너무 많아서 못 들여온다, 이래가지고는 안 됩니다. 정부의 지원과 기업의 적극적인 노력이 잘 조화가 되면 이제부터 우리나라에 외국의 과학기술이 급격히 들어올 수 있는 그러한 시기가 되지 않았느냐, 이렇게 생각됩니다. 이 문제도 경제기획원, 상공부, 재무부, 과학기술처 이런 데서 잘 연구해 봐주기 바랍니다."

대통령은 이어서 우리의 목표는 과학기술을 개발하여 공업국가로서 선진국 수준에 올라가는 것이라고 천명했다.

"요즘에 우리나라는 80년대에 가면 선진공업국가 대열에 들어간다, 이런 소리를 하는데 80년대 초에 가면 우리는 선진공업국가 대열에 들어가야 됩니다. 들어갈 것이다가 아닙니다.

그런데 요즈음 80년대 초라면 1980년이냐, 1981년이냐, 82년이냐, 85년이냐고 묻는 사람이 있는데, 그것은 이렇게 생각해야 할 것입니다. 즉 부분적으로 어떤 분야는 벌써 80년에 가면 선진국가 수준에 올라간다, 어떤 분야는 81년이나, 82년 쯤 가면 올라간다, 그래서 84년이나 85년경에 가면 아주 특수한 분야를 빼놓고는 우리나라의 과학기술이 다른 선진공업국가 수준에 올라간다, 따라 간다, 그런 얘기입니다.

우리는 지금 그런 목표를 설정해 놓고 뛰고 있는데 정부, 과학자, 기술자, 산업계와 모든 국민들이 일치단결해서 밀고 나가면 이것은 반드시 달성할 수 있다고 생각합니다.

선진국가라는 말이 있고, 선진공업국가라는 말이 있는데, 우리가 도달하려고 하는 목표는 선진공업국가입니다. 그 차이가 어디 있느냐, 구별할 수 있는지 없는지는 모르지만, 예를 들면 저 남태평양 지역에 있는 뉴질랜드 같은 나라는, 나도 그 나라에 가 봤는데 확실히 선진국가입니다. 그러나 그 나라의 공업이라는 건 내가 볼 때는 우리나라보다 뒤떨어져 있습니다.

그러나 그 나라는 농업, 목축, 이런 걸로 해서 선진국가 대열에 올라 살고 있습니다. 호주 같은 나라도 지금 공업 수준에 있어서는 부분적으로는 몰라도 전반적으로 따지면 우리가 앞서 있는 분야가 훨씬 더 많지 않겠느냐 생각됩니다.

우리의 목표는 과학기술을 개발해서 공업국가로서 선진국가 수준에 올라가자는 것입니다. 우리나라의 모든 여건을 생각할 때, 우리는 그 방향으로, 그런 길을 걸어갈 도리밖에 없습니다.

선진공업국가, 선진국가의 기준에 대해 학자들과 전문가들은 "1인당 GNP가 얼마 이상돼야 한다", "수출이 얼마 이상 돼야 한다" 이런 소리를 하는데 그런 기준이 아마 있을 수도 있겠지만 엄격한 기준은 없다고 나는 봅니다.

문제는 그 나라의 과학기술의 수준, 과학두뇌의 수준, 또 그런 인력을 어느 정도 가지고 있느냐, 그런 것이 앞으로는 선진국가 또는 선진국가가 못되는 나라를 구분하는 하나의 기준이 되지 않겠느냐고 생각합니다.

오늘날 지금 1인당 GNP가 만 달러 내지 2만 달러 올라갔지만, 아직도 우리가 선진국가라고 인정하지 않는 나라들이 이 지구상에는 여러 개 있습니다. 예를 들면 쿠웨이트 같은 나라, 내가 알기로는 1인당 GNP가 지금 1만 5천 달러인가, 얼마인가 되지만 그 나라 사람들이 들으면 기분 나쁠지 모르지만 쿠웨이트를 선진국가라고 얘기하는 사람을 나는 보지 못했어요. 물론 1인당 GNP도 어느 수준까지 가야 되겠지요. 아직도 100불, 200불 하는 이런 수준 가지고는, 또 과학자가 몇 사람 있다고 하더라도 그거 가지고는 문제가 안 되는 것이고, 역시 전체 산업이 어느 정도 발달되고, 그 나라의 개인당 소득이 어느 정도 늘어나고 또 과학기술 분야가 어느 정도 발달되었는가, 이런걸 전부 종합적으로 봐서 이 정도면 이것은 선진국가다, 선진공업국가다, 아직 그 수준까지는 못왔다던지, 이제 겨우 그 초기 단계에 왔다든지, 이렇게 보는 거 아니냐 생각됩니다.

우리가 생각하는 80년대 초에 있어서는 우주개발이나, 소위 초강대국들이 앞서고 있는 특수한 분야를 빼놓고는 일반 서구국가들의 과학기술의 수준까지는 거의 따라붙어야 되겠다, 그것이 우리의 목표입니다. 우리는 거기에 필요한 정책방향을 설정했고 또 우리 국민들이 모두 그걸 이해하고 있고, 모든 과학자, 기술자들이 그러한 신념과 포부를 가지고 지금 노력하고 있기 때문에 반드시 되리라고 나는 생각합니다."

전국의 79개 공업고등학교 수준을 가장 우수한 공업고등학교 수준으로 끌어 올려야 한다

1977년 2월 25일, 무역진흥 확대회의에서 대통령은 81년에 필요하게 될 100만 명의 기술인력 개발을 위해서 지금부터 5개년계획을 세워 전국 79개 공업고등학교의 수준을 현재 우리나라에서 가장 우수한 공업고등학교 수준으로 끌어 올려야 한다는 점을 강조하고 정부관계부처의 노력과 우리 대기업의 협조를 당부했다.

"이번에 지방순시 나가는 길에 충남기계공업고등학교를 가서 여러 가지 깊은 감명을 받았습니다. 그 학교는 지금 공업고등학교 중에서 상당히 우수한 학교로 시범공업고등학교로 지정돼 있는 학교입니다. 지금 전국에 공업고등학교 79개가 있습니다. 그중에서 부산에 있는 부산기계공업고등학교, 구미에 있는 금오공고, 서울에 있는 성동공고, 어제 가본 충남기계공고, 천안공고, 이리에 있는 전북기계공고, 광주공고 등이 우수학교로 지정돼 있고 나머지 학교들은 그보다도 수준이 좀 떨어진 학교라고 봅니다. 충남기계공고는 기계분야에서 작년 졸업생들 전부가 취직이 되었다고 합니다. 작업하는 실습장도 교장과 같이 둘러봤는데 기술을 배우는 학생들의 태도가 더없이 맑고 진지하고 배우려고 하는 열의가 기특할 정도로 모두 열심히들 잘하고 있어요. 이런 애들이 앞으로 기술을 배워 우리나라의 모든 기업체에 나가서 열심히 일하면 이것이 바로 우리의 국력이다, 이런 생각을 했습니다. 그런데 그 학교는 여러 가지 애로점도 있습니다. 앞으로 정부의 각료들, 고급공무원들은 자기소관 아니더라도 지방에 가는 기회가 있으면 한번 씩 둘러보면 여러 가지 느끼는 점이 많을 것입니다.

특히 기업가 여러분들도 기회가 있으면 그런 학교들을 찾아가서 실정도 보고, 수준이 어느 정도인가, 어떤 교육을 하고 있는가를 직접 보고 격려도 해주는 것은 교육이라는 의미에 있어서 대단히 좋겠다고 생각합니다. 이런 애들은 졸업을 하면 여러분들의 회사에 와서 일할 사람들입니다.

정부에서는 이번에 방침을 바꾸어서 공업고등학교를 나오더라도 성적이 좋고 학교에서 추천한 우수한 학생은 동계 대학에 들어갈 수 있는 길을 열어 주었습니다.

공업고등학교뿐만 아니라 다른 농업고등학교, 다른 실업계통 학교 학생들이 서울공대, 충남대학 이공대 같은 데 많이 들어갔어요. 그래서 그 학생들의 사기가 대단히 높다고 합니다. 공업고등학교에 들어가면 대학 가는 길이 꽉 막혀 버린다고 생각했는데 열심히 공부하면 그런 길도 터 있기 때문일 것입니다. 인문계 고등학교에서 올라오는 학생들보다는 영어나 수학은 떨어지기 때문에 제도적으로 특별한 혜택을 줘서 기능사 자격이나 기능공 자격을 딴 학생은 그런 과목을 빼거나 아니면 아주 쉬운 문제를 출제해서 대학에 들어갈 수 있기 때문에 사기가 올라가고 열심히 하고 있습니다. 솔직히 말해서 같은 고등학교 학생인데 소위 인문계 고등학교 학생들 중에는 어딘가 그 태도가 외부 바람이 슬쩍 불어서 건들건들하고 무엇이 제대로 덜된 것 같은 애들이 많이 눈에 띄는데 기술 계통의 고등학교 학생들은 모두 진지하고 아주 티없이 맑고 구김살이 없습니다. 사람이 기술을 배우면 성격이 그렇게 달라지는지 모르지만 이런 걸 봐서도 우리나라 장래는 큰 희망이 있다, 이렇게 생각을 했습니다.

지금 이 가운데 있는 기업가 여러분 중에는 그런 학교를 한두 개 맡고 있는 분들도 있고, 앞으로 자기 회사 내에 사내훈련소 같은 것을 만들어서 이런 애들도 양성할 기회를 갖고 싶다고 생각하는 분들은 관심을 가져 주십사 하고 참고로 말씀드립니다."

대통령은 이어서 정부는 앞으로 5개년계획을 세워서 전국의 79개 공업고등학교들의 수준을 우리나라에서 가장 우수하다는 부산기계공고, 금오공고, 성동공고, 충남기계공고의 수준까지 전부 끌어 올려야 되겠다는 점을 강조했다.

"아까 상공부에서 플랜트수출을 위해서 지금부터 81년까지는 기술축적이라든지, 훈련이라든지 기초적인 것을 하고 81년 후 즉 5차 5개년계획이 시작 될 무렵에는 우리나라도 플랜트수출을 본격적으로 해나가야 될 단계에 들어서게 될 것인데 이에 대한 준비를 해야 된다는 얘기가 있었습니다. 이러한 준비를 하는 데 있어서는 다른 것도 다 중요하지만 역시 아주 우수한 기술인력을 지금부터 많이 양성해서 배출하는 것, 이것이 무엇보다도 기초가 되는 게 아니겠느냐 생각됩니다.

　지금 현재 79개 공업고등학교 중에 우수한 학교가 15개 내지 20개 학교고 나머지는 실험, 실습시설이 부족하여 좀 부실한 학교들입니다. 이들 학교에 금년에 들어간 학생이 약 5만 2천 명입니다. 1학년, 2학년, 3학년 학생수가 똑같지는 않겠지만 대충 계산을 해보더라도 현재 교육받고 있는 학생수가 약 15만 명 정도 됩니다. 그래서 1년에 약 5만 명 정도가 나옵니다.

　기술인력개발은 이것뿐만은 아니고 보사부에서 추진하고 있는 직업훈련소 또는 큰 기업체들이 사내에서 설립해서 훈련을 시키는 사내직업훈련소, 예를 들면 정수직업훈련원이라든지 등등 많이 있습니다. 이런 것은 모두 앞으로 중견기능공을 양성하는 모체입니다. 그보다 더 높은 기술을 배우는 사람은 공업전문학교와 이공계 대학 졸업자 또는 앞으로 정부에서 추진하고 있는 전문연구소 같은 데서 훈련받고 나오는 사람들, 또 우리나라 과학원 졸업생, 거기다 더해서 우리 군에서 제대하고 나오는 사병과 장교들, 이런 사람들이 앞으로 우리나라 공업 분야에 나가서 일을

현판 휘호

할 일선 역군들입니다.

이러한 기술인력을 81년도까지 약 100만 명 가까이 양성해야 되는데 현재 정부계획은 대충 이를 충족할 수 있습니다. 지금 있는 공업고등학교도 문교부에서는 5년 내에 교실을 몇 백 개 더 증설을 한다는 계획입니다.

숫자로 보면 4차 5개년계획에 있어서 기술인력에 대한 수급계획은 거의 맞아 떨어집니다. 문제는 이 사람들의 수준을 끌어 올려야 되겠다, 이걸 위해서는 정부도 노력을 해야 되겠고 각 학교에서도 힘을 써야 되겠고, 우리나라의 기업인 여러분들도 여기에 대해서 각별한 관심을 가지고 여러 가지 지도를 하고 선도를 해줘야 되겠습니다.

우선 경제기획원, 상공부, 문교부, 과학기술처 등 관계부처는 서로 협조해서 앞으로 5개년계획을 세워서 79개 공업학교들의 수준을 지금 우리나라에서 가장 우수하다는 부산기계공고, 금오공고, 성동공고, 충남기계공고의 수준까지 전부 끌어 올리자는 것입니다. 그렇게 해놓으면 그것은 우리나라의 무서운 공업발전의 저력이다, 국력이다, 나는 이렇게 생각합니다.”

대통령은 이어서 대기업들이 지방의 사립공업고등학교를 하나씩 맡아서 지원해 줄 것을 당부했다.

“문교부에서 실태를 전부 조사해 보면 전부가 다 다를 겁니다. 충남공고 같은 데는 다른 것은 거의 문제가 없는데 대전 시내에서 다니지 않고 먼 데서 오는 애들이 모두 집이 가난해서 하숙을 하기가 어렵기 때문에 학비에 고통받는 애들이 많다는 것입니다. 이런 고통을 덜어주기 위해서는 기숙사를 지어 주었으면 좋겠다는 그런 부탁이 있습니다. 선반이라든지 실습기구 같은 것도 앞으로 더 주면 좋겠지만, 지금 수준에서는 큰 지장이 없다고 봅니다. 또 다른 학교를 보면 실습기구가 없다든지, 교실이 부족하다든지, 교사가 부족하다든지, 그런 문제들이 있지 않겠느냐, 그래서 79개 학교 중에 20개 학교가 우선 해결된 학교라고 본다면 나머지 한 60개 학교에다가, 학교 사정에 따라 다르겠지만, 어떤 학교는 몇 천만 원만 도와주면 해결될 학교가 있고, 어떤 학교는 상당한 지원을 해야만 될 학교도 있을 것입니다. 이런것은 앞으로 5개년계획 기간 동안에 연차적으로 우리나라에서 상위권에 속하는 공업고등학교 수준까지 끌어올리자, 이런 계획을 정부에서 추진해 봤으면 좋겠어요. 이것은 정부에서 할 일이고, 우리나라의 대기업가들, 이런 분들은 가능하면 지방의 사립공업고등학교 같은 데에 지원해 줬으면 좋겠습니다. 물론 무리해서 꼭 하나쯤 맡아 달라, 그런 부탁은 아닙니다. 자기 회사에서 조금 지원을 해주면 좋은 학교가 될 수도 있고 또 거기서 양성한 학생은 자기 회사에서 일하게 하고 남는 사람은 다른 기업체에 보낼 수 있다는 그런 생각이 있는 분들은 공업학교 하나 정도씩 맡아서 지원을 해 주면 정부는 부담을 그만큼 덜고 그런 학교는 좋은 학교가 되지 않겠는가 하는 생각에서 한 말씀 드린 것입니다.

기업가들이 하나씩 맡으면 정부가 지원하는 것보다도 훨씬 더 빨리 내용이 충실한 그런 학교가 되리라고 나는 믿습니다. 기업가 여러분들한테 강제로 떠맡기자는 얘기는 아니고 능력이 있거나 관심이 있는 분들은 해두는 것이 좋겠다는 이야기입니다. 우리나라의 몇몇 큰 기업들은 그런 학교를 맡고 있습니다. 대학을 맡은 기업도 있고, 고등학교를 맡은 기업도 있습니다. 지금 이런 학교의 이름을 대면 여기에 있는 기업가들이나 정부의 장관들도 그런 학교가 있었느냐 하는 정도로 모르는 게 대부분일거요. 원칙적으로 정부가 해야 되겠지만, 이런 학교를 5년 후 81년 4차 5개년계획이 끝날 무렵까지 적어도 부산기계공고, 서울의 성동공고, 충남기계공고의 수준까지 올려 놓으면, 그것은 우리나라의 무서운 국력이에요. 수출이고 무엇이고 그런 사람들이 있어야만 되는 게 아닙니까? 이점에 대해서 정부와 업계에 있는 여러분들이 특별히 관심을 가져 달라는 것입니다.

이 애들이 왜 공업고등학교에 왔느냐? 대학에 못가는 것은 대부분 집이 가난해서 못 가는 것뿐이지 그 애들이 못났거나 머리가 나빠서 못 가는 것이 아닙니다. 아주 우수한 애들이 많아요. 그 애들한테 이번에 동계대학에 들어갈 수 있는 길까지 열어주었기 때문에 고등학교 때부터 기술을 배워서 공과대학이라든지 이런데 들어가서 이론을 배운 사람들 중에는 앞으로 아주 우수한 기술자 또는 과학자도 나올 수 있다고 나는 믿고 있습니다."

대통령은 그동안 과학기술 진흥과 기술인력개발에 각별한 관심과 노력을 경주해 왔지만, 정부의 진흥시책만으로 충분한 것은 아니라고 보고, 기업인 스스로가 과학기술의 도입과 개발에 보다 적극적이어야 하며, 유능하고 성실한 젊은 일꾼들에게 과학기술을 습득시키는 성의와 노력을 경주하고, 기술혁신과 인재양성을 위한 산학협동을 강화하는 데에도 기업인들이 자발적으로 나서 줄 것을 당부했다. 우리의 젊은 일꾼들에게 그들이 원하는 교육과 훈련을 받을 수 있는 기회를 확충하는 것은, 바로 우리의 경제성장을 촉진하면서 동시에 국민복지를 달성하는 길이라는 것이다.

대통령은 끝으로, 기술 분야의 학급을 늘리거나 전문학교를 많이 만드는 것은 재수생 문제를 해결하는 하나의 방안이 될 수 있다는 의견을 제시했다.

"공업고등학교를 보고 또 한가지 느낀 것은 대학을 들어가려다가

문이 좁아서 못들어 가고 떨어진 소위 재수생 문제가 정부에서나, 학부모들이나 골치를 앓고 있는 사회문제의 하나인데, 이런 애들의 문제를 대학 문을 넓혀 해결해 주겠다, 이것은 되지도 않는 얘기입니다.

기술 분야의 학급을 늘린다든지 전문학교를 많이 만들어서 여기에 들어가 공부 열심히 하면 동계대학에도 들어갈 수 있다, 대학쪽으로 가는 것보다도 공업고등학교로 가는 것이 오히려 더 빠를 수 있다, 그래서 여기에 지원자도 많고 기술을 배워 국가사회발전에 직접 이바지할 수 있는 그런 길을 모색한다면 이것은 재수생문제를 해결하는 하나의 방안도 되지 않겠느냐 하는 나의 생각을 참고로 여러분에게 말씀드립니다."

공업고등학교 교육혁신 구상

젊은이들의 의지력과 창의력과 기업정신으로 세계를 지배하는 국가에서는 지난날이나 오늘날에도 실업교육이 활발하다. 실업교육은 책이 주지 못하는 자질들인 판단력, 경험, 창의력을 길러준다.

실업교육은 고전적 교육의 범위를 훨씬 능가할 정도로 사고능력을 개발하는 데 도움이 된다.

젊은이들은 공장, 광산, 건축 작업장, 농장 등에서 매일 연장, 재료, 작업, 고객들, 잘된 일이나 잘못된 일, 수지가 맞는 일이나 맞지 않는 일들을 보면서 눈과 귀와 손의 세부적인 지각을 얻게 되며, 그것들은 자기도 모르게 받아들여지고 말없이 다듬어진다.

이러한 개인적 경험은 젊은이들에게 사람과 사물을 다루는 다양한 방법에 대한 날카롭고도 정확한 이해력을 키워 준다.

영국의 교육은 책을 배우는 데에 기초를 두고 있지 않고 실물교육에 기초하고 있다. 예를 들어 기술자는 학교에서가 아니라 공장에서 훈련받는다. 이것은 각 개인으로 하여금 그의 지능이 허락하는 수준에 도달하도록 허용하는 방법이다. 만약 그가 더 이상 나아갈 수 없으면 노동자나 노동감독관이 되며, 그의 소질이 그 이상이면 기술자가 된다.

병원에서, 광산에서, 공장에서, 건축가나 법률가의 사무실에서 매우 어릴 때부터 일을 시작한 학생은 마치 법률서기가 그의 사무실에서 그리고 화가가 그의 화실에서 하듯이 한 단계 한 단계 견습기간을 보내면서 잡다한 기술적인 과정을 배울 수 있으며 그리하여 그가 얻은 매일매일의 경험을 착실히 종합하게 된다. 이러한 제도 아래에서는 학생의 재능에 정비례하여 실질적인 능력이 증가되고 또 그러한 능력은 그의 장래 일과 그가 앞으로 자신을 적응시키기를 바라는 특수한 일에 필요한 방향으로 발전한다. 이러한 방법에 의해서 영국의 젊은이들은 그의 능력을 최대로 개발할 수 있는 위치에 있게 된다.

그러나 우리나라의 학생들은 감수성이 가장 풍부한 나이에 7, 8년 동안 학교 안에 갇혀 현장에서 개인적 경험을 쌓을 수 있는 기회를 박탈당하고 있었다. 그리고 그들의 장래는 몇 시간 동안 치르는 대학입학시험에 좌우되고 있었다. 따라서 우리의 교육제도와 시험제도는 실업교육 또는 산업교육을 성장시킬 수 있는 방향으로 개혁돼야 할 필요가 있었다. 특히 1972년부터 중화학공업 건설을 위해서는 우수한 기술인력의 양성이 아주 시급한 과제였다. 따라서 교육정책은 과학교육과 기술교육에 중점을 둬야 했다. 그러나 그 당시 우리의 교육시설과 실습기자재 그리고 실업교사가 절대 부족했고 게다가 새로운 기술교재마저 전무한 상태였다. 뿐만 아니라 국가재정 형편상 교육재정의 지원도 충분한 형편이 못되었다. 그 당시 문교부는 의무교육의 내실화와 실업교육을 강화하는 중등교육, 그리고 국민경제력에 상응한 적정규모의 대학인구를 유지하면서 이공계열을 확충, 강화하는 고등교육이라는 3대 기본방침을 세우고 이러한 방침에 따라 과학교육과 기술교육을 중점적으로 추진했다. 경제개발 과정에서 가장 어려운 교육정책 과제는 국민의 교육욕구를 국가의 경제 규모에 맞추어 조정해 나가는 것이다. 왜냐하면 국민들의 과열된 교육열에 밀려서 대학 인구를 확대해 나가면 학력과잉이라는 사회문제가 생기게 되고 고급인력의 실업이 증가하여 사회발전을 저해하게 되기 때문이다. 그래서 대통령은 과열된 교육열을 억제하면서 중화학공업 건설에 꼭 필요한 이공계열의 인원만큼만을 증원하여 대학인구의 적정규모를 유지하도록 하였다.

대통령은 해마다 대학의 설립이나 학과의 증설과 증원을 일일이 확인하여 대학인구를 철저히 억제함으로써 국가의 인력수급 전망과 산업구조에 따른 인력양성이라는 교육정책의 기본틀을 확립했다.

그 당시 과학기술처의 인력수급 추계에 의하면 73년부터 81년까지 과학기술자, 기술공, 기능공의 총 소요인력은 1백 여만 명이었으나 교육기관에서 배출되는 인원은 27만여 명으로 73만여 명이 부족했다. 그래서 정부는 중화학공업 건설과 동시에 공업교육의 질을 혁신하고 그 양을 확충해 나갔다.

첫째, 고급기술인력의 대량공급을 위하여 공과대학의 신설 및 증과를 대폭적으로 실시하는 한편 1974년부터 공과대학의 특성화를 추진하였다. 당시 국립대학으로서는 서울대학교만이 선진국 수준의 실험·실습시설을 갖추고 있었다. 중화학공업의 전략산업별 전문공업단지에 인접한 지방에 있는 국립대학의 공과대학을 단지의 성격에 맞추어 특성별로 전문화하고 실험과 실습시설을 집중적으로 지원하여 선진국 수준에 도달하도록 지정하였다. 부산대학 공과대학은 기계공업 분야를 강화하여 특성화하였으며 경북대학 공과대학은 전자공업계로, 전남학교 공과대학은 화학공업계로, 그리고 충남대학교는 공업교육계로 특성화하였다. 특성화되지 않은 대학들에도 실습·실기의 강화를 추진하도록 정부가 지원해 나감으로써 공과대학 교육에 이론과 실기를 겸비하도록 하였다.

둘째, 공업전문학교 교육을 보강했다. 공학계 대학이 과학자와 상급기술자를 주로 양성하는 곳임에 비하여 공업전문학교는 실기를 중심으로 하는 보통기술자를 양성하는 곳이다. 공업전문학교 출신의 보통기술자는 공고나 직업훈련원 출신의 기능공과 공과대학 출신의 상급기술자의 중간에 위치하여 공업인력의 삼각 피라미드를 형성한다. 과거에 우리나라 공업전문학교에는 대학입학자격시험에서 탈락한 학생들이 입학하고 졸업 후 진로가 뚜렷치 않아 학생의 질과 사기가 저하되었다. 정부는 공업전문학교의 확충과 내실을 기하기 위하여 실험·실습시설과 기자재의 확보를 위한 국비보조, 금융지원을 비롯하여 장학지원, 그리고 대학진학 특전 등을 크게 확대했으며 국가기술자격법에 의한 기사 2급자격을 취득하도록 적극 장려했다. 기사 2급자격 취득자는 기업에서 경쟁적으로 채용하고 우대했으므로 공업전문학교의 사기가 크게 앙양되었고 교육의 질 향상에 더욱 박차가 가해졌다.

셋째, 공업고등학교 졸업자인 초급기능자의 자질은 공업의 기초가 되기 때문에 공업고등학교교육을 혁신했다. 재정상의 제약 때문에 단계적 중점육성책을 쓰지 않을 수 없어서 당시 70여 공업고등학교 중에서 우선 특성화기계공고와 시범공고를 지정하여 수요가 늘어날 것으로 예상되는 분야의 기능인력을 중점적으로 양성하고 잔여 공고도 연차적으로 육성해 나가도록 했다. 1973년 이래 정밀가공사의 대량양성을 위하여 금오공고를 비롯하여 11개교를 특성화기계공고로 지정하여 실습시설을 대대적으로 확충하고 실습비를 지

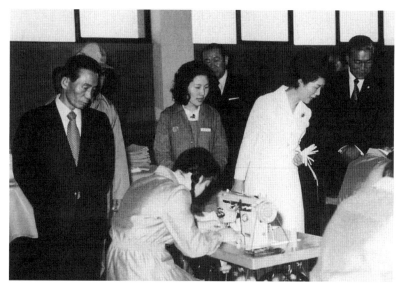

서울 보광동 정수직업훈련원 개관식에 참석하여 원생들의 실습장면을 돌아보는 박 대통령 내외(1973. 10. 17)

원하고 우수교사를 확보하고 교과과정을 혁신적으로 개편함으로써 졸업 이전에 정밀가공사 자격을 취득할 수 있도록 했다. 그 결과 교장 이하 교직원의 열성적인 지도와 아침 일찍부터 밤 늦게까지 자습·실습에 참여하는 등 학생들의 눈물겨운 노력으로 졸업 때까지 90%가 자격을 취득하는 놀라운 성과를 거두었다. 한편 해외진출기업에 우수한 기능인력을 공급하기 위하여 서울공고 등 11개 공립공고를 시범학교로 지정하여 중점 지원했다. 중동지역을 포함한 여러 나라에 진출하는 기업들이 대량의 기능사를 필요로 하였기 때문에 시설이 좋은 공립공고를 시·도별로 1개씩 지정하여 중점 지원하고 3학년 재학생 중 우수한 학생을 선발하여 6개월간 전문실기교육을 중점 실시하고 병역상 특전을 주어 해외취업 기회를 주었다. 이들 해외진출 기능공이 땀 흘려 벌어 본국에 송금한 외화는 제1, 제2차

유류파동 때 국제수지의 악화를 방어하는 데 큰 기여를 했다.

넷째, 직업훈련을 혁신했다. 정규공업교육은 장기의 교육기간을 필요로 하는 정상적인 기술 및 기능인력 양성 방법인데 반해 직업훈련은 단기간에 기능자를 양성하는 방법이다. 1967년 정규공업교육 외에 단기적인 기능자 양성을 위한 직업훈련법이 제정되어 1973년 중화학공업 정책선언 때까지는 군부대 내의 직업훈련기관, 법무부 내 직업훈련소, 그리고 사업체 내의 직업훈련소가 있었으나 훈련의 내용과 질, 그리고 양이 중화학공업을 추진하는 데 필요한 수준에는 크게 미달하는 실정이었다. 직업훈련 혁신의 필요성을 통감한 대통령은 1973년 2월 몸소 정수직업훈련원을 창립하여 설립에서부터 훈련·기숙사 등 일체를 직접 챙겼다. 정수직업훈련원을 효시로 하여 1973년 10월에는 춘천과 대구에, 1975년에는 인천과 광주에 각 1개씩의 직업훈련소를 추가 설립하는 등 연차적으로 도청소재지와 창원, 이리, 성남 등 공업단지에 설립해 나갔으며 훈련소장 이하 교직원의 열성적인 지도, 충실한 시설, 그리고 훈련생들의 피나는 각고로 1년의 단기훈련 과정인데도 불구하고 거의 대부분이 2급기능사자격증을 취득하는 놀라운 성과를 거두었다.

다섯째, 국가기술자격 검정제도를 신설하였다.

이 제도는 기능인력의 능력을 측정하여 인력을 규격화하고 그 능력 정도나 자격을 인정하여 사회적 공신력을 높일 뿐 아니라 자격취득자에 대한 우대조치를 함으로써 기술인의 사회적 지위를 향상시키고 그 활용도를 높이려는 것이었다. 그동안 우리나라에서는 신분이나 보수면에서 매우 낮은 수준에 있는 기능인들의 직업능력과 직무수행 능력을 공정하게 평가하는 제도가 미흡하였다. 1973년 12월 제정·공포된 국가기술자격법을 근거로 1975년부터 국가기술자격제도를 실시하였다.

국가기술자격법은 그 대상기술 분야를 기계·금속·화공·전기·전자·통신·조선·항공·토목·건축·섬유·광업·정보관리·에너지·국토개발·해양·안전관리·산업응용 등의 19개로 하고 기술계를 3등급으로, 기능계를 4등급으로 구분하여 자격을 평가하고 인정하며 자격취득자를 위한 각종 우대조치를 마련하였다. 즉 정부·지방자치단체·정부투자기관 및 정부산하의 기업체와 단체는 기능계공무원이나 종업원을 채용할 때 기술자격 취득자를 우선적으로 채용하도록 하였고, 기술연수를 위한 해외파견, 금융상의 지원, 장려금지급 등 이익을 부여할 때에도 기술자격 취득자에 우선권을 주도록 규정하였으며, 병역면에서도 병역의무의 특별규정에 관한 법률에서 국가기능검정 및 면허를 취득하고 기간산업에서 해당 기술이나 기능을 필요로 하는 전문 분야에 종사하는 자는 보충역에 편입할 수 있도록 하였다.

대통령은 중화학공업 육성을 위해서 정밀가공을 할 수 있는 우수한 기능사가 매년 5만 명은 양성되어야 한다고 보고 한 학교당 수억 원씩의 특별지원금을 공고 등에 배정해 기능인력을 양성하라고 관계부처에 지시했다.

대통령의 각별한 관심 아래 공고 중심의 기능공 양성책이 시행됐다. 기계공업을 육성하기 위해 금오공고, 부산기계공고 등 11개 특성화기계공고를 77년까지 만들었다. 공고의 교육여건을 개선하기 위해 각 기업체로 하여금 공고에 선반을 기증케 하는 '선반보내기 운동'도 벌였다. 각 국영기업체 및 민간 대기업체에 공고설립을 강력히 권했다. 포항공고, 광산공고, 수도공고(한전출자), 동아공고(동아그룹), 대림공전(대림산업) 등 여러 재단설립 사립공고가 생겼고 공고를 못 세우는 곳은 직업훈련소를 만들어 기능사 양성에 열을 올렸다.

육영수 여사도 서울에 정수직업훈련원, 창원에 한백직업훈련원을 설립하였다. 그리하여 각 도마다 직업훈련원이 들어섰다. 대통령은 지방순시 때 현지에 있는 공고를 빼놓지 않고 들렀고 기능올림픽 우승자는 올림픽 입상자와 같은 대우를 했으며 기능경진대회 우승자는 국전 입상자와 같은 대우를 하였다.

공고출신들에게는 병역특혜도 주어졌다. 공고재학 시절 3년 간의 고된 실습은 군대에서 실시하는 신병교육보다도 더 고생스러운 일이었다. 밤낮 가리지 않고 실기훈련이 계속되었던 것이다. 이 공고생들은 학도호국단에서 실시하는 군사훈련에도 충실했다. 인문계 고등학교와는 비교도 되지 않았다. 그래서 이들 공고출신들은 모범적인 일꾼이 되었다. 여러 기업체에서 다투어 채용하기를 원했는데 당시는 비상시국이었다. 방위산업체가 우선이었다. 방위산업체에서 일하는 것도 국가방위임무를 수행한다는 취지에서 방위산업체에 근무하는 이들 공고출신에 대해서 대통령은 병역을 면제해 주라고 지시했다.

대통령은 또한 실업계의 고등학생이 동계대학에 진학할 수 있는 제도를 마련하라고 지시했다.

해방 후, 우리나라의 교육은 양적으로 팽창했으나, 실업교육은 부실했다. 공업·농업·상업·수산해양계 등 실업계 고등학교를 졸업하여도 취직이 잘 안 되었다. 그래서 본인의 소질이나 가정형편에 관계없이 누구나 인문계를 지망하여 대학입시지옥을 만들었고 대학졸업자의 경우에도 실업자가 적지 않게 발생하고 있는 실정이었다. 대학졸업자의 실업은 교육비의 막대한 낭비였고 고교졸업자의 실업은 사회불안의 큰 요인이 되었으며, 실업교육의 저질은 산업발전의 저해요인이 되고 있었다.

대통령은 이 문제를 해결할 수 있는 하나의 방안으로 실업계의 고등학생이 동계대학에 진학할 수 있는 길을 열어주기로 한 것이다.

집안형편이 어려운 자녀는 우선 실업학교에 진학해서 대부분은 취직하게 하고 일부 우수한 자는 전문대학이나 4년제대학으로 진학하는 길을 열어주며, 전문대학에 진학한 자 중 일부 우수한 자이게는 졸업 후 4년제대학 3학년에 편입할 수 있도록 해주자는 것이다.

그러면 실업학교에 들어가면 대학진학의 길이 막힌다는 생각 때문에 우선 인문고교에 진학하려는 폐단을 막을 수 있을 것이고, 또 집안형편이 어려우나 소질이 우수한 청소년들이 실업학교에 진학하게 되어 실업학교 졸업생의 질이 향상되어 이들의 취직률도 크게 높아질 수 있을 것이며, 이공계 대학에 진학한 실업고교생들은 우수한 기능공으로 성장할 수 있지 않겠느냐는 것이다.

그리하여 문교부는 1976년 10월 10일 공업·농업·상업·수산해양 등 4개열의 실업계고등학교 졸업생의 동계대학진학 우대방안을 마련, 예비고사성적과 고교 내신성적 및 면접만으로 특별전형입학을 할 수 있는 등의 특혜를 받을 수 있는 실업계대학의 학과와 그 범위를 결정·발표하였고, 전문대학 졸업생의 4년제대학 3학년 편입도 제도화되어 실업계 동계진학의 길이 확립되었다. 공고졸업생이 동일계 대학에 진학할 때는 입학정원의 30%를 공고생에게 할당해 공고 졸업생들끼리만 경쟁토록 했다. 그런데 일부 대학에서는 이를 반대했다.

공업고등학교 출신의 대학진학제도는 과거 일본 등 외국에서 시행된 제도인데 대학입시제도 때문에 일부 대학에서 이를 문제삼은 것이다. 그러나 대통령은 이 제도를 그대로 강행하도록 했다. 공업고등학교 졸업생이라고 해서 머리가 나쁜 것은 아니며 1~2학년 때는 수학이나 영어가 좀 뒤떨어지겠지만 3~4학년이 되면 따라잡을 수 있다. 따라서 문제될 것이 없다는 것이다.

대통령은 이 문제의 근본대책으로 공고출신만 입학 수 있는 대학을 설립하도록 했다. 그래서 구미에는 금오대학이, 창원에는 기능대학이 설립되었다. 뿐만 아니라 공고출신만 입학하여 이론교육을 강화하는 특수대학을 많이 세우고 우수한 전문대학을 4년제대학으로 승격시켜 공단근처 중핵도시에 배치할 계획도 마련하도록 했다.

당시 기계공고에는 신입생 지원율이 매년 높아가고 있었다. 가정 형편은 어려우나 명석한 두뇌와 특출한 재질을 가진 학생들이 우수한 기능인으로서 조국근대화에 기여하겠다는 푸른 꿈을 안고 경쟁적으로 입학했던 것이다.

76학년도 77학년도의 신입생 예를 보면 부산기계공고를 비롯한 전북기계공고, 금오공고의 경우는 출신중학교 성적이 상위 10% 이내인 학생이 거의 전부를 차지하였다.

그리고 이들 학생들은 기술훈련에 피나는 노력을 경주하였던 것이다. 치열한 경쟁을 거쳐 입학한 공고생들은 남다른 긍지와 각오로 힘겨운 실기훈련을 잘 감당해 나갔다. 보다 숙련된 기술을 습득하기 위하여 정규시간 외에 과외실습을 더 했다. 기본적인 동작과 인내력을 기르는 기초실습에서 학생들은 10㎝ 정도의 굵은 쇠뭉치를 실습 재료로 삼아 '줄'을 이용하여 평면으로 곡면, 또는 다양한 각도의 면 등으로 깎아내는 훈련을 수없이 반복했다. 이 과정에서는 손이 부르트고 땀이 흐르는 어려움을 겪게 되지만 정밀가공사로서의 기본동작을 익히기 위하여 반드시 거쳐야만 했다.

2학년부터는 전공별로 고정밀도 과제를 이수하게 된다. 이 과정에서는 누구나 기준이 명시된 높은 정밀도를 낼 수 있어야 한다. 대부분의 학생들은 이른 새벽에 등교하여 밤이 깊어질 때까지 스스로 정성어린 맹훈련을 거듭했다. 학생들의 놀라운 열성과 집념은 지도 교사에게 가슴 뭉클한 감명을 주었으며 공업한국의 밝은 전망을 갖게 해주었던 것이다.

　대통령은 지방을 순시할 때에는 바쁜 일정에도 불구하고 새마을 부락과 기능공을 양성하는 공업고등학교나 직업훈련소를 자주 찾아 격려했다. 학생과 훈련생은 하나같이 깨끗하고 늠름하고 진지하기 그지없었다.

　'조국근대화의 기수'라는 휘장을 작업복 좌완에 달고 열심히 실습하는 공고생, 그리고 직업훈련생의 일사불란한 작업태도를 접할 때마다 대통령은 어깨를 껴안고 격려하곤 했다. 친자식 같이 껴안고 격려하는 대통령의 얼굴에는 큰 감동과 흐뭇함이 역력했다.

　지방순시차 부산에 들를 때에는 해운대관광호텔에 머물렀는데 대통령은 아침 일찍 일어나 맞은편 산 위의 부산기계공업고등학교 기숙사생 전원이 아침 6시에 일제히 기상해서 6시 반쯤부터 모든 작업장에 전등이 켜지며 등교 전 촌각을 다투어 실습에 전념하는 광경을 바라보며 정말 흐뭇해하였다.

　1950년 스페인에서 국제직업훈련 경기대회가 개최된 후 거의 매년 각 국에서 돌아가며 개최되고 있는데, 이것이 이른바 기능올림픽이라는 것이다. 전세계의 21세 이하의 젊은 기능자가 직종별로 기능을 경쟁하는 것으로서 기능올림픽의 성적은 그 나라의 기능수준을 반영한다. 선진공업국의 선수들이 상위권을 차지하게 되는 것은 당연한 추세이며 일본과 서독은 각 3년 연속 우승한 바도 있다.

　우리나라 기능교육과 훈련은 1973년 이후 본격적으로 실시되어 그 역사가 일천함에도 불구하고 매회 좋은 성적을 거두었을 뿐 아니라 종합우승 7연패의 위업을 달성했다. 이것은 대통령의 지대한 관심과 각별한 지원, 각급지도자들의 열성, 그리고 공고생과 훈련생들의 피나는 노력의 결과였다. 이들 기능공들은 우리나라 산업발전에 큰 초석의 하나를 이루었다.

70년대에 공업고등학교를 방문했던 저명한 언론인 심연섭 씨는 《밝은 내일을》이란 저서에서 다음과 같이 방문소감을 피력하였다.

"내가 한 공업고등학교 실습현장에 들렀을 때였다. 거기서 우리 민족의 앞날의 한 중요한 부분을 담당할 영웅들을 발견할 수 있었던 것이다.

중학교를 갓나온 학생들이 실기를 위주로 하는 교육과정에 따라 실습실에서 강판을 다듬질하고 있었다. 철부지로 뛰어노는 고1의 나이들. 강판을 다듬질하되 1mm의 1천분의 7의 정밀도를 익히기 위해서 실습에 열중하는 학생들의 모습에 무단히 콧대가 '찡' 하는 것을 참을 수 없었다. 반만년 동안 가마솥의 누른밥처럼 누적된 이 나라 이 민족의 빈곤을 '활달하게 뛰고 놀아야 할' 너희들이 어째서 책임의 일단을 져야 하느냐 하는 생각이 들었기 때문이다. 공고 학생들은 항상 조국근대화의 기수로서 무거운 사명감을 가지고 남다른 긍지와 자부심으로 일상생활을 영위했으므로 그들의 학교생활은 언제나 단정하고 모범적이었다.

학생들의 모범적인 생활태도는 실습장의 일면에서도 엿볼 수 있었다. 현대식 대형 실습공장에 설치된 수백대의 고속정밀 공작기계의 소음 속에서 수백 명이 동시에 실습을 하면서도 언제나 질서가 정연했다. 주위 환경을 깨끗이 하고 실습기계를 내몸처럼 아껴 정성껏 손질하면서 기술연마에 열중했다.

정신교육과 체력단련으로 애국심과 협동심을 기르고 학도호국단의 운영이나 학교새마을운동 실천에 있어서도 다른 학교에 모범을 보였다."

공업고등학교의 실기훈련의 장면을 본 많은 외국인들은 감탄한다

기계공고 실습실에서 정밀도 실기훈련에 임하고 있는 학생들 오늘날 공업발전은 박대통령이 계획하고 발전시킨 기계전문인력 수급계획에 힘입은 바가 크다.

기 보다 오히려 믿지 않으려 할 정도였지만 이러한 실기훈련과 생활태도는 모든 공고의 공통된 모습으로 정착되어 가고 있었다. 이들이 학교에서 체득한 성품과 사람됨은 앞으로의 산업사회 기초요원으로서 중추적 역군이 될 바탕이 되었다.

기계공고 학생들의 기술수준은 정밀가공사 자격취득뿐만 아니라 산업계의 기성기능사와 기능을 겨루는 각종 경기대회에서도 그 우수함을 인정받게 되었다. 76년 9월 부산에서 개최된 전국기능경기대회에서는 중공업 종목의 입상자 57명 중 공고출신이 42명으로 전체의 73.3%를 차지하였다. 이 경기대회에는 일본국가대표선수 27명이 찬조 참가하여 동일한 과제로 기능경기를 하였는데 우리나라 선수와 점수를 비교하여 본 결과 전종목에 걸쳐 우리 선수들의 기능수준이 훨씬 높았다는 것이다.

실업계 공업고등학교교육제도가 계속되어 왔다면 2000년대에는 우수한 공고졸업생이 많이 양성되어 기능공 인력난은 근본적으로 해결되었을 것이다. 공장에서 필요로 하는 사람은 공업고등학교 졸업생이다. 공장이 늘어나고 수출이 늘어나는 데 따라 공업고등학교 수도 늘어나야 하고 학생수도 늘어나야 하는 것은 당연한 이치이다.

그러나 80년대에 들어와서 입시제도개혁 당시 실업계 동계진학제도가 폐지되었고 직업훈련에 대한 관심도 식어갔다. 80년 공업고등학교수는 100교였는데 90년에는 104개 교가 되었다. 10년동안 겨우 4개교가 늘어난 것이다. 입학정원은 80년에 7만 명이었는데 90년에는 오히려 줄어들어 6만 4천 명이 되었다. 인문계까지 합친 고등학교 전체에 대한 공업고등학교의 입학정원 비율은 9.4%에서 10년 후에는 7.7%로 대폭 축소된 것이다.

독일이나 이탈리아 등 유럽에서는 공업고등학교에 진학하는 비율이 50%가 넘는다. 결국 90년대부터 우리나라에는 기능공이 부족하다는 비명이 흘러나오기 시작했다.

중소기업의 기술수준을 국제적인 수준까지 끌어올려야 한다

1978년 1월 30일, 과학기술처 연두순시에서 대통령은 먼저 과학기술개발에 필요한 인력개발과 종수기업의 기술수준을 국제적 수준까지 끌어올리는 데 힘써야 되겠다는 점을 강조했다.

"앞으로 우리나라의 경제가 더 고도로 발전되고, 고도산업국가가 되기 위해서는 과학기술개발에 필요한 인력개발이 선행되어야 될 문제입니다. 이점 훌륭한 인재도 많이 양성해야 되겠고 기술도 많이 도입해야 되겠고, 이런 것에 대해서 앞으로 정부가 예산도 많이 투자도 해야 되겠는데 반드시 사람이 많고 투자를 많이 했다고 해서 그만큼 성과가 나는 것이 아님으로 가장 경제적으로 해야 되겠습니다. 특히 우리나라 모양으로 아직까지 모든 것이 넉넉하지 못한 나라에서는 이러한 것이 현 단계에서는 가장 머리를 써서 해야 될 일이 아니겠느냐 생각됩니다.

과학기술이라는 것은 아주 최첨단을 걷는 그런 기술뿐만이 아닙니다. 우리나라의 새마을 기술지원 계획도 있고 중소기업의 기술이 지금 상당히 뒤떨어져 있는데 이걸 정부가 어떻게 해야 빨리 국제적인 수준까지 끌어올릴 수 있느냐 하는 문제에 대해서 과학기술처에서도 상당히 관심을 가지고 연구해야 되겠어요. 그렇게 어려운 기술도 아닌데 정부에서 조금만 노력하고 조금만 지도하고 조금만 지원해 주면 될 수 있는 그런 것이 안 되고 있는 것이 상당히 많이 있습니다. 큰 기계라든지 고도의 기계도 중소기업에서 나오는 부속을 쓰게 되는데 기술이 뒤떨어져서는 기계 자체가 성능이 우수한 기계가 안 됩니다."

대통령은 이어서 정부에서 권장하고 있는 기술도입은 선별적으로 선택해서 받아들여야 한다는 점을 강조했다.

"지금 정부에서는 외국의 기술도입을 적극 권장하고 있는데, 우리나라가 고도산업국가로 들어가는 과정에 있기 때문에 어느 분야보다도 적극적으로 해야 되겠지만 이걸 받아들이는 데 있어서는 선별적으로 선택해서 받아들여야 되지 않겠느냐 생각됩니다. 요즘 보면 그동안에도 가령 어떤 기술을 어느 기업체에서 받아들이겠다고 하는데 정부 부처 안에서 서로 그것에 대한 견해가 같지 않아서 오랫동안 그냥 질질 끌고 있는 그런 예가 있습니다. 어떤 기술을 받아들이는 데 과학기술처 같은 데서는 그것이 좋겠다고 하는데 상공부에서는 그건 필요 없다, 이렇게 정부 안에서도 의견일치가 안 되는 것을 가끔 보는데 이건 우리가 상당히 신중히 검토해서 꼭 필요한 것을 받아들여야지, 불필요한 것을 받아들인다든지 상당히 뒤떨어진 기술을 가져온다든지 하면 국가적으로 손해가 될 뿐 아니라 앞으로 우리나라의 과학기술개발에 있어서도 큰 영향을 주지 않겠는가 생각됩니다. 특히 과학기술은 그야말로 전문분야에 관한 문제이기 때문에 역시 전문적으로 잘 아는 사람들이 검토해서 결정지어야할텐데 이것을 앞으로 잘 해야 되겠어요. 부처 간에 견해가 일치되지 않을 때에는 어떻게 조정하는 기능이라든지 합동으로 심의하는 기구라든지 그런 것이 정부 안에 지금 돼 있나요?

예를 들면 최근에 들어서 컴퓨터를 우리나라에서 만들겠다, 외국에서 들여오겠다고 과학기술처와 상공부가 의견이 맞지 않는다는 얘기를 듣고 있는데 그렇게 되었을 땐 경제장관협의회나 국무총리 주재하에 그런 위원회에다 회부해 최종적인 결론을 내리는 것이 좋지 않겠는가 생각합니다. 잘못해서 불필요한 것, 낙후된 뒤떨어진 기술을 가지고 들여와도 곤란하고 또 꼭 지금 우리한테 필요한 건대 업자들끼리 자기들 회사의 이해관계가 얽혀 있기 때문에 그런 것을 반대하거나 방해하는 일도 있을 수 있는 것 같은데 정부는 거기에 대해서 아주 공정하고도 현명한 판단을 해서 가부결정을 내려야 할 것입니다.

지금 정부에 있는 연구소에서 만들고 있고, 민간에서도 그런 걸 시작하는 단계가 있고 그리 많은 숫자는 아니지만 앞으로 자꾸 늘어날 텐데 국내에 있는 연구소는 정부가 만든 것이든지 민간이 만든 것이든지 이것을 유기적으로 서로 상호보안적으로 최대한 활용하는 그런 제도가 마련되는 것이 국가적으로 상당히 경제적이라고 생각합니다. 불필요한 것을 여러 개 만들어 국내에서 연구할 수 있는 기관이 있는데 그런 기술을 해외에서 들여온다든지 하는 일이 있어서는 안 되지 않겠느냐, 이런 이야기입니다."

공업고등학교 출신 처우를 다른 고등학교 출신과 같은 수준으로 올려줘야겠다

1977년 8월 25일, 무역진흥확대회의에서 대통령은 공업고등학교 출신에 대한 처우를 상업고등학교나 다른 고등학교 출신과 같은 수준으로 올려주도록 하라고 지시했다.

"전에도 한 번 말한 적이 있지만, 우리나라 기업체에서 종사하는 고등학교 출신자들 중 공업고등학교 졸업생에 대한 처우가 상업고등학교 기타 비공업고등학교 졸업생들에 비해 뒤떨어지고 있습니다. 얼마 전에 관계기관의 자료를 받아보니까 공고출신들이 상고출신들에 비해 훨씬 뒤떨어진다는 통계가 나와 있습니다. 이러한 현상의 구체적인 원인은 잘 모르겠으나, 잘못된 것이라는 점만은 분명합니다. 지금 우리가 공업입국을 지향하고 있는 마당에 공업학교 출신이 다른 고등학교 출신보다 처우가 나쁘다고 하는 것은 특히 기업체에서 가장 중요한 기술분야를 다루고 있는 기능공들의 사기문제를 고려해서라도 시정이 되어야겠다고 생각합니다.

상업고등학교 출신보다 당장 더 잘해 주는 것은 어려울지 모르지만, 적어도 같은 수준은 해주어야 하지 않겠는가 생각됩니다. 지금 당장 모든 공장에서 상업학교 출신의 수준까지 올리라고 하면 기업에 여러 가지 부담이 가는 등 문제점이 있을 것이기 때문에 일차적인 목표로는 지금부터라도 서서히 상업고등학교나 다른 고등학교 출신들과 같은 수준까지 올려주도록 해주는 것이 바람직합니다.

정부와 모든 기업가들은 이것을 공동목표로 삼아서 빠른 시일내에 도달되도록 노력해 줄 것을 당부합니다."

우리나라의 증강된 국력과 눈부신 발전은 교육을 통한 인재양성에 힘써 온 결과다

1977년 12월 5일, '국민교육헌장선포' 제9주년 기념식에서 대통령은 먼저 그동안 우리나라가 모든 분야에서 힘을 알차게 기르고 눈부신 발전을 이룩할 수 있었던 것은 일찍이 우리가 교육을 통하여 인재양성에 남달리 힘써 온 결과라는 점을 강조했다.

"지금 이 순간에도 우리 젊은이들은 조국과 밝은 내일을 내손으로 건설하겠다는 원대한 포부로, 학교와 공장, 전방과 후방에서 불철주야 정진하고 있습니다.

이 모든 땀 어린 성과와 약진의 고동소리에는 오늘의 처지를 약진의 발판으로 딛고 일어선 겨레의 집념이 서려 있으며, 번영과 통일을 지향하는 우리 세대의 의지와 정열이 깃들어 있습니다.

일찍이 삼국통일의 위업을 이룩한 우리 조상들의 슬기와 힘은 신라 젊은이들이 오랜 세월 갈고 닦았던 화랑정신에서 우러난 것이었습니다.

또한 워털루 전쟁에서 승리를 거두고 돌아온 개선장군이 승전의 요인은 바로 그들의 학교교육에 있었다고 술회했다는 고사는 유명한 이야기입니다.

이처럼 국민교육은 비길 바 없이 소중한 것이며, 국가발전의 원동력이 되는 것입니다.

더욱이 지금 우리는 민족사상 유례없이 이단자인 북한 공산주의자들의 끊임없는 무력남침 위협과, 국제사회의 치열한 국력경쟁 속에서 일면 국방, 일면 건설의 벅찬 과업을 수행해 나가고 있습니다.

안팎으로부터의 이 세찬 도전과 시련을 극복하면서, 민족웅비를 기하기 위해서는 우리는 남보다 더 노력하는 국민이 되어야 하며, 국민 교육에 더 많은 정성과 노력을 기울여 나가야 하겠습니다.

우리 교육은, 교육헌장이념에 입각한 산 교육이어야 함은 물론, 나라의 실정과 겨레의 특성에 알맞고 우리의 문제를 우리의 슬기와 힘으로 해결해 나가는 데 기여할 창의적이며 생산적인 교육이 되어야 합니다.

이를 위해서는 투철한 국가관을 바탕으로 반공애국정신을 함양하고, 민족사적 정통성을 계승 발전시켜 나가야 할 우리 세대의 역사적 사명을 명확히 체득하는 기본자세가 무엇보다도 중요합니다.

또한 고도산업국가 실현을 눈앞에 둔 우리 교육은 수준 높은 전문 지식과 고도의 기술을 몸에 지닌 인재를 배출하는 데 역점을 두어야 합니다.

우리 모두가 조국의 긴 앞날을 내다보며 교육헌장이념을 산 덕목으로 삼아 국민생활의 각 분야에서 꾸준히 실천해 나간다면, 우리는 땀의 결정과 더불어 값진 정신유산을 길이 후손에게 물려줄 수 있다고 확신합니다.

이렇게 하는 것만이 '스스로 국가건설에 참여하고 봉사하는' 헌장정신을 생활신조로 구현하는 길이 될 것입니다."

대통령은 이어서 우리 모두 나라사랑의 좌표를 정립하고 가정, 학교, 사회가 한 덩어리가 되어 국민교육에 힘써 나가자고 호소했다.

지난 여름 안양지역 수해와 최근 이리역 폭발사고 후 재난의 상처가 아물기도 전에 일선교사들이 단시일 내에 정상수업을 회복했던 사례는 우리 겨레의 슬기로운 기질과 저력의 발로다. 우리 교육자들이 겨레의 스승이라는 긍지를 가지고 전진을 계속하는 한 우리 민족의 장래는 탄탄대로와 같다고 확신한다는 것이다.

"친애하는 교육자 여러분!

지난 여름 경기도 안양지역의 수해가 있은 후 아직 재난의 상처가 아물기도 전에 일선교사들은 수업을 서둘렀고, 최근 이리역 폭발 사고시에도 인근 학교들이 막심한 피해에도 불구하고 단시일 안에 정상수업을 회복했다는 소식에 나는 크게 감동한 바 있습니다.

이와 같은 사례는 우리 겨레의 슬기로운 기질을 그대로 나타낸 것이며, 5천년의 장구한 역사와 문화를 이어올 수 있었던 민족적 저력의 발로라 해도 과언이 아닙니다.

나는 교육자 여러분이 겨레의 스승이라는 긍지를 가지고 전진을 계속하는 한, 우리 민족의 장래는 탄탄대로와 같다고 확신합니다.

우리 모두 더욱 분발해서 나라 사랑의 좌표를 뚜렷이 정립하고, 가정, 학교, 사회가 한 덩어리가 되어 국가백년대계인 국민교육에 힘써 나갑시다. 그리하여, 오늘의 이 귀중한 한 시대가 민족중흥의 장엄한 새 역사 창조에 밑거름이 되도록 합시다.

수상자 여러분의 노고에 대해 다시 한 번 치하를 보내면서, 전국 교육자 여러분의 앞길에 무한한 발전과 영광이 있기를 기원하는 바입니다.”

지방대학 정원을 대폭 늘려서 고급기술인력을 육성하는 방안을 검토해야겠다

1978년 2월 2일, 문교부 연두순시에서 대통령은 전국의 79개 공업고등학교에서 1년에 5만 2천 명이 졸업한 후 전국의 공장과 기업에 들어가는데 이들이 충실한 교육을 받고, 수준급의 기술을 습득하고 나가면 눈에 보이지 않는 국력이 눈에 보이지 않는 시간에 크게 신장될 것이라고 말하고 모든 공고의 수준을 이미 우리나라의 최고 수준에 올라 있는 금오공고, 성동공고, 충남기계공고의 수준까지 중점적으로 끌어올려야 한다는 점을 강조했다.

다음은 대통령이 문교부의 담당국장인 산업교육국장에게 질문하고 지시한 내용이다.

"대통령 : 작년에 우리나라에 공업고등학교가 일흔아홉 갠가 있었고 그중에 가령 금오공고라든지 서울에 있는 성동공고, 충남기계공고 등 아주 일류수준까지 올라간 학교가 있는가 하면, 아주 뒤떨어진 학교가 있는데, 이것을 일류공업고등학교 수준까지 끌어올리기 위해서 연차적으로 육성해 나갈 것이라고 장관 브리핑 때에도 나와 있는데 금년에 구체적으로 몇 학교를 중점육성하고 그렇게 하면 몇 개가 그 수준에 올라갈 수 있고 아직도 덜 된 것이 몇 개 인가, 벌써 그런 수준에 올라있는 학교하고 합쳐서 몇 개나 되고 앞으로 육성해야 할 학교가 몇 개가 되는가? 담당국장 나와 있겠지요? 설명해 봐요.

담당국장 : 전체 학교 가운데 5개 단계로 구분하여 단계별로 육성토록 되어 있습니다. 학교별로 1단계에 속하는 학교는 기계고등학교 9개 학교하고 신설되는 기계공고 10개 학교를 합한 19개 학교를 1차적으로 70%선까지 끌어올리도록 되어 있습니다.

대통령 : 전체학교 중에 그 수준까지 올라간 학교가 많이 있지 않아요?

지금 내가 알기에는 구미 금오공고, 서울의 성동공고 그 외에 또 몇 개 있을 것 아닌가요?

담당국장 : 수준급에 있는 학교가 이리기계, 전남기계, 전북기계 그리고 경북 구미공전도 금년부터 국립학교가 되어 궤도에 오르게 되어 있습니다.

대통령 : 벌써 되어 있는 것도 여남은 개 된다는데요?

열아홉 개 하고 합하면 한 삼십 개 가까이 되겠군요?

담당국장 : 예.

대통령 : 금년에 이어 매년 100억씩 해서 5개년 지원한다는데 금년 예산에 얼마나 책정되어 있나요?

담당국장 : 79억입니다.

대통령 : 대략 전학교가 똑 같지는 않겠지만 한 학교에 어느 정도 지원해 주는가요?

담당국장 : 학교에 따라 10억 정도 가는 학교도 있고 적은 학교는 경우에 따라 1~2억에 그치는 학교도 있습니다.

대통령 : 작년에 충남기계공고에 가서 느낀 것인데, 평균 한 학교에 한 5억 원 정도만 지원해 주면 상당한 수준까지 올라갈 수 있나요? 물론 기숙사 같은 것까지 합치면 한정이 없는데, 학교시설이라 순교육면에만 하면 5억까지 안 들어도 그만한 수준까지 올라갈 수 있지, 한번 계획을 치밀히 따져서 빨리 그런 학교도 일류학교 수준까지 올려 놓아야 돼요. 공업고등학교에 들어가는 학생이 일년에 지금 5만명, 야간학교까지 합해서 결국은 일년에 5만 2천 명이 나온단 말 아닌가요?

이 사람들이 우리나라 전국의 공장이다, 기업체다 이런데 흩어져 들어가는데, 우리 눈에 보이지 않는 큰 국력이 우리 눈에 보이지 않는 시간에, 크게 올라갈 것이 아닌가요?

그 5만 2천 명이라는 학생이 전부 충실한 교육을 받고 어떤 수준급의 기술을 모두 습득해 나가야지 그렇지 못하면 큰 성과가 없을 것이다. 그래서 나는 일단 중점적으로 학교를 키워나가야 되겠다 하는 것을 강조를 합니다."

대통령은 이어서 재수생문제를 해소하는 방안으로 전문학교 졸업생에게 동일계통 대학에 진학할 수 있는 길을 열어주는 방안을 연구하고, 고급기술인력 양성을 위해 지방대학의 정원을 대폭 늘려서 많은 인력을 배정하여 중점적으로 육성하는 방안을 검토하라고 지시했다.

"아까 재수생 이야기가 잠깐 나왔는데 금년에 대학정원도 상당히 많이 늘었고 또 금년에는 전문대학도 세우거나 학급을 증설해서 그쪽으로 많이 흡수가 되는 것으로 아는데 재수생이라는게 크게 줄지는 않았다는 거지요. 대학 문은 좁고 대학에 가고 싶은 희망자는 많아 그 일부는 들어가고 일부는 못 들어가는데 그 사람들이 문제야. 그런 사람들은 대학에 다 흡수하기는 어차피 당장에는 안 되는 거니까 지금 하고 있는 그런 전문학교라든지 기술을 배우는 분야에 가급적 많이 흡수해서 우선 기술을 배우고, 전문학교를 나와서 공부를 열심히 한다던지 어떤 수준급 이상의 기술을 가지면 동일계통, 어느 대학 같은 데도 들어 갈 수 있는 그 길을 열어주면 꼭 대학의 비좁은 문에 들어가겠다고 아우성을 안 치고 상당히 소화가 되지 않겠는가. 그런 방식을 연구해 봐요.

우선 제일 좋은 방법은 대학에 학급을 늘려 대학에 오고 싶은 사람 다 넣어서 중간에 시험성적이 나쁘면 떨어뜨리면 되겠는데 실정이 그렇지 못하단 말이야.

우리나라가 지금 아주 빠른 속도로 공업화가 되고 80년대에 들어가면 고도산업국가가 된다는 것은 다 아는 사실인데, 그렇게 되기 위해서는 우리나라의 아주 고급기술자, 그러한 인력이 대폭적으로 필요합니다.

과학기술처에서 보고 들은 바 있는데 이런 사람들을 빨리 양성하고 확보해 두어야 국가가 지향하고 있는 그런 모든 계획이 순조롭게 되지, 그러한 기술인력 보급을 제대로 못하면 상당히 차질이 옵니다.

그렇게 하려면 특히 공업고등학교 같은 것도 중요하지만 대학에 있어서 고급기술자를 짧은 시간 내에 많이 양성해야 되는데 그건 결국 대학의 정원을 대폭 늘려야 됩니다.

지금 우리나라 대학의 그 절반이 서울에 집중되고 있는데 거기 있는 학교들을 그대로 국가수요에 맞추어 늘리면 정부가 추진하고 있는 수도 서울의 인구억제 정책에 역행이 된다, 결국 지방에 있는 대학의 정원을 더 대폭적으로 늘려 거기서 양성해야 된다, 그런 결론이 나오는데 금년에도 문교부 정책이 정원조정에서 반영된 것으로 압니다만 앞으로는 지방대학을 정부가 좀 더 중점적으로 육성해서 그 인력을 지방대학에 많이 배정하여 그것을 빨리 양성해 내면 이 문제는 해결된다고 봅니다.”

국민교육헌장은 국가가 필요로 하는 인재를 양성하는 국민교육의 대본(大本)을 정립한 것이다

1978년 12월 5일, 국민교육헌장 선포 제10주년 기념식에서 대통령은 먼저 우리가 10년 전 국민교육헌장을 제정, 선포한 것은 국가와 사회가 필요로 하는 인재양성이 무엇보다도 중요하다고 보고 우선 국민교육의 대본을 정립하자는 데 그 뜻이 있었다는 점을 강조했다.

“친애하는 전국의 교육자 여러분!

우리가 조국근대화 과정에서 국민의 정신적 지표를 바로 세우고자 국민교육헌장을 선포한 지 벌써 열 돌을 맞이하였습니다.

나는 그동안 교육일선에서 어려움을 참고 이기며 묵묵히 헌신해 온 교육자 여러분과 특히 오늘 수상의 영예를 차지한 유공자 여러분의 노고를 치하하면서, 온 국민과 더불어 뜨거운 격려를 보내는 바입니다.

국민 여러분!

새삼 강조할 것도 없이 교육은 국가백년대계의 근본이며 창조와 발전의 원동력입니다.

우리의 국민교육은 오늘의 세대가 짊어진 민족중흥의 역사적 사명을 자각하고, 위대한 통일조국의 새 역사 창조에 기꺼이 헌신할 수 있는 유위 유능한 인재양성을 이념으로 삼고 있습니다.

유위 유능한 인재란 올바른 국가관을 갖고 고유의 미풍양속과 전통문화를 지키고 가꾸며 유구한 민족사적 정통성을 계승발전시켜 나가는 데 기여할 수 있는 사람을 말합니다.

뿐만 아니라 일취월장 고도산업사회로 진입해 가고 있는 오늘의 우리 사회에서 국가발전에 실천적으로 참여하고 공헌할 수 있는 다양한 지식, 고도의 기술, 훌륭한 인격을 갖춘 인재를 말합니다.

10년 전 과도기적 변화의 소용돌이 속에서 우리가 애써 국민교육헌장을 제정선포했던 것도 이와 같은 인재양성이 무엇보다도 중요하다고 보고, 우선 우리 교육의 대본을 정립하자는 데 그 뜻이 있었던 것입니다.

우리는 이 숭고한 정신을 받들어, 학교와 사회와 가정이 더욱 힘을 합쳐 막대한 투자와 노력을 아끼지 않고 국민교육에 심혈을 기울여 왔습니다.

그리하여 많은 인재를 길러냈으며, 근면하고 우수한 인적자원을 주력으로 내외의 온갖 시련을 극복하고 바야흐로 세계 속의 한국으로 등장하고 있습니다.

앞으로도 우리는 줄기찬 전진을 계속하여 북한 침략주의자들의 어림없는 전쟁도발 야욕을 단호히 봉쇄하면서 80년대에는 기필코 부강한 복지국가를 건설하고, 조국통일과 민족중흥의 대업을 착착 앞당겨 나가야 하겠습니다."

지금은 격조 높은 정신문화의 탑을 쌓아올려야 할 때다

대통령은 이어서 지금은 우리가 이룩한 경제사회적 발전의 바탕 위에 격조 높은 정신문화의 탑을 쌓아올려야 할 때라는 점을 강조했다.

"국민 여러분!

지금은 우리가 성공적으로 추진해 온 괄목할 경제 사회적 발전의 바탕 위에 더욱 튼튼하고 격조 높은 정신문화의 탑을 쌓아올려야 할 때입니다.

그 동안 서구 과학문명을 받아들이는 과정에서 우리 국민의 생활과 의식구조에도 많은 변화가 생겼고, 그중에는 바람직하지 못한 영향도 적지 않았던 것이 사실입니다.

그러나 우리에게는 고유의 역사와 전통과 문화의 뿌리가 있기 때문에 자주성의 바탕 위에 동서문화의 장단점을 잘 헤아려 우리의 문화발전을 슬기롭게 이끌어 갈 힘이 있는 것입니다.

누차 강조한 바와 같이, 정신문화와 물질문명의 관계는 마치 수레의 두 바퀴처럼 서로 보완하고 균형을 이룰 때 참으로 강하고 위대한 조국은 건설될 수 있는 것입니다.

정부는 온 국민의 여망에 부응하여 산업근대화를 위한 노력 못지않게 '국적 있는 교육'에 역점을 두고 교육시책을 펴왔습니다.

전통문화와 호국 문화유적의 보전에 힘쓰는 한편, 한 동안 잊혀졌던 충효사상을 고취하고 새마을운동과 자연보호운동을 전개하여 정신문화의 창조적 계발에 성과를 거두고 있습니다.

우리가 사계 석학들의 참여와 협조를 얻어 한국정신문화연구원의 발족을 본 것도 멀리 나라와 겨레의 내일을 내다보는 충정에서였던 것입니다.

앞으로도 정부는 교육에 있어서의 국적개념을 정립하고 내실화하기 위해 각급학교 교과내용과 교과과정의 발전적 개편, 입시제도의 합리적 보완, 재수생대책을 포함하여 지식·기술인력의 수급 문제 등에 긴 안목으로 종합적인 연구와 시책을 강구해 나갈 것입니다.

학교교육의 질을 높이고 사회교육의 기회를 확대하여 교직의 권위와 안정을 뒷받침하기 위한 노력을 계속해 나갈 것입니다."

대통령은 끝으로 교육자 여러분은 하나의 씨알이 땅에 묻혀 수많은 결실을 거두게 되는 대자연의 섭리를 되새기면서 겨레의 스승이요 길잡이라는 사명감과 긍지를 가지고 정진해 줄 것을 당부했다.

"친애하는 교육자 여러분!

이 모든 우리의 당면과제를 추진해 나가는 데 있어 교육자 여러분의 책무는 비길 데 없이 크고 무거우며, 여러분의 헌신과 봉사가 있음으로써 겨레의 밝은 내일이 약속될 수 있다는 점을 거듭 강조하는 바입니다.

지난 가을 우리나라에서 열린 국제기능올림픽에서 우리 젊은이들이 많은 선진공업국 선수들과 겨루어 발군의 성적으로 당당 종합 우승의 영예를 차지한 것을 보고, 나는 교육의 위대한 힘을 새삼 절감한 바 있습니다.

자라나는 세대들이 활달한 기상으로 저마다 자질과 능력을 발휘할 수 있게 하고 향상된 국민생활의 기초 위에 더욱 알차고 수준 높은 정신문화를 건설해 나갈 때에 밝고 양양한 나라의 장래는 약속된다고 확신합니다.

하나의 씨알이 땅에 묻혀 수많은 결실을 거두게 되는 대자연의 섭리를 되새기면서 교육자 여러분은 겨레의 스승이자 길잡이라는 숭고한 사명감과 긍지로써 가일층 정진해 줄 것을 당부하는 바입니다.

전국의 교육자 여러분과 수상자 여러분의 그간의 노고를 높이 치하하면서, 여러분의 전도에 조국의 영광과 더불어 무한한 발전이 있기를 기원합니다."

전국민의 과학화운동을 다시 한번 전개하고 과학지식을 전국적으로 보급해야 되겠다

1979년 2월 8일, 과학기술처 연두순시에서 대통령은 먼저 한국과학기술연구소의 지난 10년 업적은 대단히 크며 앞으로의 연구방향은 좋은 착안이라고 평가했다.

"한국과학기술연구소가 계획하고 있는 앞으로의 연구방향은 대단히 좋은 착안이라고 생각합니다. 처음 발족했을 당시에는 다른 연구기관이 신통한 것이 없어서 모든 것을 전부 여기서 했는데 이제 다른 전문연구소와 연구기관이 많이 생겼으니까 그런 데서 할 수 있는 것은 떼어 주고 그런 데서 못하는 것, 좀 더 힘이 드는 것, 보다 더 종합적인 것, 그런 걸 여기서 하는 것이 한국과학기술연구소의 본연의 임무입니다.

그동안에 우리 KIST가 발족해서 지난 10여년 동안에 그 업적이 대단히 컸다고 생각합니다."

대통령은 이어서 전국민의 과학화운동을 다시 한번 대대적으로 전개하고 과학지식을 전국적으로 보급하는 데 노력해야 되겠다는 점을 강조했다.

"전국민의 과학운동은 지난 73년 정월달에 내가 기자회견 때 강조한 걸로 기억하고 있지만 다시 한번 이 운동을 대대적으로 전개하고, 과학지식을 전국적으로 보급하는 데 노력을 해야 하겠습니다. 지금 우리가 과학기술 진흥을 강조하는것은 물론 지금 당장 우리가 추진하고 있는 경제개발, 중화학공업, 수출진흥, 방위산업을 위하여 필요한 것이지만 이제 우리 사회가 80년대가 되면 점차 고도의 산업사회로 옮겨감에 따라서 우리들 일상생활에 있어서 과학하고 떨어져서 살 수 없는 그런 생활환경이 되리라고 봅니다.

심지어 가정주부만 하더라도 집에 들어가면 전기가 들어오고 텔레비전이 있고, 냉장고가 있고, 세탁기가 있고 부엌에 가면 가스가 들어오고 전기밥솥이 있는데 이러한 제품과 가구들을 생활도구로 쓰는 데도 이에 관한 기초적인 과학지식이 필요한 것입니다.

농사짓는 데도 과거는 기계 없이 손이나 소를 사용했지만 이제 농촌에도 농기구나 기계가 보급되니까 이런 것을 움직일 줄도 알아야 하겠고, 고장이 나면 고칠 줄도 알아야 되겠다, 그리하여 국민생활의 모든 분야에서 과학이라는 것이 그만큼 필요하게 되었습니다.

교통부에서도 이야기를 했지만 며칠 전에 버스가 가다가 운전사가 혈압이 높아 졸도하니 옆에 타고 있던 장교가 브레이크를 잡아당겨 차를 세워 수십명의 인명을 구했다고 하는데 그 장교가 사관학교라도 나와서 그런지 그런데 대한 기초지식이 있었길래 인명을 구했다고 생각합니다.

브레이크가 어느 건지, 또 어떤 걸 잡아당겨 차가 서는지 알아서 그렇지 모르면 그것도 못하고 그냥 버스가 들이받아 한 50명이 전부 죽거나 다치거나 하지 않았겠느냐 하는 생각이 드는데 그래서 과학지식의 보급이 절대 필요하다고 봅니다."

대통령은 이어서 과학지식의 보급이나 과학화운동을 위해서 과학기술처에서 추진하는 사업계획에 대해 좋은 착안이라고 평가했다.

초·중·고등학교의 교과서부터 과학화운동을 반영하자는 것은 좋은 착안이라고 생각한다는 것이다.

"그리고 전에도 내가 한 번 이야기한 기억이 나지만 앞으로 과학과 기술이 발달된 나라가 세계를 지배하는 나라가 될 것으로 생각합니다. 과학지식의 보급이나 과학운동에 있어서는 장관 브리핑에서와 같이 여러 사업이 있으나 초·중·고등학교의 교과서부터 이러한 것을 반영하자는 것도 대단히 좋은 착안이라고 생각합니다.

과거의 교과서는 구세대들이 배운 교과서이고 이제부터는 새로운 사회에 들어가기 때문에 지금부터 자라나는 세대는 그런 시대에 살아가야 할 사람들이기 때문에 당연히 그들이 배우는 교과서도 달라져야 된다고 생각합니다.

그리고 TV가 많이 보급되어 우리나라에는 현재 500만 대가 훨씬 넘는다고 봅니다. TV는 여러 가지 교양, 오락, 뉴스 이런 것이 주가 되겠지만 이것도 우리가 전국민의 과학화운동의 한 분야로 잘 활용할 수 있는 방법도 잘 연구하면 좋겠습니다.

너무 시간을 많이 할애할 수 없을는지 모르지만 예를 들면, 저녁의 늦은 시간에 한 몇 분 동안 일상생활에 필요한 과학지식 같은 걸 조금 방영한다든지, 민영방송같은 것은 여러 가지 광고니 등등 어느 정도 협조할는지 모르겠습니다만 KBS 같은 데는 그런걸 어느 정도 방영할 수 있지 않겠는가 생각합니다.

그 외에 라디오, 신문, 잡지도 활용하고 그리고 심지어 반상회 같은 데까지도 그런 일을 하자는 것도 좋은 착안이라고 봅니다.

가정에서 가정주부들이 일상생활에서 간단한 것을 알면 할 수 있는 건데 그런 기술보급이 안 되었다,

그러면 반상회 같은 때 공무원들이나 과학기술자들이 나와서 가정주부들이나 여러 사람들에게 간단한 시범을 보인다든지 가르쳐주면 아무라도 할 수 있습니다. 이런 것이 간단한 과학기술의 보급입니다.

그런 정도까지 모든 우리들 생활영역에 과학기술을 보급, 침투시

키고 이를 생활화해 나가는 과학화운동이 전개되어야 할 것입니다."

우리 국민교육은 건전한 방향으로 지향하고 있으며 앞으로 하나하나 실천하는 문제만 남아 있다

1979년 2월 14일, 문교부 연두순시에서 대통령은 먼저 우리의 국민교육은 건전한 방향으로 지향하고 있으며 앞으로 하나하나 실천하는 문제만 남아 있다고 천명했다.

최근에 우리 교육계에 종사하고 있는 분들과 지식층에 있는 분들이 과거의 우리 교육은 무엇인가 잘못됐다, 주체성과 자주성 있는 교육, 국적 있는 교육을 해야 되겠다는 자각과 반성의 소리가 높아졌다. 우리 교육은 앞으로도 바로잡고 시정할 점이 많이 있지만, 교육자와 일반 국민들이 생각하는 교육의 방향만은 건전하다는 것이다.

"우리나라의 교육에 주체성, 자주성, 국적이 어디 있느냐? 국적 없는 교육이 아니냐 하는 소리가 있었는데 최근에 와서는 우리 교육계에 종사하고 있는 분들이나 지식층에 있는 분들이 과거의 교육은 뭔가 잘못 됐다, 국적 있는 교육을 다시 되찾아야 되겠다는데, 대한 자각과 반성이 대단히 높아졌다고 생각합니다. 우리 교육은 앞으로도 바로잡아나가야 되겠고 시정할 점이 많기는 하지만, 교육에 종사하고 있는 모든 교육자나 일반국민들이 생각하고 있는 방향만은 건전한 방향으로 지향하고 있다. 앞으로 우리가 하나하나 실천하고 노력하는 문제가 남아 있다, 이렇게 생각합니다."

고급두뇌인력에 대한 대학과 대학원 교육도 공업고등학교와 똑같이 혁신해야 한다

1979년 2월 14일, 문교부 연두순시에서 대통령은 기술인력 양성을 위해서 전국의 모든 공업고등학교의 수준을 국내의 최우수 공업고등학교 수준으로 끌어올리는 정부시책의 진도에 관해서 문교부의 실무국장인 산업교육국장에게 구체적인 질문을 하고 답변을 들으면서 앞으로는 고급두뇌인력에 대한 대학과 대학원의 교육도 공업고등학교와 똑같이 혁신하라고 지시했다.

"대통령 : 우리나라 공업고등학교가 전부 한 90여 개가 되는 걸 연차적으로 지금 가장 수준이 높은 학교 수준으로 올리기 위한 운동을 하고 있는데, 정부에서 예산을 가지고 매년 지원해서 이와 같은 수준을 끌어올리는 게 있고, 또 문교부에서 올린 보고서를 봤는데 기업체하고 자매결연을 맺어 여러 가지 지원을 받아 학교를 그 수준으로 향상시킨 그런 학교가 작년에 한 33개 되던데 그건 참 대단히 잘한 겁니다. 전체가 90개 되는데 지금 현재 아직도 덜 된 학교가 몇 개가 되나요? 그 전에 된 게 있고, 또 이런 기업체들과 자매결연을 맺은 게 있고, 아직도 앞으로 해야 할 게 몇 개가 되요? 남아 있는 게?

산업교육국장 : 90개 공고 중에서 5단계 평가 중의 최상단계에 와 있는 것이 18개교입니다. 그리고 금년에 20개교를 만들어서 38개교가 5단계 최상위 단계에 돌입하게 되겠습니다.

저희가 전 공고의 우수공업화 방침에 따라서 하나는 국고와 차관에서 그리고 민간자본, 이런 걸 가지고 시설을 확충하는 것입니다. 그리고 또 하나는 대기업의 참여를 유도하는 것인데, 대기업에서 금년에 2개교를 신설하고 또 다른 학교가 3개가 되어 5개가 금년에 새로이 서서 신년도에는 95개 공고가 되겠습니다. 그리고 신설공고는 신설공고대로 풀어 나가지만 그밖에 현재 있는 것에 자매결연을 맺어 42개 기업체가 33개교를 지원해서 금년에 19억을 지원한 바 있습니다.

대통령 : 작년이지요?

산업교육국장 : 예. 작년입니다. 금년에도 그 액수만큼 한 학교당 약 5천만 원 정도씩 지원이 될 것으로 예상됩니다. 이것은 제대로 추진되고 있습니다. 그리고 기업체들이 26개교를 더 신설하도록 계획되어 있는데 기업들로서는 학교의 입지조건이라든가 입지선정, 재원조달 등에 있어서 상당한 어려움이 도사리고 있어서 그 문제는 추진상황이 현재로서는 미정입니다 저희들로서는 적극 추진하도록 하겠습니다.

대통령 : 새로 신설하는 것도 중요하지만 있는 학교의 수준을 끌어올리는 것이 나는 쉽고 빠르지 않겠나 생각되는데요?

산업교육국장 : 90개 중에서 38개교가 되고 나머지 60여개교가 남게 됩니다. 그 중에서 제일 어려운 것은 사립공고의 재정난, 영세성 그런 것 때문에 사립공고의 우수공고화는 상당한 어려움이 비치고 있습니다. 그래서 앞으로 차관액을 사립공고에 지원해 주기로 하고 운영비 지원에 대해서는 국립과 마찬가지로 지원해 주지 않으면 안 될 단계에 와 있습니다.

대통령 : 금년에도 가급적 기업가들 한테 권장해서 결연을 많이 부쳐 주지요?

산업교육국장 : 예.

대통령 : 그 사람들이야 실력 있는 사람들 같으면 학교 하나 정도 맡으면 충분히 해 나갈 수 있고, 또 그래서 거기서 양성한 사람을 자기 회사에 장차 갖다 쓰면 되는 것이고, 그리고 저 벽지에는 기업가들이 결연 맺는데 그다지 매력을 느끼지 않는 그런 학교들이 있을거예요. 그건 도리없이 국고에서 직접 지원해 주어서 해야지요.

작년에도 이야기했지만 지금 우리나라 공고가 90여 개 되는데 앞으로 더 늘어나는 모양이지만, 1년에 한 5만여 명 나오거든요. 금년에는 6만5천 명 나오지요.

산업교육국장 : 예.

대통령 : 야간까지 합쳐서, 그것이 대략 그 수준이 부산기계공고 또는 구미에 있는 금오공고, 서울에 있는 성동, 대전에 있는 충남, 전북 이리에 있는 전북기계공고라든가, 그런 수준까지 90개교가 올라가면 이건 대단한 힘이라고 생각해요. 그래서 빨리 그 수준까지 끌어 올리자는 것입니다.

국고에서 지원도 하고 기업가한테 협조도 받고 말이지요. 80년대의 고도산업사회에 우리가 적응할 수 있도록 지금부터 그와 같은 기술인력을 우리가 아주 빨리 양성해 내야 되겠는데, 문교부시책에 그런 것이 많이 반영되어 있습니다만, 특히 이것이 제일 시급한 문제라고 생각합니다.

그리고 또 그뿐 아니라 고급두뇌인력에 대한 대학 또는 대학원 교육도 앞으로 똑같이 강력히 밀고 나가서 그러한 수요충족을 뒷받침해 주어야만 우리가 계획하고 있는 고도산업사회인 선진공업국가 수준까지 올라갈 수 있는 우리의 모든 계획이 계획대로 추진되리라고 생각합니다.

어느 시대 어느 사회이든 교육이란 것은 국가사회 발전에 하나의 원동력이 되고 있는 건 다 아는 사실이지만, 우리나라가 지금 급속히 어떤 목표를 세우고 거기에 도달하기 위해 전진하는 과정에 있어서는 이러한 인력, 특히 기술인력의 공급이 따라가지 못하면 모든 계획에 전부 차질을 가지고 오리라고 봅니다.

물론 여기에 나온 것은 학교에서뿐만 아니라 기타 기관에서 또는 기업체들이 자체회사 내에서 양성하는 것, 또 군에서 양성해서 배출하는 것 여러 가지 직업훈련소에서 양성하는 사람이 있겠지만 역시 근간이 되는 것은 학교교육에서 나오는 숫자가 가장 기본이 되지 않겠는가? 이 사람들은 신문에 발표도 하고 표창을 해 주지요?

장관 : 예.

대통령 : 기업가들이 이만큼 모두 적극적으로 국가시책에 노력하고 자기들 기업에서 학교를 하나씩 맡아 가지고 일년에 수천만원씩 뒷받침을 해서 이런 인재 양성에 힘쓴다는 것은 대단히 좋은 일이라고 생각됩니다."

오늘날 대학은 생산과정의 기계화, 조직화, 비인격화 등이 경제적, 정신적 재화의 생산을 지배하는 산업사회의 필요에 대처하게 되었으며, 이를 위해서 대학의 이념과 조직과 제도에 구조적 변혁을 이룩하게 되었다.

그리하여 철학으로서의 학문에 의한 교양에 대신하여 특수 전문 과학의 사회기능적인 연구가 현대 대학의 두드러진 특징이 되었다.

오늘의 산업화사회가 요청하는 이 전문지식의 창출이라는 대학의 새로운 역할에 대한 요청은 대학 내부에서가 아니라 대학 밖에서 정부기구나 대기업에 의해 주도되었다.

대학은 교육과 연구를 통해 직접 경제 과정상의 여러 기능과 연관을 맺어야 하고 산업 사회의 요구를 충족시키기 위해 응용 가능한 지식을 전달하는 데 그치지 않고 이를 생산하여야 하며 행정부와 기업 등의 정책과 관련하여 자문을 제공해야 한다는 것이다.

오늘날 모든 산업사회에서는 고등교육에 대한 요구가 증가하고 있는데 이것은 학문연구나 교육상의 요구가 아니라 그것과는 다른 사회적 필요성과 사회적 가치에 바탕을 두고 있다.

즉, 그 요구는 대학이 학생집단의 구성에 있어서 사회의 필요를 반영해야 한다는 것이며, 한 걸음 더 나아가서 오늘의 사회가 아닌 내일에 바람직한 사회의 필요를 반영해야 한다는 것이다.

지난날의 대학은 사회에서 초연한 상아탑으로써, 사회와 무관한 지혜의 저장고였고, 단기간으로는 기성사회 '엘리트'의 공급원이었으나, 오늘의 산업사회에 있어서 대학은 다방면의 주요한 '두뇌집단'이고 장기간 지속적인 사회개혁의 원천이 돼야 한다는 것이다.

국가가 대학에 바라는 것은 산업사회의 발전을 위한 교육의 유용성이다.

대학은 이제 순수한 학문을 그 목적으로 추구하는 자주적인 단체가 아니라 국가와 사회에 대한 유용성을 최고의 목적으로 하는 지식의 전수소가 돼야 한다는 것이다. 이러한 새로운 목적지향적 교육관에 따라 대학 본래의 교육이념은 후퇴하고 정부와 기업에 의한 대학의 지원과 관리의 시대가 열렸다.

특정한 목적이나 분야의 연구나 수업을 위한 장학금과 연구비가 정부와 기업들에 의해 대학에 지출되었다. 이러한 자금은 산업이 필요로 하는 전문 분야의 발전과 전문인력의 양성을 위해 사용되었다.

이러한 자금지원을 통해 정부와 기업은 대학교육을 정부와 기업의 필요에 적응시켰다.

대학에 있어서의 개개의 학문 분야가 직접 정부와 기업의 지원을 받고, 전문 분야는 산업사회의 필요에 부응하면서 성장할 뿐아니라 그에 관계하는 사람들은 계약 상대인 정부기관이나 기업의 목표를 달성하는 데 크게 기여하게 되었다.

그 결과 대학의 자주성은 상실되었고 순수학문이 시들어 가게 되었다고 개탄하는 소리도 없지 않았다.

그러나 사회의 전문화 경향이 더욱 강화되고 확대됨에 따라 대학의 새로운 기능도 더욱 강화되고 있는 것이 세계적인 추세인 상황에서 그러한 비판은 큰 호응을 얻지 못하고 있다.

1967년 이스라엘의 벤구리온은 네게브사막 스데 보케르 지역 근처에 이 지역의 사막개발을 위해 한 대학촌을 건설하기 시작했다.

이 대학촌은 만 명의 학생과 이에 알맞은 학부교수를 위해 설계되었으며, 자연과학과 기술지식을 통해 훈련된 이스라엘 청년들을 사막개발에 활용하기 위해 구상된 것이었다.

따라서 이 대학촌의 제2차적인 목적은 장래의 사막산업에 필요한 요원을 양성하는 데 있었다. 그리고 이 사막산업은 과학지식을 많이 필요로 하지만 원자재는 거의 필요로 하지 않는 산업이 고려되고 있었다. 즉 이 지역의 산업생산은 최첨단기술에 의해 주도 되도록 한다는 것이었다.

이것은 이스라엘이 대학을 사막지역산업화를 위한 전진기지로 생각하고 있으며 사막에 산업을 일으키는 데 있어서 대학이 그 도구로서 봉사하도록 한다는 것을 뜻하는 것이었다.

이스라엘의 이러한 실례는 현대산업사회에 있어서 대학의 기능과 역할이 어떤 것인가를 잘 설명해 주고 있다.

그 후 이 대학촌은 첨단과학기술의 개발에 있어서 눈부신 발전을 이룩함으로써 이스라엘이 이 분야에서는 선진공업국가들조차 부러워할 정도로 독보적이고 선도적인 국가로 성장하는 데 결정적인 공헌을 하고 있는 것으로 인식되고 있다.

1960년 초 제1차 경제개발 5개년계획을 추진할 당시에 우리나라의 과학기술은 선진국의 과학기술 수준에 비해 형편없이 낙후되어 있었다. 그러나 수출지향 공업화를 통해 우리 경제가 지속적으로 고도성장을 거듭하는 과정에서 우리 기업의 투자활동이 활발했고 그 과정에서 신기계장비 등의 자본재가 미국과 일본 등 선진국으로부터 많이 도입되었으며, 이에 따라 신기술의 도입과 기술혁신도 활발했다.

특히 정부가 기업의 수출용 신기계설비 등의 도입을 적극 장려하는 정책을 펴 왔으므로 신기술 도입은 크게 촉진되어 왔다. 우리나라의 수출지향 공업화를 촉진시켜 온 주요 산업인 합성섬유, 전자, 전기, 철강, 석유화학, 조선 산업은 모두 선진공업국가들로부터 표준화된 기술을 도입하였고, 이러한 기술이 효과적으로 흡수되고, 정착되어 나갔다. 이 과정에서 우리나라의 과학기술은 20년도 안 되는 짧은 기간동안에 크게 발전한 것이다. 특히 과학기술교육에 일대 개혁을 단행하여 고급기술인력을 집중적으로 육성하고 기술도입과 기술개발을 더욱 강화하여 중화학공업을 본격적으로 추진하기 시작한 1975년 이후에 우리의 과학기술은 급속히 발전했다. 이러한 토대 위에서 80년대와 90년대에 우리의 연구기관들은 새로운 산업의 주력이 되고 있는 반도체, 컴퓨터, 통신 등 정보기술, 신소재기술, 생명공학 등 첨단기술 분야를 중심으로 연구개발에 주력하여 메모리용 반도체(D-RAM)와 같은 첨단기술제품을 개발했다. 그리하여 우리의 과학기술은 기술의 모방단계에서 창조단계로 진입했고 세계 최초의 제품개발이나 새로운 산업을 일으키는 데 선도적 역할을 했다.

　이러한 과학기술의 발전은 우리 경제의 국제경쟁력을 강화시켜 경제성장을 지속시킴으로써 우리나라를 낙후된 농업국에서 신흥공업국가로 탈바꿈시킨 원동력이 되었다.

공직사회의 기강과 윤리를 바로 세운
부정부패 척결

제1장 공무원들은 부정부패 근절하고, 무사안일주의 배격해야 한다

서정쇄신(庶政刷新) 구상

대통령은 국정의 성패는 공무원의 자세에 달려 있다고 생각했다. 대통령은 자유당 정권 때나 민주당 정권 때 국정이 문란해지고 나라가 위태롭게 된 것은 엽관제도로 인해 무능한 공무원들이 일은 하지 않고 정치인들과 결탁하여 부패를 일삼고 개인적인 치부를 하는 데 급급했던 것이 그 원인의 하나였다고 보고 있었다.

정부수립 후 우리나라의 행정관료들은 그 당시로서는 특권층에 속했으나 그 질적 수준은 그렇게 높지 않았다.

해방 후 정치적 혼란기에 정실인사가 횡행하여 자격도 없고, 능력도 없는 사람들이 관직을 차지하고 파렴치한 행위를 자행하여 사복을 채우는 악습에 젖어 있었다. 1961년 대통령이 5·16 군사혁명의 가장 중요한 원인의 하나로 지목할 정도로 우리의 공직사회에는 부정부패가 만연되어 있었고 부정부패 척결은 혁명정부의 6대 공약의 하나였다.

대통령은 5·16 혁명 직후 부정부패의 탁류에 휩쓸려 무사와 안일과 향락에 안주하던 공무원들은 그 직위의 고하를 막론하고 모두 도태시켰으며, 그 혼탁한 탁류 속에서도 굳굳하게 공직의 사명을 다하고 있는 청렴하고 유능한 공무원들을 고무, 격려하여 공직사회를 정화하는 데 각별한 노력을 했다. 그리고 직업공무원제도와 국가고

시제도를 확립하여 공무원의 채용에 정치인의 영향을 배제하고 능력과 실력의 평가를 통해서 참신하고 유능한 인재들을 행정부에 등용했다. 그리하여 국내외에서 고등교육과 훈련을 받은 엘리트들이 공직사회의 주류를 형성하기 시작했다.

정부는 이들 공직자 개개인에 대한 대책에서부터 인사정책과 교육훈련 등의 제도를 개혁하고 그들의 신분보장과 처우개선을 위해 중점적인 노력을 기울였다. 그리하여 해방 직후부터 60년대 초반에 이르는 절대빈곤의 시대에 개인의 축재가 아니라 가족의 생계를 위해 불가피하게 저질렀던 부정행위는 크게 감소했다. 그러나 1960년대 후반에 우리 경제가 고도성장을 지속하면서 우리 사회에 배금사상과 황금만능주의 풍조가 일어나기 시작했고 공직사회에도 새로운 유형의 부정부패행위가 나타났다. 즉 공무원들이 생계가 아니라 사리의 추구를 위해 그 지위와 권한을 남용하는 부정과 부패행위가 그 모습을 드러낸 것이다.

대통령은 우리나라와 같은 개발도상국가에 있어서 이러한 유형의 부정부패는 산업화와 깊은 상관관계가 있다고 보고 있었다.

산업화는 정부기구의 확대를 수반하며 정부의 이름으로 결정을 내리는 관료들을 증대시켰다. 즉 국민이 복종해야 할 사람들의 수가 증대되었다. 옛날의 농경사회에서는 정부는 먼 곳에 있었기 때문에 사람들은 정부와의 접촉이 거의 없었다. 사람들은 정부의 간섭이나 지원 없이 거의 모든 일을 스스로 꾸려 나갔다.

그러나 현대의 산업사회에 있어서 국민들은 생활의 대부분을 정부에 의존한다. 산업사회에 있어서 사회생활은 행정 없이는 생각할 수 없을 정도로 행정부에 대한 의존성이 높아졌다.

현대산업사회의 복잡한 사회적 문제들이 행정부의 개입 없이는 그 해결이 불가능하게 되자 행정부의 권한과 역할이 비약적으로 증대되고 강화되었다. 급격한 산업화가 진척될수록 매년 상당한 양의 법규들이 제정되었고, 그것들은 전에는 완전히 자유로웠던 국민의 행동에 규제를 가하며 전에는 하지 않아도 되었던 행동들을 의무적으로 하도록 강요했다. 그리고 해마다 더 무거워진 공적 부담도 국민의 자유를 제한하며 그가 선택한대로 쓸 수 있는 그의 소득의 양을 감소시키고 그의 소득에서 공공기관의 공공목적을 위해 쓰이는 몫이 증가되었다.

이러한 법률의 증가는 그 법을 적용하는 관리들의 수와 권력과 영향력을 증가시켰고, 사소한 행위도 복잡한 절차와 수속을 받도록 함으로써 국민이 자유롭게 활동할 수 있는 영역을 제한하는 결과를 가져왔다.

그리하여 산업화에 수반되는 각종 행정규제와 법률의 증가는 공직사회의 부정부패를 조장하고 증대시키는 중요한 요인이 되었다.

부정과 부패의 가능성이 실제로 현실화되는 범위와 그 빈도는 법률을 어김으로써 얻는 이득이 어느 정도가 되느냐에 따라 크게 좌우되었다. 상업, 관세, 조세에 영향을 주는 법률이나 도박, 매춘, 음주 등과 같이 많은 이윤을 가져다 주는 행위들을 규제하는 법률은 부패행위를 유인하는 주요 법률이 되었다. 결국 부패를 엄격히 규제하려는 법률이 오히려 부패의 기회를 증대시키는 역설적인 사태가 발생했다.

이러한 잡다한 법류의 범람과 행정적 수속 절차의 까다로운 복잡성을 이용하여 공무원들은 업자들을 '봐주고' 그 대가를 요구할 수 있는 기회를 많이 갖게 되어 부패에 물들었다.

부패는 또한 정부의 특정한 정책결정과 관련하여 발생했다. 예컨대 정부가 거대한 비료공장을 설립하려고 할 때, 이 목표를 달성하기 위해 정부는 기업들에게 특정의 자격요건을 요구할 수 있는데 만약에 관련 공무원이 그 요건을 엄격하게 심사하지 않고 뇌물을 요구할 경우 많은 뇌물을 제공할 수 있는 능력을 가지고 있는 기업이 유리하며 이 경우 부패는 경쟁하는 여러 신청인 중에서 최종결정에 이르게 하는 수단이 되었다.

부패가 만약에 상납의 형태를 취하는 것이라면 그것은 공공목적에 소요되는 재원이 공공목적에서 개인적인 목적에로 전환되는 것을 의미했다. 예를 들어 어떤 한 관리가 계약을 체결케 해 준 대가로 계약고의 10%를 상납 받는 조건으로 일정액의 계약을 하도록 해 주었다고 하면 할당된 금액의 90%는 공공목적에 쓰여지고 10%는 그 관리의 개인적인 이득이 되고 만다.

부패는 또한 행정집행과 관련하여 발생했다. 개인적인 이익을 얻기 위해 공무원들이 그 직위를 이용하는 수법은 계획의 집행을 '지연'시키는 것이다. 공무원들은 빈번히 지연술책을 고의적으로 사용하고 있었다. 행정관청에서의 절차와 집행은 일반적으로 복잡하고 느리다. 그러나 기업이나 업자에게 중요한 것은 계획의 신속한 집행이다. 계획집행의 지연은 기업이나 업자에게 금전적으로나 인력의 측면에서 많은 비용을 부담하게 만든다. 그래서 결정이 지연되는 것을 피하기 위해서 이른바 '급행료'라는 부정한 습관이 조장되었다.

'급행료'는 특히 면허나 허가 같은 일에 관계되는 부문에서는 아주 흔한 부패행위였다. 일반적으로 이러한 경우에 뇌물을 주는 사람은 어떤 불법적인 일이 행해지기를 원하는 것이 아니라 결정에 관계되는 서류철의 이동절차나 행정의 신속화를 원할 뿐이었다.

하나의 결재가 나고 그러한 결재가 났다는 사실이 관계직원에게 전달된 뒤에도 그 불운한 신청자가 해당직원에게 적당한 보수를 지불할 때까지는 그 결재서류는 발송되지 않고 서랍에 남아 있다. 이 급행료의 습관은 가장 부당한 부패행위일 뿐만 아니라 사무의 지연과 비능률의 가장 심각한 원인이 되고 계획의 집행과정을 저해했다.

한편 정부규제의 확대로 생긴 부패는 경제발전을 촉진시키는 데에 도움이 된다는 주장도 있었다. 부패는 경제발전을 저해하는 전통적인 법규나 관료적 규제에서 벗어나게 하는 하나의 방법일 수도 있다는 것이다. 예컨대 1870년대와 1880년대의 미국의 경우, 철도, 전기, 수도 등의 공익사업 내지는 각종 제조업체들이 주 의회나 시 의회를 매수함으로써 미국 경제성장에 박차를 가하게 되었다는 것이다. 또 인도의 경우 위너(M. Weiner)는 "만약에 뇌물이 복잡하고도 경직화된 행정체제를 유연하게 만드는 데에 기여하지 못하였더라면 많은 경제활동은 마비되었을 것이다"라고 논평한 바 있다.

1955년 수도 브라질리아를 건설하는 등 브라질 근대화에 앞장서던 쿠비세크(Kubischek) 대통령 시대에 브라질의 높은 경제성장률은 높은 의회 부패율과 맞먹는 것이었다는 것이다. 그것은 산업화에 나선 기업인들이 보수적인 지방의회 의원들을 매수하여, 그들로부터 보호와 협조를 얻었기 때문이었다는 것이다.

이집트와 같은 나라의 경우에 있어서는 부패를 없애려는 정부의 노력이 도리어 경제발전에 새로운 장애요인을 발생시키는 결과를 가져왔다는 주장도 있었다.

그래서 일부 학자는 개발도상국가에 있어서 이러한 부패는 경제개발을 촉진시키는 '윤활유' 구실을 하기도 하는 긍정적인 측면도 있다고 말하고 있다.

그러나 대통령은 이러한 생각은 뇌물이 거둔 단기적 성과만을 고려한 것이고 뇌물이 가져올 장기적 폐해를 경시한 것이라고 보고 있었다. 뇌물의 단기적 성과만 보고 뇌물 등 부패행위를 방치한다면 부정부패가 확대 재생산됨으로써 국가와 사회는 종국에 가서는 파탄을 면할 수 없게 된다는 것이다.

부정부패는 전염되고 유행되기 쉬우며, 하위직 공직자는 고위직 공직자의 소행을 모방하는 경향이 강하다.

한 공무원의 부패는 다른 공무원들에게 영향을 미쳐 부패하게 만든다. 부패는 부패를 낳고 높은 수준의 정직성을 견지해 나가는 데 필요한 용기를 질식시킨다. 자신만이 정직성의 수호자가 되어야 하는 이유가 무엇인가라고 자문함으로써 정직성은 소멸한다.

관료적 위계질서에 있어서 하급 직위에 있는 관리는 상급 직위에 있는 관리보다 부패하기가 더 용이하며 지방자치단체의 관리들은 중앙정부의 관리보다 더욱 부패하기가 쉽다.

하위직 공무원들은 먹고 살기 위해서 그들이 얻을 수 있는 것은 모두 획득하려는 사람들이다. 그들은 그 시대의 역사를 만들어 가는 공직자라는 사명감을 전혀 갖지 못한 사람들이다. 그들은 부패할 수 있는 많은 기회를 활용함으로써 자신들의 경제적, 사회적 입장의 무력함에 대해 보상받고 위안을 얻는다.

개발도상국가들의 경제개발은 정부 차원의 행동에 전적으로 의존하고 있다. 그들의 발전 전망은 대체로 개발 계획에 의해 수립된 목표가 달성되느냐에 좌우되고 있으며 이를 위해서는 모든 공직자들이 일치단결해서 고된 작업을 해 나갈 것이 요구되고 있다. 만약 최상층의 정부요인들이 부패한 수단에 의해서 치부하려고 시간과 정력을 낭비한다면 개발 계획이 완수될 가능성은 없는 것이다.

고위 정부요인들의 부정부패가 소상히 알려진다면 정부 내의 부하들이나 정치적 추종자들 모두가 그들의 권위를 인정치 않을 것이고 그들의 지도력은 실추될 것이다. 그렇게 되면 경제개발의 결과 얻어질 수 있는 이익이 무엇이건 간에 국가는 개발 계획을 성공적으로 추진할 수 없게 된다.

공직자들이 부정하고 부패하여 그들 자신의 개인적인 축재를 일삼거나 또는 친인척이나 특정집단의 이익만을 위해 국가권력을 남용하면 정부는 국민들로부터 그 정당성을 인정받을 수 없게 되고 국민의 신뢰를 상실하게 된다.

오늘날 부패가 매우 흔치 않은 영국, 네덜란드 및 스칸디나비아 제국은 불과 100년 전 이른바 자유주의 시대까지만 해도 부패가 온통 만연되어 있었다. 그러나 그 자유주의 시대에 고도의 개인적인 청렴에 바탕을 둔 정치와 행정체계를 갖춘 강력한 국가가 출현하여 종래의 불법적인 뇌물을 합법적인 보수로 변형시킴으로써 하급 공무원들의 봉급을 개선하고 특히 고급 공무원들의 도덕관을 강화함으로써 부패를 척결했다.

개발도상국가들은 이들 서구국가들이 100여년 전에 성취한 개혁을 모방해야 한다는 주장이 있다. 그러나 100년 전의 서구국가들이 처했던 상황과 오늘의 개발도상국가가 처한 상황에는 근본적인 차이점이 있다. 영국, 네덜란드, 스칸디나비아 제국의 경우 정치와 행정상의 청렴결백은 경제에 대한 정부개입이 거의 없었기 때문에 공직자들의 부패의 기회와 가능성이 적은 시기였으므로 쉽게 성취될 수 있었다.

그러나 개발도상국가에 있어서는 경제에 대한 정부개입과 자유재량적인 통제와 규제가 증가하고 있으며 그 때문에 공직자들이 부패할 수 있는 기회와 유혹이 많은 상황이 전개되고 있음으로 정치와 행정에 있어서 청렴결백과 멸사봉공의 전통을 확립하는 것은 쉬운 일이 아니었다.

특히 우리나라는 과거부터 이어져 온 부정부패의 폐습이 누적되어 있고, 그 뿌리가 깊게 박혀 있어서 그것을 단기간 내에 척결한다는 것은 거의 불가능한 일이었다.

5·16 혁명 후 부정부패행위자들을 혁명적 방법으로 척결했으나,

그 효과는 일시적인 것이었다.

그래서 대통령은 공직사회의 부정부패를 척결하기 위해서는 지속적인 노력을 경주해야 한다고 생각했다. 부정부패를 척결하기 위한 노력이 하루아침에 큰 성과를 거두지 못했다고 해서 실망해서는 안된다. 그것은 시간을 필요로 한다.

공직사회의 부패구조를 혁파하는 데에도 시간이 필요하고, 공직자들의 정신혁명을 이룩하는 데도 시간이 필요하다는 것이다.

대통령은 공직사회의 부정부패 근절을 국정의 근본이라고 생각했다. 대통령은 공직사회의 부정부패를 척결하여 그 기강을 바로잡기 위해 신상필벌과 연대책임의 원칙을 엄격하게 시행했다.

형법이나 그 밖의 법률과 행정절차를 강화하여 부패 공무원들을 신속하고 철저하게 처벌했다.

그렇게 함으로써 부정부패행위를 자행한 공직자가 처벌받지 않을 때 부정부패가 전염되고 확산되는 것을 차단했다.

그리고 공직자로서의 긍지와 사명감을 가지고 맡은 바 직분에 충실한 청렴하고 유능한 공직자들에 대해서는 그 신분을 보장하고 훈장과 포상을 통해 격려함으로써 건전하고 생산적인 공직사회의 분위기를 확산시켜 나가도록 했다.

대통령은 또한 정부의 고위층에 있는 사람들이 높은 수준의 청렴성을 솔선수범하지 않는다면 부정부패와의 전쟁은 그 실효를 거둘 수 없다고 보고 고위공직자들은 청렴, 정직, 공정의 정신과 자세를 견지하고 이를 솔선수범해야 한다는 것을 강조했다.

웃물이 맑으면 아랫물이 맑고 웃물이 흐리면 아랫물이 흐리지 않는가. 고위공직자들은 이(利)를 보면 의를 생각하고, 사(私)보다 공(公)을 앞세워야 한다. 공명정대를 행동의 신조로 삼고 국리민복을 위해서 헌신하려는 정신을 가져야 하다. 이런 사람들이 나라의 요로에 앉아서 국정을 운영할 때 비로소 부패 없는 강건한 국가가 건설될 수 있다는 것이다.

대통령은 또한 부정부패 문제를 해결하기 위해서는 그것이 발생하고 있는 차원에서 문제점을 올바로 파악하여 그 대책을 마련해야 한다고 생각했다.

부정부패는 그것이 어느 차원에서 발생하였느냐에 따라 문제의 규모와 성격이 다르므로 이 문제를 해결하는 대책도 달라야 한다는 것이다.

따라서 시대와 발전단계 또 문제가 발생하는 차원에 따라서 그 해결책은 달라질 수 있으며 결코 어떤 보편적인 하나의 해결책이 있는것이 아니라는 것이다.

만일 부정부패가 국가의 발전단계와 관련이 있는 것이라면 이 문제는 발전단계를 상승시켜 줌으로써 해소될 수 있는 것이다.

다시 말해서 생계유지를 위해 부정을 하게 되는 빈곤 속에서는 부정부패 문제해결이 어려운 일이므로 경제발전을 이룩하여 생활안정을 보장하는 것이 최선책일 것이다.

부정부패가 어느 한 직종의 공무원 집단에만 있을 때는 그것은 오직 그 집단의 특성과 관련되어 있으므로 그 집단의 문제로 국한된다. 그러나 부정부패가 공무원사회 전반에 걸쳐 만연되었을 경우 그것은 행정부의 문제가 된다.

만일 부정부패가 민간인의 협력과 개입으로 이루어졌을 경우 그것은 공무원과 민간인이 공동책임을 져야 할 사회적인 문제가 된다.

따라서 부정부패에 대한 해결책은 개인적 차원의 문제는 개인적 차원에서, 사회적 차원의 문제는 사회적 차원에서 강구되어야 한다는 것이다.

사회적인 문제를 몇몇 개인의 문제로 호도해도 안 될 것이며, 개인의 문제를 국가의 문제로 과장해서도 아니 될 것이다. 만일 부정부패라는 것이 그 사회에 만연된 문제라면 그것은 개인적인 차원에서 한 개인이 아무리 노력해도 쉽게 극복될 수 없다. 모든 이웃이 부정을 용납하고 그것에 물들어 있다고 할 때에 그러한 환경은 쉽사리 개선될 수 없다. 정부나 국가도 이러한 문제가 사회적 문제라면 국민 개개인을 상대로 설득함으로써 그 문제의 해결을 시도할 것이 아니라 사회적 차원에서 분석하고 해결책을 마련해야 한다.

사회 전반의 문제를 공직사회만의 문제로 축소 해석해서 그 치유책을 강구하였다고 해서 문제가 해소되는 것은 아니기 때문이다.

대통령은 우리나라의 부정부패 문제는 정치인·공직자와 국민들도 관련되어 있는 사회문제로 파악하고 이를 척결하는 데 있어서 일반 국민들의 협조를 강조했다.

즉, 모든 국민들은 사치와 낭비를 배격하고 근면, 검소, 저축의 건전한 사회기풍을 간직하고, 특히 사회의 지도층 인사들이 이를 솔선수범해야 한다는 것이다.

또한 모든 국민들은 각자의 책임을 충실히 이행할 줄 아는 사회기강과 근대시민의 사회윤리를 확립하는 데 각별한 관심과 노력을 기울여야 한다는 것이다.

이러한 여러 가지 노력의 결과 공직사회에는 규율이 엄정해지고 부정부패가 감소되고 행정의 능률이 향상되었다.

그러나 대통령은 여기에 만족하지 않았다. 1970년대에 대통령은 서정쇄신 작업을 국가안보차원에서 강력히 추진했다.

서정쇄신 작업이 부정과 요령과 편법으로 부를 축재한 공무원들을 지위고하를 막론하고 공직사회에서 완전히 추방하여 공직사회의 기강을 확립하고, 다른 한편으로는 사회 전반에 번지고 있는 사치나 낭비와 퇴폐풍조 등 사회 부조리를 근절시키고 근검, 절약하고 상부상조하는 청신한 사회기풍을 진작시키는 데 그 목적을 두고 있었다.

서정쇄신 작업에 공직사회의 부정부패를 척결하는 데 필요하다는 것을 인정하면서도 부작용을 우려하는 의견도 없지 않았다. 즉, 서정쇄신 작업을 너무 강력하게 추진하게 되면 공무원들이 일을 적극적으로 하려는 의욕을 잃고 무사안일에 흘러 근대화작업과 부국강병의 과업을 추진하는 데 차질을 가져오게 된다는 것이다.

그러나 대통령은 그러한 부작용이 두려워 서정쇄신 작업을 미루거나 미온적으로 추진한다면 공무원의 부정부패를 막을 수 없게 되며 그로 인한 피해는 부작용과는 비교가 안 되는 것이라고 말하고 서정쇄신 작업을 강력하고 꾸준하게 밀고 나가야 하며 그렇게 하면 의욕상실이나 무사안일 같은 부작용도 시정될 수 있다는 점을 강조했다.

친족 횡포나 족벌 전횡은 망국의 근원이다

논어에는 "그 몸이 올바르면 명령함이 없어도 이루어지고 그 몸이 올바르지 못하면 명령을 해도 따르지 않는다"는 말이 있다. 지도자가 그 신변이 깨끗하고 바르면 새삼스럽게 명령하지 않아도 모든 것이 그가 뜻하는 대로 이루어지고 반대로 그 신변이 바르지 못하면 아무리 명령을 해도 아무도 따르지 않는다는 뜻이다. 플루타르크는 "카이사르의 아내는 일체의 혐의를 받아서는 안 된다"고 말함으로써 지도자 자신뿐만 아니라 지도자의 아내도 국민으로부터 의심을 받거나 의혹을 살 만한 소문을 두려워할 만큼 깨끗해야 함을 강조하였다.

지도자와 그 가족과 친지들의 청렴결백은 동서고금을 막론하고 지도자가 지녀야 할 가장 기본적인 신조인 것이다. 지도자와 그 부인과 그 가족들이 남달리 깨끗하고 검소하고 소박한 생활을 했다는 것은 그의 통치기간 동안이나 그의 사후에 있어서도 변함 없이 높이 평가되고 있다.

우리나라의 역대 대통령 중에서 그러한 지도자는 이승만 대통령 내외분과 박정희 대통령 내외분인 것으로 널리 공인되고 있다.

80년대 이후 이 나라의 대통령이 된 사람들은 거의 모두가 본인 자신이나 또는 그 가족들이 부정부패에 연루되어 형무소를 드나들었다.

대통령은 평생 검소한 생활을 유지했고, 허례허식과 부정부패를 혐오하면서 청렴한 생활신조를 지켰다.

대통령은 스스로 청렴결백할 뿐만 아니라 친인척들이 정사에 간여하거나 부정한 일에 개입하는 일이 없도록 집안 단속을 철저히 하였다. 대통령 민정비서실에서 하는 일 중의 하나는 바로 대통령의 친인척들을 '감시'하는 것이었다고 해도 과언이 아닐 정도로 친인척들의 생활을 주기적으로 점검하는 일이었다.

동서고금의 역사에 밝은 대통령은 친족의 횡포나 족벌의 전횡은 망국의 근원이라는 것을 누구보다도 잘 알고 있었기 때문에 이 문제에 대해서는 공무원의 부정부패 척결보다 더 엄하게 다루었다.

5·16 혁명 직후 대통령의 고향 상모리에서 농사를 짓고 있던 큰형님인 동희 씨가 최고회의 의장 공관을 찾아와 국가의 통치자가 된 동생에게 부탁을 했다. 고향 사람들이 자기 더러 이제는 나라를 위해 여러 가지 일을 해야 한다고 하면서 이런저런 사업을 몇 가지 해보라고 권유하고 있으니 좀 도와 줄 수 있겠느냐 하는 것이었다.

대통령이 사람을 시켜 알아봤더니 고향 사람들이 동희 씨를 부추겨서 이권사업을 하려고 했다는 것이다. 대통령은 큰형님 기분이 상하지 않게 그 일은 자기가 알아서 처리할테니 형님은 고향에 내려가서 농사일을 계속하시라고 말씀드렸다. 대통령은 형님이 내려가

자마자 고향 경찰에 지시해 형님댁 앞에 보초를 세우고 출입자를 일일이 보고하도록 했다. 그 후 동희 씨는 농사에 전념했고 이권청탁자들은 발길을 끊었다.

대통령은 분수를 넘는 행동을 하는 친인척에 대해서는 누구든지 추상같이 다스렸을 뿐 아니라 생계가 궁핍한 친인척에 대한 생활비 보조에 있어서도 엄격했다.

대통령은 친족 중 생활이 어려운 세 분에게 매월 생활비를 보태 주었다. 남편과 사별한 큰형수 송임순 여사, 셋째 형수 조기분 여사 그리고 막내누님 박재희 여사 댁이었다.

매월 생활비 보조가 30만 원. 내가 대통령이라고 친척이 흥청망청 지내면 안 돼. 30만 원이면 충분해. 그거 이상 쓰면 낭비하는 거야. 낭비하는 것까지 내가 대줄 수는 없다는 것이다.

1973년 어느 봄날 아침 KBS 라디오 뉴스에서 연희동에서 통금위반차량이 사람을 치어 죽였는데 가해자가 권력층 인사라 경찰이 제대로 수사를 못하고 있다는 이야기가 흘러나왔다. 이 뉴스를 듣고 있던 육영수 여사가 서대문 경찰서장에게 알아보았더니 가해자는 대통령 조카라고 하면서 아주 난처해하였다. 아침 식사를 하면서 육 여사가 이 사실을 알리자 대통령은 시경국장에게 전화를 걸어 이렇게 지시했다.

"이 사람아, 사람을 치어 죽였으면 잡아 넣어야지 대통령 조카라고 봐주면 어떡해. 당장 잡아넣어. 그 녀석은 사람좀 만들어야 돼."

대통령이 군인시절 장군으로 승진하자 고향 친구들이 찾아와 최전방에서 고생하고 있는 사병 아들을 후방이나 편한 자리로 옮겨달라는 부탁을 했다. 그러나 대통령은 일언지하에 거절하고 그러면 안된다고 충고까지 했다. 고향 친구들은 야속하고 원망스러웠으나 식사 때 된장찌개에 콩나물을 먹는 박 장군의 검소한 생활을 직접 보고서는 아무말도 못하고 발길을 돌렸다.

1957년 6군단 부군단장 시절 대통령은 전방에 설치할 철조망을 빼내 동대문 시장에 팔아 먹으려던 방첩부대원을 붙잡은 산하부대의 중대장에게 '잘했다'고 격려했다.

"그런 도둑놈들은 모두 다 잡아 넣어야 돼. 장개석 군대가 왜 망했는 줄 아나. 총 나누어 주면 모택동의 공산군에게 팔아먹은 도둑놈들 때문이야. 썩은 군을 바로잡지 못하면 나라를 바로잡지 못해"라고 말했다.

공무원과 정치인은 그 정신자세를 혁신해야 한다

1964년 제3공화국의 초기에 대통령은 조국의 근대화라는 장기적인 국가적 과제를 해결하고, 물가고와 민생고 등 경제난이라는 시급한 당면과제를 해결하는 데 필요한 수단을 활용하는 데 있어서 과감한 결단력을 요청받고 있었다.

대통령이 장단기 국가적 과제를 해결하기 위해서 활용할 수 있는 수단은 행정을 비롯하여 법률, 교육, 외교, 정당, 군사력, 정보기구, 과학기술, 보도기관 등 다양하며 이것들은 바로 대통령이 그의 지도력을 발휘해야 할 영역이기도 하다.

이러한 영역 중에서 국정운영에 가장 직접적이고 결정적인 영향을 미치고 있는 것은 행정관료다. 관료제도는 어느 나라에 있어서나 한번 확립되면 쉽게 변화하지 않는 조직상의 특성을 갖고 있다. 그리고 관료기구는 제한적인 시각과 전망을 가지고 있는 조직이다. 따라서 새롭고 포괄적인 시각과 전망을 가지고 근대화작업을 추진하고 있는 대통령으로서는 행정관료 조직이 이 작업을 효율적으로 추진하는 데 유용하고 생산적인 도구가 되도록 행정기구를 신설, 또는 개편하고, 행정공무원들의 사고방식과 자세를 쇄신

할 필요가 있었다.

대통령은 이미 혁명정부 때에 경제기획원을 신설하고 각 행정부처에 기획관리실제도를 두어 경제개발을 선도할 행정체제를 정비했고, 중앙공무원훈련원에서 공무원의 교육과 훈련을 실시하고 있었으며, 유능한 인재를 공무원으로 특채하여 관료조직의 신진대사도 추진해 왔다.

특히, 관기쇄신을 위해서 신상필벌의 원칙을 확립하여 낡은 관록이나 내세우며, 무사안일과 기회주의, 부정부패 등 과거의 악습에서 벗어나지 못하는 공무원에 대해서는 가차 없이 도태시켰다.

대통령은 새해 벽두에 공무원들과 집권당 소속 정치인들에게 경제난국 타개를 위해 내핍하는 생활기풍을 진작시켜 나가는 데 솔선수범해 줄 것을 당부했다.

1964년 1월 1일, 대통령은 신년사에서 시급한 당면과제의 해결을 위한 정부의 새로운 자세와 결의를 표명했다.

즉 여야협조의 새로운 정치기풍 속에 '능률 있는 정치'를 구현하여 정국안정을 이룩하고, 제반결정을 신속히 시행할 수 있는 행정의 능률을 확보해 나가야 되겠고, 경제의 안정과 발전을 위해 경제개발 5개년계획을 무리 없이 추진하며, 물가고에 시달리는 국민들의 고통을 덜어 주기 위해 새 정부는 불철주야 최선을 다하겠다는 것이다.

"혁명의 고된 시련을 겪고 민족이양으로 매듭을 지은 다난하였던 해 계묘년을 보내고, 우리들 앞날에 새로운 희망과 광명을 안겨다 줄 갑진년의 새 아침을 맞이하게 된 것을 국민 여러분과 더불어 충심으로 경하해 마지않습니다. 돌이켜보건대 지난 해는 혁명이 이룩하려고 하였던 많은 과업이 뜻하지 않은 겹친 천재와 정치적 동요로 말미암아 다소의 차질을 불가피하게 하였던 '시련의 해'인 동시에, 군정을 종식시키고 새 공화국과 새로운 민주적 정부를 성공리에 수립한 뜻깊은 해였습니다.

나는 오늘 송구영신의 새 아침을 맞이함에 앞서 지난 1년 동안 국민 여러분들이 갖가지 불편과 고난을 참고 이겨낸 크나큰 노고를 높이 치하하고, 또한 그 불우한 역경 속에서도 민족이양을 깨끗하고 모범적인 분위기 속에 완수하여 우리들의 민주역량을 내외에 과시한 자랑스러운 업적에 대하여 심심한 사의를 표하는 바입니다.

이제 제3공화국에서 국정운영의 중책을 맡게 된 나는 희망찬 새해와 더불어 우리가 당면한 몇 가지 시급한 과제를 국민 앞에 제시하고 이를 해결해 나가기 위한 우리들의 한결같은 자세와 굳은 결의를 가다듬고자 하는 바입니다.

우선 여야 모든 정치세력의 일치된 협조로서 새로운 정치기풍 속에 '능률 있는 정치'를 구현시켜 나감으로써 정국의 안정을 기하는 한편 제반 정치적 결정을 신속히 반영, 시행할 수 있는 '행정의 능률'을 확보시켜야 하겠습니다. 정부와 국회 그리고 모든 정부기관 상호 간의 유기적 협조와 조정으로써 국민 여러분의 의사를 정확하게 그리고 효과적으로 국정에 반영토록 할 수 있는 넓은 통로를 마련하여 놓을 것입니다.

다음으로 시급한 것은 경제를 안정시키고 하루속히 발전의 궤도 위에 올려놓는 일입니다. 새 정부는 현재 우리가 겪고 있는 물가고와 제반경제적 난경을 극복하기 위하여 모든 중지와 역량을 모아 시급한 해결에 임할 것이며 5개년 경제계획을 합리적으로 무리 없이 꾸준히 추진해 나가겠습니다.

심한 물가고에 시달리는 국민 여러분의 안타까움을 덜어 주고 생활향상에 대한 목마른 기대를 하루 바삐 충족시켜 드리기 위해 새 정부는 밤낮을 가리지 않고 모든 열의와 역량을 다할 것을 굳게 다짐해 두는 바입니다."

　대통령은 이어서 새 정부는 성실한 일꾼이 되어 솔선하여 실천하는 믿을 수 있는 정부가 되겠다고 약속했다.

　부정부패를 뿌리뽑고, 공무원의 기강을 확립하여 성실하고 능률적으로 일하는 기풍을 진작할 것이며, 허망한 약속이 아닌 착실한 실천을 견지해 나갈 것이며, 결코 요행이나 기적을 바라지 않겠다는 것이다.

　"새 정부는 그 출발에 즈음하여 국민 앞에 많은 약속을 한 바 있습니다. 그러나 우리가 명심하지 않을 수 없는 것은 건설과 번영을 위한 전진 앞에는 결코 요행이나 기적이 쉽사리 이루어질 수 없다는 뼈저린 역사적 교훈일 것입니다. 새 정부는 결코 요행을 바라지 않을 것이며, 또한 국민 여러분은 가만히 앉아서 기적을 고대하지는 말아야 할 것입니다.

　국정에 임한 새 정부의 자세는 한마디로 '성실한 일꾼'이 되겠다는 것입니다. 국민과 더불어 호흡하고 솔선하여 실천하는 '믿을 수 있는 정부'가 될 것을 국민 앞에 약속드립니다.

　새 공화국의 앞날에 부정과 부패는 철저히 발본색원될 것이며, 공무원의 기강은 내실적으로 재확립될 것입니다. 깨끗하고 성실을 다하여 능률적으로 일하는 공무원의 기풍을 수립하기 위하여 나는 모든 조치와 철저한 감시를 부단히 계속할 것입니다.

　허망한 약속과 구호에 앞서 새 정부는 하나하나 착실히 실천해 나가는 믿음직스러운 자세를 견지해 나갈 것을 분명히 밝혀 두는 바입니다.

　내가 제창한 바 있는 대혁신 운동은 바로 이러한 정부 스스로의 자숙자제, 공무원의 정신혁명에서 시발되어야 할 것으로 믿고 있습니다."

대통령은 이어서 우리 국민은 부지런히 일하고 서로 협조하는 '일하는 국민'이 되어 줄 것을 호소했다.

국민의 협조 없이 정부만의 노력으로는 우리의 당면과제 해결은 불가능하다. 고달픈 생활난을 비관하지 말고 가혹한 시련을 끝까지 이겨 나가야 한다. 허영과 낭비를 불식하고, 내핍과 근면 속에 검소한 생활 기풍을 세워 나가야 한다. 정부시책에 협조하고 근면한 생활인의 자세를 견지해 나간다면 복지국가 건설을 위한 우리의 노력은 반드시 결실을 거두게 된다고 믿는다는 것이다.

"지금 조국이 처한 냉혹한 현실과 제반여건하에서 우리의 당면과제가 해결되어 나가고 우리의 꿈이 실현되기 위하여서는 정부의 일방적 노력만으로는 도저히 불가능함을 우리는 깊이 깨달아야 하겠습니다.

국민 여러분의 적극적 참여와 자발적인 협조 없이 우리가 당면한 시급한 과제는 쉽사리 해결될 수 없는 것입니다. 불만족스러운 우리의 현실과 고달픈 우리들 생활난에 우리는 실의와 체념으로 비관하지 말고 이 가혹한 시련을 참고 견디며 끝까지 이겨 나가야 하겠습니다.

우리 다시금 함께 일어서서 부지런히 일하고 서로가 협조해 나가야 할 때가 온 것입니다.

우리의 생활주변에서 허영과 낭비의 퇴폐한 기운을 말끔히 씻어버리고 내핍과 근면 속에 검소한 생활기풍을 세워 나갈 것을 국민여러분에게 호소하는 바입니다.

정부의 시책을 이해하고 또한 협조하는 건실한 태도와 함께 '근면한 생활인'의 자세를 살려 나가는 한 복지사회를 지향하는 우리의 노력과 분발은 반드시 그리고 하루 속히 결실될 날이 올 것을 나는 확신해 마지않습니다.

새 정부를 믿고 모든 협조를 아끼지 맙시다. 각자의 생활분야에서 땀흘려 일하고 끈기 있게 그리고 착실히 하나씩 쌓아 올라갑시다.

'일하는 정부'와 '일하는 국민'이 일치단합으로써 희망찬 새해를 발전과 번영의 발판으로 만들어 나갑시다."

1964년 1월 4일, 신년 시무식에 즈음한 담화문에서 대통령은 공무원들이 준수해야 할 세 가지 사항을 제시하고 그 실천을 위한 결의를 촉구했다.

첫째는, 국민의 선두에서 검소한 생활을 실천하는 모범을 보여 주고 부정부패의 요인들을 불식해 나가야 한다는 것이며,

둘째는, 목민정신을 발휘하여 정부시책에 대한 국민의 참여 분위기를 조성해야 한다는 것이며,

셋째는 '행정의 능률'을 확보하기 위해 전문지식 습득에 정진해야 한다는 것이다.

"친애하는 전국의 공무원 여러분!

민족 역사 위에 격동과 시련의 해로 길이 기록될 계묘년을 보내고, 우리는 지금 갑신년의 희망찬 새해를 안정과 번영의 발판으로 만들어 나가야 할 중차대한 전환점에서 서 있는 것입니다.

나는 새 정부의 국정운영의 지표로서 일찍이 제창한 바 있는 대혁신운동의 일환으로서 우선 관기쇄신을 구현시킬 것을 국민 앞에 약속한 바 있거니와, 오늘 이 뜻깊은 갑진년 새해의 시무에 즈음하여 공무원 여러분이 마땅히 준수하여야 할 몇 가지 사항을 제시하고 이를 실천하기 위한 새로운 결의와 각오를 촉구하고자 합니다.

우선 공무원 여러분은 솔선수범하는 새로운 기풍을 살려 나가야

하겠습니다.

새 정부의 국정에 임한 자세는 '믿을 수 있는 정부'가 되겠다는 것이니만큼 국민 여러분의 협조와 적극적 참여를 기대하기 위해서는 국민의 앞장에 서서 솔선하여 수범을 보이는 믿음직스러운 태도가 앞서야 할 것입니다. 지금 새 정부는 심한 생활난에 시달리는 국민에게 내핍이라는 또다른 시련을 요구하고 있거니와, 공무원 여러분은 국민의 선두에서 검소하고 소박한 생활태도를 스스로가 실천하는 모범을 보여 주어야 할 것입니다. 또한 부정과 부패의 제반요인은 공무원 여러분의 자숙과 자계의 실천적 태도로써 하루 속히 불식되어 나갈 것을 믿어 마지않습니다.

다음으로 공무원 각자는 정부가 하고 있는 일이 무엇이며, 정부시책이 국민에게 무슨 혜택을 주며, 국민이 어떻게 협력할 것인가에 관하여, 국민에게 자세히 알려주고 또한 일깨워 이해시키는 '목민정신'을 최대한으로 발휘함으로써 국민의 적극적인 호응과 열성적인 참여의 분위기를 조성해 나가야 하겠습니다.

끝으로 모든 공무원은 직무수행에 필요한 전문지식의 습득을 위한 꾸준한 연구에 정진함으로써 '행정의 능률'을 하루 속히 확보시켜 줄 것을 당부해 마지않습니다.

친애하는 공무원 여러분!

새 정부가 당면한 산적된 과제를 해결해 나가기 위해서는 무엇보다도 여러분들의 희생적인 봉사와 꾸준한 노력이 절실히 요구되고 있습니다. 각자의 사명과 역할을 새로이 인식하고 새로운 공무원의 기풍을 살려 나감으로써 진정 국민의 공복으로서 여러분의 막중한 책임을 성실히 이행해 나갈 것을 당부해 두는 바입니다.

공무원 여러분의 건강과 건투를 빌며 여러분 가정에 만복이 깃들기를 기원하는 바입니다."

1월 4일, 대통령은 전국의 고급공무원들에게 사신을 보냈다. 이 사신에서 대통령은 정부는 내핍을 통한 경제난 해결에 대한 국민의 호응과 협조를 얻기에 앞서 먼저 대혁신운동의 일환으로 관기를 쇄신하여 공무원의 정신자세를 바로잡아 나가려고 하고 있다고 말하고, 대혁신운동에 앞장서 줄 것을 당부했다.

　"청감(淸鑑)

　갑신년의 새아침을 맞이하여 귀하와 귀하의 가정에 만복이 깃들기를 빌며 새해에도 국리민복을 위한 귀하의 보다 헌신적인 기여가 있을 것을 기원하는 바입니다.

　해마다 우리는 새로운 감회와 포부 속에 송구영신의 새 뜻을 되새기게 되거니와, 오늘 이 나라가 처한 복잡다기한 현실적 여건에서 볼 때 국정운영의 주축을 이루어 나갈 공무원의 사명과 책임이야말로 그 누구보다도 중대하고 또한 무겁다는 것을 절감하지 않을 수 없을 것입니다. 주지하는 바와 같이 새 정부는 그 출발에 즈음하여 민생고 해결에 전력을 경주할 것을 국민 앞에 약속하고 국민에게는 내핍이라는 또 다른 시련을 요구하게 되었습니다.

　그러나 내핍을 통한 경제적 난관의 타개는 국민의 적극적인 호응과 자발적인 협조를 절실히 필요로 하고 있기 때문에 현 정부는 관기확립을 1차적 목표로 삼고 공무원 스스로의 정신적 자세를 먼저 바로잡아 이 난국을 타개해 나가려고 하고 있는 것입니다. 재언할 필요도 없이 공무원 스스로가 관기의 확립으로 자숙을 기하고 또한 솔선하여 내핍에 앞장서는 굳건한 자세를 견지하는 한 국민은 보다 새로운 자각 아래 정부시책을 이해하고 모든 협조를 아끼지 않을 것을 확신하는 바입니다. 따라서 관기쇄신은 국정운영의 가장 근기(根基)가 되는 것이며, 이것이 이루어지지 않고서는 아무리 훌륭한 정책이나 계획을 세워보았자 한 가지도 제대로 이루어질 수 없다는 것을 명심하여야 하겠습니다.

우리가 주장하는 대혁신운동이란 것도 기발하고 신묘한 새로운 것을 뜻하는 것이 아닙니다. 즉 다시는 부정과 부패가 없는 깨끗하고도 명랑한 사회를 만들어 보자는 것이고, 내핍을 하고 검소한 생활을 해서 생산을 하고, 건설을 해 나가자는 것이고, 분쟁을 지양하고 서로 협조하고 단결하는 국민이 되자는 것입니다. 다시 말하자면 생각하고 반성하는 국민, 일하는 국민, 협조하는 국민이 되자는 것입니다. 이 길만이 우리의 후진성을 탈피하고 이 나라를 근대화할 수 있는 유일한 길이라고 확신하기 때문입니다. 문제는 우리 모든 국민이 스스로 자각하고 기필코 실천해 보겠다는 결심이 서 있느냐 없느냐 하는 것만이 남아 있을 따름입니다. 원리는 간단하고 길은 가까이 있는 것입니다. 문제는 옳다고 생각하는 일을 과감히 실천할 줄 아는 용기와 결심만이 남아 있는 것입니다.

이 운동의 제일 선봉에 서야 할 우리 모든 공무원들은 솔선수범을 해야 하고 누구보다도 결심이 강렬해야 하겠습니다. 그중에서도 고급 공무원들이 더욱 선두에서 수범해야만 되겠다는 것입니다. 옛말에도 '윗물이 맑아야 아랫물이 맑다'고 했습니다.

이 어려운 시국에 처한 귀하의 사명과 위치를 다시한번 깊이 명심하고 새로운 결의와 실천으로써 당면한 우리의 시급한 과제를 해결해 나가는 데 선봉적 역할을 다해 줄 것을 고대하면서 귀하의 앞날에 건강과 행복을 축원합니다."

64년 1월 4일, 대통령은 여당인 민주공화당의 국회의원들에게도 사신을 보냈다.

이 사신에서 대통령은 여당의원은 시국의 중대성을 통찰하고 내핍과 검소한 생활기풍을 진작시키는 데 솔선수범할 것을 당부했다.

"청감(淸鑑)

희망찬 갑신년의 새아침을 맞이하여 귀하와 귀하의 가정에 만복이 깃들기를 삼가 빌며 새해에는 국정쇄신을 위한 가일층의 분발이 있으실 것을 기원해 마지않습니다.

현시국에 있어서 우선 귀하가 느끼시는 바는 민생고 해결이라는 시급한 당면과제가 어느 누구의 도움을 얻어서 해결될 것이 아니라 정부나 국회의 국정운영의 중책을 맡은 우리들에게 부하된 일차적 책임이라는 엄연한 사실일 것입니다.

새 정부는 그 출발에 즈음하여 관기확립과 경제의 안정에 전력을 경주할 것을 다짐하고 국민에게 내핍을 요구하고 있거니와 앞으로 정부나 국민이 일치협력하여 이 난경을 타개해 나가기 위해서는 무엇보다도 여당 지도인사들이 국민 앞에 솔선수범하는 굳건한 자세의 확립이 가장 긴요함을 말씀드리지 않을 수 없습니다.

여당의원 스스로가 국민의 선두에서 솔선하여 내핍을 수범하고 또한 자숙으로써 부정과 부패에 초연하는 한, 국민은 정부를 믿고 모든 협조를 아끼지 않을 것으로 확신하는 바입니다.

선거시에 공약한 바를 국정에 반영시키기 위한 노력과 기술적 문제에 앞서 국민의 앞장을 서서 스스로 실천과 행동으로써 솔선수범하는 믿음직스러운 자세가 선행되어야 하겠습니다.

물론 귀하가 선거시에 많은 도움을 입은 선거구 유권자의 사적인 청탁이나 청원은 우리 실정에서 불가피함은 충분히 이해되는 바입니다. 그러나 현 시국에 처하여 우리가 지향하여 할 대의에서 또한 오늘의 이 나라 현실의 긴박함에 비추어 우리는 보다 새로운 각성과 결의로써 지난날의 정치적 난맥상을 다시는 재현시키지 않을 것을 굳게 다짐해야 하겠습니다.

두 차례의 혁명의 시련을 겪은 국민의 의식적 각성에 비추어 귀하의 일거일동은 보다 예리한 주시리에 비판과 존경의 대상이 되고 있음을 충분히 자각하고 계실 줄로 믿습니다.

오늘날 우리가 당면한 제반과제는 국민의 적극적인 호응과 협조 없이는 도저히 해결될 수 없음이 저간의 실정이고 보면 '윗물이 맑아야 하겠다'는 자명한 진리는 오늘의 시점에서 가장 절실히 요구되는 위정자의 몸가짐이 아닐 수 없습니다.

아무쪼록 귀하는 현하 우리가 직면한 시국의 중대성을 깊이 통찰하시고 공사 간에 자숙의 마음가짐을 굳게 하며 내핍이라는 국가적 당면목표의 구현에 앞장 서 스스로 검소한 생활기풍을 세워나가는 데 솔선수범하여 주실 것을 다시 한 번 신신 당부드리는 바입니다.

새해에는 귀하의 꾸준한 노력과 실천으로 새로운 정치기풍이 확립되어 나갈 것을 고대하면서 귀하의 앞날에 행복을 축원하는 바입니다."

직업공무원제도의 충실화, 공무원의 기강확립과 신분보장을 구현할 것이다

1964년 1월 10일, 국회에 출석하여 발표한 연두교서에서 대통령은 직업공무원제도의 충실화와 공무원의 기강확립, 행정의 간소화와 합리화, 공무원의 신분보장, 수사기관의 정치적 중립을 구현하는 데 최대한의 노력을 기울이겠다고 천명했다.

"행정의 능률적인 운용과 대민봉사의 충실을 위해 행정태세를 정비강화하는 동시에 번잡의 폐를 시정하고 아울러 중앙사무의 대폭 지방이양에 주력할 것이며, 지방자치제 실시를 위한 준비와 토대를 마련하도록 노력할 것입니다.

한편 행정체제의 핵심을 이루고 있는 공무원제도에 있어서는 그 신분을 보장하여 직업공무원제도의 충실을 기할 것이며, 국민의 수

의원들의 기립박수를 받으며 국회 본회의장에 들어서는 박 대통령 (1964. 1. 10)

임자로서의 정신적 자세를 바로잡기 위한 교육과 훈련을 강화할 것입니다.

특히 공무원의 기강확립에 관하여는 과거 이 나라가 이도의 타락과 관의 부패로 말미암아 오욕을 초래하였다는 사실을 교훈으로 삼아 부정부패와 타협하지 않는 정직하고 능률적이며 일하는 정부의 자세로 바꾸어 나가도록 각별한 노력을 기울일 것입니다.

그리고 국가행정의 간소화와 합리화를 기함으로써 사무능률을 향상시키고, 예산의 절약과 국영기업체의 생산기술 및 관리능력의 향상, 품질의 개선, 제반경비의 절약으로 생산시설의 확충과 종사원의 처우개선에 힘쓰고자 하는 바이며, 공무원의 신분보장과 인력관리의 합리화로 적재적소의 원칙으로 국가행정의 충실을 기할 것입니다.

치안대책에 있어서는 제일의적으로 법질서 유지의 정신을 고양하고 법운용을 공정히 함으로써 정부에 대한 국민의 신뢰를 확보하고, 일체의 사회적 불안의 해소를 기하며 아울러 선량한 국민의 자유와 인권을 옹호하는 데 만전을 기할 것입니다.

여기에는 반드시 조사기관의 정치적 중립이 우선되어야 할 것이므로 그 실질을 구현하는 데 최대한의 노력을 기울일 것입니다."

지방장관은 부정부패 근절, 강력한 행정에 힘쓰고 난국과 대결하여 이겨내야 한다

1964년 4월 29일, 제2회 지방장관회의에서 대통령은 공무원들의 정신자세 확립이 조속히 이루어지기를 촉구하면서 몇 가지 사항에 관해 구체적인 지시를 했다.

첫째, 부정부패를 근절해야 되겠다는 것이다.

"장구한 혼란 속에서 뿌리깊이 박힌 부정부패는 그것대로 일종의 체계화를 이루고 있으며 이를 송두리째 뿌리뽑는다는 것은 매우 어려운 일입니다.

그러나 그 부정의 뿌리는 끝내 뽑아버려야만 정녕 깨끗한 정부를 이룩할 수 있는 것이며 나는 이 부정부패를 여하한 방법으로서라도 기어코 근절시키고야 말 것입니다. 각 지방장관은 먼저 각종 사고방지에 최선을 다할 것이며, 이미 저질러진 사고가 있을 때에는 그를 숨기려 하지 말고 스스로 능동적으로 이를 적발 처단함으로써 관기를 바로잡고 나아가 국민으로부터 수임자로서의 신임을 얻어야 할 것입니다.

작금 세간에 알려지고 있는 몇몇 부정사건들은 국민들로 하여금 정부에 대한 많은 불신을 가져오게 하고 말았다는 사실을 맹성하여야 할 것입니다. 이 사고방지는 경찰관이나 검찰의 임무라기보다 근본적으로 각급 행정책임자의 지휘책임에 속하는 것임을 명심하여야 할 것입니다.

앞으로 부정사건들에 대하여는 관계자에게 그 형사책임을 물음은 물론, 더욱 폭넓게 행정책임도 강력히 추궁할 것임을 밝혀두는 바입니다."

둘째, 강력한 행정을 해야 되겠다는 것이다.

"민정 후 정당정치 운용의 묘를 얻기 어려운 현실에서, 더구나 작금 계속되었던 혼란 속에서 무엇보다 아쉽게 요청되는 것은 강력한 행정력이라 아니할 수 없습니다.

각 지방장관은 더욱 확고한 소신을 견지하고 관하 지휘감

독에 임하여야 할 것이며 부과된 임무와 목표를 향하여 힘찬 추진이 있어야 할 것입니다.

중앙시책이 말단에까지 강력하게 또 일관성 있게 침투, 반영된다는 것은 오로지 행정의 힘에 달렸다는 것을 명심하고 소신과 박력으로써 이를 밀고 나가야 할 것입니다.

행성의 체제가 확립되고 또 그 책임자에게 확고한 소신과 박력이 구비될 때 국정은 안정되고 치정은 빛나게 될 것입니다."

대통령은 끝으로 지방장관들은 우리 역사의 한 단계에서 국가와 민족 앞에서 벗어날 수 없는 책임을 지고 있다는 사실을 지적하고, 이러한 책임을 수행하는 데 있어서 갖추어야 할 정신자세에 대해 다시 한번 강조했다.

"내가 이제 마지막으로 강조하고자 하는 것은 여러분은 우리 역사의 한 단계에서 국가와 민족 앞에 벗어날 수 없는 책임을 지고 있다는 사실을 명심하라는 것입니다.

한 개인의 생명과 명예는 짧지만 민족의 생명과 역사는 긴 것입니다. 자신의 안일이나 소아의 전도나 소위 출세 등에 집착하여 적당히 처세하려는 따위의 생각을 가진 자는 우리의 현실 앞에 아무런 필요도 없으며 길이 후세에 욕된 이름을 씻지 못할 것입니다.

현실을 도피할 수 없거니와 비굴하게 회피할 길도 없을 것입니다. 오직 앞으로 난국과 대결하여 이겨내는 것만이 살길인 것입니다.

여러분은 특정인이나 집권정당을 위해 존재하는 것이 아니고, 우리의 사랑하는 동포들을 위해 봉사하는 데 숭고한 의의가 있는 것입니다. 나라의 어지러움이 '관'의 부패로 표현되어야 하는 더러운 이름을 씻고, 국민대중의 신임을 되찾고 국민 모두가 희망과 의욕을 가지고 살 수 있는 사회적 안정과 생활분위기를 조성하는 데 노력해 줄 것을 간곡히 당부하는 바입니다.

지방장관 여러분의 열성적인 집무의 모습을 지방시찰 도상에서 확인하고 매우 마음 든든히 여기는 바 있거니와 여러분은 이제 국무총리 이하 관계 장관들로부터 시달될 과제를 똑바로 명심하고 여기에 창의와 노력을 더하여 난국타개의 일익을 성실히 수행하기를 바라는 바입니다."

공무원들은 부정부패를 근절하고 무사안일주의를 배격해야 한다

1965년 1월 16일, 국회에 출석하여 발표한 연두교서에서 대통령은 우리 공무원들은 부정과 부패를 근절하고, 무사안일주의를 배격해야 한다는 점을 강조했다.

"어떠한 좋은 계획이나 방침도 여러분의 적극적인 협조 없이는 성공할 수 없습니다.

오늘날 우리가 겪어야 할 시련은 밝고 생기 있는 내일을 위한 진통입니다.

이 난관을 극복해 나가는 것은 위대한 조국의 재건과 자손들의 영광을 위한 보람 있는 과업입니다.

나는 여기서 이 과업의 성패 여하가 바로 모든 공직자의 두 어깨에 달려 있다는 것을 다시 한번 상기하려 합니다.

적은 보수, 적은 예산으로 많은 업무량을 감당하고 있는 공무원이 당면하고 있는 애로는 바로 나의 고충입니다.

소기의 행정목적을 달성하기 위해서 여러 가지 어려움과 싸워나가는 중앙공무원은 물론, 특히 지방일선에서 노력하시는 이동장, 읍면장, 군수를 비롯한 지방공무원의 노고에 심심한 치하를 드리지 않을 수 없습니다.

작년도에 이어 다소나마 공무원의 처우개선을 위하여 정부는 최선을 다할 것입니다.

또 공무원의 기강확립도 과거 어느 때보다 강조될 것입니다.

우리 주변에서 거짓을 없애는 기풍부터 진작해야 하겠습니다.

탈세 탈법과 무세외래품의 범람과 직접 간접의 밀수행위 등을 위시한 부정과 부패를 우리 생활주변에서 여러분과 더불어 근절해야 하겠습니다.

새해부터는 이러한 부정부패를 철저히 단속하고, 무위하면 무사

하다는 안일주의를 배격하고, 정직한 국민과 공무원을 보호하고자
합니다.”

우리 공무원들은 ‘생산하는 행정’을 해야 한다

한일협정 비준을 전후하여 또다시 학생데모가 격화되자 8·25 특
별담화를 발표한 대통령은 다음날인 8월 26일 전국의 시장, 군수,
구청장 회의를 소집했다.

이날의 회의에서 대통령은 먼저 국가민족을 융성케 하는 것은 정
치구호나 가두시위로써 되는 것이 아니라 공무원들이 일선에서 일
하는 자세를 갖추는 데 있다는 점을 강조했다.

“오늘 전국의 시장·군수·구청장 여러분들이 한자리에 모여 여러
가지 당면문제에 대해 논의하게 된 것을 매우 뜻깊게 생각하는 바
입니다.

금년은 국내외로 다사다난한 데다가 예년에 드문 한발과 수재로
혹심한 재난을 당하였으나, 군관민이 혼연일체가 되어 인력으로써
이를 극복하였습니다. 나는 이 모든 것이 여기에 모인 일선 시장·
군수·구청장 여러분이 예하 공무원을 독려하고 현지 주민의 협조를
얻어 불철주야 노력한 열의의 결정인 것으로 믿어 이 자리를 빌려
다시한번 여러분의 노고를 심심히 치하하는 바입니다.

오늘 우리는 여러 면으로 중대한 시기에 놓여 있습니다. 국제정세
는 차치하고라도, 국내적으로는 한일문제를 둘러싼 논란은 아직도
미진한 채 정연치 못한 분위기에 싸여 있습니다.

그러나 주위여건은 어떻든, 패기에 넘쳐 밀고 나가는 우리의 근대
화작업에 중단이나 휴식이란 결코 있을 수 없는 것입니다. 우리는
안정과 성장의 기틀을 마련하고, 금년을 ‘일하는 해’로 정해서 국가
적인 총력을 증산과 건설에 집중하여 비약의 단계로 나아가려는 중

대한 시점에 섰음을 인식해야 하겠습니다.

증산을 하고 건설에 매진하여 국가민족을 융성케 하는 것은 결코 정치구호나 가두시위로써 되는 것이 아닙니다.

그것은 바로 여러분들같이 묵묵히 일선에 서서 한 평의 땅도 더 갈게 하고 한 톨의 쌀도 더 증수케 하는 '일하는 자세'를 갖추는 데 있는 것입니다."

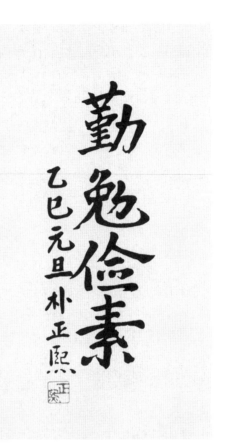

대통령은 이어서 시장·군수·구청장이 수행해야 할 다섯 가지 사항에 관해 구체적인 지시를 했다.

첫째, 지역사회의 종합행정책임자로서의 책임을 분명히 인식하고 일하는 해의 행정목표 달성을 위해 정진해야 되겠다는 것이다.

"여기서 나는 지방 일선행정을 담당하고 있는 여러분들에게 당면한 사항 몇 가지에 관해서 말하고 합니다.

첫째로, 여러분들이 일선 시장·군수·구청장으로서의 위치와 책임성을 명확히 인식하고 '일하는 해'의 행정목표를 완수하는 데 더욱 정진할 것을 당부하고자 합니다. 여러분은 정부시책 수행에 있어 기간적 위치를 점하고 있는 것이며, 지역사회의 종합행정책임자로서 막중한 소임을 지니고 있습니다. 동시에 여러분은 정부시책의 실천 단위책임자인 까닭에 여러분들의 열의와 능력과 노력 여하에 따라 정부시책의 성패가 판가름 나는 것입니다. 그러므로 나는 시장·군수·구청장 여러분이 일선기관장으로서의 올바른 자세부터 확립하고, 정부와 국민에게 공약한 바와 여러분이 주민에게 약속한 모든 '행정공약사업'을 기필코 완수할 것을 당부하는 바입니다. 이에 따라서 일체의 미결사항은 최단시일 내에 완결짓도록 해야 하겠습니다."

둘째, '생산하는 행정'을 해야 되겠다는 것이다.

"둘째로, 모든 행정력을 '생산하는 행정'에 집중해 달라는 것입니다. 나는 지난번 미국을 방문하고 나서 '생산하는 정치'를 강조한 바 있습니다만, 이 생산하는 정치의 중요한 요소는 바로 생산하는 행정을 뜻하는 것입니다. 한 마디로 일체의 비생산적인 것을 완전히 불식하라는 것입니다. 지금 우리에게 가장 절실한 것은 더 많이 생산하고, 더 많이 벌어들이고, 더욱더 건설해서 국가자립경제 체제를 확립하는 일입니다. 따라서 모든 행정시책은 증산과 건설에 집중되어야 할 것이며, 모든 시책의 방향은 주민의 실질소득을 증대시키는 쪽으로 초점을 돌려야 하는 것입니다. 다시 말하거니와, 물자이건 시간이건 낭비를 막아 '생산적인 것'으로 전환시키며, 모든 것이 창조와 증산에 돌려지도록 지혜를 짜며 노력을 다해야 하는 것입니다.

그러므로 나는 이것을 '생산하는 행정'이라 부르고 여러분이 어김없이 실천해 가기를 강력히 요청하는 바입니다.

전시효과나 값싼 인기를 위한 시책 그리고 즉흥적인 사업은 용납될 수 없는 것이며, 행정의 조직·인력·재정·교육부문에서 모든 생산과 건설을 위한 '경제성'이 강조되어야 할 것입니다. 소모적인 경상경비를 절약하여, 가능한 한의 모든 자원은 생산부문에 집중투입되어야 합니다. 그리고 관이나 민간이나 생산적인 사고방식과 근면검약의 생활태도를 함양시키는 데 주력해야 하는 것입니다.

생산하는 행정을 하는 방식 중에는 또 한 가지가 있습니다. 그것은 지역개발이나 생산활동에 주민의 자조정신을 길러 어떤 일에도 주민이 자발적으로 참여하여 스스로 그 지역의 행정시책에 적극 협조하고 자력으로 어려움을 극복하는 자조근로의 기풍을 조성토록 하는 것입니다. 예컨대 군청에서 해주려니, 혹은 면서기가 와서 해주려니 하는 등의 의타심과 현실도피의 풍조가 있는 곳에 '생산'이란 있을 수 없는 것입니다. 따라서 시장·군수·구청장 여러분은 주민의 자조정신을 앙양시키는 데 각별히 유의하고, 지역의 특수성에 적응하는 시책을 강구하기 바라는 바입니다."

셋째, 자연재난 극복을 위한 항구대책을 미리 마련해야 되겠다는 것이다.

"셋째로, 자연의 재난을 극복하기 위한 적극적이며 항구적인 대책을 미리부터 마련하라는 것입니다. 이미 말한 바와 같이 수십년래의 한발과 수해를 당했으나, 이를 극복하는 데서 얻은 바 귀중한 경험에 비추어, 우리는 노력 여하에 따라서는 어떤 난관도 돌파할 수 있다는 자신을 얻었습니다. 그러나 솔직히 반성할 때, 재해가 목전에 다다라서야 기재를 동원하고 행정조치를 취하는 등 당황한 일이 거의 매년 반복되었음이 사실입니다. 그러므로 금년부터는 미리부터 이에 대한 대책을 강구하고 그것을 항구화하여 자연의 재난을 극복해 나가기를 요망하는 바입니다."

넷째, 식량증산 7개년계획 달성의 중요한 계기가 된 보리배증산운동을 적극 전개해야 되겠다는 것이다.

"넷째로, 식량증산 7개년계획을 달성하는 데 중요한 계기가 된 보리배증산운동을 적극적으로 전개시키는 데 전력을 다하라는 것입니다.

이에 관해서는 어제 수원에서 있었던 연찬대회를 통해 이미 잘 알 것으로 믿는 바이지만 무엇보다도 중요한 것은 일선행정책임자인 여러분이 핵심이 되고 매사에 앞장서야만 한다는 것을 명심하기 바랍니다. 기술문제와 더불어 중요한 것은 실제로 일선에서 농민을 상대로 하는 여러분이 어떤 자세로 나서느냐가 문제입니다. 종래와 같은 '관리'의 태도를 씻어 버리고 주민의 충실한 벗으로서 지도에 나서며, 일반행정과 학교교육과 농촌지도자의 긴밀한 협조를 통해 보리배증산운동은 물론 벼의 배증산도 꾀하여 목표연도 이전에 식량을 자급할 수 있도록 박차를 가할 것을 굳게 당부하며, 이것은 오로지 여러분의 연구와 노력에 달려 있다고 믿는 바입니다."

다섯째, 공무원의 기강을 확립해야 되겠다는 것이다.

"마지막으로, 공무원의 기강을 확립할 것을 다시 강조하고자 합니다.

공무원의 기강확립이 오늘처럼 절실히 요청되는 때는 없습니다. 일선지방관서의 모든 활동은 주민생활에 직결되어 있으므로, 시장·군수나 일선공무원의 하는 일은 국민이 정부를 평가하는 척도가 되는 것입니다. 정부가 국민으로부터 신뢰를 얻느냐 못 얻느냐 하는 것은 오로지 지방관서 공무원의 자세와 언행에 달려 있다고 할 수 있습니다. 그리고 또한 공무원의 기강확립은 사회의 정화와 그 기풍쇄신에도 직접적인 관련이 있는 것입니다. 따라서 나는 여러분과 예하 공무원이 기강을 확립하여 국민으로부터 신뢰를 얻고 새로운 희망을 주도록 간곡히 당부하면서, 부정·부패·무능공무원은 깨끗이 정리하고 신상필벌을 엄정히 함으로써 기강을 바로잡고 말 것을 다시 밝혀 두는 바입니다."

대통령은 끝으로 오늘의 우리는 희생되는 한이 있어도 다음 세대에게는 훌륭한 유산을 물려주기 위해 우리가 할 수 있는 모든 노력을 송두리째 바치자고 당부했다.

"진실로 우리들의 소임은 중대합니다.

우리의 동포형제인 국민은 우리가 어디로 향해 무엇을 할 것인지를 예리하게 주시하며, 한편으로 애타는 기대를 걸고 있습니다.

나는 이미 과거에 밝힌 바 있지만 우리는 희생되는 한이 있어도 다음 세대에는 훌륭한 유산을 물려주기 위해 우리가 가지고 있는 힘과 할 수 있는 모든 노력을 송두리째 바치자는 것입니다. 국가와 민족을 위한 대의에 떳떳하며 민족적 양심에 가책됨이 없는 우리의 기치와 진로를 따라 오직 전진해야 하겠습니다.

가두에서의 '데모'나 자극적인 욕설이 섞인 성명이 '애국'일 수는 없습니다.

여러분은 굳은 신념과 불굴한 의지로써 맡은 바 임무를 더욱 성실하게 수행해 나가기를 나는 간곡히 요망하는 바입니다.

끝끝내 지각 있고 선량한 국민은 '생산'으로 매진하는 우리의 대열에 함께 나설 것입니다."

우리 사회의 온갖 사회악을 제거하여 국가발전의 기반을 마련해야 한다

1965년 11월 16일, 전국 검찰감독관회의에서 대통령은 우리 사회에서 부정부패와 온갖 사회악을 제거하여 사회안정과 국가발전의 기반을 마련해야 할 사명과 책임을 소신 있게 수행해야 되겠다는 점을 강조했다.

"우리는 금년에 허다한 시련과 격동을 겪으면서도 안으로 경제자립과 조국근대화를 위한 정진을 거듭하였고, 밖으로는 한일관계의 개선 및 월남파병 등을 통해 자유국가로서의 긍지를 과시한 바 있는 것입니다.

우리가 이처럼 굽힐 줄 모르는 결의와 노력으로 매진한다면, 머지 않아 우리에게는 반드시 자립과 번영이 찾아올 것을 나는 확신해 마지않는 바입니다.

그러나 우리 앞에는 아직도 어렵고 힘든 과제가 허다히 가로놓여 있는 것이며, 이러한 과제들은 전국민의 가일층의 분발을 촉구하고 있습니다.

내가 오늘 이 자리에서 전국의 검찰관 여러분들에게 오늘의 국가적 당면과제를 깊이 인식하고 시대적 사명을 자각하여 더욱 분발해 줄 것을 특히 당부해야 할 소이도 바로 여기에 있는 것입니다.

여러분들은 사회정의의 실현자이며 공익의 대표자입니다.

부정과 불의에는 가차 없는 철퇴를 가함으로써 고질적인 악의 요소를 과감히 제거하고 나아가서는 법질서를 확립하여 명랑하고 건실한 사회기풍을 진작해야 할 여러분의 사명이야말로 실로 막중한 바가 있는 것입니다.

건실하고도 생산적인 사회기풍은 바로 생산과 건설의 출발점이며, 우리가 총력을 기울여 추진하고 있는 조국근대화작업의 바탕입니다.

부정과 부패가 횡행하고 온갖 사회악이 그대로 온존하는 한 결코 생산이나 건설은 있을 수 없는 것이고, 거기에 국가사회의 발전이나 부흥이 있을 수 없다는 것은 너무도 명백한 일입니다.

이러한 모든 악요인을 우리 주변에서 깨끗이 청소함으로써 사회 안정과 국가발전을 위한 기반을 마련해야 한다는 여기에 검찰관 여러분의 사명과 책임이 있다는 것을 인식하고 더욱 소신 있게 정진해 줄 것을 촉구하는 바입니다.

특히 이 자리에 모인 여러분들은 전국 검찰의 감독관들이며, 따라서 여러분들의 책임은 어느 누구보다도 무거운 것입니다.

검찰감독관 여러분들은 높은 식견과 확고한 신념을 가지고 부하 직원들을 격려하고 지휘감독을 철저히 함으로써 사회악을 과감히 뿌리뽑고, 인권옹호를 위해 가일층 분발해 줄 것을 거듭 당부하는 바입니다."

국민을 위해 봉사할 수 있는 최선의 방법을 창의적으로 생각해야 한다

1966년 1월 4일, 대통령은 신년시무식에 즈음하여 담화문을 발표하고 지난 1년 동안 어려운 여건 속에서 창의적인 노력을 다해 준 전국 공무원의 노고를 치하하고 새해에 해야 할 몇 가지 사항을 특별히 당부했다.

첫째, 다음 단계의 사업을 능률적으로 추진할 수 있도록 현재 추진 중인 사업을 성공적으로 매듭지어야 되겠다.

둘째, 정부시책이 국민에게 주는 혜택에 대해 국민이 이해하고 협조할 수 있도록 성의껏 일깨워 줌으로써 국민의 호응과 참여분위기를 조성해야 한다.

셋째, 모든 면에서 솔선수범의 자세를 보여야 한다. 검소하고 생산적인 생활태도를 스스로 실천하고, 부정부패 요인을 제거하며, 국민을 위해 봉사할 수 있는 최선의 방법을 창의적으로 생각해야 한다.

넷째, 일상생활이나 공무원 생활에 있어서 낭비 없는 생활, 절약하는 방법을 연구하고 실천해야 한다는 것이다.

"우리는 지금 희망찬 병오년의 새해를 맞이하여 새 마음 새 결의로써 업무를 개시하게 되었습니다.

지난 1년을 '일하는 해'로 정하고 땀흘려 일한 우리는 여러 가지 시련과 난관을 이겨내면서 안정과 번영을 약속해 주는 많은 성과를 거두었던 것입니다. 나는 오늘의 이 뜻깊은 새해의 시무식에 즈음하여, 지난 한 해 동안 어려운 여건 속에서나마 창의 어린 노력과 분발을 다해 준 전국의 공무원 여러분에게 심심한 치하의 뜻을 표하고, 몇 가지 사항을 특별히 당부함으로써 여러분의 보다 큰 분발을 촉구하고자 합니다.

첫째로, 금년은 제1차 경제개발 5개년계획을 매듭짓고, 제2차 경제개발 5개년계획을 준비해야 할 중대한 전환점이 되어야 한다는 점을 명심하고, 여러분들은 현재 추진 중에 있는 계속사업을 매듭짓는 데 최선의 노력을 다함으로써 유종의 미를 거두어 달라는 것입니다. 진행 중에 있는 사업을 성공적으로 종결짓는다는 것은 다음 단계의 사업을 더욱 유효하고 능률적으로 추진시킬 수 있는 가장 중요한 것입니다.

다음으로, 공무원 여러분들은 국민의 공복으로서의 위치를 깊이 자각하고, 정부의 시책이 국민에게 어떠한 혜택을 주는 것이며, 여기에 국민들이 어떻게 협력할 것인가에 대해, 국민이 이해하고 협조할 수 있도록 성심성의껏 일깨워 주어야 하다는 것입니다.

그리하여 여러분의 성의 있는 노력으로 국민들의 적극적인 호응과 참여의 분위기를 조성해 나아가야 할 것입니다. 이를 위해서 가장 요구되는 점은 솔선수범하는 공무원의 자세입니다.

정부가 국민으로부터 신임을 받고 못 받고는 전적으로 공무원 여러분의 자세와 행동 여하에 달려 있다는 사실을 촌각이라도 망각해서는 안 될 것입니다.

검소하고 생산적인 생활태도를 스스로 실천하는 공무원이 되고, 부정과 부패요인을 과감히 제거해 내는 용기 있는 공무원이 되고, 무엇을 어떻게 하는 것이 국민을 위해 가장 봉사하는 길인가를 항상 생각하는 창의적인 공무원이 되어 전국의 공무원 여러분들이 국민을 위해 봉사한다면, 정부가 국민으로부터 더욱 두터운 신임을 받을 것은 물론, 우리나라는 반드시 모든 국민이 행복과 번영을 누릴 수 있는 '잘사는 나라'가 될 것을 나는 확신하는 바입니다.

그리고 자기의 일상생활이나 공무생활에서 낭비의 요인이 없는가를 되돌아보고 절약하는 방법을 연구해 주기 바랍니다.

종이 한 장, 연필 한 자루라도 전국의 공무원들이 아껴 쓴다면 1년간이면 막대한 예산의 절약이 도모된다는 것을 생각하고, 낭비 없는 생활을 위해 더욱 힘써 달라는 것입니다.

정부는 새해를 다시 '일하는 해'로 정하고 자립경제 건설과 조국 근대화작업에 더욱 박차를 가해 나갈 것입니다. 아무쪼록 공무원 여러분들은 진정 국민의 공복으로서 열과 성을 다해, 더욱 분발해 줄 것을 당부해 두는 바입니다."

공무원의 생각과 자세에 혁신적 변화가 있어야 한다

1966년 3월 30일, 새해들어 첫 번째로 지방장관회의가 소집되었다. 이날 회의에는 전행정부처의 장관과 각 시도의 도지사 시장·군수·구청 장뿐만 아니라 행정부처의 국장급 이상의 고위공무원도 배석했다. 이처럼 정부의 중진 간부들이 모인 이날의 회의에서 대통령은 공직사회의 기강, 공무원의 사고방식과 근무자세 등에 관해서 과감하고 혁신적인 변화가 있어야 되겠다는 점을 특별히 강조했다. 제1차 5개년계획을 성공적으로 매듭짓고, 본격적인 공업화를 기약하는 제2차 5개년계획을 준비하는 경제건설의 중요한 전환점에서 우리가 그동안 이룩한 성장과 발전의 속도를 보다 더 촉진시키고 그 규모를 더욱더 확대해 나가기 위해서는 전국 공무원들의 열정과 헌신과 노력이 무엇보다도 절실하다고 판단하고 있었기 때문이었다.

일반적으로 행정관료들은 일상적인 직무처리 기준에 따라 행동하며, 그들이 해결해야 할 문제가 기술적인 것이거나 그 해결방향이 알려져 있는 때에는 민첩한 기동력을 발휘하여 그 문제를 효율적으로 처리한다. 그러나 격동과 변화의 시기에는 평소에 판에 박힌 행동양식으로 효율성을 발휘했던 관료들은 크게 동요하고 혼란에 빠진다.

변화와 발전은 창의성과 창조성을 요구하지만, 일상적인 직무처리의 표준절차 속에서는 그것이 불가능하므로 그들은 변화와 발전에 적응하고 이를 선도하는 데 무력하다. 사람들은 이것을 관료의 타성이요, 안일이라고 비판하지만, 틀에 박힌 행동에 익숙해진 그들이 급격한 변화에 직면할 때, 그것은 불가피한 현상이다.

따라서 대통령은 변화와 발전을 추구하는 과정에서 무엇보다도 중요한 것은 행정관료들이 그들의 사고방식과 행동양식을 보다 창조적이고 생산적인 것으로 가다듬어야 한다고 생각한 것이다.

50년대나 60년대의 초까지 중앙행정부처의 국장급 이상의 고위직을 차지하고 있었던 사람들 중에는 고등고시 등과 같은 공개적인 시험제도에 의해서 충원된 경우는 극소수에 불과했고, 대다수는 정실인사에 의해서 그 자리를 차지하고 있었다.

그들은 전근대적이며, 전통적인 관료 의식을 가지고 있었으며, 국가가 앞장서서 새로운 가치를 창조하여 이를 국민들에게 적정하게 배분해야 한다는 생산행정을 알지 못했고, 국민에게 군림하고 지배적인 속성을 지니고 있었으며, 능력보다는 관록을 중시했고, 창의보다는 경력을 앞세웠다.

그러나 1962년 정부주도로 경제개발 5개년계획을 추진하면서 구체적인 계획을 입안하고, 그것을 추진할 수 있는 유능하고 헌신적인 행정공무원의 필요성이 증대함에 따라 대통령은 경제건설의 담당자로서, 또 그 지원자로서 행정공무원들에게 요청되는 것은 전문능력뿐만 아니라 성취의욕, 창의력, 실천력이라는 점을 역설했다. 관록보다는 능력과 의욕을 중요시했고, 경력보다는 창의력과 실천력을 높이 평가했다.

그리하여 공무원 사회에는 관록과 경력을 자랑하던 구시대의 공무원들은 능력과 의욕을 겸비한 새로운 공무원들로 대체되어 신진대사가 이루어지기 시작했다.

이들 신진 공무원들은 정상적인 교육을 받고, 전문적인 능력을 갖추고 있었으며, 조국근대화의 주도세력으로서 국가와 민족을 위하여 헌신하겠다는 사명의식과 목적의식, 그리고 강렬한 성취의욕을 지니고 있었다. 특히 이들은 근면과 자기희생의 정신이 왕성했으며, 필요한 경우에는 하루에 24시간, 1주일에 7일을 묵묵히 일하고, 또 일했다.

이른바 '한강의 기적'을 이룩한 원동력의 하나는 바로 이들 행정공무원들이었다. 그리고 이들을 때로는 힐책하고 때로는 격려하면서 이들이 그 능력과 의욕을 최대한 발휘할 수 있도록 지도하고 감독한 것은 대통령이었다.

대통령은 이날의 회의에서 먼저 금년은 조국근대화작업에 중요한 고비가 될 것이라고 말하고 정부가 새해에 해야 할 국가정책의 대강에 대해 설명했다.

"친애하는 지방장관 여러분! 그리고 중앙의 관료 여러분!

오늘 새해에 들어서 처음으로 전국의 지방장관 여러분들이 한 자리에 모여서 앞으로 우리가 해 나갈 여러 가지 문제들에 대하여 논의하게 된 것을 나는 매우 기쁘게 생각하는 바입니다.

나는 지난번 연두교서에서도 밝힌 바 있거니와, 금년은 여러 모로 중대한 의의를 지닌 한 해이며, 조국근대화작업에 중요한 고비가 될 것입니다.

우리는 제1차 경제개발 5개년계획을 금년에 매듭지어야 하며, 다시 제2차 5개년계획을 수립하여 명년 초부터 그 제1차년도 사업을 계속 집행할 수 있는 제반 계획과 준비를 완전히 갖추어야 하겠습니다. 제1차 5개년계획 사업과 제2차 5개년계획 사업은 상호 긴밀한 관련성을 가지고 있기 때문에 일관된 계속사업들이라고 봐야 할 것이며, 여기에는 조금도 공백이 있거나 관련성을 결해서는 안 될 것입니다.

금년부터는 대일청구권에서 들어오는 새로운 재원을 여하히 계획성 있고 효율적으로 사용하느냐, 하는 문제에 대해서 우리의 수입태세와 면밀한 계획, 공정한 집행면에 추호도 소홀히 함이 있어서는 안 되겠습니다. 월남에 가 있는 우리 국군부대에 대한 계속적인 지원과, 추가로 증파되는 부대의 이동과 수송, 그리고 사후처리 문제에 대해서도 세심한 관심과 적절한 조치가 수반되어야 할 것입니다.

간단없이 전개되어 가는 국제정세에 대비하여 우리의 국제적인 지위를 향상시키고, 우리의 국력을 배양하여 해외로 진출할 수 있는 바탕을 보다 튼튼하게 만들어야 하겠고, 나날이 성장하는 국내 산업건설에 가일층 박차를 가하기 위한 기반조성에 더욱 주력해야 하겠습니다.

물가의 안정, 내자동원 체제의 확립과 세수증대, 생산성의 향상과 국제경쟁력의 강화, 시장의 확대 등 실로 벅찬 일거리가 우리 앞에 가로놓여 있습니다. 그리고 동시에 소비자 국민대중의 생활안정도 확보해 주어야 할 중대한 고비의 한 해인 것입니다. 이러한 벅찬 과업을 앞에 두고 우리는 우리가 지닌 책임과 사명감을 다시 재인식하고, 새로운 결의를 가다듬지 않는 한, 이 과업들의 성공적인 성취는 기하지 못할 것입니다."

대통령은 이어서 이제 관록보다는 의욕과 능력, 경력보다는 창의와 실천력을 더욱 존중하는 행정의 새시대가 도래했다고 천명했다.

"우리 한국은 이제 새 역사의 관문에 들어서고 있습니다. 한국이 점한 오늘의 국제적 위치, 시대적 위치를 국민들에게 인식시키기에 앞서, 나는 먼저 여러분들이 똑똑히 인식해 줄 것을 강조하고자 합니다. 새로운 지위로 성장해 나가는 국가에 있어서 필연적으로 요구되는 것은 행정하는 사람, 그것도 지도적 위치에 있는 행정인들의 과감한 사고의 전환인 것입니다.

자유당정부 때의 유능한 행정가가 반드시 오늘의 유능한 행정가로 될 수 없으며, 또 오늘의 유능한 행정가가 내일의 유능한 행정가로 꼭 될 수는 없는 것입니다. 유능한 행정가나 행정인이라는 것은 항상 국가발전의 방향을 예견한 선도적 행정인이나 아니면 적어도 국가발전의 속도에 따라 순응할 수 있는 사고와 능률의 개선자를 말한다는 것을 나는 확실히 말해 두는 바입니다.

소위 구태의연하다는 고루한 행정, 새로운 절차나 새로운 규정으로써 진취적으로 발전시켜 나갈 줄은 모르고, 다만 절차나 규정에만 얽매인 낡은 생리에만 젖어 있는 행정인들은 국가발전과 사회의 진전에 따라 자연도태되어야 한다는 것을 나는 강조하는 바입니다.

관록보다는 의욕과 능력, 경력보다는 창의와 실천력을 더욱 존중하는 행정의 새시대가 이제 왔습니다. 여러분들의 의욕과 능력, 여러분들의 창의와 실천력만이 조국근대화의 실을 거둘 수 있는 원천이라고 봅니다."

대통령은 이어서 근대화에 대한 저항요소 중에는 무가치한 관록과 경력 만능주의 이외에 당장 뜯어 고쳐야 할 잠재적 요소가 행정의 구석구석에 많이 있다고 지적하고 이러한 것들을 과감하게 타파해야 하겠다는 점을 역설했다.

"조국근대화의 결정적 저항요소 중에는 앞에서 말한 무가치한 관록과 경력만능주의 이외에도 우리 행정의 구석구석에는 당장 뜯어 고쳐야 할 잠재적 요소가 한두 가지가 아닙니다. 덮어놓고 중앙에서만 움켜쥐고 있겠다는 중앙집권주의, 능력도 따라가지 못하면서 자리만 높은 데를 바라는 승진운동, 말썽이 생길 듯하고 귀찮은 일은 공연히 차일피일 질질 끄는 습성, 그리고 또 있습니다.

소수 기득권자의 이익만을 위한 일부허가제도, 민원에 복잡한 수속절차를 요구하고 있는 케케묵은 관료인습, 소위 정치인의 압력에 굴복하여 자기 소신대로 하지 못하고 우물쭈물하는 비굴성, 이 모든 것이 오늘날 조국근대화의 속도를 둔화시키는 방해요소들입니다.

우리에게는 무엇보다도 시간이 소중합니다. 하루의 시간을 허비하면 조국근대화가 하루 늦어진다는 것을 명심해야 합니다. 우리 조상들이 낭비한 시간을 우리들이 회복하자는 것입니다. 여러분들은 한 사람 한 사람이 조국근대화의 선봉이요, 기수라고 자부하고 이러한 저항요소들을 과감하게 타파하고 개혁하는 데 앞장을 서겠다는 용기가 무엇보다도 필요한 것입니다. 이러한 과감한 노력 없이, 비상한 결심 없이 안이한 생각으로 조국근대화를 부르짖는다면, 이것은 하나의 공염불입니다."

대통령은 이어서 지방장관들의 창의와 노력이 한 지역의 발전은 물론이고, 그 지역 수백만 시·도민의 복지에 결정적 역할을 하게 된다는 자부와 책임을 통감해 줄 것을 당부하면서 몇 가지 사항에 대해 지시했다.

　첫째, 국민의 소리를 잘 듣고, 이유가 있다면 해결해 주라는 것이다. 국민의 불편을 알고 있으면서도 이에 무감각하고 무반응한 것은 정부의 무성의라는 것이다.

　"지방장관 여러분!

　여러분들이 금년 들어 할 일은 이미 시정방침으로 하달되어 다시 되풀이 언급하지는 않겠습니다. 문제는 정부 시정방침에 따른 지방장관 여러분들의 지역적 배려에 의한 창의적 노력에 달려 있습니다. 여러분들의 창의, 여러분들의 노력이 한 지역·시도의 발전은 물론이고, 그 지역 수백만 시·도민의 복지에 결정적 역할을 하게 된다는 자부와 책임을 통감해 줄 것을 당부하면서, 다음 몇 가지를 특별히 이 기회에 강조해 두고자 합니다.

　첫째, 국민의 소리를 들을 줄 알아야 하고, 또 듣고 이유 있다고 생각하면 해결해 주어야 합니다.

　국민들이 정부에 대하여 무엇을 원하고 있고, 무엇을 희망하고 있는가를 여러분들은 귀담아 들어야 하며, 또 들었다면 성의 있게 이를 해결해 주어야 합니다.

　이것은 정부의 기본적 의무인 것입니다. 국민의 불편을 알고 있으면서도 이에 무감각하고 무반응한 것이 바로 정부의 무성의라 하는 것입니다. 국민의 염원이 수없이 많다는 것을 나는 잘 알고 있습니다. 물론 그 중에는 근본적으로 국가의 힘이 부족하여 해결할 수 없는 것도 있지만, 또 상당한 수의 염원은 여러분들의 성의로써도 능히 해결할 수 있는 것이 그대로 방치되고 있습니다.

한 가지 예를 들면, 도시·지방 할 것 없이 교통난 문제는 국민들의 한결같은 불편인 것입니다.

여러분!

이 나라에 교통부 장관은 왜 있으며, 시장·도지사는 왜 있는 것입니까? 이러한 문제를 해결해 주기 위하여 여러분들은 있는 것이 아닙니까? 버스업자의 이권다툼과 소수 기득권 버스업자의 권익 때문에 서민대중의 희생과 불편이 강요되고 있다는 것이 오늘의 교통난의 정체가 아니고 무엇입니까?

왜 교통부 장관이나 시장·도지사는 이를 모르고 있다는 말입니까? 버스노선의 이권 때문에 교통난이 있는 것이 아닙니까? 이런 것들이 바로 내가 앞에 말한 조국근대화의 저항요소의 표본인 것입니다.

비단 교통난 문제뿐 아니라, 수많은 국민의 염원들이 정부의 무성의로 해결되지 못하고 있음을 반성해야 할 것입니다. 농민들의 비료 타기 불편, 미곡수납의 불편, 시내 버스의 매연, 파괴된 도로의 방치, 관청출입의 불편 등등 이 모두가 정부의 무성의의 소치라고 보는 것입니다."

둘째, 모든 공무원은 세금을 많이 받아들이라는 것이다.

"둘째, 세수증대입니다.

이 문제에 대해서는 내가 기회 있을 때마다 강조한 바 있거니와, 세수증대는 모든 국가공무원의 기본과제인 것입니다.

내가 강조하는 세수증대는 서민에 대한 과세율을 높이라는 것이 아닙니다. 응당 내야 할 세금, 정부를 속이고 장사하는 사람, 미처 몰랐던 세원, 숨어 있는 세원을 찾아서 꼬박꼬박 정액대로 받아들이라는 말입니다.

특히 지방장관은 지방세, 각종 재정수입을 받을 수 있는 대로 많이 받아, 그 돈으로 그 지방주민의 복지를 위한 지방사업을 일으키라는 말입니다. 세금을 많이 받아들이는 것은, 국민으로부터 수임받은 모든 공무원의 임무인 것입니다.

어느 모로 보면, 모든 공무원은 전원이 세무공무원이라 말할 수 있습니다.

나는 앞으로 국세는 물론이요, 특히 지방세·지방재정수입 확대를 위한 각급 지방장관의 업적을 관심 깊게 주시할 것입니다."

셋째, 모든 사업에 대한 투자에 있어서는 최대의 효과를 올릴 수 있는 사업에 투자의 우선권을 두라는 것이다.

"셋째, 투자의 효율화입니다.

모든 사업에 대한 투자는 투자의 효과를 충분히 검토해야 합니다. 최대의 효과를 올릴 수 있는 사업에 투자의 우선권을 두어야 합니다. 이 점에 대해서 여러분이 집행하는 사업 하나하나에 대해서 다시 한번 신중히 검토를 해 보십시오.

투자효과를 크게 기대할 수도 없는 사업에 막연히 예산을 분산 사용하는 것은 예산의 가장 큰 낭비라는 것을 명심하기 바랍니다."

넷째, 행정부처 장관과 각급 지방장관은 소신을 갖고 신상필벌주의로 자기 부하통솔을 해야 되겠다는 것이다.

"넷째, 소신 있는 신상필벌입니다.

최근 각종 감사가 많아서 일을 못하겠다느니, 공무원의 부정이 많다느니 하는 말이 돌고 있습니다. 이 원인이 어디에 있다고 여러분들은 생각합니까? 결국 근본적으로 각급 지방장관의 소신 있는 신상필벌주의의 결핍에서 온 것이라고 단언합니다.

모든 공무원은 자기 부하 공무원을 지도·감독하고 단속할 책임을 지고 있으며, 그 단속은 공정한 신상필벌에서 기대되는 것입니다. 잘한 공무원이 신상의 기회를 얻지 못하고, 잘못한 공무원도 청탁·인정·사정으로 필벌을 피하게 되는 부조리의 관청에서 꼭 부정은 생기고 마는 법입니다.

이 신상필벌이 엄격히 이행될 때, 감사도 필요 없게 될 것이며, 또 부정도 자취를 감추게 될 것입니다. 여러분들은 소신을 갖고 신상필벌주의로 자기부하 통솔에 임해 줄 것을 간곡히 당부하는 바입니다.

끝으로, 오늘 이 회의에서 중앙의 방침, 지방의 건의가 서로 진지하게 토의되어 많은 결론을 얻어서, 각자 임지에 돌아갈 수 있게 될 것을 바라면서, 지방장관 여러분들의 노고를 다시 한번 치하하는 바입니다."

공무원들은 모든 불미한 폐풍을 일소함으로써 능률 있는 행정질서를 확립해 나가야 한다

1967년 1월 4일, 신년시무식에 즈음하여 발표한 담화문에서 대통령은 모든 공무원들은 모든 불미한 폐풍을 일소함으로써 능률 있는 행정질서를 확립해 나가야 한다는 점을 역설했다.

모든 일은 그 출발이 중요하며, 일의 성공은 계획과 착수에 달려 있다. 조국근대화의 성패는 공무원 여러분의 성실과 박력 있는 실천력에 달려 있다. 여러분은 무엇보다도 먼저 기강확립과 엄정한 기풍의 쇄신에 힘써야 한다. 최근에 유능하고 성실한 공무원이 늘어나고 있으나 아직도 일부 공무원들이 구태의연한 무사안일과 사리에 현혹되어 행정기강을 흐리게 함으로써 국민의 지탄대상이 되고 있다. 여러분은 모든 불미한 폐풍을 일소함으로써 능률 있는 행정질서를

확립해 나가야 한다. 특히
금년에 실시되는 총선거에
있어서는 공명선거의 전통
을 확립하여 민주체제를
반석 위에 올려놓는 데 소
신껏 공무원된 본분을 다
해야 한다. 그리고 항상
창의력을 십분 발휘하여
행정의 능률을 최대한으로
높이고 경영관리를 더욱
합리화함으로써 예산과 시
간의 절약에 극력 노력해
야 한다. 어떻게 하면 짧
은 시간 내에 적은 예산으
로서 가장 효율적으로 생
산과 건설의 대과업을 이
룩할 수 있는가에 여러분
의 애국심과 예지가 집약
돼야 한다. 여러분의 탁월

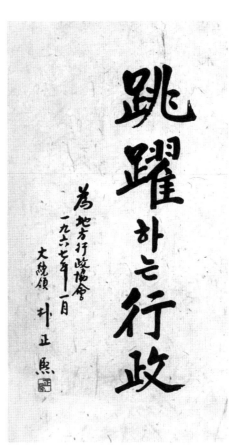

한 창의력과 헌신적인 분발이 발휘되어 그것이 국가발전의 강력한
추진력이 되기를 바란다는 것이다.

"금년은 조국근대화의 제2단계로서, 제2차 경제개발 5개년계획
의 희망찬 출발과 총선거 등 실로 거창한 일들이 중첩된 해로서,
내외의 큰 관심 속에 그 어느 때보다도 여러분의 일대 분발이 요
청되고 있습니다.

우리는 제2차 5개년계획을 성공적으로 추진하여 '아시아'에서 빛

나는 공업국가 건설에 박차를 가하고, 또 태평양지역의 공동의 번영과 자유의지의 승리를 위해서 더욱 단결하고 협동하여, 이 한 해가 민족중흥의 도정 위에 새로운 이정표를 마련할 위대한 '전진의 해'가 되도록 하여야 하겠습니다.

여기에는 무엇보다도 비상한 각오와 결의, 그리고 신념과 패기를 가지고 줄기차게 정진하는 공무원 여러분의 사심 없는 봉사와 솔선수범이 있어야 하겠습니다.

무릇 모든 일은 그 출발이 중요합니다. 일의 성공은 계획과 착수에 달려 있는 것입니다.

한 집안의 융성과 번영이 살림살이를 맡고 있는 주부의 현명과 헌신에 달려 있듯이, 조국근대화의 성패를 가름하는 관건은 바로 공무원 여러분의 성실과 박력 있는 실천력에 좌우되는 것입니다.

나는 여기서 다음 몇 가지 사항을 특히 강조함으로써 여러분의 분발을 촉구하고자 합니다.

먼저 공무원의 기강확립과 엄정한 기풍의 쇄신입니다.

관기의 엄정은 국정의 기본입니다.

최근 시대적 사명감에 투철하고 국민의 귀감으로서 예지와 역량을 지닌 유능하고 성실한 공무원이 늘어나고 있음은 매우 흐뭇한 일이나, 반면에 아직도 일부 공무원들이 구태의연한 무사안일과 사리에 유혹되어 행정기강을 흐리게 함으로써 국민의 지탄의 대상이 되고 있음은 참으로 유감스러운 일이 아닐 수 없습니다.

바라건대 공무원 여러분은 이 민족사전환의 중대한 고비에 처하여, 일신의 소리보다는 국가의 민족 전체의 대리를 생각하는 현명을 견지하고, 이 해에는 모든 불미한 폐풍을 일소함으로써, 명랑하고 능률 있는 행정질서를 확립해 나가는 데 최선을 다해 주기를 당부하는 바입니다.

특히 금년에 실시되는 총선거에 있어서는, 공명선거의 전통을 확립하여 조국의 민주체제를 반석 위에 올려놓는 데, 여러분은 소신껏 공무원된 본분을 다해야 할 것입니다.

또 한가지 공무원 여러분에게 당부해 두고자 하는 것은 항상 창의력을 십분 발휘하여 행정의 능률을 최대한으로 높이는 동시에, 경영관리를 더욱 합리화함으로써 예산과 시간의 절약에 극력 노력해 달라는 것입니다.

어떻게 하면 짧은 시간에 적은 예산으로써 가장 효율적으로 생산과 건설의 대과업을 이룩할 수 있는가에 여러분의 애국심과 예지는 집약되어야 할 것입니다."

전국의 고급공무원들은 조국을 중흥의 길로 인도하는 숨은 역군이 되어야 한다

1968년 5월 29일, 대통령은 전국의 고급공무원들에게 조국을 중흥에의 길로 인도하는 말없는 숨은 역군이 되어 줄 것을 당부하는 친서를 보냈다.

대통령은 이 서한에서 먼저 조국근대화작업의 성패는 고급공무원들의 결의와 노력과 건설적인 집무태도에 달려 있다는 점을 강조했다.

"그동안 여러 가지 어려운 여건 속에서 주민의 소득증대와 향토방위 등 여러 부문에서 눈부신 활약을 하시는 귀하와 산하 직원, 그리고 귀하의 가족에게 대통령으로서 만강의 경의와 치하를 드리는 바입니다.

우리는 지난 5, 6년 동안 왕성한 의욕과 줄기찬 노력으로 낙후된 조국을 후진의 굴레에서 벗어나게 하기 위해서 땀흘려 일해 왔습니다.

이제 우리는 자립과 번영의 문턱에 다달았으며, 희망찬 도약의 도정에 올라섰습니다.

그러나 옛글에도 '가다가 쉬기 곧 하면 아니감만 못하리라'는 말이 있습니다.

다가오는 70년대에 기약된 풍요한 조국을 향한 우리의 발걸음은 중도에서 멈출 수도 없으며, 또 답보할 수도 없고, 그렇게 해서도 안 될 것입니다.

우리는 제1차 경제개발계획에서 얻은 귀중한 교훈과 경험을 바탕으로 다시 착수한 제2차 5개년계획의 올해 사업을 기필코 완수해야 합니다. 그리고 주민의 소득 증대와 향토방위에 만전을 기해야 하겠습니다.

나는 이러한 과업수행에 이바지할 귀하의 공헌에 커다란 기대를 걸고 있습니다.

우리가 태어나서 우리가 살아갈 내 조국의 발전과 번영을 위해 종교보다 더 짙은 의욕으로 스스로 일을 찾아 자신을 불태울 수 있는 기백이 있어야 하겠습니다.

지금 조국은 귀하와 귀하의 산하 직원들에게 땀과 노력과 그리고 최대한으로 발휘될 능률을 요구하고 있습니다. 우리에게는 희망이 있고 미래가 있습니다.

귀하의 그 투철한 신념과 노력을 밑거름으로 하여 '아시아'에 빛나는 우람찬 공업국가를 건설하는 일, 이것은 곧 우리의 후손들에게 물려줄 수 있는 값진 유산이 될 것입니다.

한 인간의 생애를 통해 조국과 민족을 위해, 향토와 이웃을 위해, 그리고 자신과 후손을 위해 이 얼마나 보람 있고 영광된 일이겠습니까. '티끌 모아 태산이라'는 말이 있습니다.

이 거창한 역사적 과업의 성패도 결국은 귀하의 결의와 노력에 달려 있고, 귀하의 건설적인 일상 집무태도에 달려 있다는 것을 언제나 마음 속 깊이 명심해 주기 바랍니다.

한 장의 기안용지를 아끼는 물자의 검약, 하루에 30분 정도를 할애하여 무엇인가 새로운 것을 구상하고 창안해 내는 시간의 선용, 귀하를 찾아오는 주민을 따뜻한 손길로 이끌어 주는 친절한 봉사, 지금까지는 대수롭지 않은 것처럼 보아 넘겨 온 이러한 태도와 자세가 바로 조국근대화의 귀중한 밑거름이 되는 것입니다."

대통령은 이어서 고급공무원들은 내 고장 주민을 위하여 기념비적인 사업을 이룩하기 위해 평생을 바치겠다는 굳은 향토애를 간직해야 한다는 점을 역설했다.

"귀하는 귀하의 부임지에서 언제나 때가 되면 훌훌히 떠나 버린다는 철새와도 같은 관념을 가져서는 안 될 것입니다.

내 고장 주민들을 위하여 기념비적인 사업을 이룩하고, 이 일을 위하여 평생을 바치겠다는 굳은 향토애를 간직해야 하겠습니다.

주민을 위하여 무엇을 해야 할 것인가. 주민의 원망의 소재가 어디에 있는가를 끊임없이 탐구해서 이를 성실히 실천해 간다면 귀하와 주민과의 사이에는 더 한층 강인한 이해와 협조의 유대가 맺어질 것이며, 민족중흥의 우렁찬 전진의 대오는 어떠한 도전과 장애도 이를 막을 수 없다는 것을 확신합니다.

그러나 우리의 전진의 도정은 결코 순탄한 것은 아닙니다.

생산하고 건설하고, 그리하여 우리의 소득을 증대시켜야 한다는 집념과도 같은 우리 소망이 벅차면 벅찰수록, 그러한 우리의 보무가 힘차면 힘찰수록 침략에 혈안이 된 북괴의 야망을 촌시라도 도외시할 수는 없다는 사실을 자각해야겠습니다.

그러기에 우리는 일하면서 싸워야 합니다.

그러기에 우리는 싸우면서 일해야 합니다.

우리의 살림을 윤택하게 하고, 나라를 부강케 하기 위해 일하는 건설의 노력이 바로 공산도배의 적화의 망상을 분쇄하는 길이요, 싸우는 길이요, 총 들고 내 고장, 내 직장, 내 가정을 지키는 자위투쟁이 바로 건설하고 생산하고 창조하여 부강한 복지국가를 건설하는 첩경이라는 것을 귀하의 시범활동을 통해서 주민들이 이해하고 협조하도록 힘써 주기 바랍니다.

　나는 귀하가 관록보다는 의욕과 능력을 앞세우고, 경력보다는 창의와 실천력을 존중하여 사리사욕보다는 국민복리를 위해 헌신함으로써, 주위의 신망과 존경을 한 몸에 지닌 유능한 행정가로 알고 있습니다.

　귀하의 성의어린 노고를 치하드리기 위해서는 서로 두 손목 부여잡고, 흉금을 털어 놓고 싶은 심정입니다만 뜻이 있는 곳에 길이 있는 법. 우리 이 뜻만을 말 없는 가운데도 서로 이해하여, 이 자랑스러운 조국을 중흥의 길로 인도하는 말 없는 역군, 숨은 기둥이 되어줄 것을 당부하는 바입니다.

　귀하와 가족의 앞날에 행복이 조국의 영광과 함께 있기를 축원합니다.”

제2장 신상필벌 원칙에 따라 부정부패 공무원을 정리한다

공직사회의 부정부패 척결 위해 신상필벌 원칙을 밀고 나갈 것이다

1969년 1월 10일, 연두기자회견에서 대통령은 "부정공무원은 가차없이 처단하고 양심적으로 일 잘하는 공무원은 표창하고 발탁하는 신상필벌 원칙을 강력히 밀고 나가야 되겠다는 점을 강조했다.

공무원의 부정부패를 막아야 되겠다는 소신은 5·16 직후나 지금이나 변함없다. 그동안 이것을 시정하기 위한 노력을 해왔으나 과거보다 더 하지 않느냐는 소리가 나올 정도로 별 성과를 거두지 못하고 있는 데 대해 책임을 느낀다. 작년 연말에 부정공무원은 국가에 대한 반역자라고 규정한 바 있는데, 금년에도 공무원 기강확립을 위해 여러 가지 대책을 세워 계속 단속할 것이다. 그러나 중요한 것은 우리 공무원들이 민족중흥이라는 역사적 과업을 추진하는 이 시점에서 공무원의 사명이 무엇인가 하는 것을 자각해야 된다는 것이다.

"공무원 기강확립이란 이야기가 이런 모임이나 무슨 회의나 무슨 일이 있을 때마다 항시 논의된다는 그 자체가 아직까지 우리나라 공무원들의 기강이 바로 서지 못하고 아직도 그런 부정한 공무원이 많이 있다는 증거가 된다고 보기 때문에 대통령으로서는 국민 여러분들에게 대단히 송구스럽게 생각합니다.

그러나 이 공무원들의 부정과 부패를 막아야 되겠다, 이것을 바로잡지 않고서는 국가의 기틀이 바로 서지 않는다 하는 나의 소신은 5·16 직후나 지금이나 변함이 없습니다.

그리고 정부는 이것을 시정하기 위해서 노력을 했지만은 그렇게 여러분들이 기대하는 것처럼 성과를 거두지 못하고 일부에서는 오히려 과거보다 더 하지 않느냐 하는 소리까지 나올 정도로 된다는 것은 정부로서 대단히 책임을 느끼고 앞으로도 계속 이것은 철저히 단속을 해 나가려고 합니다.

작년 연말에 지방장관회의 석상에서 내가 공무원들 기강확립에 대해서 지금 우리가 민족중흥이란 역사적 과업을 추진하고 있는 이 거창한 일에 국가건설의 일익을 담당하고 있다는 이러한 보람을 느끼지 못하고, 여기서 부정을 저지르거나 양심을 속이는 이러한 공무원은 국가에 대한 반역자다, 이렇게 규정을 하겠다고 한 일도 있습니다.

물론 금년에도 정부는 공무원 기강확립을 위해서 여러 가지 대책을 강구하고 있고 대검찰청에서는 오래 전에 계획이 세워져서 연초부터 착수가 돼서 단속이 되고 있으며, 앞으로도 계속 단속을 해야 될 문제입니다.

이제 우리 공무원들은 우리가 지금 역사적인 어떤 시점에 있고 지금 어떠한 일을 하고 있다. 공무원이 이러한 과업을 수행하는 데 있어서의 공무원의 위치가 무엇이다, 사명이 무엇이다 하는 것을 보다 더 자각을 해야 되리라고 생각을 합니다.

그러나 많은 공무원들 중에는 양심을 속이고 부정을 저질러서 공무원 전체에 구정물을 이루는 공무원들이 상당수 있는가 하면, 반면에 적은 봉급에 성실하게 자기 책임을 수행하는 그런 착실한 양심적인 공무원도 많이 있다는 것을 우리는 알고 있기 때문에, 앞으로는 이 신상필벌 원칙에 의해서 부정을 하는 공무원은 가차없이 처단을 하고, 또 양심적으로 일 잘하는 공무원은 표창하고 발탁해서 신상필벌 원칙을 그대로 강력히 밀고 나가야 되겠습니다. 또 이것은

사회정화
축 서울신문사 창간 24주년
1969년 11월 24일
대통령 박정희

주기적으로 할 것이 아니라 꾸준히 계속적으로 밀고 나가야만 실효를 거둘 수가 있다고 생각합니다.”

일부 공무원의 탈선행위로 전체 공무원의 명예가 손상되는 것은 안타까운 일이다

1969년 11월 13일, 제4회 지방장관회의에서 대통령은 먼저 지난번 국민투표 실시기간에 표출된 공무원의 부정부패 문제에 대한 소신을 밝혔다.

우리 국민들은 국민투표에서 정부를 절대적으로 지지하면서도 정부에 대해 많은 비판과 불만을 토로했다. 특히 정부와 공무원들이 부패했다는 것이다. 부정공무원이 있다는 것은 어제 오늘의 일이 아니다. 국민의 지탄을 받고 있는 부정공무원의 정확한 숫자는 제시할 수 없으나 대다수의 공무원들은 적은 보수에도 불구하고 성실하고 정직하게 많은 일을 수행하고 있고, 또 지방장관들이 부정공무원을 단속하기 위해 무한히 애쓰고 있다는 것을 알고 있다. 그러나 일부 몰지각한 공무원의 탈선행위가 근절되지 않아서 전체 공무원들이 똑같은 취급을 받고 명예를 손상당한다는 것은 안타깝고 한탄스러운 일이다. 오늘날 부정부패는 개발도상국의 통폐다. 어떻게 하면 짧은 기간 내에 이것을 완전히 없애느냐가 큰 과제다. 정부는 탈선 공무원에 대해서는 과거에 공로나 업적을 세웠다고 하더라도 사정 없이 처단하고 있고 앞으로도 계속 그렇게 한다는 것이다.

"금년도에는 여러 가지 어려운 일들이 많았습니다. 정부의 중점 시책인 식량증산사업을 비롯하여 주민소득 증대사업, 농업용수 개발사업, 기타 각 지방자치단체에서 추진하는 중점사업과 수차에 걸쳐서 있었던 삼남지방의 수해로 인한 수해복구사업, 또한 최근에 실시한 국민투표 등으로 지방장관 여러분과 여러분 산하에 있는 모든 공무원들의 노고가 많았던 것으로 생각합니다.

그러나 이와 같이 어렵고 많은 사업들이 큰 차질 없이 순조롭게 진행된 데 대해서 여러분과 모든 공무원들의 그간의 노고를 치하하는 바이며, 오늘 이 자리에서는 다음 몇 가지 사항을 강조하고자 합니다.

지난 10월 17일 국민투표 실시기간에 있어 여·야가 전국을 다니면서 유세를 하는 동안에 국민들의 소리를 많이 들었습니다.

국민으로부터 국민투표나 선거시에 쏟아져 나오는 현 정부 또는 집권당에 대한 여러 가지 요망사항이나, 평소에 느끼고 있는 불평·불만 등을 우리는 귀담아 들었습니다.

여러 가지 이야기들 중에는 현 정부와 우리 공무원들이 그동안 애써서 일한 결과에 대해서 칭찬도 있었고, 또 비판도 있었으며, 나아가서는 불평·불만도 많았던 것을 우리는 잘 알고 있습니다.

그 가운데는 현 정부가 그간 일을 많이 했고, 여러 가지 건설도 많이 했다 하는 등 칭찬이 많았는가 하면, 한결같이 도처에서 우리가 들을 수 있는 것은 일을 많이 하고, 건설을 많이 하는 것도 좋지만은, 정부나 정부 안에서 일하고 있는 모든 공무원들이 좀 더 깨끗하고 성실한 공무원이 되었으면 좋겠다 하는 것이 우리 사회 밑바닥에 깔려 있는 국민들의 숨김없는 소리가 아닌가 하는 것을, 비단 나뿐만이 아니라 여러분들도 더 잘 듣고 있으리라 생각합니다.

지난 국민투표에서 우리가 국민들의 절대적인 지지를 받았으나, 그러한 지지 속에서도 국민들이 정부와 우리 공무원들에 대해서 이러한 소리가 있었다는 것은 우리가 앞으로 일을 해 나가는데 어떻게 해야 되겠는가, 스스로의 반성과 자세를 어떻게 가다듬어 나가야 되겠으며, 어떠한 몸가짐을 가지고 국가와 국민들의 공복으로 일해 나가야 하는가 하는 데 대한 하나의 좋은 반성과 분발의 계기가 되었다고 생각합니다.

물론 공무원들 중에 부정이나 깨끗치 못한 사람들이 있다는 것은 최근에 들은 이야기가 아니고 오래 전부터 우리가 듣고 있고, 또 정부나 일선 행정을 맡고 있는 지방장관 여러분들이 이것을 단속하기 위해서 무한히 애쓰고 있는 것도 잘 알고 있습니다.

그리고 내가 알기로는 우리의 많은 공무원들 가운데 얼마만한 수의 공무원들이 국민들로부터 지탄이나 비난을 받고 있는가, 그 정확한 수는 제시할 수 없으나 대다수의 공무원들은 현재 국가로부터 받고 있는 적은 보수에 대해서도 참고, 많은 일을 성실하고 정직하게 수행하고 있다고 나는 생각합니다.

그러나 일부 공무원들 가운데 지각이 없는 탈선행위를 하는 공무원들이 아직도 근절되지 않고 있기 때문에, 전체 공무원들이 똑같은 취급을 받고 명예를 손상당한다는 것은 대단히 안타깝고 한탄스러운 일이 아닐 수 없습니다.

이와 같은 국민의 비판은 일부 부정공무원들도 현 정부 산하에서 우리와 더불어 일하고 있기 때문에, 전체 공무원을 그러한 눈으로 보게 된다는 것을 나는 잘 알고 있습니다.

오늘날 신생국가 치고 부정부패가 없는 나라가 없다고 봅니다. 우리 이웃에 있는 나라, 동남아시아에 있는 나라, 중남미나 아프리카 신생국가 등 여러 나라들도 정도의 차이는 있을는지 모르지만 다 이러한 문제가 있으며, 이 자체가 후진성이라 할까 개발도상에 있는 국가들의 하나의 통폐가 아닌가 생각되며, 바로 이러한 문제가 어떻게 점차로 시정되어 나가고, 어떻게 하면 짧은 기간 내에 완전히 없앨 수 있느냐 하는 것이 큰 과제라고 생각합니다.

따라서 정부는 최근에도 이러한 것이 적발되는 대로 가차 없이 조치하고 있으며, 이러한 탈선 공무원들에 대해서는 비록 그 사람이 과거에 공로나 업적이 있었다 하더라도, 자기의 본분을 망각하고 탈선행위나 공무원답지 못한 행동을 했다든지, 공무원 전체의 명예를 손상시킨 공무원에 대해서는 사정없이 처단하고 있고 앞으로도 계속될 것입니다."

고급공무원의 솔선수범, 부하단속과 교육, 가차 없는 추방은 부패 근절의 방책이 될 수 있다

대통령은 이어서 공직사회의 부정부패를 척결할 수 있는 세 가지 방책을 강조했다.

첫째, 고급공무원부터 국민의 신망과 지지를 받을 수 있도록 솔선수범해야 되겠다는 것이다. 분수에 맞는 생활을 하고, 국민의 공복이라는 자세를 확립하여 처신에 조심하며, 지도적인 고급공무원으로서 가장의 사생활에 이르기까지도 자숙을 해야 한다는 것이다.

둘째, 부하 공무원에 대한 교육과 지도와 단속의 책임을 명심해야 되겠다는 것이다. 탈선 사고를 낸 공무원에 대해서는 법대로 처벌하는 것도 중요하지만, 그것보다도 왜 그러한 사고가 났느냐, 감독책임자는 평소에 사고나 부정을 막기 위해 어떠한 교육과 지도를 했고 조치를 했느냐 하는 것이 더 중요하다.

이런 점에 대해서 감독책임자가 평소에 관심이 없고 아무런 교육이나 감독을 하지 않아서 사고가 났을 때는 감독책임이 있는 상사도 함께 응분의 책임을 져야 되겠다는 것이다.

셋째, 물질적인 면에서의 건설도 중요하지만 보다 근본적으로는 우리의 정신건설이 더 중요하다는 것을 명심해야 되겠다는 것이다.

지금 우리는 조국근대화라는 역사적 과업을 추진하고 있다. 그러나 공무원의 부정부패가 만연해서 손댈 수 없는 상태에서 근대화에 성공한 나라는 없다. 국민들이 물질에만 눈이 어둡고, 공직사회에 부정부패가 근절되지 않는다면 조국의 근대화는 불가능하다.

이 회의가 끝나고 임지로 돌아가면 지방장관들은 산하에 있는 책임자들을 불러 교육과 지도를 하고, 이 책임자들은 다시 부하들 모아놓고 교육을 하도록 해야 한다. 스스로 솔선수범을 하면서 정신 못차린 부정공무원은 가차 없이 공직사회에서 추방해야 한다는 것이다.

"오늘 이 자리에서 여러분들에게 당부하고 싶은 것은, 우리가 이런 노력을 계속하는 데는 우리 고급공무원들부터가 앞장서서 국민들로부터 신망을 받고, 지지와 믿음을 받을 수 있는 공무원들이 되기 위해서 솔선수범하자 하는 것입니다.

우리 자신들로부터 자기 분수에 알맞은 생활을 하고, 또 국민들의 공복이라는 자세를 보다 더 확립하여 모든 처신에 조심을 해 나가야 하겠습니다.

심지어 우리는 자기 가정의 사생활에 이르기까지라도, 우리가 공무원이고 공무원들 중에서도 지도적인 고급공무원이라는 생각을 해서, 보다 더 자숙을 하고 스스로 솔선수범해야 하겠습니다.

다음에는 여러분들 밑에 있는 모든 공무원들에게 대해서도 교육과 지도단속을 해야 되겠다는 책임을 확실히 명심해야 하겠습니다.

물론 여러분들이 아무리 단속을 한다 해도, 수많은 공무원들 중에서 이러한 사고가 전혀 없다고 보장할 수는 없을 것입니다.

나는 어떠한 사고가 났을 때에, 물론 그 사고를 내고 법을 어긴 공무원에 대해서는 법대로 처벌을 하되, 내가 그 보다도 더 관심을 가지는 것은 왜 그러한 사고가 났느냐, 그 공무원을 단속하고 지도감독해야 할 책임이 있는 그 상부에 있는 책임자들이 평소에 이러한 사고나 부정을 막기 위해서 어떠한 교육과 지도를 했고, 어떠한 감독과 조치를 했느냐 하는 것에 대해 오히려 관심이 많은 것입니다.

문제가 발생하면 사직당국에서 법에 의해 모든 것을 처리할 것이지만, 처리 그 자체가 문제가 아니라, 우리가 앞으로 두 번 다시 이러한 사고가 일어나지 않도록 미연에 막기 위해서는 어떠한 조치를 해야 되겠느냐 하는 것이 중요하며, 또한 그러한 사고를 막기 위해서 평소에 어떠한 노력과 어떤 교육을 했고 어떤 지도를 했느냐 하는 것이 중요한 조건인 것입니다.

만약에 그 사고를 낸 공무원의 지도적인 감독책임이 있는 상사가 평소에 그런 점에 대해서 전혀 관심이 없었고, 아무런 교육이나 감독이 없어서 이런 사고가 났을 때에는 직접 지도감독의 책임이 있는 상사도 같이 응분의 책임을 져야 하겠으며, 최선의 조치를 다했는 데도 이러한 사고가 일어났다면 이건 도리가 없을 것입니다.

사고의 원인을 살펴보면, 그 상부에 있는 감독자들이 전혀 그에 대해서 관심이 없었으며, 감시와 감독을 하지 않음으로써 거기에 근무하고 있는 공무원들이 얼마든지 부정을 할 수 있는 소지가 마련되어 있었다는 것입니다.

이와 같은 사고에 대하여는 위에 있는 감독책임자들이 어느 정도의 책임을 져야 되겠다고 나는 생각합니다.

지금 우리는 민족중흥이라는 역사적인 큰 과업을 짊어지고 조국 근대화라는 거창한 민족적인 과업을 추진하고 있습니다.

우리가 역사적으로 보더라도 한 민족이 어떤 시대에 다시 일어나서 세계사에 그 이름을 떨치게 된 경우를 보면 우연히 그렇게 되는 예를 찾아볼 수 없는 것입니다.

여러 가지 객관적인 여건과 정세는 그러한 민족적인 과업을 수행하는 데 도움이나 계기가 되는 것에 불과하고, 근본적인 문제는 그 민족 스스로의 자각과 노력 없이 우연히 자연적으로 되는 예는 없는 것입니다.

따라서 오늘날 이 민족적인 과업을 수행하는 시점에 있어서, 특히 정부의 중요한 책임을 지고 있는 우리들로서는 물질적인 면에 있어서의 건설도 중요하겠지만, 보다 더 근본적인 문제는 우리의 정신적인 건설, 정신적인 근대화가 더욱 중요한 것임을 명심해야 되겠으며, 공무원들의 부정부패가 만연해서 손을 댈 수 없는 상태에 있는 나라가 근대화된 예가 없다는 것을 깊이 인식해야 되겠습니다.

무엇보다도 이러한 역사적인 과업을 수행하는 데 있어서는 역시 국민 전체의 정신적인 자각이 있어야 하겠습니다.

우리 국민 한 사람 한 사람이 역사적인 사명 의식에 투철하고, 국가에 대한 봉사정신이 강렬하며, 또한 높은 민족적 긍지를 가져야만 이러한 역사적인 과업이 수행될 수 있는 것입니다. 만약 모든 국민들이 모두 물질에만 눈이 어둡고, 특히 국가의 근간이 되는 공무원 사회의 부정부패가 근절되지 않는다면, 역사적인 과업의 완수는 도저히 불가능한 일인 것입니다.

이 회의가 끝나고 여러분들이 모두 지방에 돌아가면, 우선 여러분들의 산하에 있는 책임자들을 불러 스스로가 이런 교육과 지도를 해야 되겠으며, 또한 그 사람들은 돌아가서 다시 자기 밑에 있는 부하들을 모아 놓고 교육을 하도록 해야 되겠습니다.

그리고 우리 스스로가 앞장을 서서 솔선수범을 해야 되겠고, 또 정신을 못 차린 공무원은 가차 없이 공무원 사회에서 추방해야 되겠습니다. 이것을 여러분들에게 다시 한번 당부합니다."

우리 공무원들은 '군림하는 관료'에서 '봉사하는 공복'으로 그 체질을 바꾸어야 한다

1969년 12월 27일, 제1회 모범공무원 포상식에서 대통령은 먼저 전국의 정부 각 기관에서 모범공무원으로 선발된 수상자들과 그 가족들을 치하하고 40만 공무원들을 격려했다.

60년대에 우리 민족은 정치적으로 경제적으로 또 정신사적으로 큰 전환과 변혁을 겪었다. 좌절감에서 의욕이 되살아났고 침체에서 생동하기 시작했으며, 부정적, 소극적 생리가 긍정적, 적극적인 것으로 혁신되었다. 이제 우리는 아시아와 세계 속의 한국으로 눈부신 발전과 의욕을 과시할 수 있게 되었다. 이것은 모두가 국민과 함께 묵묵히 일해 온 40만 공무원의 피와 땀의 결정이라는 것이다.

"정부가 번영의 70년대를 앞두고 서정쇄신의 기치를 높이 든 이 시기에 맞추어, 전국의 정부 각 기관에서 모범공무원을 선발하여 포상하는 오늘 이 행사는 큰 의의를 지녔다고 생각합니다.

충분치 못한 보수와 과도한 업무량 등, 여러 가지 어려운 여건을 극복하면서 각자의 직무를 창의와 근면으로 수행하여, 국민의 공복으로서 신망을 받은 오늘의 수상자 여러분과 여러분의 가족들에게 나는 심심한 치하를 드리는 바입니다.

친애하는 공무원 여러분!

60년대는 확실히 우리 역사에서 그 의미가 크게 부각되어야 할 뜻깊은 연대였습니다.

정치적·경제적으로는 물론 정신사적인 견지에서 볼 때, 우리 민족은 큰 전환과 변혁을 겪었습니다. 즉 좌절감에서 의욕이 되살아났고, 침체에서 생동하기 시작하였고, 낙망에서 기생하여 용기와 긍지를 가지게 되고, 부정적 소극적 생리가 긍정적 적극적인 것으로 혁신을 본 것입니다.

이러한 국민적 의지를 바탕으로 하여 한때 일부에서는 과잉의욕이라고 비판받았던 60년대의 모든 경제지표를 오히려 초과 달성하였고, 국방면에서도 국군의 전투능력 향상과 200만 향군의 창설 등 반석 같은 방위체제를 이룩하였으며, 국제사회에 있어서는 정치적 안정과 고도 경제성장의 시범국으로서 다른 나라의 주의와 시선을 집중케 하였습니다.

이제는 아시아의 한국으로 나아가서 세계 속의 한국으로 눈부신 발전의 의욕과 면목을 과시할 수 있게 된 것입니다.

이와 같이 경제·국방·외교면을 통하여 지난 5, 6년간에 우리가 이룩한 거창한 성과는 누가 보거나, 보지 않거나 누가 알아주거나 알아주지 않거나 국민과 함께 황소처럼 묵묵히 일해 온 우리 40만 공무원의 피와 땀의 결정임을 나는 믿어 의심치 않습니다.”

대통령은 이어서 뛰어난 공무원은 포상하고 부정한 공무원은 처벌하는 신상필벌의 원칙을 강조했다.

대다수의 공무원들은 조국근대화에 대한 역사적 사명감을 인식하고 일신의 영화를 버리고 헌신적으로 일하고 있음에도 불구하고 일부 민족적 양심이 마비되어 향락에 눈이 먼 부정공무원이 있다는 것은 가슴 아픈 일이다. 각급 행정기관의 책임자는 국가예산을 낭비하고 공무원의 위선을 떨어뜨리는 범법자가 발생하지 않도록 감독과 지도를 철저히 하고 공무원 동료들은 국민의 지탄을 받는 자가 없도록 동료애와 절차탁마의 정신을 발휘해야 되겠다는 것이다.

"공무원 여러분!

우리 대다수 공무원이 역사적 사명감을 인식하고 조국근대화의 우렁찬 대열 속에 섰음을 자랑으로 여겨, 일신의 영화를 버리고 민족중흥의 역군으로 몸과 마음을 다 바치고 있음에도 불구하고, 일부 민족적 양심이 마비되고 향락에 눈이 어두운 부정공무원이 지상에 보도되고 있는 것은, 실로 가슴 아픈 일이 아닐 수 없습니다. 이러한 사람들은 민족중흥의 성업을 훼방하고 우리의 전진대열을 좀 먹는 독소라고 해도 과언은 아닐 것입니다.

정부는 앞으로도 뛰어난 공무원은 계속해서 포상하고, 그 갸륵한 업적을 사회에 알릴 것입니다. 그와 반대로 부정한 사람에게는 엄한 처벌을 주는 신상필벌의 방침을 더욱 확립시켜 나가고자 합니다.

각급 행정기관의 책임자는, 그 기관에서 국가예산을 낭비하고 공무원의 위신을 떨어뜨리는 범법자가 발생하지 않도록 철저히 감독하고 지도해야 할 것이며, 전체 공무원의 건전한 정신적 자세를 고취시켜 나가야 할 것입니다. 또한 공무원은 동료 상호간 서로 격려하고 절차탁마하여 국민의 지탄받는 자가 없도록 동료애를 발휘해 나가야 하겠습니다."

대통령은 이어서 우리 공무원들은 군림하는 관료로부터 봉사하는 공복으로 그 체질을 바꾸어 국민의 신뢰와 사랑을 받는 공무원상을 형성해야 한다는 점을 강조했다.

중앙부처의 정책, 기획담당 공무원은 새로운 지식을 흡수하고 선진국의 과학적인 행정기술을 도입하여 행정능률을 향상시키고, 일선에서 집행업무를 맡고 있는 공무원들은 친절·공정·신속한 행정처리로 국민의 어려운 문제를 찾아서 이를 해결해 주는 근무자세를 확립해야 되겠다. 그렇게 해야 국민들이 정부를 믿고 정부시책에 호응할 것이며, 근대화작업이 촉진될 수 있다. 정부와 국민 간의 유대가 강화되고 3천만 국민의 대동단결이 이룩될 때 우리의 내부분열을 노리는 북괴는 감히 남침의 마수를 뻗치지 못한다는 것이다.

"우리는 지금 다사다난했던 60년대를 보내고 70년대의 문턱에 서 있습니다. 60년대는 의욕과 개척의 시대요, 중단 없는 전진과 휴식 없는 노력의 시대였습니다. 우리는 이와 같은 정신적 전통을 그대로 이어 받아, 기어코 70년대에는 조국근대화의 민족적 대업을 완성하여야 하겠습니다.

우리들의 강인한 의지와 노력은, 오로지 하나의 구심점을 향해 더욱 굳게 집결시키면서, 그동안 시행착오를 통하여 얻은 귀중한 경험과 발달된 과학기술을 우리의 국가발전에 더욱 효율적으로 동원시켜 나가야 하겠습니다.

공무원 여러분은 민족중흥의 대행진의 선도에 서 있습니다.

조국의 번영과 발전은 여러분의 일거수 일투족에 따라 그것이 늦어질 수도 있고 빨라질 수도 있습니다. 여러분은 군림하는 관료로부터 봉사하는 공복으로 완전히 체질을 바꾸어야 하겠으며, 국민의 신임과 사랑을 받는 새로운 공무원상을 이룩해야 하겠습니다.

중앙관서에서 정책기획 분야에 종사하는 공무원은, 더욱 자기 분야에 필요한 새로운 지식을 흡수하고 선진국에서 개발한 행정기술을 도입하여, 과학적이고 능률적인 성과를 거둘 것이며, 일선 관서에서 집행사무를 맡은 공무원은, 더욱 친절하고 공정하고 신속한 행정처리를 통하여 국민에게 봉사할 것이며, 주민의 어려운 문제를 자진발굴하여 이를 해결하는 근무태도를 확립해야 하겠습니다.

여러분들은 여러 가지 행정 분야에서 각자가 정부를 대표하고 있다는 사실을 항상 잊어서는 안 됩니다.

여러분이 일상 업무처리를 통하여 국민으로부터 신망을 받을 때 국민은 정부를 신뢰하게 되고, 여러분 개개인이 국민을 존경하는 마음으로 대할 때 국민은 정부를 믿고 정부시책에 호응하게 될 것입니다. 여기서 정부와 국민 간의 유대가 강화되고 민족적 대동단결이 성취될 것입니다.

70년대를 목표로 남침을 노리는 북괴가 기도하는 바가 바로 우리의 내부적 분열인 것입니다. 정부와 국민이 유리되고 국민 상호간에 불신감이 팽창할 때, 북괴는 이틈에 잠입하여 분열과 파괴를 선동하여 정치적·사회적 혼란을 조성하려고 획책할 것은 틀림 없습니다.

우리 국민은 세계에서 가장 으뜸가는 높은 반공 의식을 가졌음을 자랑하고 있습니다. 이러한 반공정신의 토대 위에서 고도의 경제성장을 지속하고 3천만 국민의 대동단결이 이룩될 때, 북괴는 감히 남침의 마수를 뻗치지 못할 것입니다.

친애하는 공무원 여러분!

우리는 앞으로 이룩해야 할 수많은 과제에 직면하고 있습니다.

제3차 경제개발 계획을 목표 연도인 1976년 이내에 달성해야 하겠고, 30억 달러의 수출고와 1인당 국민소득 370달러를 달성해야 하겠습니다.

향군의 장비를 개선하고 훈련을 강화하여 국토방위를 더욱 튼튼히 해야 하겠으며, 농어촌의 소득을 증진시켜 도시와 농촌 간의 경제 격차를 좁혀야 하겠습니다. 국토건설 계획을 추진하고 기간산업을 육성해야 합니다.

이와 같은 막중한 시점에서, 나는 공무원 여러분이 안일과 현상

유지를 과감히 타파하고, 창의와 개선의 노력으로 국가와 민족을 위해 적극적으로 봉사해 줄 것을 기대하여 마지않는 바입니다.

여러분은 공무원의 신조 첫 구절에 있는 바와 같이, 민족중흥에 앞장선 길잡이임을 자부하고, 자랑스러운 역사를 후손에게 물려주기 위하여, 각자 맡은 분야에서 가일층 분발 노력해 줄 것을 당부하는 바입니다.

다시 한번 오늘의 영광스러운 수상자와 가족 여러분에게 뜨거운 치하를 보내는 바입니다."

행정공무원은 두 가지 극단으로 흘러갈 가능성이 있다. 그 하나는 공무원들이 국민 위에 군림하는 경우이고 다른 하나는 국민들 앞에 굴종하는 경우가 그것이다. 군림하는 공무원은 국민의 필요나 판단을 무시하고 공무원 자신의 필요와 판단을 국민에게 강요하는 경향이 강하다. 반면, 굴종적인 공무원은 특정의 이해집단의 요구나 이들 이해집단을 옹호하는 정치인들의 압력에 굴복하고 국가의 정책목표를 희생시키고, 국가권위의 침식을 자초하는 경향이 강하다.

군림하는 공무원상은 전제주의나 권위주의 시대의 산물이었고, 굴종하는 공무원상은 민주주의와 대중주의 시대의 산물이었다.

대통령은 국가의 발전과 국민의 복지를 위해서는 이 두가지 형태의 공무원상은 마땅히 청산되고 국민에게 봉사하는 공무원상, 부당한 정치적 압력에 맞서서 소신대로 일하는 공무원상을 확립하고, 봉사행정과 소신행정의 새로운 전통을 세워야 한다는 점을 강조했다.

신상필벌 원칙을 더욱 강화해 나갈 것이다

1970년 12월 17일, 제2회 모범공무원 포상식에서 대통령은 먼저 우리 공무원들은 그동안 국가발전의 기틀을 확립하고 희망찬 새 시대를 여는 데 주도적인 역할을 해왔다는 점을 평가했다.

"장기간에 걸쳐 흘린 피와 땀의 결정으로 국가발전의 기틀이 확립되고, 희망에 찬 새 시대로 접어든 이 시점에서, 묵묵히 열과 성을 다하여 오늘의 번영을 누리게 하기까지 전 공무원의 선두에 서서 향도적 역할을 담당해 온 모범공무원을 찾아서 포상을 하게 된 오늘의 이 행사는 무엇보다도 뜻깊은 일이라 아니할 수 없습니다.

그간, 우리 전 공무원들은 그 어느 때보다도 과중한 업무를 수행하여 왔고, 그러면서도 항상 만족할 만한 처우가 뒤따르지 못한 채, 오직 신념과 사명감을 가지고 맡은 바 직무에 전념하여 왔으며, 그 보람이 오늘의 영광을 가져오게 한 것입니다.

우리는 과거 10년간 전후의 서독이나 일본 못지않게 피나는 노력을 해 왔습니다. 그리고 비판하기 전에 실천했고 실천을 생각하면 곧 착수했습니다. 때로는 일부에서 의욕과잉이다, 시행착오다 하여 대안 없는 비판의 소리도 있었으나, 우리는 중단하지 않고 전진함으로써 과거의 모든 경제지표를 오히려 초과달성하였고, 마침내 온 국민이 정부의 시책을 옳게 이해하고 적극적으로 협력을 하게 되었습니다.

이 경제지표의 초과달성은 여러 공무원의 주도적 역할과 국민의 적극적인 협조가 있었기 때문이라고 보아야 할 것입니다.

우리는 과거 10년간에 많은 것을 배웠습니다. 부지런하면 얼마든지 잘살 수 있다는 것을 배웠고, 내가 한 시간을 더 일하면 우리의 후손이 그만큼 더 빨리 번영된 조국에서 살 수 있을 것이라는 확신을 얻었습니다.

이제 우리나라는 아시아 속의 한국이 아니요, 세계 속의 한국이 되었습니다. 우리는 우리 자신의 성장이나 번영의 길로 매진하는 한편, 새로이 전개되는 태평양 시대에 있어서 이 지역의 평화와 공영을 이룩하는 데 주도적 역할을 담당하고 맡은 바 사명을 다하고 있는 것입니다.”

　대통령은 이어서 정부는 앞으로 신상필벌의 원칙을 더욱 강화해 나가겠다는 뜻을 밝혔다.
　대다수의 공무원들이 국가발전에 총력을 기울이고 있음에도 불구하고 관기를 어지럽히는 일부 탈선 공무원이 있다. 이러한 공무원에 대해서는 정부도 채찍을 가할 것이다. 굽게 자라는 쑥도 삼밭에서 같이 자랄 때는 곧게 자란다는 말이 있다. 모범공무원들은 소수의 그릇된 마음을 가진 공무원을 선도하여 탈선하지 않도록 동료애를 발휘해야 되겠다는 것이다.
　“우리가 오늘의 번영을 가져오게 된 이면에는 남모르는 고충이 없지 않았습니다. 보다 더 잘살 수 있는 조국을 만들기 위하여 공무원 여러분에게 과도한 인내를 강요해야 했고, 때로는 공로를 찬양하기보다 과오를 더 책해야 했으며, 상을 주기보다 벌을 앞세우기도 했던 것입니다.
　대다수의 공무원이 이 중대한 시기에 태어났다는 역사적 사명감을 자각하고, 또한 조국 재건의 역군임을 자랑으로 여겨, 몸과 마음을 바쳐 국가발전에 총력을 기울이고 있음에도 불구하고, 관기를 흐리게 하는 일부 몰지각한 공무원이 있음은 심히 유감된 일이 아닐 수 없습니다.
　정부는 앞으로도 신상필벌의 방침을 더욱 강화하여 공무원으로서의 사명과 좌표를 망각하고 탈선하는 자에게는 더욱 채찍을 가하는 한편, 국가에 공적이 있는 공무원에게는 상을 주는 것을 아끼지 않을 것입니다.
　특히, 모범공무원으로 선발된 여러분은 자신이 그 직무에 정진함은 물론 탈선한 동료가 있을 때에는 서슴치 말고 진심으로 이를 선도하여 주는 동료애를 발휘해 줄 것을 바라 마지않습니다.

옛말에 쑥은 본래가 굽게 자라는 식물이지만은 곧게 자라는 본성을 가진 삼밭에서 같이 자라게 될 때에는 곧게 자란다는 말이 있습니다. 많은 공무원이 모두 애국심을 갖고 정직하고 공정히 일을 해 나갈 때, 소수의 그릇된 마음을 가진 공무원이 있다 하더라도 자연히 탈선을 할 수 없게 될 것입니다.”

대통령은 끝으로 우리 공무원들은 지난날의 관료적이고 비능률적인 공무원상에서 과학적이고 능률적이며, 창의적인 새 공무원상으로 그 체질을 바꾸어 국민의 신망을 받아야 한다는 점을 강조했다.

“나는 발전도상에 있는 우리의 어려운 국가재정 형편으로 인하여, 전국의 공무원들이 불비한 여건 밑에서 얼마나 힘에 겨운 일을 하고 있는가를 잘 알고 있습니다. 정부는 연차적으로 공무원의 처우를 개선하여 왔으며, 앞으로도 계속 개선해 나갈 생각입니다.

국가가 융성해짐에 따라 여러분의 처지도 점차로 나아질 것이므로, 보다 나은 내일을 위해서 오늘의 어려움을 참고 나아가는 인내와 슬기를 견지해야 하겠습니다.

사명의 70년대에 우리가 해야 할 일은 너무나 많습니다.

2차 5개년계획을 매듭짓고 제3차 5개년계획을 성공적으로 수행함으로써 자립경제 건설을 완성해야 하겠으며, 침략에 대비하여 강력한 자주국방 태세를 갖추어야 하며, 또한 우리의 국제적 지위 향상을 위하여 특별한 노력을 기울여야 하겠습니다.

이러한 많은 업무를 효과적으로 수행하기 위해서는 과거의 관료적이고 비능률적인 공무원상에서, 과학적이고 능률적이며, 창의적인 새 공무원상으로 체질을 바꾸어 항상 국민의 신망을 받을 수 있도록 해야 하겠습니다.

공무원 여러분이 국민으로부터 신망받을 때에 그만큼 국민은 정부를 신뢰하고 정부시책에 호응하게 되는 것입니다.

이 순간에도 남침을 노리는 북괴는 우리들의 국민 상호간, 국민과 정부 간의 불신감을 불러일으켜 분열과 파괴로 사회적 혼란을 조성하려고 호시탐탐하고 있는 것입니다.

이때에 우리 공무원은 더욱 빈틈없는 계획과 일사불란한 행정체제를 유지하여, 고도의 경제성장을 지속시킴으로써 국력의 비약적인 신장을 도모해야 하겠습니다.

자고로 정직하고, 성실하고, 근면한 국민을 가진 국가로서 융성하지 않은 국가가 없고, 정직하고, 성실하고, 근면한 공무원을 가진 정부로서 실패한 정부를 보지 못하였습니다.

여러분의 정직성, 성실성, 근면성은 직접 국가의 흥망에 연결되는 것입니다. 그리고 멸사봉공의 정신과 신념은 우리 공무원들이 갖추어야 할 가장 중요한 자격요건인 것입니다.

우리 40만 공무원 한 사람 한 사람이 멸사봉공의 정신과 투철한 신념을 갖고 피땀을 흘려 일할 때에 우리 조국의 앞길에 무한한 영광이 약속될 것입니다.

아무쪼록, 40만 공무원 여러분은 조국의 새 역사 창조의 역군이라는 긍지와 자부심을 갖고 맡은 바 임무 수행에 가일층의 분발과 노력이 있기를 당부하면서, 영예의 수상자와 그 가족 여러분에게 뜨거운 치하를 보내는 바입니다."

서정쇄신 열쇠는 모든 기관의 장과 책임자들이 스스로 솔선하여 시범을 보이는 데 있다

1971년 9월 17일, '비교행정'회의에서 대통령은 서정쇄신의 열쇠는 모든 기관의 장과 책임자들이 스스로 솔선하여 시범을 보이는 데 있다는 점을 강조했다.

"최근 서정쇄신의 일환으로 공무원 사회에 정풍운동이 일어나고 있는데, 이것은 전체 공무원의 명예와 기강을 어지럽히는 일부 소수의 부정 무능 공무원을 도태하기 위한 것입니다.

지난번 지방장관회의 때도 말한 바 있지만, 서정쇄신의 열쇠는 지도층에 있는 사람, 모든 기관의 장과 책임자들부터 스스로 말 없는 가운데 솔선하여 시범을 보이는 데 있다는 것을 거듭 강조하는 바입니다.

서정쇄신과 기강확립은 말만 가지고 되는 것이 아니며, 먼저 웃사람부터 솔선수범하여 실천해 나감으로써 깨끗한 기풍이 위에서부터 밑으로 파급되어 나가야 합니다.

가정에는 가풍이란 것이 있고, 한 나라, 한 사회에는 기강이라는 것이 있습니다.

가풍은 가옥의 기둥과 기둥을 받치고 있는 대들보와 같아서, 이것이 튼튼해야만 그 집이 안전한 것과 마찬가지로, 한 사회와 국가도 기강이 확립되어 있어야만 건실하게 발전해 나갈 수 있는 것입니다.

여러분들은 국가와 사회라는 큰 건물의 주축과 주축을 밑받침하고 있는 주춧돌이라는 긍지와 책임감을 가지고 기강쇄신에 임해야 하겠습니다.

공무원 사회에는 오늘 표창을 받은 상록수 공무원들과 같이 어려운 생활 속에서 오직 자기가 맡은 책임을 묵묵히 수행하고 있는 공무원들이 절대 다수라고 믿습니다.

여러분은 공사 생활을 스스로 말 없이 시범을 보이면서, 성실하고 유능한 공무원들을 발탁해 주고, 무능하고 부정한 일부 공무원은 가차없이 도태시켜 신상필벌의 원칙을 확립해 주기 바랍니다."

서정쇄신은 장기간 지속적으로 추진돼야 한다

1972년 1월 11일, 연두기자회견에서 대통령은 우리 사회의 부정, 부패, 부조리는 정부와 국민이 협력해서 꾸준히 끈기 있게 뿌리뽑는 데 힘써야 한다는 점을 강조했다.

지난번 선거 때 국민에게 약속한 대로 부정부패 척결을 위해 여러 가지 시책을 추진하고 있다. 감사원 강화, 청와대 사정특별보좌관실 신설, 정부부처 자체의 감독기능 강화, 각 부처의 자발적인 서정쇄신운동 전개 등으로 이미 상당한 성과를 거두고 있다.

그러나 서정쇄신은 하루아침에 이루어지기는 어렵다. 오래 지속적으로 노력해야 한다. 또 부정부패나 부조리는 공직사회에만 있는 것이 아니고 우리 사회의 각계 각 분야의 어디나 있다. 따라서 정부가 앞장서서 공직사회의 부정부패와 부조리를 우선 근절하고, 사회 각 분야의 여러 가지 부조리도 국민들이 협력해서 뿌리뽑는 데 노력해야 된다는 것이다.

"작년 봄 선거 때 야당이 정부 여당을 두들긴 가장 큰 정치적 이슈가 부정부패였다는 것을 여러분은 기억하실 것입니다.

나도 선거기간 중에 국민들에게 내 임기 중에 이것을 뿌리 뽑도록 하겠다고 약속을 하였습니다.

나는 선거 때 국민들에게 공약한 대로 나의 이번 임기가 시작되면서부터 비장한 결심을 가지고 이 문제를 앞으로 쇄신하기 위해서 여러 가지 노력을 했고, 지금도 시책을 추진하고 있습니다.

그 동안에 감사원을 대폭 정비 강화했을 뿐만 아니라, 청와대 직속으로 사정특별보좌관실을 신설했고, 또한 정부 내 각 부처의 자체 감독기능을 강화했고, 또 정부 각 부처에서도 자발적으로 서정쇄신운동을 전개하고 있어 현재로서는 이미 상당한 성과를 거두고 있다고 봅니다.

다만, 과거처럼 이것을 떠들썩하게 소리를 내지 않고 조용한 가운데 해내고 있습니다. 조용하지만 과거보다도 훨씬 더 성과있게 지금 진행이 되고 있다는 것을 여러분들에게 말씀을 드리고, 이러한 식으로 앞으로 꾸준히 밀고 나가면 우리 사회의 여러 가지 부조리 현상을 거의 없앨 수 있다는 것을 나는 하나의 신념으로 가지고 있습니다.

그러나 누차 우리 국민들에게 당부한 것처럼 우리 사회의 부정부패, 부조리 현상, 요즈음 말하는 퇴폐풍조, 서정쇄신 분야 같은 것은 일조일석에는 이루어지기 어렵다는 것을 국민들이 이해를 해 주시기 바랍니다.

이것은 역시 정부와 국민들이 협력을 해서 꾸준히 끈기 있게 오래 지속을 해야 할 것입니다. 하다가는 식어 버리고, 또 한때 떠들썩하다가 또 식고, 국민들도 한때에는 협력을 하다가는 또 잊어버리고, 이런 식으로 해 가지고는 성과를 올릴 수 없으며, 정부나 국민이 같이 협력을 해서 꾸준히 밀고 나가야 된다는 것입니다.

그리고 또 하나, 흔히 부정이다, 부조리다 하면 일반이 알기에는 이것은 정부 안이나 우리 공무원 사회에만 있는 것처럼 착각을 하는 분들이 혹 있는 것 같습니다. 우리 사회의 여러 가지 부정, 부조리라는 것이 정부나 공무원 사회에만 있는 것은 결코 아니라고 봅니다.

사회의 각계 각 분야를 우리가 한번 진단을 해 보면, 어디나 할 것 없이 크고 작고 간에 이러한 병폐들이 아직도 상당히 남아 있습니다.

따라서, 우리 모든 국민들이 같이 협력을 해야 된다는 것을 알아야 하겠습니다.

물론, 정부가 솔선수범을 하고 앞장서야 되겠고, 공무원 사회의 이러한 여러 가지 부조리를 우리가 우선 뿌리뽑아야 한다는 것은 두말할 여지도 없지만, 우리 사회의 각계 각 분야에 아직도 뿌리박고 있는 이러한 부조리 현상, 이것도 우리 국민들이 같이 협력해서 뿌리뽑는 데 힘써야 되겠다는 것입니다.

그렇게 함으로써 우리 사회가 보다 밝고 명랑한 사회가 될 수 있다는 것을 말씀드리고자 합니다."

부정부패는 꾸준히 계속 다루어 나가면 반드시 시정할 수 있다

대통령은 이어서 부정부패 문제는 시간이 좀 걸리더라도 꾸준히 계속 다루어 나가면 반드시 시정할 수 있다는 확신을 피력했다.

"부정부패 문제는 우리 사회를 좀먹고 국가사회 발전을 저해하는 가장 고질적인 병폐라고 하겠습니다.

따라서, 앞으로 어떠한 일이 있더라도 이러한 고질적인 병폐를 근본적으로 치유해야 하겠다는 것은 두말할 여지가 없습니다.

내가 정부의 책임자로 앉은 이후 가장 신경을 많이 쓰고, 또 가장 고심을 했던 문제 중의 하나가 바로 이 문제라고 하겠습니다. 나는 요즈음에 와서 이 문제에 대해 이러한 생각을 가지게 되었습니다. 소위 부정부패의 여러 가지 고질적인 문제가 가장 시급하고도 근본적인 문제이기는 하지만, 그렇다고 해서 우리가 너무 성급하게 다룬다고 일조일석에 완치되기는 어렵다는 생각입니다.

왜냐하면, 병도 이것이 고질화되면 치료를 하는 데 상당히 시간이 걸리는 것과 마찬가지로, 우리나라에 있어 부정부패는 우리 사회에 어제 오늘 생긴 문제가 아니라 오랜 뿌리가 상당히 깊게 박혀 있기 때문에, 이것을 완전히 치료하는 데도 역시 상당한 시간을 두고 우리가 꾸준히 다루어 나가야 되지 않겠는가 하는 것입니다. 그렇다고 해서 대통령이 부정부패에 대해서 아주 손을 바짝 들고 이제 못하겠다는 말은 결코 아닙니다. 너무 급하게 서둔다고 해서 당장 문제가 해결되지 않는다는 것입니다. 나는 5·16 당시에 우리가 들고 나온 그 혁명공약을 아직도 분명히 명심하고 있습니다.

어떠한 일이 있더라도 기어코 이것은 뿌리를 뽑아야 하겠고, 또한 뽑겠다는 비장한 결의를 하고 있습니다.

물론, 단시일 내에 이것을 없애려면 방법이 전혀 없는 것도 아닙니다. 어떤 방법으로 하느냐 하면 5·16 직후와 같이 좀 과격하기는 하지만 혁명적인 방법을 쓴다면 일시적인 완치는 가능합니다. 그러나, 이 방법이라는 것은 국민 여러분들이 아시는 바와 같이 대단히 부작용이 크다는 것을 우리가 알고 있고, 이런 방법을 우리가 또 쓸 수 없기 때문에 쓰다가 일단 중지하면 병이라는 것은 또다시 재발하는 것이며, 이와 같이 서서히 재발하는 것이 우리와 같은 체제하의 사회생리라는 것을 우리는 잘 알고 있습니다.

그래서 시간이 좀 걸리는 한이 있더라도 꾸준히 이것을 늦추지 않고 우리가 계속 다루어 나간다면 반드시 이것은 시정이 가능하다는 확신을 가지고 있습니다."

자기분수에 넘치는 허영과 허욕에서 부정한 일을 하게 된다

대통령은 이어서 부정부패는 민요화되어 유행가처럼 누구의 입에서나 오르내리고 있다는 사실을 지적하고 이런 병폐가 생기는 두 가지 원인에 대해 설명했다.

"이것은 우리 사회에서 가장 많은 사람의 입에 오르내리는 문제인데, 심지어 외국의 '뮤르달'이라는 사람이 쓴 책에는 '아시아에 있어서 부정부패의 민요화'라는 표현을 한 것을 본 적이 있습니다. 특히, 아시아 지역의 국가에 있어서는 부정부패, 부정부패 하는 것이 민요화되어 있다. 마치 노래나 유행가처럼 되어 있다. 어떤 사람 입에서도 오르내리고 있다는 것입니다. 우리 사회에서도 그러한 이야기가 많이 오르내리고 있는 것은 사실입니다. 그런데, 왜 이 부정부패가 생기느냐 하는 문제를 다시 한번 검토해 본다면 결국은 자기의 분수를 지킬 줄 모르는 데에서 이런 병폐가 생기지 않느냐, 또는 자기분수에 넘치는 어떤 허영과 허욕을 탐내는 데에서 부정한 방법을 택하게 되고 부정한 일을 하게 되지 않느냐 하는 것입니다.

예를 들면, 한 달에 가령 만 원 수입이 있는 사람은 1만 원에 상응한 생활을 해야 한다는 것입니다. 2만 원 수입이 있는 사람은 2만원으로 자기생활을 꾸려 나가서 거기에 맞추어 들어가야 하고 2만 원 수입밖에 없는데 5만 원이나 10만 원짜리 생활을 하려고 하는 데에서 무리가 생기고, 거기에서 어떠한 부정한 방법을 하지 않으면 안 되게 된다. 즉 자기의 분수를 지킬 줄 모르고 분수에 넘는 어떤 허영 또는 허욕, 수입은 10만 원밖에 없는데 50만 원이나 100만 원짜리 생활을 하려고 그러니까 여기에 역시 무리가 옵니다. 그런 점에 원인이 있는 것 같고 또 하나는 지난 10년 동안 우리 한국 경제의 규모는 양적으로 급격히 팽창했는데 우리 국민들이 근대시민으로서의 훈련이 아직도 좀 미숙한 점이 있지 않느냐 하는 것입니다.

다시 말씀드리면, 경제규모가 팽창되었기 때문에 모든 사람들이 돈을 벌 수 있는 기회가 많아진 것만은 사실입니다. 그러나 돈을 버는 데 있어서 정당한 방법으로 또는 합법적인 방법으로 돈을 벌려고 하지 않고 부정한 방법, 또는 비합법적인 어떤 방법으로라도 치부만 하면 된다 하는 사고방식, 이것도 역시 하나의 허욕이라고 보는데, 이런 데에서 역시 이러한 병폐가 생기는 것입니다."

부정부패 척결은 대통령 혼자의 노력만으로는 안 되며 모든 국민이 협력해 주어야 한다

대통령은 이어서 부정부패 척결은 대통령 혼자의 노력만 가지고는 안 되며 모든 국민이 다같이 협력해 주어야만 된다는 점을 역설했다.

"나는 그동안 이 부정부패를 뿌리뽑기 위한 소위 척결작업을 한 번도 늦춘 적이 없이 꾸준히 진행하고 있습니다. 지금 이 순간에도 이 작업은 진행되고 있는 것입니다. 다만, 과거처럼 신문에 떠들썩하게 나지 않는다는 것뿐이지 조용하게 이 작업은 진행 중에 있다는 것을 말씀드립니다. 그러나 조용하게 한다고 해서 흔히 어떤 사람들은 무슨 송사리만 잡는 것이 아니냐, 재수없는 사람만 걸리고 재수 있는 사람은 더 많이 해 먹고도 슬슬 빠지지 않느냐, 하는 이야기를 하는 것 같은데, 증거만 있다면 송사리고 왕초고 할 것 없이 앞으로는 다 잡겠다는 것이 나의 결심입니다.

다만, 이것을 다스리는 데 확실한 증거가 있어야 합니다. 또 송사리만 잡는다고 불평한다면 살인강도 같은 중범만 잡지 절도나 소매치기는 앞으로 잡지 말라 하는 이야기와 마찬가지인데, 경중을 막론하고 확증만 있으면 지위의 고하를 막론하고 똑같이 다스리겠다 하는 것이 나의 불변한 방침입니다.

다만, 이 점은 대통령 혼자의 노력만 가지고는 안 되겠고, 모든 국민들이 다 같이 협력해 주어야만 시정된다고 생각하는데, 협력하는 데 있어서는 역시 우리가 부정부패 이 자체는 대단히 미워하는 것이 사실이고, 이것을 근절시키는 데 노력은 해야 되겠지만, 그러나 근거가 확실치 못한 근거가 없는 것을 가지고 또는 뜬 소문을 가지고 떠드는 것은 삼가야 되겠습니다.

한 가지 좋은 예가 작년도에 우리 검찰에서 부정에 대한 신고, 고발, 투서를 통계로 계산해 보니까, 그중에서 37% 내지 40%는 전혀 사실 무근한 신고였으며, 청와대 민원비서실에 들어온 진정, 신고, 투서를 통계내 보니까 거의 50%, 절반 이상이 근거 없는 허무맹랑한 사건이었는데, 이러한 사실은 우리가 두 가지 측면에서 볼 수 있으리라고 생각합니다.

하나는, 아주 부정을 싫어하는 국민들이 조그만 무슨 소리를 듣더라도 당장 사직당국이든 청와대든 어디에다가 투서나 진정서를 내어 부정을 시정해 달라는 협조정신이 너무 왕성해서 증거를 확실히 잡지도 않은 이런 사실이 있을 수도 있는 것이고, 또 하나는 공연히 증거도 없는 것을 남을 중상하기 위해서 하는 사례도 적지 않다고 봅니다. 우리가 부정한 사람을 적발해서 이것을 시정하는 일도 대단히 중요하지만, 공연히 혐의가 없는 선량한 사람을 다치게 하는 것도 우리는 삼가야 합니다. 여러분도 터무니없는 소문이 돌고 모략을 당한 일이 있겠지만, 나도 그러한 피해를 입은 사람의 한 사람입니다.

한 가지 이 자리에서 예를 든다면, 몇 년 전에 서대문 부근에 누가 큰 집을 하나 지었습니다. 그리고 그 지붕을 청기와로 이었던 것 같아요. 그러니까 한때 그 인근에서 무슨 소리가 났느냐 하면, 이것은 박 대통령이 이 다음에 대통령을 그만두며 살려고 누구를 시켜서 짓는 집이다, 하는 소문이 파다하게 돌았다는 것입니다.

나도 그 소문이 전혀 모르는 소리이기 때문에 그런가 했다가 여러 번 그러한 보고가 들어오기 때문에 한 번 조사를 시켜 보았어요. 짓기는 어떤 이름도 모르는 사람이 자기 개인집을 지은 모양인데, 청기와라고 하는 것은 청와대밖에 없는데 청기와를 이는 것을 보니까 이것은 틀림없이 대통령이 집을 짓는가보다 해서 인근에 그러한 소문이 퍼졌던 모양입니다. 예를 들자면, 이런 일도 있다는 것입니다. 그러나 나는 아직까지 그러한 사실이 없다는 변명을 한 일도 없고 할 필요도 없다고 생각합니다만, 세상에는 부정을 없앤다는 미명하에 공연히 이렇게 근거도 없이 피해를 입는 국민도 많지 않느냐 이러한 것도 우리가 막아야 되겠다고 생각합니다.

그러니까, 국민들이 이 문제에 대해서 협력을 해 주실 때에는 확실한 증거를 가지고 해 주어야지 그저 어디에서 들은 소리, 뜬소문이라든지 또 근거 없는 소리, 더구나 남을 중상하는 것은 우리가 특별히 삼가야 되겠습니다.

부정부패를 뿌리뽑기 위해서는 건전한 사회기풍과 사회기강을 바로잡아야 한다

대통령은 끝으로 부정부패를 뿌리뽑는 방법으로 두 가지를 제시했다.

"그러면 우리 사회에서 이 부정부패를 완전히 뿌리뽑는 방법이 무엇이 있겠느냐 하는 문제가 되겠는데, 역시 여기에는 지금 우리가 하고 있는 여러 가지 노력이 앞으로도 그대로 계속되어야 되겠지만, 역시 건전한 사회기풍과 우리 사회의 기강을 바로잡는 데에서 이러한 문제가 시정이 된다고 봅니다.

여기에는 물론 사회 각계각층의 지도층에 있는 분들이 솔선수범해 주어야 되겠고, 특히 사치 또는 낭비를 우리 국민들이 모두 배격하고 자기분수를 지킬 줄 알고 모든 국민들이 보다 근면하고 검소하고 절약하는 기풍을 일으키고 자기가 맡은 책임을 충실히 이행할 줄 아는 근대시민으로서의 모럴을 우리가 확립해야 되겠다고 생각합니다.

지금 특히 이 자리에서 또 한 가지 국민 여러분에게 말씀드리고자 하는 것은, 우리 사회의 발전에 여러 가지 저해가 되는 것이 물론 이 부정부패가 가장 으뜸가는 문제이기는 하지만, 우리 사회에서 부정부패가 완전히 없어졌다, 그러면 다른 문제도 거의 다 해결이 되리라고 봅니다만, 그러나 부정부패만의 문제는 아닙니다. 그 외에도 여러 가지 문제가 있다 이것입니다. 즉, 무엇이냐 하면, 모든 국민들이 자기책임을 충실히 이행할 줄 아는 사회의 기강, 이것도 우리가 바로잡는 데 보다 더 노력해야 되겠다는 것입니다.

한 가지 예를 든다면 가령 버스운전사가 버스를 몰고 가는데, 그 버스는 수십 명의 손님을 태우고 운전을 합니다. 자칫 잘못하면 그 수십 명의 생명을 잃는 중대한 책임을 진 것이 역시 버스의 운전사입니다. 그러니까 버스운전사는 운행할 때 절대 술을 마셔서는 안 된다는 규정이 있습니다. 그런데 출발하기 전에 버스운전사가 날씨도 춥고 하니까 어디 대포라도 한 잔 하고 가자 해서 대포집에 가서 대포를 한 잔 먹고 버스를 운전하다가 도중에 졸리고 해서 운전을 잘못 했기 때문에 차가 낭떠러지에 떨어져 그 결과 수십 명의 손님들이 귀중한 생명을 잃었다, 운전사가 대포집에 가서 대포 한 잔 마신 것을 가지고 더구나 제 돈을 가지고 사먹은 것을 부정부패라고는 할 수 없을 것입니다. 그러나 그 결과는 어떠냐, 어떤 공무원이 돈 몇만 원의 부정을 한 것보다도 몇 배나 더 중대한 과오를 범했다. 이것은 무엇이냐, 운전사는 일반국민입니다. 민간인입니다. 국민도 자기가 지켜야 할 기강, 즉 운전사면 운자사로서, 수십 명의 귀중한 생명을 태우고 다니는 운전사로서, 자기가 지킬 기강을 누가 보든 안 보든 철저히 지켜야 하겠다는 것입니다.

요 얼마 전에 제주도에서 떠난 남영호라는 배가 육지로 오다가 남해 어디에서 침몰되었습니다. 물론 거기에는 손님을 더 태웠다, 짐을 더 실었다는 여러 가지 문제도 있습니다만 배가 난파해서 SOS를 쳤다는 것입니다. 그때 남해안의 어떤 무전국의 숙직하는 무전사

가 그 자리를 꼭 지키고 앉아서 그 무전을 받아 즉각 그것을 관계기
관에 전달해서 구조작업에 나갔더라면, 수백 명의 생명을 전원 구출
할 수 있거나 혹 전원을 구하지 못했다 하더라도 상당한 인원을 구
하지 않았겠느냐 하는 것입니다.

　그런데 그 무전국의 무전사는 가령 그 숙직실에서 졸았다, 잠깐
자기 볼일 보러 어디 나가서 그 자리를 비웠다, 그러니까 무전이 와
도 받을 사람이 없었다, 전달을 못했다. 이 경우에 숙직실까지 나와
서 거기에서 졸고 있었던 그 직원은 부정부패했다고는 할 수 없어
요. 근무태도가 나빴던 것입니다. 그 자리를 떴다, 근무지를 이탈했
다, 역시 이것은 관리 또는 직원으로서 자기가 맡은 책임을 충실히
이행을 하지 않았다, 이것은 결국 기강이 해이되어서 그런 결과가
나왔습니다. 그 결과는 무슨 부정을 얼마 했느냐 하는 것과는 문제
가 될 수 없는 중대한 결과를 초래했습니다.

　그렇기 때문에 우리가 부정부패를 시정하는 데도 모든 국민들이
서로 협조를 해야 되겠지만, 그 밖에 우리 공무원들이 지켜야 될 기
강, 즉 공무원들이 지키는 기강을 우리는 '관기'라고, 그리고 군인
이 지키는 기강을 '군기'라고 그럽니다. 일반국민들이 지켜야 될 기
강은 이것을 '사회기강' 또는 '사회윤리' 등 아무렇게 표현해도 좋습
니다만, 한 마디로 우리가 자기가 책임질 일을 완수해야 되겠다는
것입니다. 이렇게 함으로써 우리 사회가 보다 건전하고 밝은 사회가
될 수 있습니다. 우리가 70년대에는 종전부터 해 오는 자주국방이
다, 자립경제다 하는 국가목표를 위해서 보다 더 강력히 분발해 나
가야 될 줄 압니다.

　그러나 여기에 있어서 우리 사회의 정신적인 개발 또는 자주국방,
자립경제의 밑바탕이 될 수 있는 사회의 도의와 윤리재건이라는 면
에 있어서 우리 국민들이 보다 더 노력해야 되겠고 협력해야 되겠

습니다. 이렇게 함으로써 우리 사회는 보다 건전하고 보다 명랑한 사회가 될 수 있고, 또 우리가 추진하는 이런 모든 국가목표에 보다 빠른 시일에 도달할 수 있습니다. 그러니까 우리는 70년대에는 우리가 지금 하고 있는 이 모든 과업을 그대로 추진하되 여기에 하나 더 정신적인 건설을 가장 앞세우는 70년대가 되었으면 하는 것을 여러분들에게 당부하는 바입니다."

재무부는 산하기관의 부정부패를 추방해야겠다

1973년 1월 17일, 재무부 연두순시에서 대통령은 먼저 재무부 산하기관들의 기강확립과 부정부패를 추방하라고 지시했다.

"우리 경제가 빨리 자립경제를 이룩하고 80년대 초에 완전히 자립과 번영을 달성하기 위하여는 물간안정, 기술의 급속한 개발, 내자동원의 극대화 등 해야 할 일이 많은데, 그중 내자동원에 힘써야 할 것입니다.

내자동원은 국세청, 관세청, 전매청, 조달청 등 외청에서 거두어들이는 세금이나 세입이 대종을 이루고 있으므로 앞으로 이 분야의 모든 공무원은 혼연일체가 되어 사명감을 가지고 능률을 올려주어야겠다는 것을 연초에 다시 한번 강조해 두는 바입니다.

전매청, 조달청, 국세청, 관세청의 4개 외청은 그동안 업무체제와 행정능률면에서 많이 향상되고 실적도 많이 올리고 있고, 특히 국세청은 기강을 확립하고 부정을 막는 데 부단한 노력을 하고 있는 것으로 알고 있습니다.

그러나 간혹 사고가 일어나고 있습니다. 물론 기강확립을 위해서는 제도적으로 여러 가지 고쳐야 될 점도 있겠지만 보다 중요한 것은 공무원이 국가공무원으로서, 특히 세무공무원으로서 또는 세관공무원으로서 국가목표 달성에 있어서 내가 맡고 있는 책임과 업무가 얼마나 중요한 것인가를 올바로 인식하는 투철한 사명감과 정신적 자세가 확립되어야 하겠다는 것입니다.

사람은 물질에 대하여 유혹을 당하기 쉽고, 세무공무원이나 세관공무원들이 유혹을 당하지 않으려고 노력하더라도 업자나 일반국민들이 유혹하는 경우가 있는데 결코 유혹당하지 않아야 되겠습니다.

일찍이 실학자 다산 정약용은 그의 저서인 목민심서에서 "뜻을 세워서 일하는 젊은 사람은 큰 야망을 가져라"고 갈파한 바 있습니다.

즉, 일을 열심히 해서 대성하겠다는 야심을 가지라는 뜻입니다. 큰 이익을 얻을 사람은 적은 이익은 거들떠보지도 않습니다. 내가 앞으로 훌륭한 사람이 되겠다, 또는 어떤 일에 크게 성공을 하겠다는 큰 뜻을 가지고 있을 때는 유혹을 물리칠 수 있으나, 큰 야망이 없는 사람은 큰 이익을 버리고 작은 이익에 끌리기 쉽고 유혹받기 쉬운 것입니다.

국세청이나 관세청의 공무원은 대부분이 고등교육을 받은 사람들이기 때문에 이런 것을 충분히 인식할 수 있는 데도 불구하고 유혹을 잘 받는다는 것입니다.

자기 자신을 좀 더 아끼고 세무공무원으로서 훌륭하게 되어 보겠다는 사람은 어떤 유혹이 있더라도 거들떠보지도 말아야 합니다.

누가 유혹하더라도 유혹당해서는 안 되겠다는 정신적 자세만 확고하면 어떠한 유혹에도 현혹당하지 않는 법입니다.

우리가 앞으로 세계 속의 한국으로서 세계의 어디에 가서나 가슴을 쫙 펴고 큰 소리를 할 수 있는 대국민이 되려면 공무원의 기강이 딱 서서 한국에 여행 온 외국인이 '한국의 세관공무원은 손톱도 안 들어간다'고 할 정도가 되어야 하고, 또 국민들이 뇌물 주고 세금을 적게 해 달라고 해도 '국세청 공무원은 손톱도 안 들어간다'고 할 정도로 깨끗한 기풍이 싹터야 합니다. 이와 같은 정신적 자세와 기풍이 공무원 전체 사회에 바로 서고 국민 전체가 한 덩어리가 되어 우리의 국가목표가 무엇이라는 것을 인식하고 자신의 책임과 업무의 중요성에 대한 사명감이 확립되어야 하겠습니다. 그렇게 될 때 공무원 하나에 의한 부정이 공무원 전체 사회, 나아가서 대한민국 전체의 불명예가 된다고 스스로 자각하고 어떠한 유혹에도 굴하지 않게 되어 우리 민족의 무서운 저력을 발휘하게 되는 동시에, 부조리와 비능률, 불합리를 제거하고 시정하는 한 10월유신의 이념을 구현하게 될 것입니다.

10월유신의 이념과 목표에 관해서는 연두기자회견 때도 밝힌 바 있지만 그중 가장 중요한 것이 정신적인 면에서 과거의 부조리, 비능률, 불합리를 과감하게 제거하고 시정하는 것입니다.

이를 위해서는 물론 법도 만들고, 제도도 만들어야 할 것입니다. 그러나 보다 근본적인 것은 모든 공무원들이 스스로 자각하고 깨닫고 반성하여야 한다는 것입니다.

국민들로부터 공무원 사회가 부패했다는 소리를 듣거나 또는 외국인으로부터 '대한민국 공무원은 돈이면 다 통한다'는 소리를 듣는다면 이것은 전체 공무원의 불명예다 하는 생각을 가져야 하며, 그래야만 기강이 똑바로 섭니다.

앞으로 우리 세무공무원은 누가 뇌물로 돈을 주면 공무원증을 제시하고 절대로 받지 않는다는 새로운 기풍을 세워야겠습니다.

감독반을 만들고, 법으로 제제하고, 통제하는 것보다는 정신교육을 많이 시켜서 공무원 한 사람 한 사람이 마음속으로부터 스스로 '부정한 일은 안 해야 되겠다. 부정은 나 개인의 불명예이며, 나아가서는 우리 대한민국과 한국민족 전체의 불명예다'라는 생각을 갖도록 하면 부정은 저절로 없어질 것으로 봅니다."

대통령은 이어서 전매청에서는 담배와 인삼의 질을 향상시켜 외화획득에 힘쓰라고 지시했다.

"그동안 전매청에서는 담배증산을 위하여 노력을 많이 하였고 질도 많이 향상시킨 것으로 알고 있습니다.

금년에는 관광객을 비롯하여 출입국 인원이 약 50만 명이 될 것으로 예상되는데, 우리나라 담배의 질이 좋고 독특하면 많이 사가지고 갈 것이며, 그만큼 외화획득에 기여할 것입니다.

또한, 피엑스(PX)에서 담배가 어느 정도 흘러나오는지 모르지만 이것을 막기 위해서도 우리 담배의 질을 어느 수준까지 올려놓아야겠습니다. 따라서 전매청에서는 담배 질을 향상시키는 데 계속 노력해야 하겠습니다.

인삼제품도 마찬가지로 일차적으로는 그 질이 좋아져야 되겠고, 그 다음에 포장이 훌륭해야 합니다. 그래야 제값을 받습니다.

요즈음 품질은 상당히 좋아지고 있는데 포장하는 데 관심이 적은 것 같아요. 우리나라 인삼은 상당히 질이 좋은 것인데 옛날 문종이 같은 것으로 포장해 놓으면 촌티가 흘러서 제값을 못받습니다. 포장값을 아끼지 말고 포장을 잘 하여 그만큼 값 전체를 비싸게 받아야 하겠습니다.

최근 세관에는 체화되어 있는 물자가 상당히 많이 있고 또 기한이 오래된 것도 많이 있다고 하는데, 재무부 장관은 세관에 체화되어 있는 물건의 목록, 수량과 체화기간 등의 일람표를 만들어 국무회의 때 국무위원들에게 한 달에 한 번씩 회람시켜 관계장관이 필요한 조치를 취할 수 있도록 함으로써 체화물자를 신속히 처리해 나가야 하겠습니다."

모든 공무원들은 행정능률 향상에 많은 관심과 노력을 기울여야 한다

1973년 1월 19일, 총무처 연두순시에서 대통령은 먼저 정부의 모든 공무원들은 행정능률 향상에 많은 관심과 노력을 기울여야 한다는 점을 강조했다.

"행정의 능률 향상 문제에 대해서 총무처뿐만 아니라 정부에 있는 모든 공무원들이 좀 더 관심을 가지고 노력을 해야 되겠다는 것을 강조합니다.

우리가 어떻게 하면 능률을 최대한으로 올리느냐? 그러자면 시간을 단축하고 속도를 빨리 할 수 있는 타자같은 것을 많이 보급해서 행정을 기계화해야 되겠는데, 그동안 타자가 많이 보급이 돼 있는 줄 알았는데 현재 40% 정도밖에 보급이 안 돼 있어, 이런 것은 예산을 좀 더 쓰더라도 빨리 보급을 해서 공무원들은 누구든지 타자를 찍을 수 있도록 돼야겠어요.

지방에서도 가보면 타자 치는 사람 따로 있고 공무원들은 일이 있으면 전부 거기다 가져다가 주는데, 물론 어떤 단계까지는 그런게 필요할지 모르지만 어지간한 건 공무원들 자신이 직접 타자 있는 데 앉아서 두루룩 칠 수 있는 이런 정도가 돼야지요.

지금 전국에서 공무원 43만 또는 44만 명이 하고 있는 행정에 있어서 타자를 보급하는 것과 하지 않는 것과는 그 능률에 있어서 굉장한 차이가 있습니다. 타자뿐만 아니라 컴퓨터를 최대한으로 활용해서 통계라든가 다른 자료, 이런 것이 기계적으로 자동적으로 척척 나와서 일일이 앉아서 따지고 서류를 뒤적거리지 않더라도 가장 정확하고 빠르게 처리될 수 있도록 행정업무를 기계화함으로써 능률은 크게 향상될 수 있다고 봅니다.

우리가 능률을 올리자면 또한 기구를 어떻게 짜느냐, 어떻게 하면 적절한 인원배치를 하느냐 하는 것이 중요하고, 그런게 다 잘 돼 있더라도 횡적관계, 상하관계, 행정업무 체계가 딱 서고 협조관계가 확실히 돼 있어야지, 그것이 안 돼 있고 여러 개의 기구를 늘어놓으면 늘어놓을 수록 일이 더 빠를 것 같은데 서로 권한 주장만 하고 일처리가 지연되고 이래가지고 능률이 올라가지 않는다, 이런 것도 우리가 연구를 해야겠습니다.

행정능률이 향상되는 데 있어서는 가급적이면 행정기관의 서류양식을 규격화, 통일화해 면단위나 중앙정부 단위나 거의 같게 하는 것도 도움이 되리라고 봅니다.

또 하나, 능률을 올리려면 불필요한 행사를 좀 줄이라 이겁니다.

통계에 나왔는데 우리나라에 무슨 날, 무슨 날이 그리 많아요? 일년 365일 어떤 때는 하루에 행사만 하다가 딴일 못 볼 것 아니냐 이말입니다. 그런게 민간단체가 하는 것도 아니고, 내가 보기엔 그거 할 땐 꼭 관계장관이 나가서 축사라도 한 마디 해야지, 저녁엔 또 칵테일 파티라도 해야 되고, 물론 필요한 건 해야되겠지만 불필요한 것을 너무 많이 만들어 그런 것에 시간 낭비해선 안 되겠다 이거예요. 시간이 바쁜데 그런데 시간낭비하고, 정력낭비하고 언제 일하느냐 이겁니다."

공무원들은 국민 위해 봉사하고, 국민이 본받을 수 있는 자세와 행동을 솔선수범해야 한다

대통령은 이어서 우리 공무원들은 국민들에게 봉사하고 정부가 하는 일에 항상 앞장서서 솔선수범하여 국민들이 본받을 수 있는 자세와 행동을 취해야 한다는 점을 역설했다.

"우리 공무원들은 국민들에 대해서 봉사를 하고 언제든지 앞장을 서서 솔선수범하고 국민들이 모두 본받을 수 있는 그런 사람이 되어야겠습니다. 그런 의미에서 언제든지 정부나 국가에서 주장하는 일은 솔선수범해야 되겠다 하는 이야기입니다. 예를 들면 우리가 지금 사치라든지 낭비라든지 이런 것을 하지 말자는 운동을 하고 있는데 제1차적으로 공무원들이 맨 먼저 앞장을 서야 한다, 가령 가정의례준칙을 우리가 이행하려면 공무원부터 먼저 해야 된다, 공무원들이 지키지 않아서 경고처분을 당하면 이런 공무원들 자세 가지고는 국민들에 대한 솔선수범이 안 된다, 정부에서 과거의 번다하고 비용이 많이 드는 가정의례를 간편하고 예산도 덜 들고 시간도 덜 들도록 고친 의례준칙을 만들었는데 왜 이런 것을 안 지키고 집에 가서 엉뚱하게 옛날 하는 식으로 그대로 하고 있느냐 이겁니다. 정부에 근무하고 있는 공무원으로서 이런 것은 나부터 먼저 수범을 해야겠다는 그런 생각이 있어야지 자기 가정에서는 하지 않으면서 일반국민 보고 하라고 하는 공무원들의 자세부터 되먹지 않았다 이겁니다."

신규채용 하급공무원은 모두 지방행정기관에서 근무시켜서 경험을 쌓도록 해야겠다

대통령은 이어서 새로 채용하는 하급공무원은 모두 지방행정기관에서 몇 년 근무시킨 후 성적이 우수한 공무원은 중앙부처로 뽑아 올리고 중앙부처의 오래된 공무원은 지방으로 내보내는 교류제도를 연구해 보라고 지시했다.

"그리고 새로 채용하는 하급공무원들은 지금 전부 중앙관서에 와서 근무하다가 거기에서 그냥 애를 먹는데 새로 채용하는 사람들은 모두 지방행정기관에 보내 근무를 몇 년 시켜서 거기서 성적이 좋으면 중앙부처에 뽑아올리고 여기에 있는 사람들은 보내고 하는 이러한 것은 제도적으로 안 되나요?

군 같은 데에서는 육군사관학교 4년간 아주 철저한 교육을 시켜서 나온 초급장교들을 당장 육군본부나 그런 데로 가지 않고 저 일선 시골 지방에 가서 일선 병사들과 일년이든지 얼마동안 소대장 근무를 하고 그런 경험을 쌓은 다음에 중대든지 대대본부에 올라오고 그 다음에 연대에 올라오고 그 다음에 성적이 좋으면 사령부 같은데에서 근무하고 고급 지휘관으로 나가고 그러는데, 육군사관학교 나와 처음부터 육군본부에서 육군 소위부터 일을 해오면 경험이라든지 크게 발전을 하지 못해요. 공무원들도 처음에 채용한 사람은 일정한 기간 공무원으로서의 복무자세라든지 훈련을 시킨 다음에 일선 지방에 내보내서 거기에서 근무하다가 얼마 보내고 위에 가고 또 위에 가는, 오래된 사람은 내보내는 이러한 교류가 있는 것이 좋지 않겠느냐 나는 그런 생각입니다. 연구를 해보세요."

공무원의 생활안정보장 수준의 봉급인상은 80년대 1000달러 소득 달성 때까지 기다려야 된다

대통령은 끝으로 우리 공무원의 생활안정이 보장되는 수준까지 봉급을 올려줘야 하겠으나 지금 현재로서는 국가재정 형편 때문에 연차적으로 올릴 수밖에 없고, 80년대 1천 달러 소득이 달성될 때까지는 어려움을 참고 이겨나가야 한다는 점을 설명했다.

"정부에서는 나쁜 짓을 한 공무원을 처벌하지만 그래도 내가 생각하는 것은 처벌보다는 잘한 공무원을 찾아내 포상하고 사기를 올려줌으로써 모든 공무원들이 일을 능률적으로 하지 않겠느냐, 그것이 위주고, 정신 못차리고 나쁜 짓을 한 사람을 처벌만 하는 것이 능사가 아니다, 그것이 나의 통솔방침입니다. 공무원들 중에서 훌륭하고 유능하고 정신자세가 좋은 공무원이 압도적으로 많다는 것을 나는 항시 강조합니다. 그 가운데에 그야말로 일어탁수 격으로 몇몇 정신 차리지 못한 공무원들이 있기 때문에 전체 공무원들의 노고에도 불구하고 일반국민들은 공무원이라고 하면 전부 그런 것이 아니냐 하는 생각을 하고 있는 것으로 나는 알고 있습니다. 상벌은 같이 겸해야 되겠지만 1차적으로는 잘한 사람은 우리가 사기를 올려줘서 일을 열심히 하는 여기에 치중해야 된다고 생각합니다. 그것을 하기 위해서는 공무원들이 생활에 대해서 불안을 느끼지 않고 생활이 보장되도록 해야 되겠다, 이것은 나뿐만 아니라 각 부처에 있는 장관들이나 여기에 있는 모든 사람들이 평소에 생각하고 노력을 하지만 현 단계에서 우리나라의 재정형편으로서는 현재 공무원들의 대우는 그 이상 갑자기 높여 줄 형편은 못되는 것입니다. 공무원들은 그것을 알아야 됩니다. 연차적으로 이것이 올라간다, 그동안에는 연금제도 같은 것을 발전시켜 장기복무를 하고 정년이 되어서 나간 사람들은 퇴직 후에 생활보장을 해준다든지, 재직 중에도 병에 걸렸다든지, 자녀를 학교를 보낸다든지, 그런 일이 있을 때에 특혜를 준다든지, 공무원 사택 같은 것을 만들어서 주택문제를 해결해 준다든지, 이런 것들은 정부의 재정형편이 좋아지는 대로 연차적으로 해결을 해 나갈 것입니다.

그러나 무엇보다도 가장 중요한 것은 봉급을 어떻게 생활안정이 되는 데까지 올려줘야 되는데 현재까지로서는 다 해 주기는 곤란하다는 것입니다. 우리가 앞으로 '80년대에 국민소득을 천 달러 정도까지 끌어올리는 것은 하나의 목표로 삼고, 그 때까지는 우리가 어렵더라도 참고 나가자는 것입니다. 물론 천 달러가 됐다고 해서 모든 국민들이 다 천 달러가 되는 것은 아닙니다.

어느 나라도 마찬가지입니다. 미국 국민들이 지금 GNP가 4천 몇백 달러라고 하지만 모두가 4천 달러가 되느냐. 많은 사람은 몇만 달러가 되는 사람도 있고 안 된 사람은 천 달러도 안 되는 사람이

상당수가 있을 것입니다. 우리나라도 마찬가지입니다. 천 달러 수준
이 되었을 때 어느 계층이 기준이 되겠느냐, 역시 우리나라의 중견
공무원들은 대략 그 수준에 갈 것입니다.

중앙청 같은 데는 과장급들은 대략 그 수준까지 가지 않겠느냐,
그런 시기를 하나의 목표로 잡아 놓고 여기까지는 우리가 다소 어
려운 일이 있더라도 꾹 참고 열심히 일해서 거기까지 도달하면, 결
국은 자기들한테에도 그런 혜택이 돌아온다, 그 대신 그 과정에 있
어서는 자기분수에 맞는 생활을 하라고 하는 것입니다.

자기봉급은 2만 원, 3만 원밖에 안 되는데 생활은 5만 원, 10만
원 생활을 하려고 하니까 무리가 나는 것입니다."

제3장 부정·부패·부조리는 국가안보 차원에서 뿌리뽑아야 한다

국가존립의 근본은 국가기강이다

1973년 1월 22일, 법무부 연두순시에서 대통령은 먼저 국가가 존립해 나가는 데 있어서 그 근본이 되는 것은 국가의 기강이라는 점을 강조했다.

"법무부와 검찰이 해야 할 가장 중요한 일은 국가의 기강을 확립하는 것이며 이것이 근본적인 임무요 사명이라고 나는 생각합니다.

법 질서를 유지하고 국가의 기강을 바로잡으며, 또 우리 고유의 전통문화를 창조적으로 개발하는 것도 '10월유신'의 큰 목적의 하나입니다.

그중에서도 국가의 기강확립은 무엇보다 중요합니다. 무슨 일이나 그 기초가 튼튼하고 근본이 똑바로 서야 되는 법이지만, 한 국가가 존립해 나가는 데 있어서는 국가의 기강은 그 근본이 되는 것입니다. 그러면 국가의 기강이란 무엇인가?

국민들의 국가관과 민족사관이 올바로 서 있고, 조국과 민족에 대한 사명의식과 책임감이 투철하며, 법과 질서를 지키려는 준법정신과 국가에 대한 봉사 자세가 갖추어졌을 때 우리는 국가의 기강이 바로 서 있다고 말할 수 있습니다.

국가의 기강이라는 것은 법만 가지고는 되는 것이 아니고 일차적으로는 국민들의 '도의심'이 확립되어야 하고, 다음에는 법을 존중하는 '준법정신'이 왕성하여 이것이 서로 보완되어서 법과 질서를 존중하는 사회기풍이 확립되어야 한다고 생각합니다.

상식적으로 알 수 있는 문제이지만 국가를 건설해 나가는 데 무엇이 가장 중요한 것인가? '무슨 생활화다, 무슨 운동이다 또는 정신혁명이다'하는 것은 모두가 국가기강을 확립하는 데 필요한 부분적인 것이고 근본적으로는 국민들의 마음속에 도의심과 법을 존중하는 준법정신이 뿌리박혀져야만 이것이 이루어진다고 봅니다.

국가뿐만 아니라 한 가정에는 그 가정의 기강이라고 할 수 있는 가풍이나 가훈이 있고, 학교에는 그 학교에 독특한 교풍이 있으며, 또한 사업체나 회사 같은 단체에는 거기에 오랫동안 전해 내려오는 사풍이라든지 또는 불문율의 전통과 기풍이 있습니다.

그리고 법을 존중하고 지키는 정신이 가장 강조되는 군대 같은 조직체에서는 '군기'가 있는데 군에 군기가 없으면 그 군대가 아무리 병력이 많고 장비가 좋아도 우리는 그 군대를 '죽은 군대'라고 이야기합니다.

물론 국가나 사회에 있어서도 마찬가지입니다. 그 국가가 아무리 경제적으로 발전되어 있고 물질적으로 풍부하다고 하더라도 국민들의 마음속에 도의심이 확립되어 있지 않고 또 법을 존중하고 질서를 지키는 기풍이 없으면 그 사회는 건전한 사회가 될 수 없는 것입니다.

일시적으로는 번영과 풍요를 누릴지 모르지만 먼 장래를 내다볼 때에는 희망이 없는 그릇된 사회이고 그러한 민족은 번영할 수 없는 것입니다.

법무부와 검찰에서는 이러한 기강을 바로잡는 일을 그동안 헌신적으로 잘해 왔다고 나는 봅니다. 법무부 자체의 여러 가지 금년도 계획이 서 있습니다만 앞으로도 더욱 이런 일에 대해서 노력해야 되겠습니다."

대통령은 이어서 인간사회에는 그렇게 미워할 수만은 없는 범죄가 있는 반면, 아주 증오해야 할 범죄가 있다고 분류하고, 양심의 마비를 일으켜 저지른 용서할 수 없는 범죄에 대해서는 사회의 윤리와 기강을 바로잡는 차원에서 이를 엄중히 처벌해야 한다고 강조했다.

"범죄 중에는 전에도 강조한 바와 같이 인간사회이고 사람이 신이 아닌 이상 여러 가지 과오를 범하게 되고, 본의 아니게 또는 고의라 하더라도 우리가 그렇게 미워할 수만은 없는 범죄가 있는가 하면 아주 증오해야 될 그런 범죄가 있는 것입니다.

인간이기 때문에 저지르는 어떤 과오가 있을 것이며, 고의라 하더라도 인간이기 때문에 어떤 욕심에서 한때 양심의 마비를 일으켜 저지를 수 있는 정도의 범죄 즉, 용서할 수 있는 범죄가 있는가 하면 여러 사람이 살고 있는 사회에서 사회윤리라던지 기강을 바로잡기 위해서는 도저히 용납이 안 되는 범죄가 있다고 봅니다. 그러한 것은 각 사회마다 특수성에 따라 다르겠지만 우리나라의 몇 가지 예를 들면 마약사범 같은 것은 한 민족을 멸망시키는 가증스러운 범죄인 것입니다. 법으로 엄하게 단속하고 있는데 이런 것을 왜 외국에서 몰래 가지고 들어오거나 국내에서 숨어서 경작하여 밀매를 하는지요?

한때는 '삼잎사귀'를 가지고 만드는 마약(대마초)을 퍼뜨리는 일이 있었는데 이런 것은 우리나라 사람들보다도 우리나라에 드나드는 외국 사람들이 관여되어 있는 사건이 많지 않느냐 생각합니다.

월남에 우리 군대가 가서 근 7~8년간 있습니다만 거기에 있는 외국 군대들 중에는 마약중독자가 30% 또는 40%나 된다는 이야기를 나는 어디서 들은 바 있습니다. 그러나 거기에 가 있는 우리 군인들이나 벌써 갔다 온 사람들이 30만 명이 훨씬 넘습니다만 우리 군인들 중에는 그러한 마약중독자가 내가 들은 보고에는 한 명도 없습니다.

이것은 우리나라 청년들이 그만큼 '생각이 건전하다'는 것을 의미하는 것입니다. 국내에서는 미군이 주둔하고 있는 기지촌, 일부 도시나 응달진 곳에서는 아직도 이런 것이 있다고 합니다. 앞으로도 마약장사를 해야만 먹고 살 수 있다고 생각하는 것인가요?

지금 우리 사회는 그런 일을 안 해도 나가서 열심히 일하고 노력만 하면 얼마든지 먹고 살 수 있는 기틀이 잡혀 있습니다.

굳이 왜 민족을 좀먹는 그러한 장사를 하는지요? 이것은 도저히 용납할 수 없는 것이므로 앞으로는 극형에까지 처할 수 있도록 법을 개정할 작정입니다.

음식물도 마찬가지입니다. 사람이 먹는 음식물에다 독성이 들어있는 것을 섞어서 판다든지 또 다른 예로는 사람이 병에 걸려서 병을 고치려고 먹는 약에다 나쁜 것을 섞어 돈만 벌면 된다고 하는 생각과 행위, 이런 것은 같은 범죄이지만 우리가 용서할 수 없는 범죄인 것입니다.

우리가 증오해야 될 또 한 가지는 신문을 보고서 마음 아프게 생각하는 것인데 '유괴범'인 것입니다. 어린 아이를 납치해서 돈을 내라고 보호자에게 협박하고 마지막에는 어린애를 죽여서 파묻어 버린다든지 하는 이런 것도 이 사회에서는 용납해서는 결코 안 되겠습니다. 물론 현재 법이 있지만 그런 정도의 처벌법 가지고는 안 되겠습니다.

또 자동차가 늘고 도시에는 인구가 많기 때문에 자동차 운전사들이 교통사고를 자주 내는데, 물론 사고를 내려고 하는 그런 운전사들은 없을 것입니다. 순간적인 실수로 사고를 낼 수가 있는데 그런 것은 같은 사고라도 현행법에 의해 처벌받는 정도로 다스려 나가면 되겠지만, 소위 말하는 '뺑소니 차'라고 하는 것, 사람을 치어서 죽게 해놓고 돌보지도 않고 그냥 도망을 가버리는 이런 것도 아주 엄벌해야 되겠다는 것입니다.

사고를 낸 그 자체도 잘못인데, 사고를 냈으면 즉각 다친 사람을 싣고 근처에 있는 병원에 가서 최선을 다하여 생명을 구한다든지 응급치료를 받게 하는 조치를 위한 연후에 자기가 잘못했으면 응당 거기에 대해 응분의 벌을 받아야 된다는 각오로 우선 일차적으로는 자기가 벌을 받는다, 안 받는다는 문제보다 자기의 실수로 다친 그 사람의 생명을 구해야 될 것인데 컴컴하거나 옆에서 보는 사람이 없거나, 혼잡한 데에서는 '그냥 도망가면 모를 것이다' 하고 뺑소니치는 이런 운전사, 이것도 앞으로는 용납되어서는 안 되겠으며, 엄벌주의로 나가야 되겠습니다.

그 다음이 폭력배, 폭력배 중에서도 아주 조직적인 소위 깡패, 작년 연말에 계엄령이 선포된 기간 중에 상당히 단속된 것으로 압니다만 아직도 완전히 뿌리가 빠지지 않았을 것입니다.

내가 알기로는 계엄기간 중에는 서울에 있는 무리들이 시골로 피신하여 숨어 있다가 계엄령이 해제되고 난 뒤에는 다시 도시로 몰려든다는 이야기를 들었는데 이것도 앞으로 검찰과 경찰이 협력해서 완전히 뿌리뽑아야 되겠다는 것입니다.

그리고 또 하나 우리 사회에서 근절해야 할 것은 병역기피자입니다. 병역은 모든 사람이 다 복무하는 것이며, 또 국가에 대한 하나의 의무요, 남자로서 하나의 명예스러운 일인데 자기만 어떻게 빠져나가겠다고 하는 그런 사람이 장차 우리 국가나 사회를 위해서 무슨 도움이 되겠는가? 이것도 과거와 같은 그런 미온적인 처벌 가지고는 안 되겠다는 것입니다.

앞으로는 이러한 악질적이고 증오해야 할 몇 가지 범죄만이라도 특별히 법을 개정하거나 가중처벌법을 제정하여 검찰에서 더욱 철저히 처벌함으로써 우리 사회에서 이러한 범죄를 완전히 뿌리뽑아야 되겠습니다.

국가기강을 바로잡는 다른 여러 가지 과업도 있겠지만 우선 당면한 이러한 문제부터 해결해 나가야 되겠다는 것입니다."

국가기강을 바로잡기 위해서는 사법기관의 기강이 먼저 확립돼야 한다

대통령은 이어서 국가의 기강을 바로잡기 위해서는 사법기관의 기강이 먼저 확립돼야 한다는 점을 역설했다.

"국가기강을 바로잡는 어렵고 힘드는 일을 잘해 나가기 위해서는 역시 모든 범죄를 다루는 검찰이나 법원 기타 사법기관에서 자체기강 확립부터 먼저 앞서야 되겠다고 생각합니다.

최근에 사법관계법이 개정, 공포되기는 하였습니다만 특히 검찰 또는 법원 주변의 정화, 이것이 되지 않고서는 다른 분야의 기강확립을 기대할 수 없을 것입니다.

법원이야말로 판사의 그 판결 하나가 남을 죽이기고 살리기도 할 수 있는 것입니다.

즉 '사형' 하면 죽일수도 있고 '무죄' 하면 살릴 수도 있는 그야말로 생사여탈권을 가지고 있는 곳이 법원이니만큼 사회의 다른 분야가 다소 혼탁하더라도 법원 주변만은 깨끗해야 되겠습니다. 변호사와 판사와 브로커 등이 결탁이 돼가지고 뭘 한다고 해서 지금 우리 사회에 불미스러운 소리가 흔히 들리고 있습니다.

과거에는 이러한 것을 자칫 잘못 건드리면 행정부가 사법권의 독립을 침해한다는 등의 구실로 자기들에게 불리한 소리는 배척하면서 그 입장을 옹호해 왔는데 나는 사법권을 침해할 생각은 추호도 없습니다. 또 해서는 안 될 것입니다. 우리나라의 헌법정신에 비추어 보더라도 판사가 재판하는 그 자체에 대하여서는 행정부가 간여하지 않겠다는 것입니다.

그러나 법원 주변의 여러 가지 깨끗하지 못한 분위기는 우리의 국가기강을 바로잡기 위하여 철저히 정화해야 되겠습니다.

이번에 몇 가지 사법관계개정법이 비상국무회의를 통과했는데 내가 보건대 그것 가지고는 부족하다고 생각해요. 좀 더 개정해야 되겠습니다."

대통령은 이어서 과거 우리 법원의 판례 중에는 누가 보더라도 상식적으로 도저히 수긍이 가지 않는 판결이나 언도가 한두 가지가 아니었다고 그 구체적인 사례를 지적했다.

"과거에 우리 법원에서 재판한 판례를 좀 봤는데, 사법권을 침해해서는 아니되므로 대통령도 간섭은 못하지만 그 판결이나 언도가 누가 보더라도 상식적으로 이해가 갈 수 있는 것이어야 하겠는데 도저히 수긍이 가지 않는 것이 한두 가지가 아니었습니다.

내가 아는 범위에서는 왜 이러한 언도가 내려졌느냐고 하면, 사법부가 사법권에 대한 침해다 하고 자기들의 보신책을 들고 일어날 것이기 때문에 더 말하지 않았다고는 하지만 그런 것도 한번 검토해볼 필요가 있지 않을까 합니다.

첫째, 소송을 제기하였을 때에 이것이 2년, 3년, 4년씩 걸리는 경우가 있습니다. 물론 어떤 것은 증거를 잡지 못하였다던지, 범인이 도피했다던지 하여 오래 걸리는 원인이 있을 줄 알지만, 어떤 사건은 이유 없이 몇 년씩 끄는 경우가 있으며, 이런 것은 법으로 언제까지 심판해야 된다는 기한이 정해져 있지 않은 관계인 듯하며,

특히 정치사법 또는 정치인들에 관한 사건은 법원이 무작정 지연시키고 있다는 것입니다.

내가 알고 있는 사건만 해도 몇 건을 5, 6년간 법원에서 재판할 생각도 안하고 그냥 끌었습니다.

사법부가 응당 중립적이고 또한 사법부의 독립이 엄격히 존재한다면 그런 사건에 대해서 일반국민들이 볼 때 정치적인 배려라고 하는 의심을 살 수 있는 처사는 없었어야 할 것입니다. 이렇듯 이유 없이 지연되는 사례에 대해서도 나는 어떠한 대책이 있어야 되지 않겠는가 하는 것입니다.

요즈음 우리나라의 형사사건에 있어서는 민주주의 국가인만큼 피고인이 비록 죄를 범하였다고 하지만 그래도 인권을 옹호하는 견지에서 피고인을 보호한다는 정신은 좋지만 그의 범죄로 인해 피해를 당한 사람의 권리도 보호되어야 할 것이 아니겠는가요?

피해자가 소송을 하여 5년이나 10년이 지나도 결말이 안 나고 피해에 대해서 아무런 보상을 받을 수 없이 지연되어 간다면 이런 것은 법의 정신에 어떻게 관련되는 것인지요?

나는 법에 대해서 전공한 바 없어 잘 모르겠으나 이런 것도 무슨 규제하는 방법이 있어야 되지 않겠는가요?

나는 이런 것을 이번 비상국무회의에서 필요한 것은 전부 정비하였으면 하는 생각입니다.

둘째, 반공법 및 국가보안법위반 사범들이 법원의 집행유예 언도로 석방되고 있습니다. 과거에 어느 공산주의 분자가 저지른 죄과로 봐서는 마땅히 형무소에 가서 징역을 살아야 할 터인데 집행유예로 석방되어 세상에 활보하고 다녔다고 합니다. 그런 사람은 마땅히 형무소에서 징역을 살았어야 할 것이 아닌가요? 한 가지 예를 들면 이런 것이 있습니다.

이름은 여기서 밝히지 않겠으나 어떤 피고인이 수십 번이나 북한 방송을 청취하고 세 번에 걸쳐서 직장의 화장실 벽에다 '김일성 만세!' 등 여러 가지 낙서를 하였던 사건이 있었습니다. 그런데도 여럿이 법원에 가서는 그 죄상이 전부다 어떻게 흐리멍텅하게 처리된 것인지 그런 반공법위반, 국가보안법위반 사범에 대한 판결이 흐지부지되고 뒤에 언도가 되었더라도 '집행유예'라 해서 밖에 나왔어요. 이래가지고 앞으로 우리가 어떻게 공산당을 상대로 굳건하게 겨루어 나갈 수 있겠습니까?

　요즈음 남북대화가 시작되었으니까 공산당하고 무슨 친구가 된 것처럼 착각하는 사람이 있는지 모르지만 공산당하고는 이제부터 본격적인 투쟁을 해야 하는데 법원 판사들이 이런 식으로 판결을 내려가지고는 앞으로 남북대화나 공산당과의 대결을 어떻게 전개해 나갈 수 있을 것인가요?

　이것도 사법부의 독립이라고 할 것인가? 내가 지금 불만스럽게 이야기하는 것은 이와같은 반공법이나 국가보안법위반 사건 등의 심판에 대한 것입니다.

　우리나라 법원에 있는 판사들은 국가관념이 안 서 있는 것 아닌가요? 그 사람들 어떻게 교육을 시키든지하여 정신을 바로 고쳐야만 올바른 재판을 기대할 수 있는 것 아닌가 합니다?

　그런 사람한테 어떻게 막중한 사법권을 주어 그러한 사건을 맡기고 그들의 심판에 무조건 승복해야 된다는 것입니까?

　그래가지고 어떻게 국가기강을 바로잡을 수 있겠느냐 하는 것입니다. 유신헌법에 대통령이 대법원장과 법원판사를 임명한다고 해서 사법권의 침해라고 불평하는 사람들이 있다는데, 솔직히 말하면 나는 좀 더 관여할 수 있는 권한이 필요할 것으로 생각하나 역시 지나친 것이 안 되도록 되었다고 할 것입니다.

과거에는 그러한 인사권이나 관여할 근거가 없다고 해서 마음대로 할 수 있었다는 것일까요?

그렇게 하는 것이 우리나라 사법부의 독립이라고 할 것인가요? 사법부에 대해서 어떠한 이견이라고 제시하면 그것은 신성불가침의 사법권에 대한 침범이라고 하였던 것인만큼 법무부는 이러한 부조리를 해소할 수 있는 법안을 비상국무회의에서 통과시킬 수 있는 조속한 입법조치를 취하여야 할 것입니다

앞으로 국회가 열리면 법조계 출신들이 나와, 인권옹호니 뭐니하여 논쟁하려고 할 것이지만 인권옹호 문제는 그 사람들보다도 내가 더 깊이 구상하고 있다고 생각합니다. 대중의 인기를 얻기 위한 그런 소리가 아니라 진정으로 우리의 국가기강과 법질서를 바로잡기 위해 필요한 것을 빨리 만들어야 하겠습니다."

소년원생들의 기술교육과 정신교육을 강화하여 사회의 일꾼이 되도록 선도해야겠다

대통령은 이어서 교도행정에 있어서 소년원생들에게 기술교육과 정신교육을 강화하여 이들이 새사람이 되어 사회에 나가 일꾼이 되도록 선도해야 하겠다는 점을 강조했다.

"장관이 금년에도 교도소 시설물을 위해서 8억인가 투자한다고 했는데, 앞으로 기술교육을 더욱 더 강화해야 하겠습니다.

재소자 중에는 과거 사회에 있을 때에 여러 가지 특기를 가지고 있는 사람들이 있을 것입니다.

그런 것을 잘 참작해서 재소기간 중에 자기 기술을 완전히 배워 가지고 교도소에서 출소하면 즉시 그런 방향에 취업하여 일할 수 있게끔 기술훈련을 강화하여야 할 것입니다. 그리하여 건전한 직업을 가지고 있으면 다시 그러한 범죄를 하는 일이 없을 것입니다. 특

히 소년원 원생들 가운데에는 가정환경이 좋은 아이들도 더러 있을 줄 압니다만 대부분은 그 아이들의 잘못이라기보다 가정이 불우하고 사회가 그들에게 너무 냉정한 까닭으로 어린마음에 반항심을 가지고 잘못을 저지르게 되는 경우가 많습니다.

이 아이들을 소년원에서 수용하는 동안에 잘 선도 교화시켜서 퇴원할 때에는 완전히 새사람이 되어서 나올 수 있도록 최선의 방법으로 보도(輔導)해야 할 것입니다.

이와 같이 교육의 필요성은 일반교도소의 재소자에 대한 것도 중요하지만 특히 소년원에 있는 미성년 비위 원생들에 대한 교육이 좀 더 강조되는 것이 좋지 않겠는가 생각합니다.

기술교육과 정신교육이 병행되고 기술을 배워 거기에 취미를 부쳐서 일하게 되면 그런 아이들은 과거에 잘못한 것은 깨끗이 씻고 완전히 개과천선하여 새사람이 될 수 있을 것입니다 '거기에 갔다 나와서는 아주 새사람이 되었다'고 말할 수 있게 된다면 우리 교도행정에 대해서는 '큰 성과이다'라고 나는 생각하겠습니다."

급속한 경제발전에 따라 이익집단과 사회집단이 성장하면서 우리 사회는 지나친 이기주의가 팽배하여 공동체의식을 희석시키거나 외면해 버리는 풍조가 생겨났다. 법을 이기적인 목적추구에 장애가 되는 요소로 착각하여 온갖 수단을 동원하여 법의 규제를 벗어나려는 탈법적 행위를 다반사로 하고 있었다. 심한 경우에는 법의 경시 또는 탈법을 유능한 처세술인 양 오해하기도 했다. 이와같이 자신의 정치적, 경제적 욕구를 충족하기 위해서 수단과 방법을 기리지 않고 국가라는 공동체의 존립기반인 법을 유린하는 폐풍이 일어난 것이다.

우리 사회는 정치권, 학원가, 노사현장, 문화계, 경제 분야, 어느 곳을 막론하고 심각한 갈등과 분규가 끊이지 않고 있었다. 또한 그

갈등과 분규해결의 방식은 법적 절차를 준수하고, 대화를 통한 타협의 방식이 아니라 비평화적, 폭력적 방식으로 일관하여, 사회 전체의 안정과 질서를 위협함은 물론 공동체의 장래에 우려를 금치 못하게 했다.

준법정신이 결여된 사회 그리고 법을 지키지 않는 사회는 발전을 기약할 수 없음은 물론이거니와 혼란과 무질서를 초래하여 선량한 시민들을 불안에 떨게 하고, 사회 자체를 불안정하게 만든다.

법을 지키지 않는 사회풍조가 계속될 경우 법을 지키지 않는 자들까지 포함된 모든 사회구성원들은 퇴보와 자멸의 길로 빠지게 된다. 따라서 국가와 사회라는 공동체를 유지하고 발전시켜 나가기 위해서는 준법정신을 고양하고 법을 지키는 풍토를 조성해야 한다.

그리고 이러한 준법의 풍토를 조성하기 위해서는 불법행위에 대해서는 엄격한 제재를 가해야 한다. 이것은 바로 민주사회가 존립하고 존속하며 발전할 수 있는 바탕이며 근본이다.

신상필벌의 원칙에 따라 공직사회의 부정부패를 근절해야 한다

1973년 1월 29일, 내무부 연두순시에서 대통령은 먼저 내무부 산하의 모든 공무원들 스스로 내부에서 자체의 기강확립을 해야 되겠다는 점을 강조했다.

"10월유신에 대한 기본이념 또는 목적, 우리가 앞으로 이 과업을 수행하기 위한 행동강령 이런 것은 여러 번 기회 있을 때마다 내가 강조했는데, 특히 10월유신은 국민기강확립에 큰 목적이 있다는 것을 내가 기자회견 때도 강조했습니다. 법과 질서를 유지하고 국민의 기강을 바로잡고 우리의 고유한 전통문화를 창조적으로 개발하는 것이 10월유신의 큰 목적의 하나다 이렇게 강조를 했습니다.

역시 국가의 기강이라는 것이 중요한 겁니다.

모든 것은 기초가 튼튼해야 되고 근본이 똑바로 서야 됩니다. 국가의 기강이라는 것은 역시 국가가 존립해 나가는 데 있어 하나의 근본이 되는 것입니다.

국가의 기강이라는 것이 뭐냐? 요전에도 이야기했지만 국민들의 올바른 국가관이 투철하고 민족사관이 똑바로 서 있고 조국과 민족에 대한 자기의 사명이 무엇이다 하는 것을 똑바로 인식을 해야 하고 국가에 대한 자기의 의무와 책임을 다하고 질서를 지킬 줄 알고 예의가 바르고 봉사하고 하는 이런 정신이 투철한 것 이것을 우리는 국가의 기강이 바로 서 있다, 이렇게 표현을 합니다.

물론 국민기강확립이라든지 법질서유지라든지 하는 것이 내무부나 경찰의 책임만은 아닙니다.

다른 부처에서도 여기에 대하여 다같이 책임을 져야 되고 또 다른 기관에서도 여기에 대한 책임의 일부가 부여되어 있지만 특히 내무부 산하에 있는 공무원, 경찰공무원, 이러한 공무원 등이 이 점에 대해서는 자기 스스로 자기들 내부부터 먼저 기강확립을 해야만 우리가 국민들에게 요구를 할 수 있고 국민들이 따라 올 수 있습니다.

그런 점으로 볼 때는 우리 내무부 산하 모든 공무원들 스스로 내부부터, 자체부터 기강확립, 다시 말하면 유신정신의 구현을 위한 솔선수범이 있어야 되겠다 하는 것을, 장관 보고에도 여러 군데 강조가 되었지만, 한번 더 되풀이해서 강조하는 겁니다.”

대통령은 이어서 철저한 신상필벌의 원칙에 따라 공직사회의 부정부패를 근절해야 한다는 것을 역설했다.

“요즈음 일부에서는 공무원들의 부정부패니 뭐니 이런 소리를 많이 하지만 내가 볼 때는 그전보다는 확실히 자각심이 높아졌다, 근무하는 자세라든지 생각하는 사고방식이든지, 자기임무에 대한 책임감이라든지 국가에 대한 자기의 의무 이런 것이 무엇이 다하는 정신적인 자세가 그전보다는 월등하게 좋아졌다고 나는 봅니다.

통계적으로 보더라도 그런 사고라는 것이 줄었다는 것이 사실인데 그러나 아직까지 근절됐다고는 볼 수 없다, 여기저기 구석구석에서 아직까지 감독의 눈이 미치지 못하는 분야에 있어서는 여전히 그런 사고가 아직도 남아 있다는 것을 우리가 알아야 됩니다.

이런 것은 우리가 앞으로 교육하고 감독하고 그래도 듣지 않는 것은 법에 의하여 일벌백계주의로 처벌을 하고, 잘하는 사람은 표창하고 상벌을 병행해서 계속 공무원들의 기강확립부터 가장 먼저 노력을 해야겠습니다.

그것이 똑바로 서야 우리가 예산을 쓰고 추진하는 사업들이 참다운 성과가 납니다.

그런 올바른 정신, 올바른 자세가 똑바로 서 있는 공무원들이 사업에 대한 계획을 세우고 집행하고 지도하고 감독을 할 때 우리가 예산을 투입해서 하는 일이 몇 배나 더 많은 성과를 올릴 수 있습니다.

그런 자세가 확립되지 않는 공무원들은 무슨 사업을 맡아서 하든 여러 가지 내용이 부실하거나 또 불충실한 결과가 되고 또 예산도 효과적으로 쓸 수 없습니다.”

호화생활하는 공무원도 조사해서 정부에서 내보내야겠다

1974년 1월 21일, 법무부 연두순시에서 대통령은 먼저 국가기강의 확립을 위해서는 법무부와 검찰 자체의 기강부터 확립해야 한다는 점을 강조했다.

“금년도 장관의 시정 기본방침이 국가기강 확립의 해라고 책정한 것은 대단히 적절한 목표라고 생각합니다. 기강확립이란, 비단 금년에 한해서만 중요한 것이 아니라 우리 국가기강 유지를 위해서 가장 근본이 되는 문제라고 생각합니다.

재작년 10월유신 또 작년 연두기자회견 때도 국기기강 확립이라는 문제에 대해서 내가 특별히 강조를 했습니다. 국가의 기강이란 하나의 집을 우리가 비유한다면 집을 떠받들고 있는 네 모퉁이의 기둥, 골조, 이것이 기강이 되는 건데, 물론 국가의 기강이라는 것이 법만 가지고 이것을 유지하는 것이 아니라 정신적인 기강과 법률적인 기강 두 가지가 서로 보완적으로 잘 지켜져 나가야 되리라고 생각합니다.

그러나 법률적인 기강이 바로 서면 정신적인 분야도 우리가 상당히 잘 시정해 나갈 수 있다고 나는 그렇게 봅니다.

10월유신을 우리가 단행한 목적도 여러 가지가 있겠지만 그중에 가장 중요하다고 생각하는 한 가지가 국가기강 확립에 있다는 것을, 나는 강조한 바가 있습니다.

최근 자유민주주의 제도를 채택한 나라에 있어서 민주주의 제도란 것은 대단히 좋은 제도란 것을 다 알고 있지만, 자유민주주의 정체제도 그 자체에 취약점이 많이 있어서 자칫 잘못하면 그런 것이 국가기강을 흐리기 쉽다는 것입니다.

요즈음에 흔히 자유다, 민주주의다 하는 것을 어떻게 잘못 인식을 하거나 또는 이것을 악용하게 된다면 나라의 기강이 헤이되기 쉬운 그런 폐단이 있기 마련입니다.

아까 각국의 범죄통계표가 나온 그래프를 보니까 오늘날 민주주의 제도가 가장 발달되어 있는 나라라고 하는 미국이다, 영국이다 하는 나라에서 사회범죄 증가율이 올라만 가고 있다는데, 자유민주주의 제도하에 있는 나라에서 자칫 잘못하면 국가기강, 국민들의 기강이 헤이되기 쉽고, 범죄가 늘어나기 쉽고 기강이 흐트러지기 쉽다는 그런 일단을 저기서도 우리가 볼 수 있지 않는가 그렇게 생각이 됩니다.

우리가 공산당하고 대결하기 위해서는 국력을 배양하고 국력을 조직화하여 힘을 길러야 하겠는데 이것도 역시 나라의 기강이 딱 올바로 서 있어야만 되는 것이지 기강이 풀어졌을 때는 모든 것이 다 허사다 나는 이렇게 생각합니다.

국가의 기강을 유지하는 것이 비단, 법무부나 검찰의 임무만은 아니겠지만, 특히 검찰이 이점에 대해서 앞으로 일을 잘해 주어야 되겠고 그러기 위해서 우리 검찰은 자체기강 확립부터 시작해야 되겠습니다.

남한테 우리가 뭘 강요할 때는 우선 나부터 시작하고 그 다음에 남에게 그런 요구를 한다는 자세가 필요하다고 생각합니다.

정부가 국민들에게 뭘 요구를 할 때는 우선 정부 자신부터 올바른 자세를 가다듬고 국민들에게 이걸 하라고 요구를 해야 되겠다는 것입니다."

대통령은 이어서 공무원들의 기강확립을 위해서는 부정사실이 확인된 공무원뿐만 아니라 분수에 맞지 않는 호화생활을 하는 공무원도 조사해서 정부에서 내보내라고 지시했다.

"검찰에서는 자체기강 확립과 우리 공무원들의 기강확립에 대해서 지금까지도 열심히 했지만 보다 더 관심을 가지고 기강쇄신에 힘을 들여 주어야 되겠습니다. 과거에는 어떤 사건이 나고 부정사실이 튀어나온 것만 검찰에선 다스렸는데 앞으로는 거기다 하나 더 보태서 공직에 있는 사람 중 무슨 뇌물을 먹었다는 사실이나 어떤 범죄 사실이 드러나지 않았다 하더라도 분수에 맞지 않는 사치스러운 생활이라든지 호화스런 생활을 하고 있는 사람도 내사하라 이겁니다.

그래서 그런 것을 수시로 대통령에게 보고해 주길 바랍니다.

10만 원 월급을 받는 사람은 대략 살고 있는 집이라든지 행세하는 생활이던지 그 모든 것이 그 범주에 비슷한, 거기서 크게 벗어나지 않는 생활을 해야 되겠다 이겁니다.

10만 원 보수를 받는 사람이 50만 원이나 100만 원 받는 사람과 같은 생활을 하고 있는 것은 무언가 잘못되어 있는 것입니다.

그런 것이 일반주민들로부터 공무원 사회에 어떤 부정이 있지 않느냐, 뚜렷한 증거를 잡아내지 못하겠지만 전체 공무원들이 어떤 불신을 당하는 원인이 거기에 있다고 생각합니다.

그렇기 때문에 국가의 공무원으로 있는 사람들은 스스로 자기 자신의 생활태도, 생활방식 이것부터 먼저 자숙을 해야 되겠고 솔선수범을 해야 되겠다는 말입니다.

과거에도 그런 분수 모르는 사람이 있어 조사를 해보면 교묘하게 이래 꾸미고 저래 꾸미고 해서 법망에는 걸리지 않는 예가 있었는데 앞으로는 그런 사람도 정부에 두기 곤란하다, 그런 사람은 정부에서 내보내야 되겠다는 것입니다."

민주국가의 공무원은 왕조시대의 관리와는 그 자세가 달라야 한다

1974년 1월 24일, 내무부 연두순시에서 대통령은 먼저 민주주의 국가에 있어서 공무원은 옛날의 관리와는 다르며, 국민의 공복으로서 봉사한다는 관념부터 올바로 서야 한다는 점을 강조했다.

"요전 기자회견에서도 유신과업 등을 위해서는 공무원들이 앞장서고 솔선수범해야 하겠다, 공무원들이 공복으로서의 올바른 자세를 확립하는 것이 유신과업 수행에 있어서 무엇보다도 선결요건이라고 강조했는데 이 자리에서 다시 한번 내무부 산하 공무원들에게 강조합니다. 전국 50만 공무원 중에는 내무부 산하 공무원의 숫자가 제일 많고, 또 내무부 산하 공무원은 다른 부처에 있는 공무원보다도 일반국민들과 가장 많이 접촉하는 공무원이라고 봅니다.

민주주의 국가에서는 공무원이 옛날의 그 관리가 아니다 이겁니다. 공무원은 '국민의 공복으로서 봉사를 하는 직을 맡고 있는 것이다' 하는 관념부터 올바로 서야 합니다. 옛날 조선시대나 일제시대의 공무원들, 소위 관리가 국민들한테 거만스럽고 불친절하게 굴고, 국민을 멸시하는 그런 자세, 그런 태도는 안 된다는 것입니다. 물론 그런 것이 많이 시정이 되었겠지만은 완전히 뿌리뽑히지 않았습니다. 이것은 우리가 앞으로 교육이나 감독을 통해서 철저히 지도해야 되겠습니다.

그 한 가지 예로서 요즘 말썽이 되고 있는 민원행정에 있어서 여러 가지 얘기가 많습니다.

그것도 그동안에 많은 노력을 해서 점차 시정이 되어 가고 있는 것으로 알고 있지만 아직도 일부 공무원들 중에는 민원사무를 처리하는 데 있어서 국민들에 대해서 불친절하거나 같은 일을 해주는데도 공연히 시간을 허비한다든가 해서 국민들이 정부를 불신하게끔 만드는 사례가 아직도 허다하다는 얘기를 듣고 있습니다.

물론 내무부 산하 공무원뿐만 아니겠지만 이런 데 대하여서도 역시 교육을 해야 하겠습니다.

교육을 하고 또 감독을 하고 잘못된 것은 시정해야 합니다.

한 가지 서류를 통과시키는 데도 급행료니 뭐니 하는 말이 공공연히 나돌고 있는데 이런 것이 아직도 민원창구에 많이 남아 있어서는 안 되겠다 이겁니다.

이것은 공무원뿐만 아니라 국민들도 각성해야겠다 이겁니다. 국민들이 협력해야 하는데 안 될 것을 가지고 와서 어거지를 쓴다, 또 거기 있는 공무원이 눈을 감아주고 할 수 있지만 규정상 안 된다고 해서 공무원의 가정에 찾아가서 올바르지 못한 행위를 하는 그런 사람들도 있습니다.

공무원들을 유혹한다든지 할 때, 그런 유혹에 끌려들어가서는 안 되겠다 이겁니다. 규정이라든지 절차 양식이 있으니까 거기에 합당한 것은 가장 빠른 방법으로 처리해 주고 안 되면 처음부터 안 된다고 확실히 해야지, 되는 것도 아니고 안 되는 것도 아니고 이런식으로 하니까 말썽이 일어나는 것 아니냐 이겁니다.

그리고 특히 금년에는 경제안정을 위해서 대통령 긴급조치까지 발동이 되었는데 앞으로 내무부 산하 경찰공무원들이 경제사범에 대한 단속을 철저히 해야 될 것입니다.

금년과 같은 경제난국을 극복하기 위해서는 정부와 모든 국민들이 일치단결해서 협력을 해야 하는데 이런 시국이나 경제안정정책에 역행하고 시국을 악용하며 매점매석을 하는 반사회적인 행위를 강력히 단속해야 합니다.”

대통령은 이어서 잘못한 공무원에 대해서는 처벌을 해야 되겠지만 개인사정이 딱한 공무원에 대해서는 그 기관의 책임자들이 애정을 가지고 돌봐주는 가족과 같은 분위기가 중요하다는 점을 강조했다.

“그 다음, 내무부 산하에 있는 많은 공무원들 중에는 국가의 재정이 아직도 빈약해서 처우개선을 못해 주고 있는데도 여러 가지 힘겨운 일을 맡고 있으면서 아주 고통스럽게 지내는 공무원들이 많은 줄 압니다. 그러나 일제히 월급을 얼마 올려 주는 것은 어렵습니다. 금년에도 약 10% 정도 봉급인상을 했습니다. 2월달부터 인상되게 되었지만 점차적으로 올라가야지 갑자기 올려 줄 형편이 못됩니다. 그래서 많은 공무원들 중에서 특히 가정사정이 딱한 사람, 개인 신상문제가 특별히 어려운 사람은 그 기관의 책임자들이 평소 그것을 잘 파악을 해서 특별한 조치로써 도와 준다든지 또 자기 능력 가지고 안 된다면 그 다음 상급관청의 책임자한테 도움을 청해서 조치해 준다든지, 이렇게 아주 어려운 사람은 위에 있는 사람들이 평소부터 실정을 파악을 해 가급적이면 어려운 사정을 해결해 주는 부하에 대한 지도가 필요하다고 생각합니다.

예를 들면 파출소에 직원이 5명이라든지, 10명이라든지 있는데 어떤 경찰관은 가정사정에 딱하다, 같은 순경이라도 가정환경이 다 다릅니다. 어떤 경찰은 독신으로 있는 사람, 결혼을 했지만 부부밖에 없는 사람, 어린애들이 있어 벌써 자기 식구가 대여섯 명, 노부모까지 살아 있는 사람, 또 자기 형이 잘못되어서 과부된 형수가 있고 그 밑에 조카들이 있고 학교 다니는 애들이 많아 학비도 대야 되고, 또 가족에 환자가 생긴 경찰관, 이런 경찰관은 부부밖에 없는 경찰관과는 엄청나게 환경이 다릅니다.

그중에서도 특별히 가정사정이 딱한 사람들은 파출소 주임이 파악을 해서 해결해 준다든지, 그것이 안 되면 그 위의 서장이 해결을 한다든지 그것도 안 되면 경찰국장에게 보고를 한다든가 해서 불우한 처지에 있는 경찰공무원들에 대해서는 그 위에 있는 공무원들이 철저히 파악을 해서 돌봐 준다, 이러한 부하들에 대한 마음가짐이 필요하지 않겠느냐, 이렇게 생각이 됩니다.

잘못한 공무원들에 대해서는 여러 가지 처벌도 해야 되겠지만 형편이 아주 딱한 공무원들에 대해서는 우리가 애정을 가지고 돌봐 준다, 잘한 사람은 표창을 하고 잘못한 사람은 처벌도 하는 신상필벌과 상하 간에 있어서 가족과 같은 인정이 통해야만 우리 공무원

사회가 가정적인 분위기에서 보다 더 능률을 올릴 수 있다고 봅니다."

대통령은 이어서 경찰관들의 교육을 철저히 해서 특수 권력층에 있는 사람들의 월권행위를 가차없이 다스려 나가라고 지시했다.

"특수 권력층에 있는 사람들이 월권행위를 한다는 정보를 나는 많이 듣고 있는데 앞으로는 경찰관들의 교육을 철저히 해서 이러한 월권행위를 가차 없이 다스려 나가야 합니다. 우리 경찰공무원들은 일반국민들이 규정을 잘 모르고 이해를 못하여 규정을 위반한 경우에는 앞으로는 이런 것을 해서는 안 된다고 잘 타일러서 관대하게 대하고 규정을 잘 알 만한 사람들이 자기의 지위와 권력을 믿고 규정을 위반하는 것은 추호도 용서해서는 안 되겠다는 것입니다.

권력층에 있는 사람들이 밤에 통행금지 시간을 위반했다든지, 금지구역에 들어갔다든지, 출입해서는 안 될 곳을 들어갔다든지 해서 국민들의 비난이 많은데 경찰공무원들이 권력층에 대하여서는 규정위반인 줄 알면서도 권력에 눌려서 단속을 못한 예가 많다고 들었습니다.

교통위반에 걸린 사람이 청와대 직원이다, 또는 어느 기관의 직원이다라고 해서 흐지부지 넘어가는 일이 있어서는 안 됩니다. 이런 사람은 더 철저히 단속하고 처벌하라 이겁니다. 대통령이 이렇게 당부하고 지시했는데 왜 그렇게 하지 않는가요? 청와대나 특권층에 있는 사람이라 해서 그냥 흐지부지 넘어가고 권력이 없는 일반백성들한테 가혹할 정도로 엄하게 하는 것은 아주 잘못된 일이라는 것을 철저하게 인식시켜야 되겠어요. 특권층에 굽히지 않고 철저히 법을 집행한 자랑스런 경찰관들을 금년에도 표창해야 하겠습니다."

초급, 5급공무원은 지방행정기관에서 경험을 쌓도록 해야겠다

1975년 1월 27일 총무처 연두순시에서 대통령은 먼저 행정의 전산화를 서두르라고 지시했다.

"어제 과학기술처에서 브리핑을 들으니까 KIST에서 개발한 '컴퓨터 터미널 시스템'이라는 것을 주로 민간기업들이 이용하고 있고 정부기관도 더러 가입된 것 같은데 자세한 것은 설명을 잠깐 들었기 때문에 구체적 기술적인 것은 잘 모르지만 그걸 잘 연구하여 행정에 도입을 하면 행정의 간소화, 인력의 절약, 또 동시에 예산절약도 되겠고, 또 하나는 보안유지 같은 데에도 도움이 되지 않겠느냐.

과학기술연구소(KIST)에서 개발한 것이 있으니까 총무처하고 같이 한번 연구해 보세요. 그러면 상당히 편리할 것 같아요. 기술적으로 다 되어 있으니까 다만 행정에다가 어떻게 도입해서 어떻게 운영을 하느냐 그 문제만 연구하면 될 것입니다. 지금 밑의 기관에서 상부에 올리는 보고서가 너무 많다, 아무리 줄여라 줄여라 해도 줄었다가는 늘었다 하는데 역시 면사무소에 가면 면서기들이 앉아서 보고서 쓰느라고 딴 일을 못본다 이것입니다.

심지어 요즈음 학교도 무슨 보고서가 그렇게 많은지 일선에 있는 교사들이 자기 본업의 수업보다도 보고서 만들어 내는 데 바쁘다는데 행정의 근대화가 되지 않아서 그런 것입니다.

컴퓨터를 다루는 기술이 있는 누구 한 사람만 있으면 원고를 갖다 주어서 거기에서 치면 도에서 보고한 것이 내무부로 올라오고, 농수산부로 올라오고, 이렇게 하면 보안도 유지되고 말이예요."

대통령은 이어서 공직에 처음 채용되는 초급, 5급공무원은 중앙관서에 배치하지 말고 지방행정기관에서 일정기간 경험을 쌓도록 해야 한다는 점을 작년에 이어 거듭 강조했다.

"그리고 작년에 지시해서 금년에 많이 시정되었는데 처음에 채용되는 초급, 5급공무원 이런 사람들은 중앙관서에 갖다놓지 말라고 했는데 지금 다 잘되고 있나요?

역시 요즈음 공무원채용은 행정고시 같은 것을 거쳐 합격한 사람들이 들어오는 모양인데 요즈음 대학 나왔다고 해서 중앙청의 무슨 정책수립하는 기관에 갖다 놔봤자 아무 쓸모없습니다. 어디 심부름꾼처럼 이쪽방 저쪽방 서류나 들고 왔다갔다 하는 그런 정도밖에 쓰지 못해요, 그 사람들이 학교 있을 때는 큰소리 쾅쾅 쳤지만 갖다 써 보면 실력이 그 정도밖에 안 돼요. 그러니까 서울시의 구청이든지 시의 말단에서부터 경험을 쌓고 거기서 1년이면 위에 갈 수 있다 이렇게 해야 본인들도 경험을 쌓고 하지 학교에서 교과서로 몇 마디 배웠다고 해서 그것이 여기와서 당장 써 먹히는 것은 아니거든요. 이 사람들이 앉혀 놓으니 할 일이 없어 밑에 기관에 자꾸 보고서나 내라고 독촉한다 이것입니다.

그러니 아무리 행정간소화를 해보았자 얼마 안 가서 다시 원상으로 돌아가고 또 돌아가고, 근원적으로 제도부터 뜯어 고쳐 버려야 돼요. 군대도 마찬가지 아니요?

육군사관학교에서 전술도 배워요, 사단 단위 전술도 배우고, 때로는 군단, 군급의 전술도 배워요. 아주 기초적인 것, 원칙적인 것 몇 마디 배우는데 그것 배웠다고 해서 육군사관학교 나온 사람이 당장 사단이나 군사령부의 참모 같은 게 안 되거든요.

육군사관학교를 나오자마자 소대장으로 가서 이등병들하고 같이 밥먹고 같이 자고 뛰고, 훈련하고 그래서 경험을 쌓아야 그 다음에 중대가 어떻게 돌아가고 또 그걸 해봐야 대대가 어떻다는 걸 알게 되고 이렇게 올라가는 것과 마찬가지로 공무원도 마찬가지다 이겁니다.

경험해 보지도 않고 금세 나와서 학교에서 교과서의 원칙 몇마디 배웠다고 해서 될 리가 만무하다 이겁니다. 그런 사람을 그런 자리에 앉혀 놓으니까 딴짓만 자꾸한다 이거예요.

금년에 행정을 기계화하고 또 인력관리면에 있어서 처음 채용된 사람들은 말단기관, 필요하면 서울시 같은 데의 동사무소나 출장소 또는 구청의 아주 말단부터 올라와야 되는 겁니다. 그렇게 해야 그 사람들이 실제 말단 창구에 있어서 말단 공무원들과 일반시민들과 접촉하는 면에 있어서 어떠한 일이 이루어지고 있는가 하는 것을 자기가 실제 체험할 게 아닌가 이겁니다."

감독과 지도, 처우개선, 사기진작을 병행하여 부정, 부조리를 시정해야겠다

1975년 1월 28일, 내무부 연두순시에서 대통령은 먼저 국민들과 직접 접촉하는 중간 및 말단 공무원들이 아직도 부정한 행위를 하고 있다는 사실을 지적하고 철저한 감독, 지도, 단속, 처우개선, 사기앙양 등을 병행해 나감으로써 부정이나 부조리를 시정해 나가야 되겠다는 점을 강조했다.

"금년도는 요전에 연두기자회견 때에도 이야기했지만 안보면이라든지 경제면이라든지 여러 가지 어려운 문제가 많은 해이기 때문에 이것을 우리가 극복해 나가기 위해서는 무엇보다도 우리 국민 모두가 단합하고 총화단결을 해야 되겠습니다. 그것을 하기 위해서는

첫째 공무원들이 앞장서야 되겠고, 공무원들이 국민들로부터 신뢰받는 그런 공무원들이 되어야 되겠다, 그렇게 하자면 어떻게 해야 되느냐,

공무원들의 기강이 확립되어야겠다, 가장 정직하고 성실한 그런 공무원이 돼서 국민들로부터 신뢰를 받는 그런 공무원들이 모두

앞장을 서야만 국민들도 단결이 된다 하는 것을 요전에 이야기했습니다.

금년에 여러 가지 구호들이 많이 나와 있는데 무엇보다도 앞서야 될 것은 공무원들이 정직하고 성실한 공무원이 되어야 되겠다, 그것이 무엇보다도 선행되어야 될 공무원들의 자세다, 그런 기본자세를 가지고 모든 일을 해 나가면 다른 일은 저절로 잘 되어 나간다고 봅니다.

지금 공무원들이 모두 과거에 비해서는 모든 면에 있어서 자세도 많이 정립이 됐고 특히 대민봉사를 위해서 열성적으로 일하는 그런 공무원들이 많다는 것을 누구보다도 잘 알고 있습니다.

그러나 늘 하는 이야기이지만, 일어탁수라고나 할까, 전체 공무원들 중에 극히 소수 지각 없는 공무원들이 아직도 말단에서 일반국민들과 접촉하는 그런 면에 있어서 정직하지 못하고 성실하지 못한 그런 행위를 하기 때문에 전체 공무원들에 대해서 아직까지도 국민들에게 인상이 좋지 않고 나아가서는 마치 이 정부가 아직도 무슨 부정, 부패, 부조리가 가득히 쌓여 있는 것 같은 인상을 주고, 일부 정부를 비난하는 사람들은 그런 것을 근거로 해서 정부를 늘 비난하고 그래서 결국은 국민단결이 잘 안 되고 총화가 안 됩니다.

아직도 일선 창구행정에 있어서 통행료가 어떠니, 급행료가 어떠니 하는 소리가 늘 들리는데 그런 소리가 금년에는 완전히 없어져야 되겠습니다.

인허가 업무를 취급하는 기관에 있는 일부 말단 공무원들이 아직도 상부의 감독의 눈을 피해서 부정한 그런 행동을 하고 있고, 그것을 당해 본 국민들은 그 공무원 하나가 하는 것을 가지고 '전 공무원들이 전부 이런식이다' '이 정부의 공무원이란 이런식으로 다 썩었다' 이렇게 인식을 하게 되고 공무원 전체에 대한 이미지가 나빠진다 이겁니다.

　이건 물론 내무부에 국한된 문제가 아니고 정부 각 부처, 그 산하에 있는 모든 공무원들에 똑같이 공통된 이야기지만 역시 내무부 산하에 공무원들이 제일 많이 있고 또 일반국민들하고 접촉하는 기회가 가장 많기 때문에 내무부 산하 공무원들이 선봉에 서서 금년에 한번 정직하고 성실한 공무원이 돼서, 국민들로부터 신뢰받는 공무원이 되도록 노력하는 그런 해로 만들어야 되겠습니다.

　내가 보건데 지금 일부에서 정부에 대해 '부조리가 어쩌니' '뭐가 어떠니' 하지만 지금 고급공무원 사회에는 크게 꼬집을 만한 집어낼 만한 그런 것은 나로서는 아직 잘 모릅니다.

　과거에는 '위가 썩었기 때문에 밑에도 마찬가지다' '윗물이 맑아야 아랫물도 맑아진다' 그런 말을 하나의 유행어처럼 이야기했었지만 확실히 고급공무원들의 자세는 많이 달라지고, 부정이라든지, 큰 비위 같은 것은 내가 아는 것은 없습니다. 있다고 보면 즉각 시정하겠지만 없어요.

　그러면 어떤 계층에 아직도 부조리, 부정, 비위 이런 것이 남아 있느냐? 중간 또는 그 밑에 말단 하부층에 이런 것이 많다고 봅니다. 아직도 시정이 안 되어 있습니다.

　이것은 국민들하고 직접 접촉하는 그런 면이다, 즉 '접촉면이다' 이겁니다. 서민들이 '정부가 썩었다'고 하는 것은 정부의 어느 장관이나 누구를 보고 하는 소리가 아니라 늘 말단에서 직접 접촉하는 경찰관, 세금받으러 온 세무공무원, 전기료 받으러 오는 사람, 수도료 받으러 오는 사람, 심지어 일부 서민들은 오물처리하러 다니는 청소부까지도 '정부다'라고 이렇게 인정하고 있습니다.

　그런데서 여러 가지 부조리, 비위, 이런 것이 시정이 안 되면 일부 서민층에서는 아직도 정부에 대한 불신, 공무원 사회에 대한 불신이 가셔지지 않는다고 봐요.

그것을 어떻게 우리가 시정해 나가느냐, 철저한 감독, 지도, 단속, 그들에 대한 여러 가지 처우개선, 잘한 사람에게는 사기앙양, 등 여러 가지가 같이 병행해 나가야 된다고 봅니다."

대통령은 이어서 행정을 좀 더 능률화하고 간소화하며 점차 기계화해 나가야 한다는 점을 강조했다.

"어제 총무처에 가서 내가 행정의 능률화 이야기를 했는데 외국 사람들은 우리나라와 다른 나라를 비교해서 '한국정부 공무원들의 행정능력이라는 것은 지금 개발도상국가에서는 어느 나라보다도 앞서 있고, 잘한다' 하는 칭찬을 많이 한다고 듣고 있습니다.

그러나 우리가 볼 때는 아직도 시정할 점이 많다 이겁니다.

그걸 가지고 절대 만족해서는 안 되겠고, 좀 더 행정을 능률화하고 불필요한 것은 정리해서 간소화하고 점차 기계화해 나가야 되겠습니다. 기계화는 KIST에서 여러 가지 연구개발을 해서 점차 행정면에도 도입할 수 있는 그런 단계에 왔다고 나는 보고 있기 때문에 이것을 KIST, 과학기술처, 총무처, 내무부 이런 데서 서로 같이 협조를 해서 잘 연구해 행정에다 어떻게 이것을 도입해서 점진적으로 확대해 나가느냐를 잘 연구하세요.

그렇게 되면 보다 더 능률을 올릴 수 있고, 행정을 간소화할 수 있고, 사람이라든지, 예산이라든지 그런 면에서 절약도 될 수 있고 행정의 근대화, 현대화를 기할 수 있다는 겁니다.

이것은 앞으로 계속 노력을 해야 될 것입니다.

특히 읍면행정은 주로 부락에서 주민과 함께 많은 시간을 가지고 당면한 증산, 새마을사업, 새마을 노임소득사업 등에 열중할 수 있도록 보고업무와 문서행정을 과감하게 대폭적으로 간소화해야겠습

니다.'

대통령은 이어서 행정에 있어서 봉건적인 타성을 과감하게 고쳐 나가야 되겠다는 점을 강조했다.

'행정이라는 게 하나의 타성이 있습니다.

옛날부터 해 오던 것을 이렇게 고치라고 하면 그에 대한 상당한 반발이 있어요.

어느 기관에서 가지고 있던 어떤 권한을 하부기관에다 이양을 하라고 하면 그것을 이양하지 않으려고 여러 가지 이유를 붙여 '이러이러한 이유가 있기 때문에 밑에 주어서는 안 됩니다, 또 주었던 것도 이러이러한 이유를 가지고 상부기관에 주어야지, 하부기관에다 주면 여러 가지 폐단이 있습니다, 모순이 있습니다, 결점이 있습니다'고 말합니다.

공무원 사회에는 한쪽에는 상당히 전진해 가는 그런 면이 있는가 하면 어떤 면에는 아주 보수적이라고 할까, 봉건적인 그런 타성이 있어요. 그런 것을 우리가 잘 연구해서 고칠 것은 과감하게 고쳐 나가야 되겠습니다."

대통령은 이어서 정직하고 성실하고 선량한 공무원에 대해서는 여러 가지 방법으로 사기를 북돋워 줘야 되겠다는 점을 강조했다.

"또 하나는 공무원의 사기앙양입니다.

공무원이라고 하면 전부 나쁜 사람만 모여 있는 것처럼 생각하지만 내가 알기에는 남몰래 숨어서 헌신적으로 적은 박봉을 가지고 자기 양심을 속이지 않고 깨끗이 살아가 보려는 착실한 공무원들이 압도적으로 많다는 것을 우리가 확신해야 됩니다.

물론 나쁜 사람들은 우리가 고치고, 이것을 시정해 나가야 되겠지만, 그러나 선량한 공무원들에 대해서는 사기를 북돋워 줘야 합니다. 이를 위해서 봉급을 올려 준다든지, 수당을 올려 준다든지, 보너스를 올려 준다든지, 이런 것은 정부가 예산이라든지, 국가재정이 허용되는 범위 내에서는 최선을 다하고 있습니다만, 돈 아니고도 할 수 있는 여러 가지 면이 나는 있다고 봅니다.

많은 공무원들 중에서 숨어서 특별히 선행을 한 착실한 공무원을 찾아내야 됩니다. 모르고 덮어두면 그 사람들 사기가 떨어집니다. 그것을 찾아내서 표창을 하고 상을 주고 격려해 주어야 되겠다는 것입니다.

꼭 표창을 받기 위해서 일을 열심히 한다는 생각을 가지고 일을 열심히 하는 것은 뭐할지 모르지만 그래도 평소에 숨어서 남몰래 남보다도 더 노력을 한 사람에 대해서는 다른 물질적인 보수는 없다 하더라도 상부에서 인정을 해주고 거기에 대한 칭찬이라도 있어야 되겠다는 것입니다.

작년부터 이웃돕기운동을 벌이고 있는데 그것은 직장이든지, 농촌이든지, 도시든지, 모든 사회에 다 통용되는 이야기입니다. 우리 공무원 사회에서는 같은 직장 안에서, 또 같은 동료지간에도, 같은 보수를 받는 사람 중에도, 어떤 사람은 가족의 수가 적다든지, 가족들이 수도 적고 모두 건강하기 때문에 다른 부수적인 비용이 안 드는데, 어떤 사람은 부양가족이 많고, 자기 형의 가족이라든지, 동생의 가족이라든지, 노부모가 살아계시다든지 또 그 사람들 중에 환자가 많다든지, 특히 학교에 가야 될 학생이 많다든지 이런 여러 가지 사정 때문에 같은 월급이지만 다른 사람은 그 정도로 어떻게 견디어 나가는데 '이사람은 아주 곤란하다' 하는 그런 사람은 직장 안에서 동료, 상사들이 그것을 알아가지고 어떻게 이웃돕기를 해서 돌봐주자 이겁니다.

물론 그런 것은 국가에서 봉급을 올려 다 할 수 있도록 하면 가장 좋겠지만 우리 형편이 그렇지 못하기 때문에 직장에 있어서도 직장 내에서 동료지간에 그런 이웃돕기가 이루어져야 되겠고, 숨어서 그런 좋은 일을 하는 공무원은 상사가 놓치지 않고 발굴을 해서 표창한다든지, 격려해준다든지, 또 더욱 좋은 것은 훈장을 준다든지, 특별한 수당을 준다든지 해서 일을 한 사람은 사기앙양면도 우리가 특별히 관심을 가져야 되겠습니다.

몰지각한 공무원들에 대한 단속, 처벌과 겸해서 좋은 공무원들에 대한 사기앙양, 또 같은 보수를 받으면서도 가정사정이 유달리 어려운 처지에 놓여 있는 사람은 우선 그 동료, 상사들이 직장 내에서 서로 이웃돕기를 해서라도 도와 준다는 그러한 운동들이 같이 병행이 되어 나갔으면 좋겠습니다."

서울시와 구청은 창구행정의 부정과 부조리근절 방안을 연구해야 한다

1975년 3월 4일 서울특별시 연두순시에서 대통령은 소위 창구행정에 있어서 통행료니 급행료니 하는 여러 가지 부정과 부조리를 근절하는 방안을 서울시와 구청에서 연구하고 지시했다.

"요즘 소위 창구행정에 여러 가지 부조리가 있다, 통행료니 급행료니 하는 소리가 나는데 서울시는 그동안에 개선을 위해서 노력을 많이 하고 있는데 그것도 제도적으로 여러 가지 연구를 조금 더하면 개선하는 방법이 있을 것입니다. 하나의 타성이 돼서 도저히 그 버릇이 안 고쳐진다고 포기하면 백날이 가도 시정 안 되고 뭔가 연구해서 그것이 해마다 점점 더 시정이 되어 가고 앞으로 근절되도록 해야지 옛날부터 내려오던 하나의 버릇이니까 그건 아무리 해도 고쳐지지 않는다 하는 식으로 되어서는 곤란하다고 생각해요.

그리고 요즘 청와대 비서관들한테도 거기에 대한 것을 내가 몇 가지 과제를 주어서 연구를 시키고 있는데 시라든지 구청이라든지 이런 데서 좀 더 연구를 해 보시오. 방법이 있다고 생각합니다."

공무원 봉급체계는 상후하박이 원칙이다

1975년 7월 10일, 정부 여당 연석회의에서 대통령은 공무원의 봉급 체계는 상후하박이 원칙이라는 점을 강조했다.

"공무원의 처우를 계속 개선해 나가야 합니다.

그러나 재원에 한계가 있으므로 어느 분야든 참고, 절감해야 합니다. 예컨대 연료, 소모품 등은 바싹 줄이고 음성수당은 이를 양성화하고 현실화해야 합니다. 출장 안 간 사람이 왜 간 사람처럼 수당을 받습니까?

줄일 것은 줄이고, 현실화할 것은 현실화해 나가면, 처우를 크게 개선할 수 있을 것입니다.

공무원이나 일반회사원이나 봉급수준에 맞게 생활하는 태도가 중요합니다. 예컨대 8만 원 봉급자는 8만 원 수준에 맞게 살아야 하지 10만 원이나 20만 원 수준의 생활을 한다면 이것은 모순이고 부조리입니다.

공무원의 봉급인상은 사기를 진작시키기 위한 것입니다. 공무원 봉급체계는 '상후하박'이 원칙이라고 생각합니다.

군에서는 소위에서부터 장군까지, 공무원은 계장서부터 국장까지 '계단식'으로 일정기간 근무하다 한 계단 승진하고 또 일정기간 근무하다 한 계단 승진하는 식으로 하고, 봉급도 근무년한과 승급이 높은 사람이 더 많이 받도록 하는 것이 당연합니다."

부정부패, 부조리 등 사회악은 국가안보 차원에서 뿌리뽑아야 한다

1976년 1월 15일, 연두기자회견에서 대통령은 먼저 부정, 부패, 비위, 부조리 등 사회악은 우리에게는 공산당보다도 더 나쁜 무서운 적이라고도 보고 이것을 국가안보 차원에서 발본색원해야겠다는 것이 서정쇄신의 목표라는 점을 강조했다.

"금년에도 정부의 시정목표 중의 하나가 국민총화 체제를 더욱 강화해 나가는 것이라는 것을 서두에 말씀드렸습니다. 정부는 이를 위해서 금년도에도 서정쇄신 작업을 보다 더 강력히 추진해 나가고, 또 우리 사회의 건전한 기풍을 진작시키는 데 노력을 다하겠다는 것을 먼저 말씀드렸습니다.

서정쇄신은 우리 사회에 있어서의 불건전하고 반사회적인 여러 가지 좋지 못한 풍조, 이런 것을 하나의 사회문제라고만 볼 것이 아니라 우리나라와 같은 입장에 있어서는 이것은 하나의 국가안보에 중대한 영향을 미치는 문제로 좀 차원을 끌어올려 생각해야 되지 않느냐 생각합니다. 그래서 나는 국가안보와 같은 차원에서 다루어 나가겠다는 것을 전에 언급한 바 있습니다. 왜냐하면, 이 문제는 우리가 동서고금의 역사를 보더라도 한 국가가 흥하고 망하는 문제와 직결되는 중대한 요인이 되기 때문입니다.

역사적으로 볼 때, 나라가 망하는 원인을 우리는 크게 두 가지로 나누어 볼 수 있습니다. 즉, 그 하나는 외부로부터 침략을 받아서 나라가 멸망하는 경우, 또 하나는 자기 내부로부터 부패하여 내부분열이 생겨 자멸하는 경우, 이 두 가지 유형으로 나눌 수 있다고 보는데, 그 국가의 내부가 잘 단결되어 있고 국민들이 잘 결속되어 있으면 비록 외부의 침략을 받더라도 절대 망하지 않았습니다. 혹 외부의 침략세력이 너무나 강대해서 일시적으로는 중과부적으로 패배하는 일이 있더라도, 국민이 잘 단결되어 있고 결속이 잘 되어 있으면 그 나라는 반드시 곧 일어설 수 있었습니다.

특히 북한 공산주의와 대결하는 우리 입장에서 가장 중요한 것은 우리 국민의 총화단결, 내부결속입니다. 공산주의자는 언제든지 이것을 노리고 있는 것입니다. 우리 내부의 어떤 취약점 또는 허점을 노리고, 그런 것이 있으면 언제든지 덤벼들어 침략을 해 오며, 그 허점이 없을 때에는 공산주의자는 절대로 침략을 하지 않습니다.

어떤 책을 보니까 '공산주의자는 적을 치러 갈 때는 가 보아서 적이 약하거든 쳐서 먹어 버리고 그 적이 강해서 이길 수 없을 때는 그냥 뒤로 돌아 오라'고 했는데, 이런 식으로 하는 것이 공산주의자들의 하나의 전술이라고 들었습니다. 우리 내부가 단단하고 결속되어 있고 단결되어 있으면 공산당은 절대 무력으로 침략할 생각을 갖지 않습니다. 그 대신 단결되어 있으면 그때는 그들이 무엇을 하느냐, 내부분열을 자꾸 조장시키고 내부와해를 시키는 공작을 하는 것입니다.

공산당이 지금까지 그렇게 해 오지 않았습니까. 간첩을 보내어 지하당을 만들고 선동하고 사회를 시끄럽게 만드는 것, 그것은 우리 내부의 어떤 허점을 만들기 위해서 하는 것입니다. 어느 정도 효과가 이루어지고 우리 사회내부에 어떤 결정적인 취약점이 생겼을 때에는 무력으로 침략한다는 것이 공산주의자들의 전략입니다.

우리는 저들에게 이러한 약점과 허점을 절대 보여서는 안 되겠습니다. 그러면 국민총화와 단결을 저해하는 가장 큰 요소가 무엇이냐, 이것은 우리가 늘 이야기하는 부정, 부패, 비위, 부조리 등 사회악입니다.

이것을 없애야만 국민총화와 단결이 되는 것입니다. 이런 것은 공산당과 똑같은, 우리에 대해서는 하나의 적입니다. 어떤 면에 있어서는 공산당보다도 더 나쁜 무서운 적이라고 보아야 하겠습니다.

공산당에게 침략의 기회를 주지 않기 위해서, 침략의 구실을 주지 않기 위해서는 우리 사회의 이러한 부조리를 제거해야 되겠습니다."

대통령은 이어서 우리의 공무원 사회와 일반사회에도 오래 전부터 내려온 고질적인 부정, 부패, 부조리가 많이 있다고 말하고 정부와 국민들이 이러한 현상을 뿌리뽑는 데 힘써야 한다는 점을 강조했다.

"우리 사회에는 오래 전부터 내려온 고질적인 병폐, 부조리와 같은 것이 많이 있습니다. 그러나 최근에 와서 이런 것이 많이 시정되고 있으며, 특히 10월유신 이후에 많은 분야에서 시정되고 있다는 것을 우리는 인정합니다.

그러나 현재의 이러한 상태로는 부족하며, 이것을 가지고 우리가 절대 만족을 해서는 안 되겠다고 생각합니다.

보다 더 발본적이고 색원적인 과감한 시정과 삼제가 필요합니다. 이를 위해서 앞으로 정부는 공무원 사회부터 이러한 쇄신작업을 단행하여 공무원들이 먼저 정신적으로 무장을 해야 되겠습니다. 그래서 국민들의 모범이 될 수 있는, 앞장 설 수 있는 공무원들이 되어야 하겠습니다.

작년 1년 동안 여기에 대해서 많은 노력을 했습니다만, 아직까지도 미흡한 점이 많다는 것을 말씀드립니다.

그래서 작년에는 이것을 위해서 그동안 지도·감독도 하고 단속도 하고 처벌도 하였으며, 또 잘 한 사람은 포상도 하고, 제도적으로 잘못되어 있는 것은 정비도 하는 등 여러 가지 작업을 했습니다.

그러나 서정쇄신의 성과는 단속이나 처벌만으로 되는 것이 아니라고 생각합니다. 한편으로는 공무원들의 사기도 올려 주고 처우도 개선해 가면서 상과 벌을 같이 병행해 나가야만 성과를 거둔다고 생각해서 금년도에는 공무원들의 처우개선을 위해서 봉급도 크게 인상하고 상여금도 연 4회 지급하게 했으며, 또 연봉가봉제도도 같이 병행했습니다.

물론 이것을 했다고 해서 우리 공무원들 생활이 다 해결되는 것이 아니고 아직도 여러 가지 부족한 점이 많으리라고 봅니다. 그러나 우리나라와 같이 어려운 정부재정 형편에서 막대한 국가재정으로 공무원 처우개선에 이만큼 많은 돈을 배당한다는 정부의 취지와 정신을 우리 공무원들은 충분히 인식하고, 앞으로 보다 더 자숙하고 분발해 주기를 당부합니다.

질문 내용 중에도 이 서정쇄신 작업의 진행 중에 일부 부작용이 있었다는 얘기가 있었는데 그것도 사실일 것입니다. 일부 지나친 단속이 가해지면 사기가 떨어진다든지 서로 중상모략이 있다는 현상도 있을 수 있습니다. 그러나 이것이 점차 시정되어 가면 그러한 부작용도 점차 없어지리라고 나는 믿고 있습니다.

그리고 공무원의 부조리를 시정하는 것은 정부가 해야 하겠습니다만 정부의 힘만 가지고는 불가능하고 어렵습니다. 국민 여러분들이 같이 호응을 하고 또 협조해 주셔야 되겠다는 것을 이 자리에서 말씀드립니다.

그리고 우리 일반사회에도 여러 가지 시정을 해야 할 부조리 현상이 또한 많다는 것을 말씀드립니다. 불건전하고 시국을 망각한 반사회적인 부조리 현상이 이 사회에는 아직까지 자취를 감추지 않고 있습니다. 자기분수에 맞지 않는 소비생활, 사치 또는 비생산적인 일부 국민들의 생활 태도, 우리나라의 고유한 미풍양속을 해치는 퇴폐풍조, 이런 것은 전부 우리 사회에서 없애야 할 현상들이라고 봅니다. 또, 시국을 망각한 폭리행위라든지 또는 탈세행위, 밀수행위, 요즈음 얘기가 되는 위장이민 등등 이런 반사회적인 부조리현상은 우리가 빨리 뿌리뽑아야 하겠습니다. 이런 것이야말로 우리 국민의 총화를 해치는 망국적인 부조리현상이라고 생각합니다.

우리 모든 사람들이 자각을 해서 자기생활 주변에서부터 이런 것들을 하나하나 제거해 나감으로써 보다 밝고 명랑한, 부조리 없는 사회가 되도록 우리가 노력해야 되겠습니다. 이 점에 대해서 정부도 앞으로 최선의 노력을 다하겠습니다만, 국민 여러분들도 여기에 대해서 적극적으로 협조해 주시기를 당부하는 바입니다."

법원과 검찰 주변의 타성적인 부조리를 척결해 나가야 한다

1976년 1월 21일, 법무부 연두순시에서 대통령은 먼저 법원과 검찰 주변의 타성적인 부조리를 척결해 나가야 되겠다는 점을 강조했다.

"법무부 자체 서정쇄신에 대한 것은 장관께서 여러 가지 계획을 설명하였습니다만 검찰과 법원 주변에 여러 가지 부조리가 많다는 이야기가 사회에 많이 퍼져 있습니다. 이것은 알고 있는 사람이 많으리라고 생각합니다. 구체적으로 어떤 사건인지 나는 잘 모르지만, 하여튼 그런 이야기가 많다는 것은 사실이니까 금년에는 일반국민들한테 인식을 새롭게 하기 위해서 법원하고 잘 협조를 해서 법원 또는 검찰 주변에 타성적으로 내려오던 여러 가지 부조리, 이런 것이 있으면 한 번 깨끗이 척결해 나가기 바랍니다.

그리고 국법질서의 확립이라는 것은 지금 우리가 주장하는 국민총화 체계확립과 밀접한 관계가 있다고 생각합니다.

사회기강이라든지 질서를 바로잡는 데 있어서는 법만 가지고 되는 것이 아니고, 국민들의 도의관념의 앙양, 이런 것이 같이 병행해야 된다는 것은 다 아는 사실입니다. 그러나 국법이 공정하고 엄정히 집행된다는 것은 국민총화를 저해하는 요인을 제거한다는 의미에서 대단히 중요하다고 생각합니다.

특히, 반사회적 또는 반윤리적 행위, 요즘에 와서는 반시국적이라고 할까, 시국에 역행하는, 시국을 이해하지 못하는 여러 가지 행위들이 많이 나오는데, 어떤 것은 현행법을 가지고도 단속하기 곤란한 것도 있는 것 같습니다. 그런 것을 어떻게 단속하느냐 하는 것도 연구해 봐주면 좋겠습니다."

대통령은 이어서 분수에 맞지 않는 사치스럽고 호화스러운 생활을 하고 있는 공무원은 수시로 내사해서 수시로 대통령에게 보고하라고 지시했다.

"과거에는 어떤 사건이 나고 부정 사실이 드러나야만 검찰에선 다스렸는데, 앞으로는 거기다 하나 보태서 공직에 있는 사람 중에 뇌물을 먹는 것이 나타나지 않고 범죄사실이 드러나지 않았다 하더라도 본인이 분수에 맞지 않는 사치스러운 생활이나 호화스런 생활을 하고 있는 공무원은 내사해서 수시로 대통령에게 보고해주길 바랍니다.

10만 원 월급을 받는 공무원은 살고 있는 집이나 생활 등 모든 것이 그 범주에서 크게 벗어나지 않는 생활을 하는 것이 정상적인 것이고, 50만 원이나 100만 원 받는 사람과 같은 생활을 하고 있는 것은 무언가 잘못된 것입니다.

일반국민들로부터 공무원 사회에 어떤 부정이 있지 않느냐 하는 불신을 당하는 원인은 바로 이러한 분수에 넘치는 생활을 하고 있는 데 있는 것입니다.

과거에도 그런 예가 있어 조사해 보면 교묘하게 이래 꾸미고 저래 꾸미고 해서 법망에는 걸리지 않는 사람이 있는데, 앞으로는 그런 사람도 정부에 두기 곤란합니다. 그런 사람은 정부에서 내보내야겠습니다.”

　대통령은 이어서 대마초 흡연자, 깡패, 폭력배, 사기꾼을 근절시키라고 지시했다.

　“요즘 말썽이 되고 있는 연예인들의 대마초 흡연, 또는 학생 사회에 대마초가 많이 들어가 있다는 보고를 듣고 있는데 이것도 학교당국하고 협조해 아주 근절을 해야 합니다. 나는 다른 사건보다도 이 문제에 대해서 특별한 관심을 가지고 중대시하고 있는데 젊은 학생들이 대마초 같은 것을 흡연한다는 것은, 옛날 19세기 말엽에 서구사람들이 식민지 개척을 해 나올 때 중국에 아편을 갖다 집어넣은 것하고 같은 맥락에서 이해해야 합니다.

　지금 부자가 되어서 배부른 나라들에서 그런 풍조가 많이 있다는데 다른 좋은 것은 본받을지언정 그런 것은 절대로 못들어 오도록 초기에 아주 뿌리뽑아야 된다고 생각합니다. 지금 공산당하고 일대일로 대결해서 죽느냐, 사느냐 하는 결전을 앞두고 있는 우리 민족이 특히 젊은 학생들이 대마초를 빨고 앉아 있다는 것은 그게 망하는 나라 아닙니까? 이런 것은 현행법의 최고형을 적용해서 초기부터 뿌리뽑아야 됩니다.

　또한 약한 사람들을 괴롭히는 깡패, 폭력배, 사기꾼, 이런 것도 뿌리뽑아야 됩니다. 물론 약한 사람이 아닌 남한테 피해를 입히더라도 법대로 처리해야 되겠지만, 특히 약자란 법의 혜택을 최대한 받지 못하는 그런 사람들이 상당히 많은데, 그런 것을 악용해 괴롭히고 사기를 치는 행위에 대해서도 금년에는 한 번 좀 철추를 가해서 뿌리가 뽑히도록 노력해야 되겠습니다.”

서정쇄신은 경제건설 못지않게 중요한 과제다

76년 1월 22일, 경제기획원 연두순시에서 대통령은 서정쇄신은 모든 사람이 자기 직무에 충실하고 책임감을 갖고 성실하게 일해 나간다면 저절로 되어 나간다는 점을 강조했다.

"서정쇄신에 대한 경제기획원 자체의 계획을 들었습니다.

서정쇄신은 우리가 금년에 추진하는 경제건설 그 자체 못지않게 중요한 과제라는 것을 여러분들이 확실히 인식하시기 바랍니다. 여기에 여러 가지 계획이 나와 있습니다만 저런 것이 결국은 뭐냐? 모든 사람들이 자기가 맡은 일에 충실하고 책임감을 가지고 성실하게 일해 나간다면 서정쇄신이 저절로 되어 나간다고 믿습니다.

그러한 우리들의 정신적인 바탕, 자세, 이런 것이 제대로 정립이 안 되어 있으면 중요한 국책사업들이 계획대로 추진되지 않고 추진하더라도 능률이 오르지 않는다고 생각합니다. 그래서 금년에는 우리가 이런 어려운 과제를 기필코 성취하기 위해서 우선 정신무장부터 먼저 가지고 여기에 달려들자, 모든 공무원들이 정신면에 있어서 자기 스스로 유신이념으로 무장하고 앞장 서겠다는 각오를 가지고 금년에 각자가 맡은 일에 대해서 매진해 주기를 당부를 합니다."

감독 사각지대의 부정부패 근절을 위해서는 공무원 각자가 부정부패 하지 않겠다는 결심을 해야 한다

1976년 2월 18일, 서울특별시 연두순시에서 대통령은 서울시의 창구행정에 있어서 시장이나 국장 등 감독자의 감독이 미치지 않는 분야에서 일하는 공무원들 사이에는 아직도 부정과 부조리 사례가 있다고 지적하고 이것을 뿌리뽑기 위해서는 공무원 한 사람 한 사람이 이제부터는 부정한 일을 하지 않겠다는 결심을 해야 한다는 점을 강조했다.

"서정쇄신에 대하여 시장이 금년도 서울시의 방침을 구체적으로 설명했는데 그동안 창구행정에 있어서는 그전보다 놀라울 만큼 많이 개선되었다는 말을 나는 듣고 있습니다. 아마 사실인 것 같습니다. 그러나 세금을 받으러 다니는 공무원 또는 시유지 처분하는 공무원, 택시, 버스의 증차, 노선허가 또 건축허가, 물품구매를 담당하는 공무원 등 시장이나 국장이나 감독자가 직접 그 옆에 앉아서 감독하기 힘든 분야에서 일하는 사람들은 아직도 완전히 시정되어 있지 않다는 겁니다.

내가 들은 정보인데, 서울시에서 1년에 여러 가지 물품을 얼마나 사는지 모르지만 어떤 브로커 같은 건 전화 한 통만 가지고 서울시에 수십 건의 물건을 납품하고, 그렇게 하고는 관계공무원에게 가끔 뇌물을 갖다 준다는 겁니다. 이것을 금년에는 완전히 뿌리뽑아야겠습니다.

과거는 어떻게 되었든 이제부터는 부정을 하지 않아야겠다는 결의를 공무원들이 마음속으로 해야 됩니다. 구호를 백 번 써 놓아도 안 되는 겁니다. 공무원 한 사람 한 사람이 과거 자기의 생활자세가, 태도가 잘못된 것이었다, 이제부터라도 고쳐야 되겠다는 마음을 먹어야 되며, 그리고 그날 아침부터 부정한 일을 안 해야 합니다. 물론 과거에 하던 버릇이 있으니까 시민들이 와서 해달라 하고 과거에 했는데 왜 안 하느냐고 유혹을 할는지 모르지만, 이제부터는 마음을 다시 먹고 안 하기로 결심했으니까 다시는 우리한테 그런 부당한, 부정한 부탁을 하지 말라, 이렇게 딱 거절해 버리면 부탁하던 사람도 무안해서 안 할 겁니다.

전에도 이야기했지만, 이것을 어렵게 생각하면 몇백 년 가도 시정이 안 되는 문제고, 우리들이 한 번 각성하고 마음을 다시 바로 먹고, 부정을 해서야 되겠느냐, 안 된다 하는 그런 자각만 들면 이건 하루 아침에 없앨수 있는 겁니다.

모든 기관장들이 평소에 교육과 지도와 감독과 또 공무원 한 사람 한 사람의 자각, 이것이 같이 이루어져야 합니다.

대한민국의 중심은 수도 서울이고, 700만 인구를 가진 수도서울의 모든 행정의 중심은 서울시청이고, 서울시청부터 이러한 새로운 바람, 새로운 기품이 일어나면 전국적으로 좋은 효과를 올릴 수 있다고 나는 생각합니다."

국세청, 관세청, 조달청, 말단 공무원의 부정, 부조리를 없애야 한다

1976년 1월 22일, 재무부 연두순시에서 재무부 산하 외청에 부정과 부조리를 시정해야 되겠다는 점을 강조했다.

"재무부 산하 외청은 모두 중요한 일을 하고 있고 많은 성과도 올렸으나, 부조리가 일어나기도 쉽고 단속하기도 힘든 기관입니다.

그동안 각 청장들이 서정쇄신에도 많은 노력을 해서 과거보다 좋아져 가고 있으나, 아직도 완전히 시정되지 않았으며 특히 말단에서는 정신을 못차리는 공무원들이 상당수가 있는 것으로 압니다. 앞으로 서정쇄신을 강력히 밀고 나가서 부정부조리를 완전히 찾아볼 수 없도록 만들어야 하겠습니다.

무엇보다도 종래의 타성을 버리고 정신적인 자세를 쇄신하여 공무원은 국가를 이끌어 나가는 엘리트다라는 긍지를 가지고 유혹이 있더라도 이를 뿌리치고, 오히려 국민을 설득시켜 선도할 정도가 되어야 하겠습니다.

그래서 일반국민이 보더라도 우리 정부에서 일하는 공무원들을 절대적으로 신뢰할 수 있도록 되어야 하겠습니다.

공무원의 자세가 이렇게만 된다면 그것은 경제가 몇% 성장된다든가, 국방장비가 현대화되는 것 이상으로 나라를 튼튼히 하고 국력을 커지게 하는 것이며 나아가서는 외국인들도 우리 한국을 두려워하게 될 것이라는 것을 우리 공무원은 확실히 인식해야 할 것입니다.

　이와같이 정신자세를 일신시키기 위해서는 각 기관장들은 부하직원들에게 정신교육을 더욱 강화해야 할 것이며 모든 공무원은 소속기관에 대한 일체감을 가져야 할 것입니다.

　즉 여러 가지 교육과 정신훈화, 상호충고, 절차탁마, 기관에 대한 명예를 높이는 등 교육과 정신적인 계도를 통한 분위기 조성에 힘써야 할 것입니다.

　예컨대 모든 공무원은 자기가 소속한 기관에서의 어떤 사고를 자기 자신에 대한 최대의 불명예로 생각하는 분위기만 된다면 서정쇄신은 하루아침에 이루어질 수 있다고 생각합니다.

　또한 모든 공무원은 각자의 인격적인 수양에 힘써서 공무원이라는 직업이 단순한 월급장이가 아니라 이 나라의 엘리트이며 지도적인 입장에 있다는 사실을 깨닫고 우리나라의 운명이 곧 공무원의 정신자세에 달려 있다는 투철한 사명감을 가져야 하며 이러한 사명감을 갖지 못한다면 공무원 자격이 없는 것입니다.

　좋은 나라, 위대한 조국이 되기 위해서는 정신적인 위대성을 가져야 하며 또한 이를 위해서는 정신무장이 되어야 하겠습니다.

　따라서 금년에는 한번 더 박차를 가하여 서정쇄신을 해 나가야 할 것입니다.”

　대통령은 이어서 김포공항에 근무하는 세관공무원들에 대해서는 특별 배려를 하라고 지시했다.

"김포공항은 우리나라의 관문이요 얼굴인 만큼 그곳에 나가 있는 세관공무원들은 외국인들에게 친절하고 깨끗한 인상을 주어야 하겠습니다.

제한된 인원에 벅찬 업무를 수행하다 보니 그런지 모르지만 세관원들이 불친절하다는 등의 말이 있는데 앞으로는 근무성적이 좋고 성실하고 인상도 깨끗한 사람을 골라 웃으면서 친절하게 봉사하면서도 제반규정에 맞게 업무를 처리하고, 영예스럽게 생각하며 근무할 수 있도록 특별수당도 주고 복장도 단정히 할 수 있도록 하고 인원도 보강해야 하겠습니다.

물론 총무처에서 여타 공무원과의 균형면에서 곤란하다고 할지 모르지만 특별히 배려해야 할 것입니다."

제4장 '서정쇄신 연감제도'를 만들어야겠다

부정을 저지르고도 적당히 넘어갈 수 있는 시대는 지나갔다

1976년 1월 23일, 내무부 연두순시에서 대통령은 먼저 우리사회의 부조리 현상을 기어코 고쳐 나가야 한다는 점을 강조했다.

"우리 사회에는 부조리현상이 많은데 그걸 우리가 고쳐 나가야 되겠습니다.

과거부터 꾸준히 내려오는 타성이고 만성화되어 있고 고질화되어 있기 때문에 그건 안 된다고 포기를 하면 영원히 안 되는 것이고 우리가 기어코 해야 되겠다고 달려들면 우리들 마음먹기에 따라서는 빠른 시일 내에 획기적으로 시정이 된다고 나는 생각합니다. 모든 국민 한 사람 한 사람이 마음먹기에 달려 있습니다. 그걸 하기 위해서는 역시 정부에서 일하는 우리 공무원들이 제일 먼저 솔선해서 해야 되겠고, 우리들 자신들부터 먼저 국민들한테 모범이 될 수 있도록 해야 되겠습니다.

그래서 지금 정부에서는 서정쇄신이다, 부조리를 없앤다고 노력하고 있는데 부조리는 반드시 없애야 됩니다.

부조리를 내부에 내포하고 있는 조직단체, 크게 말하면 국가도 포함되겠지요. 그런 조직은 언젠가는 허물어집니다. 최근의 예를 하나 들면 일본에 있는 재일교포 60만 가운데 절반 가까운 숫자가 소위 공산주의에 물든 조총련인데, 북괴가 매년 수십억 원의 돈을 보내고 공작금을 보내 대한민국을 파괴하기 위한 전진기지를 만들어 그동안 미친놈들 모양으로 설치고 별의별 범죄를 다 저질렀는데 그런 단체도 역시 부조리가 쌓이고 쌓이고 하니까 오늘날 마냥 이렇게 허물어집니다. 조총련이 저렇게 허물어진 것도 우연히 부조리가 쌓이고 쌓여서 저렇게 허물어진 것이 아니냐, 이렇게 생각이 됩니다.

어느 사회든지 부조리가 하나도 없는 그런 사회는 없겠지만 부단히 그걸 없애려고 노력하면 그걸 하나하나 없애 나가는 그런 사회는 건전하게 발전해 나가지만 부조리를 시정해 나가지 않고 그대로 내포한 채 그것이 자꾸 커나가고 확대되어 담을 쌓아 놓은 사회는 어느 시기에 가서 그 밑의 어디가 잘못되어 벽돌 하나만 빠지면 하루아침에 와르르 하고 허물어집니다. 조총련이 그런거다 이겁니다. 조총련은 그동안 교포들에게 대한민국에는 전깃불도 없고, 거지가 태반이고, 대한민국의 산에 가면 나무가 하나도 없다, 왜 없느냐, 산에 올라가서 초근목피, 나무를 벗겨 먹어서 나무가 견디질 못해 하나도 없다, 시골가면 십리 가는 도중에 굶어 죽은 시체가 두서너 명씩 보게 되는 것이 예사다, 한국에 가면 전깃불이 없으니 초를 사 가지고 가라고 터무니없는 소리를 했습니다. 20세기 후반기에 이렇게 문명이 발달된 사회에서 그러한 엉터리 거짓말과 허위사실을 가지고 일본에 있는 교포들을 속여서 용케 지난 30년 동안 지탱해 온 게 이상한 일이라고 생각합니다.

모국방문이라는 것을 계기로 해서 교포들은 조총련 내부의 그런 부조리를 분명하게 느끼고 있습니다. 결국은 그런 부조리 때문에 조총련은 허물어진 것입니다. 그런 걸 보면 북한공산당도 언젠가는 허물어진다고 봅니다. 그게 언제쯤 될건지는 모르겠습니다만 그자들 허물어질 것을 기다릴게 아니라 우리 자신이 우리 내부의 부조리를 먼저 고쳐나가야 하겠습니다."

대통령은 이어서 부정을 저지르고도 적당히 넘어갈 수 있는 시대는 벌써 지나갔다는 것을 모든 공무원들은 자각해야 한다는 점을 강조했다.

"그 다음에 우리 사회에서 부조리 하면 전부 공무원, 공무원 했는데 공무원 사회도 부조리는 있지만 공무원뿐이 아닙니다. 공무원 사회에 있는 부조리, 일반사회에 있는 부조리 거의 반반 막상막하입니다. 그러니까 공무원과 국민들이 서로 같이 합심하여 시정해 나가는 데 노력을 해야 되겠습니다.

그것이 없어지는 것이 결국은 눈에 보이지 않는 우리나라의 막강한 국력이고 힘입니다. 그걸 우리가 인식해야 될 것입니다. 해방 후 정치불안, 사회불안, 전쟁 전후 혼란시기 등등해서 여러 가지 역경을 겪어 오면서 우리 사회는 여러 가지 부조리가 부지불식간에 싹트고 자라서 그 뿌리를 뽑기가 상당히 힘들 정도로 고질화되어 있는 것도 많지만 이제 우리 사회도 하나하나 건전한 사회로 정상화되어 가고 있기 때문에 그것은 점차 사라져야 되겠다, 우리가 조금 더 노력만 하면 빠른 시일 내에 그렇게 되리라고 생각합니다. 그것은 우선 우리 공무원들이 먼저 '앞장서자, 국민들한테 모범을 보이고 솔선수범을 하자'는 것입니다. 공무원 사회에 있어서 교육공무원을 빼면 내무부 산하에 있는 공무원들이 전체 공무원들의 거의 절반이 되고 전체 공무원의 3분의 1 이상이 된다고 하는데 내무부 산하 공무원들이 다른 공무원들보다도 더 앞장서서 솔선해서 이것이 잘되면 전체 공무원에게도 지대한 영향을 끼치고 전체 공무원은 또 솔선수범을 하지 않겠느냐 생각합니다.

이제 우리 사회에서는 부정이나 비위 이걸 저지르고도 적당히 넘어간다는 것은 옛날 얘기고 통하지 않는 겁니다. 우리 공무원들이 과거에 저지른 사고를 보면 어리석기도 하고 딱하기도 하고, 어떻게 되어 사람들이 모두 지각이 없느냐 할 정도로 순간적인 유혹에 빠진다든지, 이 정도는 뒤에 탄로가 안나겠지 하는 생각 때문에 아마 그런 것 같습니다.

탄로가 나고 안 나고 공무원으로서 부정을 해서는 안 된다는 태도, 아무리 권유하고 심지어 압력이 오고 유혹을 하더라도 부정은 단호히 거절할 수 있는 자세, 이것이 공무원들의 자세입니다. 이것이 올바른 공무원상입니다.

요즘 '유신공무원상' 하는데 유신공무원상이 무어냐. 성실하고 정직하고 또 불의의 재물이라든지 이런데 탐하지 않는 깨끗한 공무원 그래서 국가에 봉사하는 것을 하나의 큰 보람으로 느끼고 자랑으로 생각하는 그런 공무원, 이것이 유신공무원이 아니겠느냐. 이런 것을 금년에는 우리 공무원들한테 기회 있을 때마다 교육도 하고 지도도 하고 정신 차리지 못한 공무원들에게는 벌도 주고 잘한 공무원들은 찾아서 표창도 하고 사기도 올리고 이런 모든 것을 같이 병행해 나가야 되겠다 이겁니다.

최근에 내가 들은 보고는 내무부 산하 공무원들이 상당히 자세가 많이 좋아지고 부조리 현상이 많이 없어졌다고 하는데 없어진 분야는 거의 발본이 되다시피 없어지고 그 공기가 일신한 그런 게 있는가 하면 아직도 그 구태의연한 데가 있다는 겁니다. 정신 못차리는 거죠. 거기도 이제 어떤 메스가 들어가고 무슨 소탕작전이 들어가면 정신을 차릴런지는 모르지만 그런 것보다는 우리가 가는 방향이 정해져 있고 대한민국 사회에 모든 공무원과 국민들이 일치해서 시대가 달라졌다, 이제 부정을 하여서는 안 될 때가 왔다는 걸 자각해야 되겠다는 것입니다.

생각만 하면 어제까지 부정을 하던 공무원도 오늘부터는 마음속으로 완전히 딴 사람이 되어 전연 거들떠보지도 않고 유혹에 말려

들어가지 않는다, 이렇게 나는 보고 있습니다."

대통령은 이어서 우리 사회의 부조리를 시정하는 데 공무원들이 솔선수범을 하는 데 있어서는 공무원의 처우를 개선해야 하겠으나 국가 재정형편상 아직은 그런 수준까지는 미치지 못하고 있다는 사실을 설명했다.

"우리 사회의 부조리를 없애는 데 우리 공무원들이 먼저 솔선수범해야 한다는 얘기를 하면 공무원들의 처우문제가 나옵니다.

물론 국정의 책임자로 있는 대통령으로서 어떻게 하든지 우리 공무원들의 최저생활, 물질적인 유혹에 말려들어가지 않을 정도의 최소한의 생활보장을 빨리 해줘서 공무원들이 사고를 내지 않고 보다 더 떳떳한 공무원들이 되도록 해야겠다. 나뿐 아니라 정부에서 일하는 모든 장관이 다 똑같은 생각을 가지고 있는데 지금 우리의 재정형편이 아직까지 그런 수준까지 되지 못합니다.

그러나 금년에는 여러 가지 어려운 사정하에도 공무원들의 처우개선을 위해서 상당한 재정을 배정해 노력하고 있으니까 또 우리 경제가 자꾸 커나가면 내가 보건데 앞으로 몇 년 내에 이 문제는 해결되지 않는가 이렇게 봅니다.

지금과 같이 경제가 성장해 나가면 해결될 것이다, 그동안 좀 어렵겠지만 좀 참는다, 모자라는 것은 참는 도리밖에 없다, 자기한테 돌아오는 수입 범위 내에서 생활을 맞춰 나간다, 남이 잘살고 있는데 눈이 팔리고 그걸 쳐다보고 그걸 흉내내다가 보면 결국은 분수를 넘어 버리니까 탈선하게 됩니다.

그런 면에서 우리 공무원들은 자기의 인격이랄까 정신수양면에서 조금 더 분발해야 되지 않겠느냐, 그 대신 모든 책임 있는 자리에 있는 기관장들은 자기 산하부하들 중에 아주 딱한 사람이 있다는 사실을 절대 놓쳐서는 안 됩니다.

같은 공무원이 자기 밑에 10명 일하고 있는데 거기서 9명은 국가에서 주는 보수로 근근히 생활해 나가고 있는데 한 사람이 아주 딱한 사람이 있다, 그러나 계급이 똑같고 보수가 똑같은데 더 줄 수 없지 않겠느냐, 그건 당연합니다.

다른 사람은 그걸 받아 가지고 사는데 왜 너만 곤란하다고 그러느냐 그런 얘기도 할 수 있겠지만 찾아보면 그중에 딱한 사람도 있어요. 예를 들면 같은 계급의 공무원이지만 어떤 사람은 가족도 단출하고 식구도 몇 안 되고 가족도 몸이 건강한데 또 어떤 사람은 가족수가 많고 거기다 무슨 책임져야 될 식구들이 많다든지 심지어 어떤 사람은 자기 형이 죽었는데 과부된 형수에 자기 조카들 학비까지 돌봐 주어야 되고 거기다 환자까지 생기고 치료비까지 대줘야 하는 그런 불우한 사람이 있을 수 있는 겁니다. 그런 사람을 찾아서 기관장들이 무슨 방법을 해서든지 봐 준다, 자기 힘으로 안 되면 자기 직속상사에게 건의를 해서 도와 준다, 그렇게 해주고 그 나머지 사람은 모두가 똑같은 처지에 있고 같은 보수를 받으니까 참고 견딘다, 이런 여러 가지 노력과 관심과 지도, 이걸 해나가면 부조리는 단시일 내에 시정되어 나가리라고 봅니다."

'금년은 과거의 부조리를 뿌리뽑는 해'라는 목표를 세우고 특별한 노력을 기울여야 한다

1976년 1월 29일, 농수산부 연두순시에서 대통령은 농수산부는 장관 이하 말단에 있는 직원까지 모두 합심해서 '금년 과거의 부조리를 뿌리뽑는 해다'라는 목표를 세워서 서정쇄신에 특별한 노력을 기울여야 하겠다는 점을 강조했다.

"장관께서 서정쇄신에 대해서 여러 가지 구체적인 계획을 아까 설명해 주었는데 역시 농수산부 산하에도 여러 개 기구가 많고, 기관이 많고 여기 종사하는 사람도 많고, 여기 종사하는 사람들 대부분은 어민 농민과 접촉하는 사람들인데 최근에 많이 시정이 된 줄로 압니다. 그러나 워낙 기관이 많고, 범위가 넓고, 사람이 많고 감독이 소홀해서 그런지 여러 가지 자질구레한 그런 작은 사건들, 비위사실이 많았는데 금년에는 그것이 모두 일소가 되도록 장관 이하 말단에 있는 직원들까지 모두 합심해서 '금년에는 과거의 모든 부조리를 뿌리뽑는 해다' 그런 목표를 하나 세워 여러분 특별히 노력해 주기 바랍니다."

건설분양에 있어서 부조리를 시정해야겠다

1976년 2월 3일, 건설부 연두순시에서 대통령은 건설분양에 있어서 부조리를 철저하게 척결하라고 지시했다.

"작년에도 여러 개 지적을 해서 장관한테 통보해 준 예도 있는데 서민주택이다, 무슨 아파트다, 기타 여러 가지를 건설하는데, 특히 서민아파트를 짓는 데 있어서 업자들이 자재를 제대로 안 쓴다든지, 자재의 배합률에 있어서도 건설부에서 규정한 그대로 이행을 안 한다든지 하는 그런 것이 많은 것 같은데, 그런 것은 현장에 감독 나가 있는 공무원들이 처음부터 감독을 철저히 해야지 적당히 봐주면 뒤에 가서 엉터리 아파트가 되고 사고도 나기 쉬운데 그런 폐단이 아직도 완전히 근절이 안 된 것 같아요. 금년에 건설부에서는 다른 여러 가지 서정쇄신 문제에 대해서 착안 할 점도 많겠지만, 그점은 특별히 강조해야 되겠습니다.

물가가 그동안에 매년 많이 올라서 건설단가가 자연히 오른 것은 당연한데, 건설단가를 계산하는 데 있어서 좀 더 과학적으로 잘 검토해서 현실적인 단가를 산출하지 않고 매번 물가가 오른 것에 비해서 건설단가가 너무 올라 있지 않나 하는 느낌을 갖게 되는데, 예를 들면 고속도로라든지 국도포장 같은 것도 언제 한 번 나한테 보고를 하라고요, 도로국장 나와 있지요? 그리고 시공감독을 좀 더 철저히 해야 되겠습니다."

공직사회의 부조리를 일소하려면 이것을 시정하겠다는 자각과 깨달음이 있어야 한다

1976년 2월 3일, 교통부 연두순시에서 대통령은 공직사회 부조리를 일소하려면, 이것을 시정하겠다는 자각과 깨달음이 있어야 한다는 점을 강조했다.

"교통부는 많은 물자를 취급하고 또 이것을 조달하므로 여러 가지 이권관계가 게재되는 것이고 또 대민접촉 관계가 많기 때문에 부조리가 과거에 많이 있었다는 건 사실입니다.

최근에도 그런 계약업무에 있어서 여러 가지 불미한 일이 있었던 걸로 알고 있는데 금년에는 어떻게 하던지 완전히 일소가 되게끔 우리 모두가 같이 마음을 먹고 노력만 하면 이건 단시일 내에 해결되는 문제입니다.

정신적으로 이것을 고쳐야 되겠다는 자각과 깨달음이 없으면 이건 그야말로 백년하청이고 아무리 해도 시정이 안 되는 것이고, 우리가 정신차려야 되겠다, 그러한 각성만 있으면 단시일 내 시정이 되는 문제라 생각됩니다.

우리가 앞으로 부강한 나라가 되고 평화적인 통일이 이룩되자면 국력이 커져야겠고, 국방도 강해져야 되고, 경제도 성장되어야 되겠습니다. 요즈음 우리나라에도 지하자원이 상당히 많이 있는 것 같다고 하니까 어디서 노다지가 솟아나오지 않느냐 하고 기다리는 것 같은데 그것보다도 더 근본이 되는 것은 우리 모두 마음이 올바르게 되어야만 나라가 빨리 부강해지고 통일이 빨리 된다고 생각됩니다.

기름이 펑펑 쏟아져 일년에 수백억 달러가 솟아나와도 그런 나라들 국민들이 정신을 못차리니까 커미션이 왔다갔다 하고 기름 파는 데에도 뇌물이 왔다갔다 한다는 이야기를 많이 듣고 있는데 과연 그런 나라가 앞으로 길이 역사상 부강한, 위대한 국가로서 남을 수 있겠느냐, 그런 걸 생각할 때 그런 자원이 나오는 것도 바람직하고 우리도 나왔으면 좋겠지만, 그걸 바라기보다는 우리들 정신부터 개조해 나가야 되겠습니다.

그것이 나라를 우리가 부강하게 만드는 가장 근본적인 문제이며, 그것이 또 우리가 통일을 앞당기는 길입니다.

이치를 따져 내려가 보면 마음이란 무어냐, 내 자신에 있는 것이다, 나부터 우선 고쳐 나가야 된다, 모든 사람이 저부터 고쳐 나가고 깨끗하고 정직하고, 성실해져 전국민이 그렇게 되면 여기엔 무서운 힘이 나옵니다.

이것이 국력입니다. 우리 모두 그렇게 지금부터 한번 반성하고 깨달아야 된다고 생각됩니다.”

서정쇄신은 망국의 근원을 근절하려는 것이다

1976년 5월 19일, 정부·여당 연석회의에서 대통령은 서정쇄신은 우리나라가 부강한 나라가 되기 위해서 근본적으로 뿌리뽑아야 할 망국의 근원을 근절하려는 데 그 목적이 있다는 점을 강조했다.

“서정쇄신은 단순히 부정부패를 없앤다기보다는 우리나라가 부강하고, 훌륭한 나라가 되기 위해서는 근본적으로 뿌리뽑아야 할 망국의 근원을 근절하려는 데 의의가 있습니다.

역사적으로 누적되어 온 부정부패를 근절하지 못하면, 고질이 된

이 병을 고치지 않으면 이것은 망국의 근원이 됩니다. 이 병을 안고 치면 병발증이 생겨서 결국은 나라가 망하고 맙니다. 월남이 패망한 것도 근원적으로는 이 부정부패라는 병을 못 고쳤기 때문입니다.

자유중국도 본토를 뺏기고 대만으로 건너온 후에야 정신을 차려서 지금은 부정부패를 없애고 굳게 단결해 있으므로 8억의 적이 공격해도 끄떡없이 버티고 있는 것입니다.

고 장개석 총통이 내가 대북을 방문했을 때, 식사 후 환담하는 자리에서 이런 말을 들려준 것이 회상됩니다.

"본토에 있을 당시에 어떤 군단에서 실제 병력보다 훨씬 많은 수의 병력을 신고하고 식량과 무기를 요구하는 것이 드러나 군감찰관을 파견하여 조사하도록 하였더니 그 군단의 사령관은 주안상을 잘 차려 놓고 감찰관을 초대하여 술 대접을 잘한 후에 두 개의 상자를 내놓으면서 변변치 않은 선물이지만 우리의 성의이니 하나를 선택하라고 하더라는데 그중 한 상자에는 수표 등 수억 원의 금품이 들어 있고, 또한 상자에는 권총 한자루가 들어 있었다는 것입니다.' 중국이 망하고 대만으로 쫓겨난 원인이 바로 그러한 부정과 부패에 있었다고 장총통이 회고한 바 있습니다.

한국은 월남이나 중국과는 다릅니다. 또 달라야 합니다. 이런 뜻에서 서정쇄신을 강력히 추진하고 있는 것입니다.

내 주변부터 하나하나 다져나가야겠습니다. 이것이 총화단결의 길이고, 국가발전의 길이라는 것을 확실히 인식해야 합니다.

정부의 차관이 도박을 하여 모든 공무원의 명예를 더럽힌 것은 통탄스러운 일입니다. 정치인 중에도 도박을 하는 사람들이 있다고 하는데 정신차리지 못하면 명단을 발표할 수밖에 없습니다. 심심풀이로 하는 것은 몰라도 수백만 원, 수천만 원씩 걸고 하는 도박은 죄악입니다. 이번 사건을 계기로 전 공무원들은 지위고하를 막론하고, 처신과 행동에 있어 크게 반성해야 합니다."

대통령은 이어서 일부 정치인들 중에는 아직도 타성에 젖어 인사청탁이나 공사청탁 등의 비리를 저지르는 사람들이 있다는 사실을 지적했다.

"사회부조리를 없애는 데는 공무원의 노력만으로는 부족하며, 모든 국민의 협력이 있어야 하며, 특히 여당의 정치인들이 솔선수범해야 합니다.

그동안 각 분야별로 파악해 본 결과 공무원들은 많이 자각하고 자숙하여 만족할 만한 상태는 아니더라도 성과가 나타나고 있습니다. 그러나 일부 정치인 중에는 아직도 타성에 젖어서 정신 못차리고 있는 사람들이 있습니다. 확실한 증거를 갖고 말하는 것입니다.

정치인이라고 해서 국회의원만이 아니고 또 국회의원이라고 해서 여당의원만도 아니라 야당의원도 있습니다. 야당의원은 나의 소관이 아니나 문제의 여당의원에 대해서는 버릇을 고쳐 줄 방안을 생각하고 있습니다.

예컨대 지방의 건설공사 청탁이나 농협, 수협 등의 인사청탁을 하고 해외여행 때 유관기관에서 여비를 뜯어내는 비리가 아직도 공공연히 이루어지고 있습니다. 공화당 의장과 유정회 회장은 전당원들에게 이런 짓을 하지 못하도록 강력한 조치를 취해 주기 바라며, 또 행정부 쪽에서는 정치인들의 부당한 청탁은 딱부러지게 거절할 줄 아는 당당한 자세를 확립해 나가야겠습니다.

정치인들이 지방의 건설공사를 청탁하고 다니면 신문에 나지 않더라도 그 지방 주민이나 공무원들은 다 압니다. 알면서 모르는 척할 뿐입니다. 이런 작풍을 근본적으로 뿌리뽑아야 합니다.

과거에는 정치인들이 공사청탁도 하고 인사에도 개입하고 얼렁뚱

땅해서 넘어가야 그 사람 정치 잘한다고 생각해 온 것이 사실입니다. 이런 것을 고쳐 나가야 합니다. 이런 것을 고치는 것이 10월유신의 한 과제입니다.

정부나 국회의원은 국민의 지지와 신망을 받아야 합니다. 어떻게 받느냐? 국가와 국민을 위해서 무엇인가 봉사하고 노력했다는 것이 훗날에 알려질 때 비로소 지지와 신망을 받게 된다고 믿습니다. 정치를 할 때, 이런 방식으로 해야지 과거처럼 당장 사탕발림이나 하는 식의 정치를 하는 시대는 이미 지났다고 봅니다."

우리 사회의 부조리를 좀 더 발본적으로 제거해야겠다

1976년 11월 12일, 대통령은 청와대에서 국무회의를 주재하고 우리 사회의 부조리를 좀 더 획기적으로, 발본적으로 제거해 나가야 하겠다는 점을 강조했다.

"우리 사회의 부조리는 좀 더 획기적이고 발본적으로 제거해 나가야 합니다. 근대화와 자주국방의 과제도 중요하지만, 이에 못지않게 중요한 것이 국민의 단결입니다. 이 단결을 해치는 것이 부조리입니다. 부조리는 먼저 공무원 사회부터 척결해 나가면서 사회 전반으로 파급시켜 나가야 할 것입니다.

'우리 장관이 부조리문제에 관심이 크고 단호하다'는 느낌을 갖게 되면 공무원들의 자세는 달라질 것입니다.

부조리는 하루 아침에 제거되는 것이 아니므로 지속적이고 중점적으로 뿌리뽑아야 합니다.

부조리는 잡초와 같습니다. 위만 자르면 또 나오므로 뿌리째 뽑아야 합니다. 가령 부조리라는 잡초가 10개 있으면 처음에 2개를 뿌리뽑고 다음에 또 2개, 그다음에 또 2개, 이런식으로 지속적으로 뿌리뽑아야 합니다. 부정이 있어서는 나라가 망합니다.

요즈음 재벌 등 돈 번 사람들이 호화주택을 많이 짓고 있다는데 그 욕이 어디로 가겠습니까? 정부로 옵니다. 융자받고 차관 얻어써서 부채가 많은 대기업주들이 호화주택을 짓는 것을 보고 공분을 안 느끼는 국민이 어디 있겠습니까? 내돈 가지고 내집 짓는 데 무슨 상관이냐고 할지 모르지만 그런 일이 없어야 합니다. 앞으로는 비서실장을 시켜서 조용히 막을 생각입니다.

그러한 기업주에 대해서는 앞으로 융자해 주지 말도록 하고, 이미 건설된 건물은 외국 공관에 세주도록 하는 것이 좋겠습니다.

또 일부 재벌이나 벼락부자가 된 사람들이 묘지를 호화롭게 쓰는 모양인데 법으로 막을 수 있는 것은 법으로 막고 설득하거나 행정조치 등으로 철저히 막아야 합니다."

여당 국회의원들은 인사, 이권청탁을 해서는 안 된다는 인식을 확고히 해야 한다

1976년 12월 20일, 정부여당 연석회의에서 대통령은 사회기강의 확립을 위해서 여당 국회의원들은 인사청탁이나 이권청탁은 안 하는 것이라는 인식을 확고히 해야겠다는 점을 강조했다.

"금년도의 한발과 수해는 지난 67년과 68년 영호남지방의 한발이나 수해에 비해 훨씬 심한 한 해였지만, 영농기술의 발전과 새마을운동 그리고 정부의 지원이 큰 힘이 되어 기록적인 식량증산 기록을 이룩했습니다.

경제도 불황을 탈피하여 고도성장을 지속하고 방위태세도 강화되어 국가안보에 자신을 가지게 되었습니다.

따라서 금년은 '국가의 알찬 성장의 해'였다고 할 수 있습니다.

문제는 사회기강에 있습니다.

경제가 성장하고 국력이 증강되고 생활수준이 향상되고 있지만,

그럴수록 사회기강도 확고하게 뿌리내려야 합니다. 경제의 자립, 국방의 자주, 사회의 기강을 확립하여 능력 있고 정직하고 성실한 사람들이 잘사는 사회를 만들자는 것은 바로 우리 세대의 소망이며 이상입니다.

기강확립은 국정의 근본이라고 생각합니다. 이것이 안 되고 다른 것이 다 잘 되어도 소용이 없다고 봅니다.

그동안 기강쇄신 작업에 있어서 많은 성과를 거두고 있으나 앞으로도 계속 추진돼야 한다고 보는데 여당권에 당부하고 싶은 것이 있습니다.

'개인에 관한 인사청탁이나 이권청탁은 하지 않는 것이다' 하는 인식을 확고히 해야겠다는 것입니다. 그리고 선거구의 주민들이 개인적으로 이러한 부탁을 하면 딱부러지게 거절하여 속된 말로 버릇을 가르쳐 주도록 노력을 해야겠습니다.

그러나 개인이 아닌 지역주민 전체의 요망사항을 가지고 관계장관에게 하는 것은 무관하다고 보며, 이것은 막지 않겠습니다. 그러나 이런 것도 지역구 국회의원이 개별적으로 직접 장관을 찾아가서 상대할 것이 아니라 당의 지역개발심의위원회를 통해서 정부에 건의하여 해결하는 것이 좋겠습니다. 그래야만 국회의 권위가 서고 유신국회상이 확립될 수 있다고 봅니다."

돈보다 인간이 더 소중하다는 가치관이 똑바로 서 있는 사회를 건설해야 한다

1977년 1월 12일, 연두기자회견에서 대통령은 앞으로 공무원 사회의 부조리가 완전히 없어질 때까지 서정쇄신을 계속 강력히 추진하겠다는 방침을 천명했다.

"그동안 정부가 추진한 서정쇄신운동은 많은 성과를 올린 것도 사실입니다.

공무원들의 기강이 많이 바로 서고, 또 국민들도 여기에 대해서 많은 호응을 해 주셨고, 따라서 국민들의 공무원에 대한 신뢰도도 전보다는 많이 높아졌다고 봅니다.

그러나 이 정도를 가지고서는 대단히 미흡하여 아직도 구석구석에 쇄신을 하고 뿌리를 뽑아야 할 분야가 많이 있다고 생각하고 있습니다.

또 어떤 분야는 일시적으로는 한때 좋아졌다가 시간이 경과함에 따라서 다시 옛날상태로 되돌아가는 경향도 없지 않은 것 같습니다.

따라서 정부는 앞으로 우리 공무원 사회의 소위 부조리라는 것이 완전히 없어질 때까지 계속 강력히 추진해 나갈 생각입니다. 이것은 결코 일시적인 것이 아닙니다. 완전히 없어질 때까지 그리고 공무원이 부정을 하고는 절대로 배겨내지 못한다, 언제인가는 이것이 탄로가 나서 법의 제재를 받게 된다, 그러한 인식이 철저히 몸에 밸 때까지 계속 강력히 추진해 나가겠다는 것을 오늘 이 자리에서 확실히 밝혀 둡니다.

그 대신 정직하고 성실하고 유능한 공무원은 그들의 신분을 철저히 보장해 주고, 또 처우를 개선해 나가는 데 정부는 최대 최선의 노력을 다하겠다는 것을 아울러 약속드립니다.

서정쇄신이나 사회의 부조리제거라는 것이 결코 공무원만 잘 된다고 해서 다 되는 것은 물론 아닙니다.

정부가 이것을 특별히 강조하는 것은, 우리 공무원 사회부터 먼저 기강을 바로잡아서 모범을 보이고 솔선수범을 하자는 데 그 의의가 있는 것입니다.

모든 국민들이 다 같이 협조하고 호응해야만 부조리가 없어지고,

밝고 명랑하고 건전한 사회가 될 수 있다고 믿습니다.

그런데 우리가 이것을 하는 데에는 여러 가지 분야에서 노력하고 있지만, 내가 항상 강조하는 바와 같이, 이 운동의 가장 좋은 성과를 가져오는 방법은 역시 사회 지도층에 속하는 국민들이 먼저 솔선수범해 주면, 일반국민들도 자연히 따라 갈 것이라는 점입니다.

지위가 높은 자리에 있는 국민들, 재산이 없는 사람보다도 재산이 많은 부유층에 속하는 국민들, 또 교육

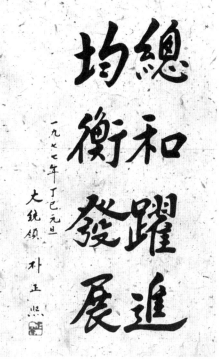

을 적게 받은 사람보다는 지식이 많은 분들이 앞장서서 먼저 실천을 해 나가면, 일반국민들의 모범이 되어서 빠른 시일 내에 시정되리라고 믿습니다.”

대통령은 이어서 아무리 돈이 좋다 하더라도 인간이 더 소중하다는 가치관이 똑바로 서 있는 사회를 건설해야 하며 이를 위해 정신문화의 계발에 힘써야 한다는 점을 강조했다.

“또, 우리가 생활해 나가는 데 있어서 돈을 번다는 것은 결코 나쁜 일은 아닌데, 돈을 벌더라도 정당한 방법으로 돈을 벌어야지 부

정을 하거나 불법적인 방법으로 돈을 벌겠다는 생각은 없애야 되겠습니다.

예를 들면, 요즈음도 가끔 이야기가 나옵니다만, 부정식품, 즉 사람이 먹는 음식을 속여서 판다든지, 또 사람이 먹는 약을 속여서 판다든지, 이런 것은 도저히 도덕적으로 용납될 수 없습니다.

또, 사업을 하는 데 탈세를 해서 돈을 벌겠다든지, 주식을 공개하는 데 위장공개해서 속여 돈을 벌겠다든지, 축재를 하겠다든지, 이런 생각은 버려야 하겠습니다. 출세를 하는 데도 그렇습니다. 사람이 출세하는 것은 좋은 일일 것입니다. 노력을 해서 출세하겠다는 그런 욕심이 없으면, 그 사회는 발전도 없을 것입니다.

출세를 하되, 자기가 노력하고 능력을 쌓아서 그 능력으로 출세하라는 이야기입니다. 정직하고, 성실하고, 능력 있는 사람이 많은 보수를 받고 출세를 먼저 하는 그런 세상을 만들어 보자는 것이 우리들이 원하는 이상적인 사회입니다.

그리고 아무리 돈이 좋다 하더라도 인간이 더 소중하다는 그러한 가치관이 똑바로 서 있는 사회를 만들어 보자는 것입니다. 이러한 사회를 건설하기 위한 우리들의 노력을 정신문화의 계발이라고 말할 수 있지 않을까 생각합니다.

요즈음 어떤 사람들은 서구문명의 위기 운운하는 얘기를 자주합니다. 즉, 서구문명이라는 것이 물질문명이 고도로 발달했는데, 정신문명, 정신문화의 계발이 이것을 뒤따르지 못했다, 그래서 그러한 사회, 그러한 국가는 뿌리가 튼튼하지 못하기 때문에, 사상누각과 같다는 얘기를 하는 사람도 있습니다.

서구문명이 과연 그런 위기에 봉착해 있는지 아직 그런 단계에까지 안 와 있는지 나는 잘 모르겠습니다.

하여튼, 물질문명이 고도로 발달하고 정신문화가 함께 병행하지 못하는 사회는 매우 취약하다, 꼭 모래사장 위에다 집을 지어 놓은 것과 같은 취약성을 가진다, 오래 가지 못한다, 하는 말은 틀림없는 것 같습니다."

대통령은 이어서 우리 사회의 부조리를 추방하기 위해서는 우리들 마음속에서부터 '마음의 혁명'이 일어나야 한다는 점을 강조했다.

"우리는 지금 북한 공산주의와 대결하고 있습니다. 이것이 우리의 가장 큰 위협이요, 또한 우리의 적입니다.

우리는 이 공산주의 외에 또 하나의 적을 우리들 마음속에 가지고 있습니다. 소위 요즈음 우리가 말하는 부조리라는 것 역시 우리 마음속에 가지고 있는 하나의 적입니다.

이 부조리의 추방이라는 문제는 앞으로 우리 국가의 흥망과도 직결되는 중대한 문제이기 때문에, 나는 이것을 우리나라 안보와 같은 차원에서 다루어야 된다는 것을 강조한 바 있습니다. 그리고 이러한 문제는 법으로 처벌하거나 단속만 해 가지고는 되지 않는다고 나는 보고 있습니다.

그것도 한 가지 방법은 되겠지만, 근본적으로는 우리들 마음속에서부터 조용한 자기혁명이 일어나야 한다고 봅니다.

나는 이것을 '조용한 혁명'이라고 표현합니다만, 즉 나 자신부터 먼저 그런 마음을 고쳐먹어야 되겠고, 또 우리 생활 주변에서부터, 우리 가족부터, 내 직장에서부터, 내 마을에서부터, 이렇게 해서 점차 사회로 이것을 확대해 나간다, 그렇게 하면 우리 사회, 국가 전체가 잘 될 것이 아니겠느냐, 그리고 아무리 작은 일이라 하더라도 좋은 일이라고 생각했을 때에는, 이것을 실천하는 데에 조금도 서슴지 말자, 또 아무리 작은 일이라 하더라도 이것이 양심에 걸리는 일이라고 생각되었을 때는 서슴치 말고 버리자, 하지 말자, 이것입니다.

이것을 모든 지도층에서부터 솔선수범하면 일반서민층, 돈 없는 사람들은 해당 사항이 없는 것처럼 생각하지만 모든 사람이 할 일이 많이 있습니다.

예를 들면 거리에 다니면서 담배꽁초를 버리지 않는다든지, 산으로 등산을 가는 사람들이 산에서 담배를 피우지 않는다든지, 음식을 먹고 난 뒤 찌꺼기를 버리지 않는다든지, 이런 것도 우리가 큰 돈을 들이지 않고 큰 노력 없이 간단히 실천할 수 있는 문제들입니다.

또, 버스를 타는 데 서로 질서를 지킨다든지, 이런 것부터 하나하나 실천해 나가자는 것입니다.

또, 돈이 아무리 많이 있다 하더라도 자기가 정당한 방법을 통해서 번 돈이라 하더라도, 자기 마음대로 물쓰듯 펑펑 쓰는 것은 좋지 않습니다. '내 돈 내가 벌어 가지고 내가 쓰는 데 무슨 잔소리냐' 하는 생각은 버려야 합니다.

아직도 우리 이웃에는 가난하고 불우한 동포들이 많이 있다는 것을 잊어서는 안 되겠습니다.

만약, 그러한 사고방식을 가지고 있다면 이것은 국민총화를 저해하는 행위라고 생각합니다.

우리에게 지금 가장 중요한 것이 국민총화이고 국민의 단결인데, 그것을 해치는 행위라면 그것은 반국가적인 행위라고 단정하지 않을 수 없습니다.

물론, 그러한 행위가 법적으로 어떤 규제나 제재, 또는 저촉이 안 될지 모르지만 도덕적으로는 용납되지 않습니다.

우리 사회에서 부정부패, 사치낭비, 퇴폐풍조, 이런 말이 하루빨리 없어졌으면 좋겠습니다만 소위 이런 것을 우리들은 통틀어서 부조리라고 하는데, 우리가 다 같이 합심해서 과감하게 이런 것을 추방하고 건전하고 참신한 사회를 건설하는 데 힘써야 하겠습니다. 이렇게 하는 것이 우리 국가의 발전과 성장을 가져오는 가장 근본이 된다고 생각합니다.

아직도 공무원 사회의 부조리, 서정쇄신이 미흡하다고 했습니다마는, 대부분의 우리 공무원들은 그 동안 여러 가지 어려움을 참아가면서 자기 맡은 일에 충실하고 많은 성과를 올렸다고 생각합니다.

앞으로도 이 운동에 유종의 미를 거둘 수 있도록 더욱 분발해 줄 것을 당부합니다."

'서정쇄신 연감제도'를 만들어야겠다

1977년 1월 16일 총무처 연두순시에서 대통령은 '서정쇄신 연감제도'를 만들어 표창받은 공무원과 처벌받은 공무원의 실명을 기록에 남겨둠으로써 역사와 자손들에게 책임을 지도록 하라고 지시했다.

"연두기자회견 때에도 얘기를 했지만 유능하고 성실하고 열심히 잘하는 공무원들은 국가가 최선을 다해서 빨리 생활보장을 해주고 안심하고 직책에 충실할 수 있도록 해주는 것이 정부의 책임이라고 생각합니다. 그 대신 아직도 정신 못차리는 공무원들에 대해서는 앞으로 더 철추를 가해야 합니다.

총무처장관은 금년부터 이런 것을 만들어 보세요. 서정쇄신에 대한 것을 금년 1월 1일 이후부터라도 기록을 만들자 이것입니다.

그래서 한 번 국가의 공직자로 일한 사람들은 역사에 대한 책임을 져야 되겠다. 무슨 사소한 금전에 유혹받는다든지 부정을 저지른다든지 하는 사람들은 여러 가지 원인이 있겠지만 역사에 대한 책임의식, 역사의식이 희미한 데에서 그런 것을 극복을 못하지 않겠느냐 이겁니다.

우리가 민족중흥이라는 역사적 과업을 수행해 나가는 역사의 순간에 우리가 책임을 지고 있는데, 국민들이 낸 세금을 가지고 국가에 대해서 공직자로 봉사하고 있으면서 어떤 부정을 넘나든다든지 그런데에 유혹을 당해 부정을 저지른 데 대해서는 책임을 져야 되겠다, 그냥 그때 무슨 처벌을 받고 나가고 파면당하는 이것 가지고서는 안 되겠다. 기록을 남겨야 되겠다 이겁니다.

명칭을 서정쇄신 연감이라든지 이런 걸 총무처에서 만들어 금년 1월 1일 이후부터 처벌받은 사람, 표창받은 사람도 같이 기록을 하자, 기록을 남겨두면 이 다음에 자손들한테까지도 남아갈 것입니다.

우리 몇 대조는 언제 정부에서 무슨 일을 하다가 훈장을 받았다든지 표창을 받았다든지 하는 기록이 역사에 남고, 동시에 무슨 부정을 해먹고 처벌을 받았다든지 형무소에 갔다든지 파면당했다든지 하는 것도 기록에 남겨야 되겠다, 자손들한테 대해서도 책임을 져야 되겠다 이겁니다.

무슨 견책이라든지 주의, 경고 정도 이런 가벼운 것은 기록에서 빼고 말입니다.

아까 통계를 보니까 작년에는 50만 공무원들 중에 처벌받은 사람이 1만 5천 명, 표창받은 사람이 5천 명, 이것을 한데 합치면 2만 명이 되지요. 이것을 기록해 두자는 것입니다.

행정부에 있는 공무원뿐만 아니라 입법부에 있는 공무원, 사법부에 있는 공무원 등 국가의 공직자는 다 포함시켜야 되겠다, 그래서 전부 통보를 받아 1년에 한 번씩 연말집계를 해 이것을 각계에다가 뿌린다든지 그렇게 까지 할 필요는 없지만 행정부의 각 부처, 입법부, 법원 이런 데에서는 한 부 정도 영구보존 서류로 기록을 가지고 있으면 되겠습니다.

나는 국가의 공직자로서 일하는 사람들은 그 만큼 사명감과 책임감을 느끼고 동시에 자기들 후손에 대해서도 영예와 책임을 느낀다는 정신적인 자극을 주는 의미에서도 이것이 필요하다고 생각합니다.

꼭 한 번 처벌받은 것을 기록에 남겨 족보에까지 올리는 것은 너무 가혹하지 않느냐, 너무하지 않느냐 할는지 모르지만 뿌리를 뽑기 위해서는 그런 방법도 할 필요가 있다고 봅니다.

그대신 우수한 공무원들도 기록하자는 것입니다. 기록을 보니까 우리나라 이조시대에 부패한 공무원들이 수없이 많은 데 부패한 것은 기록이 없고, 아주 두드러진 것은 있지만, 아주 깨끗한 소위 청백리에 대해서는 기록이 있다고 합니다.

무슨 책인지 몰라도 조선시대에는 아마 청백리로서 깨끗하게 공직을 잘 수행한 사람들은 자손들한테 대해서도 나라에서 무슨 상을 줬다는 기록도 있는데 우리가 그것까지는 할 필요는 없지만, 그러나 자기 조상들이 아주 청렴한 공무원으로서 깨끗하게 국가에 봉사했다는 그건 기록이 남는다는 것은 그 자손들에게 하나의 영예가 될 것입니다.

그리고 서정쇄신에 걸려서 처벌을 받고 나갔던 공무원들이 뒤에 얼마 안 가서 다른 기관에 채용되고 있는 모양 같은데 기록을 하면 그렇게 안 될 것입니다.

그래서 하나의 구제 조치로써는 한번 처벌을 받아서 기록에 올랐지만 몇 년 후 그 사람이 좋은 일을 해서 표창을 받았다 이럴 때는 전에 처벌했던 것을 사면을 한다든지 기록에서 지운다든지 그런 것도 같이 병행하면 좋겠습니다.

내가 부정을 해서 처벌받는 것은 나만 불명예가 아니라 내 자손 대까지도 불명예를 남긴다는 그런 생각이 있으면 부정하는 데도 상당히 생각을 하지 않겠느냐, 너무 가혹한 것 같습니까? 나는 가혹하지 않다고 생각을 해요. 다른 나라에서는 그냥 법을 엄하게 해 처벌을 엄하게 하는데, 그보다는 이것이 더 효과적인 방법이라고 생각하고 있습니다."

서정쇄신은 장관의 책임이다

1977년 10월 27일, 청와대에서 열린 국무회의에서 대통령은 공무원 사회의 부조리 제거는 장관들의 소신에 크게 좌우된다고 말하고 따라서 서정쇄신은 장관들의 책임이라는 점을 강조했다.

"그동안 추진해 온 서정쇄신은 좀 더 지속적으로 해나가면 많은 성과가 있으리라고 봅니다. 조금 개선되었다고 주춤하면 모든 것이 도로아미타불이 됩니다.

장관들은 다른 일로 바쁘겠지만 부조리 척결에 모든 것이 달려 있으니 큰 관심을 갖고 노력해 주기 바랍니다. 경제건설이 잘 되고 자주국방이 잘 되고 있지만 부정과 부조리가 생기고 있습니다. 이 부조리를 제거하지 못하면 다른 것이 모두 잘 되어도 소용없습니다.

요즘 중동국가들은 석유값이 올라서 노다지 운운한다지만 부정부패가 많다고 합니다. 부정부패가 많은 나라에 기름이 나오면 무슨 소용있습니까. 부정부패의 척결은 국가의 근본을 지키는 일입니다. 역사적으로 부정이 있었던 시대와 없었던 시대를 비교해 보십시오. 나는 공무원 사회의 부조리 제거는 장관들의 소신에 크게 좌우된다고 봅니다.

서정쇄신은 장관들의 책임입니다. 청와대 사정보좌관실이나 감사원의 일이라고 생각하면 안 됩니다. 부정부패가 시정 안 되면 근대화도 안 됩니다. 건설, 생산, 수출관계 공무원이 돈을 먹는다면 어떻게 근대화가 되겠습니까? 부정부패는 공무원 사회의 상층부에는 극소수, 예외적으로 있지만 중하층과 하층의 윗부분에 많다고 하는데 여기에 집중적으로 단속과 감독을 해나가야겠습니다.

이조 왕조가 왜 망했습니까. 자유당 정부가 왜 망했습니까. 부패해서 안 망한 나라가 어디 있습니까. 부정과 부조리가 극심했던 크메르와 라오스는 망하고 공산화되고 말았지 않았습니까?

어느 시대, 어느 나라에나 부정부패는 있지 않느냐, 또 이 정도는 있을 수도 있지 않느냐, 또는 고질적이므로 어떻게 할 수가 없다고 생각하면 끝내 부정을 몰아내지 못합니다.

장관들이 소극적이고 무관심하면 불가능합니다. 나의 재직시에 꼭 뿌리뽑겠다는 결의를 가지고 힘써야 합니다.

얼마 전에 상공부, 조달청, 농협 직원들이 비닐을 사주는 데 부정을 하다가 잡혔다고 하는데 이런 사실은 숨기지 말아야 합니다.

공무원들이 신문에 안 나도록 뛰어다니는 모양인데 신문에 발표하여 의법처벌해야 합니다.

그래서 부정을 해먹고는 살아남을 수 없다는 생각을 공무원 사회에 심어 주어야 합니다. 방위산업을 일으키고 자주국방을 하는 것과 부정척결은 똑같이 중요한 것입니다.

부정척결이 잘 되면 비행기 몇 대 모자라도 끄떡없습니다."

국가기강과 사회기강을 바로잡는 것은 모든 정책의 근본이 된다

1978년 1월 25일, 내무부 연두순시에서 대통령은 국가기강, 사회기강을 바로잡는 것은 모든 정책의 근본이 된다는 점을 강조했다.

"내부에서 특히 하나 더 강조하고 싶은 것은 장관도 누누이 여기에 대해서 금년 시책에 중점적으로 강조를 했는데 우리가 여러 가지 하는 중에도 가장 중요한 것이 역시 국가기강 사회기강을 바로잡아야 된다는 것이며, 이것이 모든 정책의 근본이 되는 겁니다. 근래에 와서 서정쇄신이다, 사회 부조리 척결이다 해서 많이 좋아지고 있는 것은 사실이지만 아직도 이것이 우리가 절대 만족할 만한 그런 상태가 아니기 때문에 여기에 대한 노력을 앞으로 계속해서 꾸준히 밀고 나가야 되겠는데, 이것은 내무부 산하 공무원들만 가지고 되는 것은 아니지만, 정부 안에서 공무원 중에도 내무부 산하의 공무원수가 제일 많고 또 내무부 공무원들이 일반서민층, 일반국민들하고 접촉하는 기회가 많기 때문에 내무부 산하에 있는 모든 공무원들이 국가기강, 사회기강을 바로잡는 데 기수가 된다는 그러한 긍지를 가지고 가일층 노력해 주시기를 부탁합니다.”

농수산부 산하기관들의 인사문제와 부조리를 철저히 시정해야겠다

1978년 1월 26일, 농수산부 연두순시에서 대통령은 농협, 수협, 토지개량조합 등 농수산부 산하기관들의 인사문제와 부조리를 철저히 시정하라고 지시했다.

“농촌근대화 또는 농가소득 증대를 위해서 또는 어촌에 있는 어민들의 소득증대를 위해서 지금 일선에서 교량역할을 하고 있는 것이 농협과 수협인데 그동안에 열심히 잘 하고 있는 줄 압니다.

아직까지는 농협, 수협, 토지개량조합 같은 데에 일부 시정해야 할 점들이 있을 줄도 압니다만, 농촌을 위해서 참고 헌신적으로 노력할 수 있는 정신자세와 그런 분야에 대한 기술과 능력을 갖춘 사람들이 거기 가서 일하고 또 농민들을 위해서 앞장서서 봉사하는 사람들이 거기 가득 차 있으면 우리 농촌은 굉장히 빠른 속도로 발전해 나갈 줄 압니다.

물론 지금 교육받은 사람들이 많이 들어가고 과거에 있던 사람들하고 신진대사가 많이 되고 있는 걸로 아는데, 아직도 일부지방에는 그런 분야에 적임자가 아닌 사람들이 앉아서 여러 가지 꾸정물을 일으키고 있는 것 같습니다. 특히 우리나라는 선거가 임박해지면 외부에서 인사문제에 대해 불필요한 청탁, 압력이 있어서 여러 가지 부조리가 생기는 것 같은데, 이것은 농림부 장관 또는 농협, 수협, 토지개량조합의 책임자들이 철저히 막아야 됩니다.

그런 폐단이 또 다시 돌아오면 우리 농촌이나 어촌이 지금 한창 새로운 기풍으로 성장하고 있는데 거기다 먹칠을 하게 되는 것 같고 농어민들의 사기를 꺾고, 옛날과 같은 그런 폐단이 다시 되살아날 염려가 있기 때문에 연두(年頭)를 기해서 일체 그런 외부의 영향을 받아서는 안 된다는 것을 오늘 특별히 강조합니다."

유해식품, 불량약품, 유해화장품, 유해 어린이과자는 근절해야 한다

1978년 1월 30일, 보건사회부 연두순시에서 대통령은 먼저, 유해식품, 불량의약품, 유해화장품, 유해 어린이과자를 근절해야 한다는 점을 작년에 이어 거듭 강조했다.

"매년 강조하는건데 금년에도 장관께서도 특별히 강조했지만 금년에는 유해식품, 불량의약품을 근절하는 해로 해 봅시다.

예를 들면 음식이니까 만든 뒤에 시간이 경과해서 변질했다든지 여름철에 부패됐다든지 이런 것도 없애야겠지만 그런 것은 경우에 따라서는 우리나라뿐 아니라 선진국에서도 있는데, 아예 처음부터 인체에 해롭다는 것을 알면서도 집어 넣는것, 한때 두부나 콩나물에 무얼 넣는다든지 이런 것도 금년에 법을 더 엄하게 해서라도 없애야 합니다. 살인행위나 마찬가지이니까 용납이 안 됩니다.

약품도 마찬가지입니다. 인체에 해롭다는 것을 엄연히 알면서도 독이 되는 것을 넣어서 파는 것, 예를 들면 여자들 화장품 같은 것 중에 그런 게 있다는 것입니다. 물론 이런 것은 전부 법이 엄하다고 해서 또는 규정이 엄하다고 해서 근절시키기는 어려울지 모르지만, 1차적으로는 제도적으로 법을 아주 엄하게 하는 도리밖에 없습니다.

특히 어린이들이 먹는 과자에 유해요소를 집어넣는다든지, 이런 예가 있는 한 우리나라가 문명국가라는 소리를 듣지 못할 겁니다."

공직사회 서정쇄신은 일반사회가 보조를 맞추어 주지 않으면 실효를 거둘 수 없다

1979년 1월 19일, 중앙청 회의실에서 가진 연두기자회견에서 대통령은 먼저 지난 몇년 동안 서정쇄신을 추진해 오는 과정에서 공직자들의 정신자세와 의식구조가 많이 달라졌다는 사실을 지적했다.

"지난 10여년 동안 국가발전과 경제성장을 추진해 오는 과정에서 우리나라의 50만 공무원들이 조국근대화의 역군으로서 그동안 충분치도 못한 보수에도 불구하고 밤낮을 가리지 않고, 때로는 가정을 돌볼 겨를도 없이 땀흘려 일해 온 노고에 대해서 나는 언제나 고맙게 생각하고 그들의 공로를 높이 치하하고 있습니다.

그러나 많은 공무원들 가운데서 일부 지각 없는 공무원들 중에는 부정을 저지른다든지 또는 탈선행위를 한다든지 비위를 범한다든지 해서 공무원 사회의 물을 흐리게 한 예가 없지 않았습니다.

그래서 이러한 공무원들에 대해서는 기강을 바로잡기 위해서 가차 없는 처벌을 했고, 서정쇄신은 안보적인 차원에서 추진되어야 한다는 점을 항시 강조했습니다.

그러나 숨어 있는 모범적인 공무원들을 발굴해서 표창도 하고, 격려하는 일을 같이 병행하는 것도 잊지 않았습니다. 그래서 지난 76년부터 78년까지 3년 동안의 서정쇄신에 대한 통계가 나와 있는 것을 보면 비위를 저지른 공무원들을 적발해서 처벌한 사람수는 12만 7천여 명입니다.

한편 묵묵히 성실하게 일해 온 공무원들을 포상한 것이 22만 5천여 명으로 처벌을 받은 인원보다도 배 가까이 더 많습니다. 이처럼 정부는 탈선하는 공무원을 처벌도 하지만 모범적이고 성실한 공무원들을 표창하고 격려하는 쪽에 더 역점을 두고 있습니다.

그러나 이러한 통계숫자 그 자체보다도 더 중요한 것은 지난 몇 년 동안 서정쇄신을 추진해 오는 과정에서 공무원들이나 공직자들의 정신자세와 의식구조가 많이 달라졌다는 사실입니다.

이제 부정을 하거나 부패를 하거나 또는 능력이 없는 사람은 공무원이나 공직에 머물러 있을 수 없다는 인식이 상당히 깊이 심어져 있고, 반면에 깨끗하고 근면하고 성실하고 능력이 있어야만 공무원이 될 수 있고 공직자가 될 수 있다는 인식이 점차 정립되어 가고 있다는 것은 대단히 바람직한 일이라고 생각합니다.

관료화되고, 경직화되어 가는 공무원, 책임을 지지 않고 사고 안 내고 처벌만 받지 않으면 된다고 요령만 부리는 공무원, 꼬치꼬치 규정만 따지고 일을 진척시키지 않는 공무원 또 무사안일주의에 젖은 공무원 그리고 사고는 안 내고 부정은 안 했지만 일도 할 줄 모르고 일에 능률도 안 올리는 공무원도 서정쇄신의 대상으로 다스려 나가야 합니다.

가장 바람직한 공무원은 깨끗하고, 능력 있고, 성실하고, 책임감이 왕성한 공무원이라고 할 수 있습니다.

그래서 앞으로 공무원들에 대한 재교육이나 해외연수 등을 통해서 공무원들의 자질을 향상시키는 데 꾸준히 노력하고 또 부단히 공무원 사회에 새 바람과 활력을 주입해서 공무원들의 사기를 진작하고 또 점진적인 처우개선을 통해서 그들의 사기와 사명감을 더욱 북돋아 주는 데에 노력을 하겠습니다. 그렇게 해서 행정의 능률을 올리는 데도 노력하겠습니다."

대통령은 이어서 공직사회를 깨끗하게 하려고 아무리 노력해도 일반사회가 여기에 같이 협조하고 보조를 맞추어 주지 않으면 서정쇄신은 그 실효를 거둘 수 없다는 점을 강조했다.

"한 사회의 부정, 부패, 부조리의 추방이라는 것은 말은 쉽지만 실제로 어려운 문제입니다.

동서고금의 역사를 보더라도 한 사회가 흥하고 망하는 데는 이러한 문제들이 큰 원인이 되어 있다는 것을 우리는 알고 있고 또 부정, 부패나 부조리가 만연되어 있는 사회는 언젠가는 파탄되고 만다는 것을 알고 있습니다.

그러나 이것을 제거하는 일은 정부가 앞장서서 솔선해야 하겠지만 정부의 힘만 가지고는 대단히 어렵다는 것도 우리는 또 잘 알고 있습니다. 국민 모두가 같이 여기에 호응하고 협조할 때 우리 사회는 기강이 바로 서고 깨끗한 사회가 될 수 있고, 깨끗한 정부가 될 수 있고, 또한 깨끗한 공무원이 나올 수 있습니다.

공무원 사회를 아무리 깨끗이 하려고 노력을 하더라도 일반사회가 여기에 같이 협조하고 보조를 맞추어 주지 않으면 실효를 거둘 수 없다는 것을 우리는 절실히 느끼고 있습니다.

만일 우리 사회 일각에서 퇴폐풍조라든지 또는 물질만능주의가 판을 치고 있다면 공무원도 역시 인간이기 때문에 그런데 물들기 쉽고 또 그 유혹에 넘어갈 가능성이 대단히 많습니다.

예를들면 가령 어떤 공무원이 어느 업자로부터 뇌물을 받았다고 하면, 그 공무원은 마땅히 법에 의해서 처벌받아야 합니다. 그러나 동시에 뇌물을 준 업자도 그 공무원과 마찬가지로 의법 처단되어야 합니다. 이렇게 병행되어야만 우리 사회의 정화가 이루어질 수 있다고 생각합니다."

국세청, 관세청 공무원들은 부조리 근절을 위해 상하가 함께 노력해야겠다

1979년 1월 29일, 재무부 연두순시에서 대통령은 국세청과 관세청의 공무원들은 새로운 정신자세로 모든 부조리를 근절하는 데 상하가 함께 노력해야 되겠다는 점을 강조했다.

"국세와 관세 등 우리나라 국가재정의 대종을 이루고 있는 이 두 분야에 있어서 그동안 국세청, 관세청 산하의 모든 공무원들이 애를 많이 쓰고 세수증대에 많은 노력을 한 데 대하여 치하를 합니다.

그러나 역시 많은 인원들이 많은 금액을 그리고 많은 납세자를 상대로 일하는 기관이기 때문에 역시 이 분야에 대한 잡음은 가시지를 않습니다. 나한테도 계속 여러 가지 잡음이 들어오고 있는 걸 보면 역시 아직도 일부 부조리가 근절이 되고 있지 않다는 것을 알 수 있습니다.

앞으로 이 분야에 종사하는 사람들은 좀 더 정신을 가다듬고 부조리가 적발이 돼서 처벌받는 일이 있어서는 안 되겠습니다. 이제부터는 국세나 관세 분야에서 일하는 사람들은 모두가 자각하고 새로운 정신자세를 가지고 이 분야의 모든 부조리를 근절하는 데 상하가 같이 노력을 해야 되리라고 생각합니다."

심융택(沈瀜澤)

고려대학교 법과대학 졸업. 고려대학교 대학원(법학석사). 미국 덴버대학 대학원 수학. 대통령 공보비서관(1963~71). 대통령 정무비서관(1972~79) 역임. 제10대 국회의원. 월간『한국인』편집인 및 발행인 역임. 저서『자립에의 의지—박정희 대통령 어록』

崛起
박정희 경제강국 굴기18년
④과학기술개발/부정부패 척결
심융택 지음

1판 1쇄 발행/2015. 8. 31
발행인 고정일/발행처 동서문화사
창업 1956. 12. 12. 등록 16-3799
서울 중구 다산로12길 6(신당동, 4층)
☎ 546-0331~6 (FAX) 545-0331
www.dongsuhbook.com

*

사업자등록번호 211-87-75330
ISBN 978-89-497-1362-5 04350
ISBN 978-89-497-1358-8 (총10권)